한국인의 상말전서
全書

상말은 생명언어 치유언어입니다

한국인의 상말전서
全書

상말은 생명언어 치유언어입니다

정 태 륭 편저

고요아침

* 머리글

상말은 생명언어 치유언어입니다

〈욕반 사랑 반이다. 욕에 정 붙는다. 욕 맛이 꿀맛이다. 욕에도 맛있는 욕이 있다. 욕부터 배운다.〉 이는 우리겨레가 오천년을 줄곧 써 내려온 말입니다. 겨레의 바닥정서가 밤새 고아 낸 가마솥의 조청처럼 맛깔스럽게 농축돼 있는 말들이지요. 이 몇 마디를 통해서도 우리 겨레는 상소리를 윤리도덕의 잣대로 선 긋지 아니하고 민낯 그대로 쓰고 전수해 왔음을 알 수 있습니다. 생명의 원형질은 식본능과 성본능입니다. 그리고 상소리는 이 양대 본능을 가장 정직하고 명징하게 대변하고 있지요. 상말의 검질긴 생명력은 거기서 비롯된 것이라고 봅니다. 생명체는 원천적으로 공격적 진취적이며 슬픔이나 절망 등 퇴영정서가 없다는 공통점이 있습니다. 우리의 상말 또한 이 대자연의 섭리를 그대로 빼 닮았습니다. 상말이 생명 언어이자 치유 언어임은 이 단순사실에 의해서도 증명된다 할 것입니다.

세상사 권태스럽고 오만가지 갈등 때문에 머리가 지끈거릴 때 그래서 죽고 싶다 또는 누군가를 죽이고 싶다거나 욕이라도 실컷 퍼붓고 싶을 때 이 책의 아무 쪽이나 펴고 들여다보십시오. 무기력했던 마음 한 귀퉁이에 생기가 돌면서 꿈틀대는 혼의 떨림을 느끼게 될 것입니다. 이는 다름 아닌 상말의 생명력, 욕설 깊숙이 배어있는 정화(淨化)기능, 치유기능 때문입니다.

『호모 욕(辱)쿠스』 제하의 책을 낸 이병주 말에 따르면 구소련의 공산체제가 여리고성(구약출전의 城. 불만에 찬 함성만으로 성이 무너졌다 함.)처럼 무너지고 한국의 유신체제와 5공화국이 넘어간 것도 권력자들이 욕을 못하게 입을 틀어막았기 때문이라고 합니다. 개인이든 국가든 '욕할 자유와 욕할 공간'이 보장돼야 피돌기가 좋아져서 건강해 지는데 숨을 못 쉬게 찍어 누르면 상대방은 고사하고 부메랑으로 저자신도 동맥경화로 죽게 된다는 것이지요. 이렇듯 욕은 생명력이자 '민주주의+인권'에 다름 아닌 귀중한 가치인 것입니다. 욕으로 욕됨이 치유되는 이욕치욕(以辱治辱)이론이 될 것도 같습니다.

   민족정기를 일깨우고 일으킨 건 백성들의 투박한 말과 기질이었지 양반계층이 다림질해서 써먹던 성형된 말은 결코 아니었습니다. 우리 조상 고구려인이 대륙을 쳐들어갈 때나 삼국시대 이전부터 국토를 침노해온 왜적과 피투성이가 되어 싸울 때 우리 민족이 쓴 언어는 세련된 말, 고운 말일 수가 없었지요. 뜻이 분명하고 강렬하게 전달되는 풀뿌리 토속 언어, 상말이었습니다. '양반이 망해먹은 나라 백성이 지킨다.' 라는 말이 있습니다.
  이는 백성이 나라의 근간이자 상말이 곧 이 나라를 지켜 내린 호국언어임을 반증하는 것이기도 합니다.
  한편 우리 상말에는 겨레의 원형질이 그대로 녹아 있어 인생나침반 또는 탈무드와도 같은 지혜와 생동감 넘치는 재치, 유머들이 가득합니다.
  외설적이다 싶은 원초적인 말도 솔찮게 눈에 띌 것입니다. 이 또한 우리겨레 심중에 녹아든 바닥정서의 하나인 만큼 여기에 윤리적인 잣대를 대는 우를 범하진 마십시오.
  이는 다양한 색깔을 놓고 우열을 가리려들 듯 대자연의 섭리에 반하는 우행이 될 것이기 때문입니다. 말의 뿌리를 찾아 낱말의 어원까지 밝히고자 노력하였고 상말 관련의 민담, 구전설화 등은 128편의 [관련 여담]으로 묶어, 읽는 가운데 학습이 되도록 했습니다.
  또한 서거정의 『太平閒話』를 비롯한 조선 십대기서(十大奇書)와 판소리 변강쇠타령 상소리아리랑 농요와 민요 김삿갓의 상소리시편에서 뱀장수 사설에 이르기까지 폭넓게 수집하거나 채록하여 명불허전(名不虛傳)이 되게끔 했습니다. 엮은이의 정성이 독자의 가슴에도 공명할 수 있기를 바랍니다.

* 일러두기

1. 우리의 상말 전반을 32개 큰 항목으로 분류하고 각 항목의 문항은 가나다 순으로 정리하여 언뜻 스치되 잡히지 않는 상말이나 토속어를 쉽게 찾아 쓸 수 있도록 신경을 하였다.

2. 문장에서 어원 등 도움말이 필요한 곳은 * 표를 넣어 별도 설명하였다.

3. 표현방식은 달라도 같은 뜻의 말은 = 표시를 넣어 이해가 쉽도록 했다.

4. 각 문항은 출전(出典)을 밝히고자 노력하였다. 본인이 채록(採錄)또는 수집한 것 이외 이른바 조선 십대기서(十大奇書)와 진담록(陳談錄), 임석재의 한국구전설화집 등도 두루 참고했다. 서술이 너무 긴 것은 부득이 축소하였고 거친 표현 또한 다소 윤문(潤文)하였다.

5. 자료를 수집 정리하는 동안 자진해서 관련 자료를 보내주신 소설가 고 이문구 선생과 소설가 정동수 이두영 이재백 문학평론가 민충환 씨에게도 감사의 뜻을 전한다. 차후에도 관련 자료를 주시면 누구든 실명 상재할 것인즉 보다 완벽한 증보판을 위해 다수 참여해 주실 것을 당부드린다.

* 이런 아류의 상말전서는 어느 나라에도 없다고 합니다. 따라서 우리 고유의 민족정서가 또렷하게 각인된 이 책이 의역(意譯)되어 세계 시장에 나가면 이른바 '문학한류'에도 솔찮게 기여하리라는 말을 들은 바 있습니다.

이 일에 동참하실 분 있으면 기별 주시기 바랍니다.

한국인의 상말전서
全書

상말은 생명언어 치유언어입니다

차 례

1. 정치・권력 관련 —————————————————— 10
2. 인생살이 관련 ——————————————————— 24
3. 성기 관련 ————————————————————— 42
4. 성교 관련 ————————————————————— 65
5. 정분 관련 ————————————————————— 92
6. 돈・노름 관련 ——————————————————–105
7. 술 관련 —————————————————————–120
8. 음식・맛・냄새 관련 ———————————————— 132
9. 신체・장기 관련 —————————————————— 156
10. 질병・의약・죽음 관련 ——————————————— 181
11. 부부 관련 ———————————————————— 202
12. 가족・친인척 관련 ————————————————— 215
13. 여성 일반 ————————————————————— 225
14. 남성 일반 ————————————————————— 248
15. 시부모・며느리・시앗(첩) 관련 ———————————— 265
16. 과부・홀아비 관련 ————————————————— 275
17. 처녀・총각 관련 —————————————————–287

18. 물・불・바람 관련 -- 294

19. 기후・계절・시기(때) 관련 -- 303

20. 말 관련 -- 325

21. 소리 관련 --- 346

22. 상소리 민요・타령・판소리 관련 -------------------------------- 357

23. 빈부・이해 득실 관련 -- 383

24. 절도・강도 관련 --- 401

25. 원망・분노 관련 --- 415

26. 악담・저주 관련 --- 432

27. 체념・달관 관련 --- 456

28. 기쁨・자랑・상찬 관련 -- 470

29. 해학・풍자 관련 --- 483

30. 종교・무교(巫敎) 관련 --- 507

31. 동물 관련 --- 527

32. 식물 관련 --- 555

참고서적 -- 562

1. 정치 · 권력 관련

같이 판 우물 혼자 처먹는다
- 흔히 정치판에서 여럿이 수고한 결과물을 독식하는 파렴치한을 성토하는 말.

개구리 주저앉는 건 멀리 뛰잔 뜻이다
- 은둔하거나 좌절한 양 보여도 실은 꿍꿍이속이 따로 있어서이다.

개떼 모이듯 한다
- 먹을 것이 있으면 부르지 않아도 몰려드는 개들처럼 권력 주변에 몰려드는 자들을 싸잡아서 매도하는 말.

개똥밭에서 인물 났다
- 보잘 것 없는 가문 또는 한미한 집안에서 큰 인물이 났다.
= 개천에서 용 났다. 구렁이집에서 용 났다.

개새끼 친해 봤자 똥칠만 한다
- 행실 나쁜 자와 사귀면 뜻밖의 변을 당하기 십상이다.
= 미친 년 옆에 있다가 벼락 맞는다. 죄진 놈 곁에 있다 날벼락 맞는다.

개하고 똥을 다투겠냐
- 더러운 자들과 이권 다툼을 하느니 이냥 단념하겠다.

고약한 일(자)이다
- 성미가 괴곽한 자이다. 또는 일이 뜻대로 안 풀려서 기분이 안 좋다.

■ 관련 여담

　　세종대왕이 한글을 반포하자 사대(事大)의 수장, 최만리의 반발은 도를 넘는 것이었다. 세종이 얼마나 화가 났던지 어명으로 최만리를 감옥에 처넣긴 했지만 안쓰러워서 하루만에 풀어주었다 한다. '고약한 놈'이라는 말 또한 세종조 때 신하였던 고약해(高若海) 때문에 생겼다는 것이 정설로 통한다. 실록에 의하면 고약해는 도무지 겁이 없어 어전에서 세종한테 눈을 부라리면서 노려보는 건 예사고 지엄한 어명에 대꾸도 없이 자릴 박차고 나가 버리곤 했다 한다. 세종이 하도 기가 막혀서 경우 없이 반론을 펴는 자들을 두고 '고약해 같은 놈'이라 했다고 해서 '고약한 놈' '고얀 놈' 이란 말이 생긴 것이라 한다. 그럼에도 세종은 그 고약해를 대사헌이란 고위직까지 제수했는데 까닭은, 반골 최만리와 같은 신하들이 용기를 내서 말문을 열고 다양한 의견을 내야만 나라가 활기차게 발전하게 된다는 점을 세종은 진작 잘 알고 있었기 때문이었단다.

곧은 나무가 먼저 찍힌다
- 곧은 인물이 되레 눈에 나서 더 먼저 쫓겨나기 쉽다.
= 높은 가지가 부러지기도 쉽다.

구린내는 나는데 방귀 뀐 놈은 없다
- 심증은 있는데 물증이 없다. 정가 또는 기업에 비리가 터지면 저마다 제 잘못이 아니라고 오리발을 내미는 경우 등에 빗댄 말.

국회란 국 끓여 먹고 회쳐 먹는대서 국회다
- 민생과 나랏일에는 관심 없고 온갖 이권에 끼어들어 제 잇속 챙기는 정상배들만 들끓는다는 비유의 말.

그물에 든 고기, 함정에 빠진 범이다
- 영락없이 죽을 운명에 처했다. 정략적인 덫에 걸린 경우 등에 빗댄 말.

길 다 갔으면 말(馬)은 버려라
- 감투 벗었으면 권세욕 버리고 헤어졌으면 미련은 버려라.

깻묵하고 백성은 짤수록 나온다
- 힘없는 백성이야 착취하는 대로 당하는 수밖에 없는 것이다.

나라는 가난해서 망하지 않고 부패해서 망한다
- 나라든 가정이든 부패가 곧 망조의 원인이 된다는 교훈의 말.

■ 관련여담

구한 말 아관파천(俄館播遷)이 이와 같은 역사적 진실을 극명하게 보여준다. 당시 위정자들은 무능 부패하여 사리사욕을 채우는 데만 급급했다. 기우는 나라의 자주독립이나 도탄에 빠진 민생은 안중에 없었다. 이와 같은 부정부패가 조선왕조 패망의 원인이 된것이다.
  * 아관파천 : 1896년부터 1년여간 고종과 태자가 친일내각에 반대하여 러시아 공사관에 피신, 거처한 사건.

나라는 망해도 백성은 안 망한다
- 백성이 곧 나라의 근간이다. 나라를 끝까지 지키는 건 백성밖에 없다.

나라 없는 백성은 상갓집 개* 만도 못하다
- 지난 날 식민지 시절에 우리 민족이 그러했듯 나라를 빼앗긴 백성들이 천대받고 짓밟히는 양상을 비유한 말.
  * 상갓집 개 : 밥줄 사람이 없어 여기저기 먹이를 찾아 기웃거리는 개.

나무에 오르래 놓고 흔든다
- 속임수로 꾀어 놓고 나서 골탕을 먹인다.

날 샌 올빼미 신세다
- 권세가 떠나 버려 찬밥 신세가 되었다.

남산골 샌님이 벼슬을 붙이지는 못해도 뗄 수는 있다
 - 남산골 샌님은 여론을 모으는 언권이 강해 이들한테 밉보이면 벼슬이 날아갈 수 있으니 벼슬아치는 항시 여론에 신경을 써야 한다는 뜻.
 = 돌봐줄 힘은 없어도 훼방 놓을 힘은 있다.

남의 일을 봐 주려거든 석 삼년까지 봐 주어라
 - 성심으로 끝까지 봐 주어야 득도 있고 인정도 받게 된다.
 = 머슴을 살려거든 석 삼년을 살고 굿을 보려거든 계면떡*이 나올 때까지 보아라.
   * 계면떡 : 굿이 끝난 뒤 무당이 구경꾼들에게 돌라주는 떡.

늙은 개는 함부로 짖지 않는다
 - 원로는 가볍게 처신하지 않는 법이다.

다 가서 문지방을 못 넘는다
 - 공들인 정책 현안 등을 마무리하지 못해 허사가 되었다.
 = 한 삼태기가 모자라서 태산을 못 이룬다. 다 된 밥에 재 뿌린다.
   당문파(當門破)이다.

대어(大魚)들은 다 토끼고 잔챙이들만 걸렸다
 - 법망(法網)이란 게 다 그런 거 아니냐고 법과 나라 기강을 비웃는 말.

도마* 에 오른 고기가 칼을 무서워하랴
 - 누구든지 궁지에 몰리면 죽음도 불사하고 저항하게 된다.
   * 도마 : '나무토막'에서 나온 말인데 '토막'의 옛말은 '도막'이고 '도막'의 끝소리 ㄱ이 탈락해 '도마'가 되었다.

돌절구도 밑 빠질 날 있다
 - 부자나 권세가도 몰락하는 날 있는 것이니 거들먹대지 마라.
 = 권불십년(權不十年)이다.

똥개도 텃세가 오십 프로다
- 어디서든 홈그라운드(선거구)의 이점은 있게 마련이다.

똥 배지들이다
- 국회의원의 금배지를 돈만 밝히는 똥 빛깔(황금빛)의 위인들이라 하여 밉보아 이르는 말.

말이 뛰면 털도 뛰게 마련이다
- 나라가 어지러우면 백성들도 덩달아서 고초를 겪게 마련이다.

망치가 가벼우니까 못이 솟는 것이다
- 아랫것들이 말을 듣지 않는 것은 상사가 몰랑한 탓이다.

먹이 탐하는 고기가 잡힌다
- 욕심 많은 자는 욕심에 치이고 뇌물 좋아하는 자는 뇌물에 뒤탈이 나 감옥살이하게 되는 법이다.
= 새는 먹이 탐에 죽고 곰은 웅담에 죽고 사슴은 용각에 죽고 사람은 혓바닥에 죽는다.

모럴이 지랄이고 리버럴이 씨부랄이다
- 모럴(도덕)과 리버럴(자유), 정의 등을 앞세워 마치 자신이 그 주인공인 양 거들먹대는 정상배들을 놀리고 조롱하는 말.

몰래 먹는 음식에 체한다
- 뇌물을 먹으면 언젠가 들통이 나서 화를 입게 된다.

미국 놈 믿지 말고 소련 놈에 속지 마라. 일본 놈 일어나니 조선사람 조심해라
- 광복 이후 강대국에 의해 분단된 당시 우리의 현실 앞에서 자주독립만이 살 길임을 강조한 말. 세상 믿을 놈 하나 없으니까 우리끼리 뭉쳐서 정신 차리고 살아야한다는

자립의지를 강조한 말이다.

미친놈한테 칼 주지 말고 욕심 많은 자한테 권력 주지 말랬다
- 위험천만한 일이니만큼 그리되지 않도록 모두 정신 차리고 감시 감독을 해야한다.

민주 탈바가지 쓴 놈들이다
- 민주주의를 앞세워 제 잇속 챙기는 짓만 일삼는 단체나 무리들을 성토하는 말.

바닥 빨갱이다
- 주거지 또는 고향에서 첩자노릇을 하는 좌익분자이다.

밥 팔아서 똥 사먹겠다
- 됨됨이가 미욱하고 모자라는, 덜 된 자이다.

밥이 하늘이다
- 백성은 양식이 족해야 예와 법도를 안다. 정치는 백성을 잘 먹고 잘 살게 하는 것이 근본이라는 뜻.
= 식이위천(食而爲天)이다.

백성들 입 틀어막기는 한강물 막기보다 더 어렵다
- 민심이 천심인지라 백성의 원성, 여론을 막는 것은 불가능한 일이다.

범* 도 개한테 물릴 날 있다
- 강자도 약자에게 당하는 수가 있으니 항상 근신하고 겸손해야 한다.
실제로 함경도 풍산개가 주인을 살리고자 호랑이의 멱을 물고 늘어져 호랑이와 함께 죽은 고사가 전해지고 있다.
  * 범 : 범은 범이 내는 소리가 '우엉 우엉' 운다고 하여 '웜' → '범'으로 변한 것이다.

법 모르는 관장(官長) 놈이 매로 다스린다
- 무식한 관리는 만사를 돈이나 권력으로 해결하려 든다.

법 팔아먹는 놈들이다
- 검사나 판사 경찰 등 법 다루는 계층을 비하하는 말.

법무장관보다 더 강한 빽은 오리발, 오리발보다 더 좋은 빽은 토끼발이다
- 오리발 내미는 것도 방법이지만 그보다 도망치는 것이 한 수 더 위다.

벼락감투를 썼다
- 별안간 얻게 된 관직이나 직책 등을 에둘러서 이르는 말.

■ 관련 여담

당하관(堂下官) 이관명이 암행어사의 명을 받고 영남에 내려갔다가 돌아와 숙종 임금을 배알하는 자리에서였다.

"그래, 민폐를 끼치는 벼슬아치는 없었던고?" 하고 임금이 묻자

"다만 한 가지, 통영 아래쪽의 섬 하나가 후궁 아무개의 땅으로 되어 있사온데 세도를 믿고 바치라는 것들이 많아서 백성들 원성이 자자하였나이다."라고 고하였다. 이에 숙종이 노기에 찬 어조로 "일국의 임금인 과인이 조그만 섬 하나를 후궁에게 준 것이 무에 그리 나쁘다고 감히 이 자리에서 비방하고 논란하는고?" 하면서 철여의(鐵如意)로 앞에 놓인 상을 치는 바람에 상이 박살이 나고 말았다. 임금이 이렇듯 진노하는 데도 이관명은 조금도 굽히는 기색이 없이 다시 아뢰기를

"소신이 상감을 모시고 경연(經筵. 임금 앞에서 경서를 강론하던 자리)에 참여할 때는 이렇지 않으시더니 명을 받아 외지에 나간 1년 사이 상감의 과격하심이 이에 이르렀으니 이는 곧 그 동안 상감께 간쟁(諫爭)하여 올리는 신하가 없었다는 뜻이옵니다. 신하들의 불충이 이러할진대 마땅히 그들을 모두 파직함이 옳은 줄 아뢰옵니다." 라고 간하였다. 이윽고 숙종이 "승지는 전교(傳敎)를 쓸 초지(草地)를 가져오라"고 명했다. 신하들은 모두 이관명에게 큰 벌이 내릴 것으로

알고 숨을 죽이고 있는 가운데 명이 떨어졌다. "전 수의어사 이관명에게 부제학을 제수한다."

너무나 뜻밖의 어명에 신하들이 어리둥절해 있는 사이 다시 "부제학 이관명에게 홍문제학을 제수한다"라는 명이 내려왔다. 이에 모두가 더욱 크게 놀라서 수군대는 중에 다시 "홍문제학 이관명에게 호조판서를 제수한다."라는 어명이 떨어졌다.

숙종은 놀랍게도 그 자리에서 이관명의 직품을 세 번이나 높여서 정경(正卿)대감 반열에 제수한 것이었다. 그러고 나서 하교하기를 "경이 바른 말을 진언하여 과인의 잘못을 알았기로 경을 호조판서에 앉히는 것이오. 앞으로도 그런 민폐가 있거든 언제든 서슴지 말고 폐단을 없애서 나라를 태평하게 하라." 고 명하였다. 그 이후부터 이 같은 파격적인 승진을 '벼락감투'라고 부르게 되었다 한다.

벼슬은 높이고 마음은 낮추랬다
- 지위가 높아질수록 겸손해야만 존경받고 탈도 없는 법이다.

부러질망정 휘어지지는 말랬다
- 죽을지언정 지조는 꺾이지 마라.

분(盆)에 놓으면 잡초도 화초대접 받는다
- 자격 없는 인사도 좋은 자리 치고 앉으면 잘나 보이는 법이다.

비릿한 냄새가 닌다
- 음모에 걸려든 거 같은 안 좋은 느낌이 든다.

빨강물이 들었다
- 좌익사상에 빠진 자이다.

빨재도 빨 좆이 없시다
- 남편이 없다, 또는 가진 것이 아무것도 없다는 의미 이외 일을 하고 싶어도 일자리가 없어 못 한다는 경제의 난맥상, 구직난을 고발 풍자한 말이기도 하다.

사쿠라* 에 겹사쿠라 왕사쿠라다
- 흔히 변절자 또는 밀고자를 이르는 말.

   * 사쿠라 : 일본 국화인 벚꽃. 철새 정치인을 빗댄 곁말로도 회자된다.

산 밖에 난 범, 물 밖에 난 고기다
- 권력에서 물러난 별 볼일 없는 자이다. 일 또는 운명이 피할 수 없는 곤경에 처했다.

산삼 재상에 잡채 판서라, 뇌물 천하로다
- 벼슬길에는 뇌물이 따라다니게 마련임을 풍자한 말.

■ 관련 여담

조선조 광해군 시절, 좌의정 한월탄이 궁녀를 통해 임금한테 산삼 한 뿌리를 바쳐서 영의정이 되고 그 아랫자리의 이충은 주연 때마다 맛있는 잡채 안주를 바쳐서 호조 판서로 제수된 역사적 사실을 비아냥대는 말.

살붙이보다 더한 게 뜻붙이다
- 부모자식보다 더 끈끈한 인연은 뜻을 함께하는 동지간의 믿음이다.

삼대 거지 없고 삼대 부자 없다
- 부귀와 영화는 돌고 도는 것이다. 북녘 아무개도 삼대 권력자 없다는 말, 깊이 새겨 듣기를.
= 삼대 정승 없고 삼대 거지 없다. 화무십일홍(花無十日紅)이다.

생선하고 나라는 대가리부터 썩는다
- 나라는 통치자 또는 권력 계층이 썩으면서 망조가 들게 된다.

선물이나 뇌물이나 붙이기 나름이다

- 선물을 빙자한 뇌물을 비아냥대는 말. 본디 독일어로 선물을 뜻하는 Gift는 독(毒)이라는 뜻도 있는데 그리 보면 선물과 뇌물은 오십보백보인 셈.

세도 적에 인심 내랬다
- 세도 있어 남한테 도움 줄 수 있을 때 인심을 사 두어야만 나중 후사도 있어 대우 받으면서 살게 된다.

숭어가 뛰니까 망둥이도 뛴다
- 정상배들의, 눈치나 보는 꼴불견 행태를 빈정대는 말.
= 남이 은장도 차니까 나도 식칼을 찬다.

승냥이 쫓는다고 호랑이를 불러들였다
- 작은 피해를 면하려다 더 큰 위기를 불러들였다. 소탐대실(小貪大失)했다.

십년 세도 없고 열흘 붉은 꽃 없다
- 부귀영화는 오래 못가는 것이니 자중자애토록 해라.
= 권불십년(權不十年)이요 화무십일홍(花無十日紅)이다.

썩은 고기에 쇠파리* 꾀듯
- 이권이 나타나면 아귀다툼을 벌이는 권력주변의 군상들을 빗댄 말.
= 썩은 생선에 쇠파리 끓듯 한다.
   * 쇠파리 : 짐승 살갗에 침을 박아 피를 빨아먹는 해충.

아사리* 판이다
- 여럿이 떼거리로 마구 날뛰는 어지러운 와중이다.
   * 아사리 : '앗다' 즉 '빼앗다'에서 나온 말로서 그런 자들이 많다 보니 무질서하게 되었다는 뜻.

아수라* 장이 되었다
- 싸움이 벌어져 어지러운 판국이 되었다.
   * 아수라(阿修羅) : 불교에서 말하는, 성을 잘 내는 포악한 동물.

약발이 떨어진 모양이다
- 흔히 담당공무원이 이유 없이 트집을 잡는 경우, 촌지 줄 때가 된 모양이라고 귀띔하는 말.

어느 바람에 날아갈지 모른다
- 매우 위태위태한 상황이다. 언제 누구한테 당할지 모르니 조심하라고 이르는 말.
= 어느 구름에 비 올지 모른다. 어느 칼에 맞아 죽을지 모른다.

어디 가나 오사리* 잡놈 하나 둘은 있다
- 어딜 가든지 못된 놈 한둘은 있게 마련이다. 정치판을 빗댄 말이기도.
= 어디 가나 후레아들 놈 한둘은 있다.
   * 오사리 : 오사리 → 올사리 → 오월 사리 때 잡히는 새우, 잡어 등의 해산물을 이르는 말.

어사(御使)보다 가어사 놈이 더 무섭다
- 권력자보다 오히려 그 수하 놈들이 위세를 등에 업고 더 착취를 일삼는다.
= 정승 집 종놈이 정승노릇 한다. 과부집 머슴 놈이 주인 행세한다.

여우가 범 빌어 위세 부린다
- 보잘것없는 자가 힘 있는 자를 등에 업고 세도를 부린다.
= 호가호위(狐假虎威)한다.

염불엔 마음이 없고 잿밥에만 마음이 있다
- 욕심만 챙기려 드는 의뭉한 자이다. 또는 민생에는 관심이 없고 돈 챙기는 일에만 눈독을 들이는 정치인 등을 빗댄 말.

우는 애하고 마름* 은 못 당한다
- 소작농에겐 주인보다 실권을 쥐고 흔드는 마름이 더 혹독한 존재이다.
   * 마름 : 지주의 위임을 받아 소작농를 관리하는 사람.

울궈 먹고* 발라 먹고 벗겨 먹고 뜯어 먹는다
- 술집 또는 색주가** 들 입장에서 포주 경찰 구청 등 공직자들에게 대책 없이 갈취당하는 실상을 빗대 나타낸 말.
   * 울궈 먹는다 : '우려먹다'에서 나온 말. 본디는 녹차 같은 것을 따뜻한 물에 담가서 우려내 먹는다는 뜻.
   ** 색주가(色酒家) : 손님에게 술과 색을 파는 술집 또는 그런 여자.

웃음 속에 칼 있고 가시 있다
- 얼굴은 웃어도 속에는 앙칼* 을 품고 있다.
= 구밀복검(口蜜腹劍)이다.
   * 앙칼 : 모질고 날카로움.

원님보다 아전 놈이 더 무섭다
- 권력을 등에 업은 아랫것들이 백성들에게 더 모질게 군다.
= 양반 집 종놈이 주인행세 한다.

육법(六法)에다 무법, 불법을 보태 팔법이라는 거다
- 썩을 대로 썩은 놈의 세상이라는 개탄의 말.

인왕산 그늘이 관동 팔십리 간다
- 큰 인물이 나면 가근방 많은 이들이 덕을 보게 된다.
= 수양산 그늘이 강동 팔십리 간다. 명주옷은 사촌까지 덥다.

인의(仁義)라, 그야 추우면 입고 더우면 벗어던지는 옷 같은 거 아니더냐
- 조선시대의 벼슬아치들이 술좌석 등에서 주고받던 객담.

적토마가 소금수레를 끌고 천리 준족이 연자방아를 돌린다
- 큰 능력을 지닌 동량(棟梁)들이 홀대를 받고 있다. 정치가 잘못되면 큰 인재들이 사장(死藏)된다는 비유의 말.

정승 판서도 저 싫으면 그만이다
- 마음에 없으면 부귀영화도 다 부질없는 것이다.
= 평양감사도 저 싫으면 그만이다.

제 눈먼 탓은 모르고 개천 탓만 한다
- 흔히 정치판에서 제 잘못은 모르거나 또는 감추고 상대방 과오만을 물고 늘어지는 자들을 에둘러서 쏘아주는 말.
= 선무당이 마당 기울댄다. 국수 못하는 년이 안반만 나무랜다.

제 얼굴에 분 바르고 남 얼굴엔 똥 바른다
- 흔히 정객들이 잘된 일은 다 자기가 한 양 내세우고 잘못된 건 싸잡아서 남의 탓으로 돌리는 행티를 비아냥대는 말.

조자룡이 헌 칼 쓰듯 망나니* 작두 휘두르듯 한다
- 거침없이 부리는 횡포 또는 자유자재의 능숙한 솜씨를 비유한 말.
  * 망나니 : 사형수의 목을 베던 자. 언행이 막돼 먹은 자를 이르는 말이기도.

천리마 꼬리에 쉬파리 같은 놈이다
- 말꼬리에 붙은 쉬파리도 하루에 천리를 가듯 권력자에게 빌붙어서 출세를 도모하는 자를 매도하는 말.

천천히 망하려면 예술을 하고 단숨에 망하려면 정치를 해라
- 예술과 정치 분야에서 쓴 맛을 본 자들이 주고받는 곁말. 또는 예술이나 정치 분야는 기복이 심한 분야니만큼 선택에 신중을 기하라는 조언.

칼날은 제 몸에서 녹이 나 못 쓰게 된다
　- 권력자는 자신의 권세로 말미암은 부작용으로 화를 당하기 십상이다.

칼부림 즐기는 자는 칼부림에 죽게 된다
　- 남을 해하면 그 업보로 인해 자신이 보복을 당하게 된다.

코 기러기* 가 높이 날면 뭇 기러기도 높이 난다
　- 지도층이 앞장서면 백성들도 따라서 용기를 낸다는 뜻.
　　* 코 기러기 : 맨 앞서 나는 길잡이 기러기.

키잡이 삿대잡이* 싸워 봤자 뱃길만 험할 뿐이다
　- 여야 간 싸움질을 하면 나라와 민생이 파탄나게 되니 그만 두라고 이르는 말.
　　* 키잡이 삿대잡이 : 배에서 키와 삿대잡이 역을 하는 사람.

호랑이가 한 마리 있어야 집안이 승 한다*
　- 엄한 가장이 있어야만 기강이 잡혀서 집안도 나라도 흥하게 된다.
　= 가내일호 가사흥성(家內一虎 家事興盛)이다. 지난 날 대통령 박정희를 빗댄 말 같기도.
　　* 승 한다 : 시류를 타 번성한다.

호랑이 포수는 잔짐승은 잡지 않는다
　- 큰 일을 도모하는 사람은 사소한 일에 관심을 두지 않는 법이다.

호미로 막을 일, 가래로도 못 막는다
　- 준비하면 수월하게 넘길 일을 소홀히 했다 큰 곤욕을 치르게 됨을 이르는 말. 만사가 유비무환(有備無患)이다.
　= 닭 잡아 겪을 나그네, 소 잡아 겪는다. 참새 잡아 치를 잔치, 소 잡아 치른다.

2. 인생살이 관련

가시한테 찔려봐야 밤 맛을 안다
 - 따가운 밤 가시에 찔려 봐야 밤의 고소한 맛을 알게 되듯 고생을 해 봐야 인생의 참 맛을 알게 된다.
 = 고생 맛 알아야 인생 맛도 안다.

가진 손보다 빈손이 더 무겁다
 - 무릇 남자는 재물보다 뜻이 굳어야 한다. 또는 '빈 지게가 더 무겁다' 와 같이 삶의 곤고함을 반영한 말이기도.

간선(揀選)은 눈으로 말고 귀로 하랬다
 - 사람을 쓸 때는 주변 사람들 평을 널리 들어봐야 한다.

간수* 십년에 징역이 오년이다
 - 직장이란 '창살 없는 일 감옥'에 꼼짝없이 갇혀 지내는 것이다.
    * 간수(看守) : 교도관의 옛말.

개똥밭 쇠똥 밭에 굴러도 이승이 좋다
 - 인생살이 험난해도 산 목숨이 그래도 좋은 것이다.
 = 부자 저승보다 거지 이승이 낫다. 산 개가 죽은 정승보다 낫다. 죽어지면 산 놈 그림자만도 못하다.

개 뼉다귄지 쇠 뼉다귄지 모르겠다

- 도무지 근본을 알 수 없는 자이다.

개새끼도 제 주인은 물지 않는다
- 어찌 그리도 배은망덕할 수가 있단 말이냐.

개천에 나도 저 날 탓이다
- 비천한 집에 태어나도 저하기 나름으로 빼어난 인물이 될 수 있다.
= 상년보지에도 은보지가 있다. 개똥참외도 가꿀 탓이다.

계집하고 돈은 머리맡에 두고 죽으랬다
- 남자는 늙어서 아내보다 먼저 죽어야 하고 장차 식구들 먹고 사는데 지장 없을 만큼 유산을 남겨놓아야 죽고 나서도 욕을 먹지 않는다.

곧은 나무에도 굽은 가지 있다
- 성인 또는 정직한 사람도 한두 가지 결점은 있는 법이다.

공자도 못 읽는 문사가 있고 부처도 못 외는 염불이 있다
- 대저 사람이 신처럼 완벽할 수는 없고 누구든 조금씩의 허물은 있게 마련이다.

곱게 늙어라, 이 늙다리야
- 노인이 옳지 못한 행동을 할 때 비난조로 해대는 말.

관 뚜껑 덮기 전에는 입찬소리* 말랬다
- 사람 팔자란 어찌될지 모르는 것이니 말을 함부로 해서는 안 된다.

  * 입찬소리 : 지위나 능력을 믿고 해대는 큰 소리.

구멍에서 나와 구멍으로 돌아가는 게 인생이다
- 누구든 자궁에서 나와 살다가 땅구멍(墓穴)으로 돌아가게 마련이다.

굶어봐야 없는 놈 사정도 안다
  - 몸소 겪어 봐야만 없는 사람 딱한 사정도 알게 된다.

그물에도 빠져 나갈 구멍이 있다
  - 위기에 처해도 어딘가에는 해결 방법이 있다.

금간 그릇이 더 오래 간다
  - 그릇에 금이 가면 조심해서 다루는 까닭에 더 오래 쓰게 된다.
  = 일병장수(一病長壽)한다. 쭈그렁 밤송이 3년 가고 5년 간다.

기름 한 깡이면 끝난다
  - 화장(火葬) 한 번이면 인생 접는 마당에 겁날 것 하나 없다.

기쁨 헤프고 슬픔 헤프면 세상 못 산다
  - 세상살이는 엄정한 거라서 함부로 감정을 드러내서는 안 된다.

까마귀 짖는다고 범이 죽겠나
  - 대가 드세면 작은 액 같은 건 힘을 못 쓰고 넘어가게 마련이다.
  = 귀신 센 집에는 말 씹도 뻥긋 못한다.

까마귀 학이 되며 기생이 열녀 될까
  - 그리 될 수 없듯 타고난 성품은 고칠 수 없는 것이다.

나무 잘 타는 놈은 떨어져 죽고 헤엄 잘 치는 놈은 물에 빠져 죽고 바람둥이는 복상사를 해야 한다
  - 그렇게 살다 죽는 것이 이른바 '행복한 인생'일 수 있다는 역설.

낚아채면 다 온 것이다
  - 숨이 턱에 차면 목적지에 거의 다 온 것이다.

= 고진감래(苦盡甘來)라, 인생만사가 그렇다는 뜻.

난 정은 없어도 기른 정은 있다
- 낳진 않았어도 정 붙여서 키우다 보면 친자식처럼 된다는 뜻.

날면 기는 것이 능치 못하다
- 이빨이 날카로우면 뿔이 없는 범처럼 누구든 여러 가지 능력을 동시에 지니기는 어려운 법이다. 각자무치(角者無齒)가 자연의 섭리라는 뜻.

남자는 마음이 늙고 여자는 얼굴이 늙는다
- 이면치레 탓에 남자는 마음이 먼저 늙고 여자는 안팎 집안 일에 코 박혀 얼굴이 먼저 늙게 된다.

내 밥 준 개가 내 발등 문다
- 은혜를 입고도 해코지를 하는 배은망덕한 자이다.
= 내 밥 준 개가 내 아들 자지 잘라 먹는다. 기른 개가 내 발뒤꿈치 문다.

내리사랑은 있어도 치사랑은 없다
- 사랑은 내리 흐르지 치 흐르지는 않는 법이다.

내일에 속고 사는 게 인생이다
- 평생을 희망에 속으면서 살다 죽는 것이 인생살이다.
= 희망이 허망이다.

너무 고르다 눈먼 사위 고른다
- 너무 신경을 쓰다보면 판단력이 흐려져서 오판을 하기 쉽다.
= 고르다 곰보 색시 고른다. 비단 고르려다 베 고른다.

누운 나무에 열매 아니 연다
 - 게으른 자는 성공을 이룰 수 없다.

눈물은 내려가고 숟갈은 올라 간다
 - 아무리 슬픈 일을 당했어도 배가 고프면 숟갈을 들게 된다. 큰 슬픔도 세월이 가면 잊고 살게끔 돼 있다는 뜻.

늙고 비틀어진 나무도 열매는 달다
 - 노인에게는 듣고 배워 득될만한 것들이 많다.

늙은 말이 길을 아는 법이다
 - 어르신 말을 잘 들으면 일을 그르치는 법이 없다.

다 가서 문지방을 못 넘는다
 - 다 된 일에 아퀴를 짓지 못 해서 허사가 되다니 절통한 일이다.
 = 아홉길을 파도 한 길이 모자라 샘을 못 얻는다. 한 삼태기가 모자라서 태산을 못 이룬다.

단 맛은 짧고 쓴 맛은 길다
 - 인생살이가 그렇다는 뜻.

대풍 호시절에 흉년농사 짓는다
 - 다들 잘 나가는데 저 혼자 실패를 하거나 또는 그런 무능력자를 비웃는 말.

돌로 치면 돌로 치고 떡으로 치면 떡으로 친다
 - 해를 주면 해를 입히고 은혜를 입으면 은혜로 갚는다.

돌을 들어 제 발등 깬다

- 자해를 하거나 또는 제 잘못으로 일을 망친 경우 등에 빗댄 말.

땅에 넘어진 자는 땅을 짚어야 일어 선다
  - 비록 실패했어도 다시 뚝심으로 밀어붙이면 성공할 수 있다.

말똥도 세 번은 굴러야 제자리에 선다
  - 몇 번이고 실패를 이겨 내야만 성공에 이를 수 있다.

말은 좋은 말을 타고 하인은 못난 놈을 써야 한다
  - 수하(手下)는 어리 무던한 자를 써야 말 잘 듣고 일도 잘 하는 법이다.

맞는 매보다 겨누는 매가 더 매섭다
  - 막상 닥치면 당초 예상 보다 훨씬 가벼운 경우도 많다.
  = 떨치고 나서면 춥지 않다.

머리 검은 짐승* 은 구제를 말랬다
  - 사람은 은혜를 모르는 짐승이니까 도와 줄 필요 없다. 배신을 당한 사람이 분심에 차서 내뱉는 말.
  = 머리 검은 짐승은 남의 공을 모른다. 발 달린 짐승은 은혜를 모른다.
    * 머리 검은 짐승 : 사람을 빗댄 말.

명 짧아 죽은 무덤은 있어도 서러워 죽은 무덤은 없다
  - 슬픈 일은 점차 잊게 마련이니 마음 다잡아먹고 살 궁리를 해라.

못난 놈이 자식 많이 두고 병신이 명이 긴 법이다
  - 세상만사는 상식이나 순리대로 되지 않는 경우가 다반사이다.
  = 인생은 복불복이다.

못 올라갈 나무는 베어 넘기면 그만이다
- 어떤 일이든 요령을 갖고 시도하면 이루지 못할 것이 없다.

물 고생 불 고생 다해 보았다
- 산전수전 다 겪어 보았다.

물과 불과 악처는 삼대 재액이다
- 악한 아내는 재앙이나 한가지다. 본디 삼재(三災)는 물과 불, 바람을 이르는 것임.
= 악한 남편 또한 재액이긴 한가지일 터.

미련이 담벼락 뚫는다
- 우직한 자가 일에 몰두하면 예상밖의 큰일을 해내기도 한다.
= 미련한 놈이 범 잡는다. 미친개가 호랑이 잡는다. 우공이산(愚公移山)이다.

바다는 메워도 사람 욕심은 메우지 못 한다
- 사람의 욕심은 죽어야만 떨어진다.
= 황금비가 내려도 욕심을 다 채울 수는 없다.

밤새 와서 문턱을 못 넘는다
- 무진 애는 썼음에도 마무리를 잘못해서 낭패가 되었다.
= 문전처리가 파이다. 한 삼태기가 모자라서 태산을 못 이룬다.

밥 먹고 똥 싸다 늙어 죽을 일밖에 없는 놈이다
- 되는대로 막 사는 인간 망종이다.

밥 먹고도 못하는 일을 죽 먹고 한다
- 사정이 궁하게 되면 여느 때 안하던 일도 마지못해 하게 된다.

밥 얻어먹고 잠 얻어 자고 병 얻어 안 앓았으면 대수* 아니냐
  - 풍진 세상 그냥저냥 탈 없이 살았으면 그것으로 족한 것 아니냐.
    * 대수 : 중요한 일. 대단한 일.

밥사발이 눈물이요 죽사발이 웃음이다
  - 잘 살아도 괴로움이 있는 반면 못 살아도 행복할 수 있는 것이다.

밥이 분이요 옷이 날개다
  - 잘 먹어야 혈색이 좋아지고 잘 입어야 돋보이는 법이다.

백년을 살아도 삼만 육천 날이다
  - 오래 산다 해도 인생이란 어차피 유한한 것이다.

백성들 사는 맛이 술 담배 계집 노름 빼면 뭐 있겠노
  - 보통사람이야 이런 '돼지의 행복'안에서 살다 죽는 것 아니겠느냐. 인생이란게 별 거냐고 퉁기는 말.

병 없고 빚 없으면 사는 거다
  - 인생이란 별 거 아니다. 몸 건강하고 빚 없으면 그냥저냥 살만한 것이다.

복과재생(福過災生)이다
  - 복이 지나면 또는 지나치면 재앙이 따르는 법이다.

복은 화가 있는 곳에 숨어 있다
  - 복은 화를 멀리 하기만 하면 저절로 오게 돼 있다.

본 상놈보다 못 본 양반 짐작이 사람 잡는다
  - 상황을 바르게 판단하는 현자(賢者)는 따로 있는 법이다.

불행한 부자 있고 행복한 거지 있다
 - 인생은 복불복* 이어서 일방적으로 판단해선 안 된다는 뜻.
 = 밥사발이 눈물이요 죽사발이 웃음이다.
  * 복불복(福不福) : 분복의 좋고, 좋지 아니한 정도. 사람의 운수.

빈 수레가 요란하다
 - 없는 자가 있는 체, 무식한 자가 아는 체를 한다고 비웃는 말.
 = 빈 깡통이 더 요란하다.

비는 장수, 목 베지 못 한다
 - 잘못을 뉘우치고 사과하면 용서하는 것이 인지상정이다.

빈 지게가 더 무겁다
 - 가벼워야 할 빈 지게가 더 무겁다 함이니 인생살이의 고달픔을 이르는 말. 지게꾼은 짐이 있어야만 돈을 버는 까닭에 그렇다는 뜻.

사람 속은 소금 서 말을 함께 먹어봐야 안다
 - 사람은 오랜 시간 겪어 봐야 속내를 알 수 있다.

사람은 급하면 변절을 하고 개는 급하면 담을 뛰어 넘는다
 - 사람은 다급할 때 본성이 드러나는 법이다.

사람은 잡기(雜技)를 해봐야 속을 안다
 - 사람은 잡된 놀이 이른바 주색잡기 등을 함께 해봐야 숨겨진 성품이 드러나 속을 알게 된다.

사람팔자는 늦 팔자가 제 팔자다
 - 젊어 고생을 해도 나이 들어 병 없고 가세 넉넉하면 바로 그게 좋은 팔자이다.

상처는 모래에 새기고 은혜는 대리석에 새겨라
  - 상처는 삭여서 잊되 받은 은혜는 잊어서는 안 된다는 교훈의 말.

새끼는 밑으로 나오고 세상은 입으로 나온다
  - 세상살이 희로애락은 입에서 나오는 말에 의해서 표현된다.

생각이 팔자다
  - 진심으로 간절하게 원하면 뜻대로 이루어지는 법이다.

소경이 소경을 인도하면 둘 다 개천에 빠져 죽는다
  - 능력 없는 자들끼리 동업을 하면 일을 망치게 된다.

송충이가 갈잎을 먹으면 죽는다
  - 자기 분수나 기질에 안 맞는 일을 하면 실패하게 된다.

쇠꼬리보다 닭대가리가 낫다
  - 큰 조직의 말석보다 작은 무리의 우두머리가 되어라.

수즉다욕(壽則多辱)이다
  - 장수를 하다보면 욕된 일을 많이 겪게 된다.
  = 늙으면 돈도 안 붙고 계집도 안 붙는다.

숙향전이 고담(古談)이다
  - 소설 숙향전이 옛 이야기리만큼 고생깨나 하면서 산 인생이었다.

시루 밑은 채워도 사람 욕심은 못 채운다
  - 밑이 뚫어진 시루는 채워도 욕심은 못 채운다 함이니 사람 욕심은 한도 끝도 없다는 비유의 말.

쓴맛 단맛 다 보았다
 - 온갖 고생에 갖은 곡절 다 겪으며 산 인생살이였다. 또는 여자 입장에서 이런저런 사내놈들 다 안아 보았지만 허망하더라는 푸념.
 = 산전수전 다 겪었다.

아는 체도 말고 모르는 체도 하지 마라
 - 겸손은 하되 당당한 사람이 되어라.

악으로 모은 살림 악으로 망한다
 - 나쁜 짓을 하면 그 악업으로 인해 불행하게 되니 착하게 살도록 해라.

악이 목까지 차면 화를 입게 된다
 - 나쁜 짓이 쌓이면 재앙을 불러오게 된다.

양반은 물에 빠져 죽어도 개헤엄은 치지 않는다
 - 아무리 다급해도 체통을 잃어서는 안 된다.
 = 양반은 얼어 죽어도 겻불은 쬐지 않는다. 범은 굶주려도 풀은 먹지 않고 봉황은 굶주려도 좁쌀은 먹지 않는다.

여우도 굴을 팔 적에는 들 굴 날 굴* 을 판다
 - 어떤 일을 하든 유사시에 대비해 방책을 세워둬야 한다.
   * 들 굴 날 굴 : 들어가는 굴, 나가는 굴.

열 냥 주고 집을 사고 백 냥에 이웃을 산다
 - 좋은 이웃이 좋은 집에 사는 것보다 더 귀한 것이다.
 = 팔백금으로 집을 사고 천금으로 이웃을 산다.

열 번 벼르지 말고 한 번 찍어라

- 열 번의 말이나 다짐보다 한 번의 실천이 더 소중하다.

영악한 체가 못난 체를 못 당한다
- 못난 체하는 겸양이 처세에 이로운 경우가 많다.

오는 복은 기어오고 가는 복은 날아 간다
- 복은 드물게 올뿐더러 와도 눈 깜빡할 새 달아나 버린다.

왈자 소리도 듣고 군자 소리도 들었다
- 나쁜 짓도 하고 더런 좋은 일도 하면서 산 인생살이였다.

왔다 가는 놈 있고 살다 가는 인물 있다
- 세상에 보탬 하나 없이 살다 죽는 자가 있는가 하면 사람답게 살다 가는 훌륭한 인물도 있다.

왕대밭에 왕대 나고 쑥대밭에 쑥대 난다
- 원인이 결과를 낳는 것이다. 인과응보(因果應報)이다.
= 범이 범을 낳고 개가 개를 낳는다. 사과나무에 사과 나고 가시나무에 가시 난다.

욕은 욕으로 갚고 은혜는 은혜로 갚는다
- 인생이란 베푸는 대로 받게 마련이다.
= 돌로 치면 돌로 치고 떡으로 치면 떡으로 친다.

의주 파발도 똥 눌 새는 있다
- 아무리 일이 급해도 잠시 틈을 낼 수는 있다.

익은 감만 떨어지는 게 아니고 생감도 떨어진다
- 언제 어떻게 죽게 될지는 누구도 장담할 수 없는 것이다.

인끔 *을 달아 본다
- 사람 됨됨이를 저울질해 본다.
  * 인끔 : 사람의 가치. 인격적인 됨됨이.

인생 백 년에 시름 잊고 웃는 날 몇 날이더냐
- 산다는 게 덧없는 것이니 싸우지들 말고 웃으며 살도록 해라.
= 인생 백 년이 주마등이요 부귀영화가 봄 꿈이다.

인생, 언젠가 죽을 목숨이 지금 살고 있는 것이다
- 마치 나는 절대 안 죽을 것처럼 착각하지 마라.

인생이 달면 소주 맛이 달고 인생이 쓰면 소주 맛이 쓰다
- 술맛이든 세상맛이든 모두 자신의 생각에 달려 있는 것이다.

인생이란 요상하고 추잡한 것이다
- 인생살이의 다양한 면면을 나타낸 말.
= 부모시체 붙들고 통곡을 하다가도 돌아앉아 밥을 먹고 호열자로 죽은 새끼 파묻고 와서도 숨 넘어가게 밤일(정사)을 하는것이 인간이다

일복이 사는 복, 일 맛이 사는 맛이다
- 일복이 고생 복이라지만 그게 사는 복이고 일 맛이 또한 사는 맛이 아니냐. 꼭 잘 먹고 잘 살아야 좋은 것은 아니라는 달관의 말.

입 무겁고 발등 무겁다
- 가근방에서 모두가 우러러보는 어르신이다.

잰 놈이 뜬 놈만 못하다
- 일을 잽싸게 하는 자는 야물지 못해서 차근차근 야물게 하는 자만 같지 못하다.

저 먹을 거하고 저 파묻힐 땅은 타고 난다
 - 세상 이치가 그러한즉 먹고 사는 일에 너무 걱정하거나 집착하지 마라.

저승이나 이승이나 오가는 길 훤하다
 - 살만큼 살다보니 인생이란 게 무엇인지 이제 좀 알 것 같다.

절벽이 가파로워도 닥쳐봐야 안다.
 - 부딪쳐본 다음에 실상을 말하거라.

정 각각, 흉 각각이다
 - 누구든지 장단점을 함께 지니고 있는 법이다.

제 버릇 개 못 준다
 - 몸에 밴 습성은 좀체 고치기 어려운 것이다.
 = 제 팔자 개 못 준다. 부엌에서 새는 바가지 들에 나가도 샌다.

제사상이 받아놓은 밥상이다
 - 누구든 언젠가는 반드시 죽게 마련이다.

조조의 살이 조조를 쏜다
 - 삼국지(三國志)의 조조처럼 꾀가 지나치면 자승자박이 될 수 있으니 자중자애 하거라.

종의 종 노릇 한다
 - 주인을 이르는 말. 아랫사람을 부리려면 온갖 치다꺼리 등 부리는 종보다 주인이 몇 배 더 신경을 써야 한다는 뜻.

종점 인생이다
 - 창녀 도둑놈 수형자 등 밑바닥 인생을 이르는 말.

좆 짧은 건 써도 글 짧은 건 못 쓴다
- 남근은 작아도 애 낳고 성생활 하는데 아무 지장 없지만 글 배우다 만 것은 아무짝에도 못 쓰니 끝까지 힘써 배우도록 해라.

좋은 꾀보다 나쁜 꾀가 먼저 난다
- 사람이란 속물근성이 강해서 나쁜 생각이 먼저 떠오르기 십상이다.

주색잡기가 세상사는 맛 아니더냐
- 보통 사람들 한테는 그런 속된 쾌락이 세상사는 맛이 된다는 뜻.

■ 관련 여담

이(李)씨 성의 한 호기 있는 무반이 중병이 들어 의원을 불러다 보게 하였는데 왼편에는 단장을 한 미인, 오른편에는 거문고를 놓고 앞에는 주육(酒肉)을 늘어놓고 있었다. 의원이 크게 놀라서 "병을 고치려거든 먼저 이런 것들을 치우고 멀리 하셔야만 합니다." 하였더니 무반의 말인즉 "내가 조석을 다투는 목숨을 늦춰보자는 것은 바로 이런 것들 때문인데 그런 것들을 치워버리고 멀리 해야 한다면 백년을 산다 한들 무슨 소용이요? 나는 싫소이다." 하고 치우지 못하게 하였다 한다.

죽은 자지도 세 번은 끄떡거린다
- 모름지기 남자는 끝까지 소신을 지켜야 하는 것이다.

줘도 미운 놈 있고 가져가도 고운 놈 있다
- 나한테 득을 줘도 미운 대상이 있는 반면 해를 끼쳐도 고운 자가 있다. 정에는 경제적인 손익계산이 통하지 않는다는 뜻.

질러가는 길이 먼 길이다
- 인생살이든 사업이든 서두르면 잘못되기 십상이니 천천히 완벽하게 하도록 해라.

차돌이 바람 들면 푸석돌*만도 못하다
- 오달진 사람일수록 한번 타락하면 걷잡을 수 없게 된다.

* 푸석돌 : 보통 돌멩이.

착한 놈 원수는 돼도 악한 놈 벗은 되지 마라
- 악한 자와 사귀면 화를 입게 마련이니 새겨둘 일이다.
= 모진 놈 옆에 있다가 벼락 맞는다. 동무 사나워 뺨따귀 맞는다.

천덕꾸러기가 더 오래 산다
- 명줄이 질겨서인가 손가락질 받는 자가 더 오래 사는 경우도 많다.

천둥소리 난다고 다 벼락 떨어지냐
- 불길한 조짐이 있다고 해서 다 재앙이 되는 건 아니다.

초라니* 열은 봐도 능구렁이 하나는 못 본다
- 말 많고 가벼운 것이 음흉한 것 보다는 그래도 낫다.
  * 초라니 : 하회 별신굿 따위에 나오는 언행이 방정맞은 등장인물.

친구의 친구는 내 친구다
- 인간관계는 유유상종인지라 얼마든지 친구가 될 수 있다는 뜻.

총명이 둔필(鈍筆)만 못하다
- 제아무리 똑똑한 기억력이라도 서툰 글씨로 적어두는 것만 못하다. 시시비비를 가릴 때 기억은 증거가 될 수 없기 때문이라는 뜻.

팔자* 도망은 독에 들어도 못 한다
- 타고난 대로 살 일이지 딴 맘 먹어봤자 부질없는 노릇이다.
  * 팔자: 태어난 연월일시의 간지인 '여덟 글자'란 뜻으로 사람의 평생 운수를 이르는 말.

팔자치레 못했으면 염치치레라도 하랬다
- 좋은 가문이나 운수를 타고나지 못했으면 염치라도 좋아야 꿋꿋하게 살아갈 수 있다는 뜻.

팔준마* 도 주인을 못 만나면 삯마** 로 늙는다
 - 준수한 인물도 주인을 못 만나면 구실을 못해 쓸모가 없게 된다.
   * 팔준마(八駿馬) : 역사상 이름난 여덟 준마를 이르는 말.
   ** 삯마 : 돈을 주고 빌려 쓰는 보통 말.

포수도 날아든 새는 잡지 않는다
 - 남루한 손이라도 홀대를 해선 안 된다. 덕으로 살아야 한다고 권면하는 말.

하늘밑에 풀벌레 아니더냐
 - 강한 것 같아도 사람이란 별수 없이 나약한 존재이다.
 = 하루살이 목숨이다. 풀잎의 이슬이다.

하늘에 죄짓지 마라, 빌 곳이 없어진다
 - 천륜을 어기면 천벌을 받게 되니 절대 그러지 마라.

하다 안 되면 맷돌거리* 로 한다고
 - 안 될 때는 생각을 바꿔 보는 것도 세상사는 요령이다.
 = 맷돌 씹. 감투거리.
   * 맷돌거리 : 마치 맷돌 식으로 남녀가 체위를 바꿔하는 성교 방식.

한 놈이 놓은 다리는 열 놈이 건너도 열 놈이 놓은 다리는 한 놈도 못 건넌다
 - 한 사람이 정성들인 일은 여럿한테 득이 될 수 있어도 오합지졸들이 한 일은 엉터리라서 아무 짝에도 쓰지 못한다.
 = 사공이 많으면 배가 산으로 간다.

한 집에 살고 한 배를 타 봐야 속을 안다
 - 사람은 두루 이해관계에 얽혀 보아야 됨됨이를 알 수 있다.

항우* 도 낙상할 적 있고 소진** 도 망발할 적 있다
 - 실수란 누구라도 할 수 있는 것이다.
    * 항우 : 진나라 말기의 무장.
    ** 소진 : 춘추전국시대의 모사(謀士).

헌 주머니에 마패 들었다
 - '겉 볼 안'이 아니라는 뜻. 비록 입성이 남루해도 가볍게 대해서는 안 된다는 교훈의 말.

호랑이는 그려도 뼈는 못 그리고 사람은 사귀어도 속을 모른다
 - 외모로 섣불리 속을 판단해서는 안 된다. 내공(內攻)이 있어야만 핵심을 들여다 볼 수 있게 된다는 뜻.

호랑이도 새끼가 열이면 시라소니를 낳는다
 - 자식이 많다보면 개중엔 신통찮은 놈도 섞여 있게 마련이다.

혼사치레 말고 팔자치레 하랬다
 - 혼사치레 잘하려 들지 말고 부부합심해서 잘 사는 것이 제일이다.
 = 얼레빗 참빗 한 쌍만 차고가도 제 복 있으면 잘 산다.

3. 성기 관련

강원도 비탈보지다
　- 하고한날 비탈 밭에서 일하다보니 강원도 여자들의 성능력이 자별하다 또는 음문 마저 비탈을 닮아 비뚜름해 졌다는 곁말*.
　= 전라도 뻘 보지다. 경상도 방아보지다. 제주도 잠수보지다.
　　　* 곁말 : 빗대 하는 말.

개 씹* 같다
　- 물건이나 사람이 하찮다고 내치는 말.
　= 개뿔 같다. 개좆 같다. 좆같다.
　　　* 개 씹 : 암캐의 음부.

개보지다
　- 정조 관념이 없는 속 헤픈 여자이다.

개자지다
　- 틈만 나면 오입질을 일삼는 수캐 같은 남자다.

까라면 까고 벌리라면 벌려 주마
　- 남녀 성기의 구조와 기능을 빗댄 말로서 상부의 명령대로 남근을 까라면 까고 음문을 벌리라면 벌려 주겠다는 뜻.

걸레 보지다
　- 이성관계가 문란한 여자다.

= 걸레다. 공중변소다. 시내버스다.

고추 자지다
- 어린아이의 작고 귀여운 자지를 이르는 말.
= 잠지.

꼬부랑자지가 제 발등에 오줌 깔긴다
- 제 잘못으로 피해를 자초한 경우이다.
= 자업자득(自業自得)이다. 자화자초(自禍自招)다.

꿀보다 더 단 건 샛서방 좆이요 초보다 더 신 건 여편네 보지다
- 달거나 신맛을 혼외정사 시의 성감에 비유한 말.

남자높이는 페니스 높이에 비례하고 여자 깊이는 질의 깊이에 비례한다
- 호사가들이 주고받는 정사 관련의 우스갯말.

낫으로 좆을 가린다
- 조붓한 모양의 낫으로 남근이 가려질리 없으니 매양 종작없는 짓거리를 하고 있다고 핀잔주는 말.
= 따리로 보지 가린다.

내 샛서방이 남 본서방이다
- 세상사는 돌고 도는 것이다. 또는 불륜 세태를 꼬집는 말이기도.

내 씹 주고 뺨 맞는다
- 소중한 것을 내주고도 수모를 당한 억울한 경우이다.
= 내 씹 주고 코 뗀다* . 내 씹 주고 내 함박** 깬다. 내 씹 주고 매 맞는다.

　* 코 뗀다 : 면목 없는 창피를 당한다.

　** 함박 : 함지박의 준말. 통나무를 파서 큰 바가지처럼 만든 그릇. 함지.

내 씹도 못 닦는 주제에 남의 씹 걱정 한다
 - 제 앞가림도 못하는 터수에 남 걱정을 하고 있다고 머퉁이 주는 말.

눈 없는 좆이 씹구멍은 잘 찾아간다
 - 남녀 속궁합은 가르쳐 주지 않아도 알아서 잘하게 마련이다.

도굿대(절구공이)가 세다고 도구통(절구통)을 당하진 못한다.
 - 남근이 아무리 세다 해도 여근을 이길 수는 없는 것이다.

되기는 좆* 이 잘 되냐
 - 일이 풀리지 않아서 죽을 맛이다.
   * 좆 : 남근의 속어.

똬리로 보지 가리는 년이다
 - 가운데가 뻥 뚫린 똬리로 음문을 가리면 되레 더 잘 보이므로 맹추같은 짓을 하고 있다고 편잔주는 말.

말 자지다
 - 유난히 큰 남자의 성기를 수말의 그것에 빗대 놀리는 말.

■ 관련 여담

　　한 선비가 있어 다섯 살 박이 딸 하나를 두었는데 하루는 밤에 딸이 잠든 줄 알고 정사를 벌이는 도중 딸이 문득 잠을 깨어 지금 무얼 하느냐고 묻자 파흥이 돼 양물(陽物. 남근)을 빼 거둬 들이는 수밖에 없었다.
　　마침 그 때 달빛이 교교하여 딸애가 그 아비의 양물을 보고는 어미에게 다시, 아버지 두 다리 사이에 달려있는 이상한 물건이 뭐냐고 물으니 어미가 마지못해 "그 물건은 아버지의 꼬리란다." 라고 말해 주었다.

이를 철석같이 믿고 있던 딸이 그 후 마구간에서 수말의 양물을 보고는 "우리 아버지 꼬리가 어째 저 말 다리 사이에 달려 있소?"라고 물은즉 어미가 웃으면서 그러더란다.

"그건 말의 꼬리지 네 아버지 꼬리가 아니란다. 네 아버지 꼬리가 저 말꼬리만큼만 할작시면 내가 참으로 무슨 한이 있고 원이 있겠느냐?" [十大奇書]

말 탄 년 보지처럼 너부죽하다
- 실제보다 한결 더 넙적해 보인다.
= 말 탄 년의 씹 같다.

멍지 지간* 이다
- 항문과 음문 사이처럼 가까운 거리 또는 사이라는 뜻. 조선시대 선비들이 사석에서 주고받던 농(弄)이었다고 함.
  * 멍지 지간 : '똥구멍과 보지' 사이라는 뜻.

멧부리는 우뚝한 맛 골짜기는 깊숙한 맛이다
- 모든 사물에는 고유의 특성이 있게 마련이다. 남녀의 성기 모양과 성감(性感)을 빗댄 말이기도.
= 골짜기는 깊은 맛, 봉우리는 우뚝한 맛이다.

밑 보지다
- 정상보다 아래에 자리한 음문. 성감이 안 좋대서 얕잡아 이르는 말.

밥 먹고 자지만 키웠냐
- 남근이 유난히 큰 자를 놀리는 말. 구제불능의 오입쟁이를 비하하는 말이기도.

방은 커야 좋고 씹은 작아야 좋다
- 방은 커야 살림하기에 편하고 음문은 작을수록 성감이 좋다.

뱃놈 좆이야 개 좆 아닌가베
- 뱃사람이 뱃전 아무데서나 남근을 내놓고 쉬를 하고 또 항구에 닿으면 아무 여자하고나 끼고 자는 막된 행티를 두고 해대는 말.

벗으면 당나귀지 저게 어디 사람의 새낀가
- 남근이 당나귀의 그것처럼 장대한 자를 두고 놀리는 말.

베잠방이에 좆 나오듯 한다
- 불시에 안 좋은 일이 불거져서 곤혹스럽기 짝이 없다.
= 헌 바지에 좆 나오듯 한다.

보지가 긴자꾸* 다
- 성감이 아주 좋은 여자이다.
  * 긴자꾸 : 물고기가 들어오면 빠져나가지 못하게 만든 그물망을 뜻하는 일본어. 남근을 당기는 흡인력이 강한 여근을 빗댄 말.

보지 본 좆에 꽃 본 나비다
- 여자가 곁에 있으면 사내들은 본능적으로 성욕이 꿈틀대게 마련이다.

보지 좋아 뭐 하노 팔자가 좋아야지
- 근본적인 것이 좋아야 다 좋은 것이다.

보지 좋자 과부 된다
- 운수가 사나워선가 하는 일마다 빗가기만 해서 죽을 맛이다.
= 보지에 길나자 과부 된다. 씹 맛 나자 과부 된다. 입맛 나자 양식 떨어진다.

보지 중에도 개보지다
- 아무 때 아무 사내하고나 성관계를 일삼는 음녀이다.

보지 털이 많으면 색골이다
- 여자가 거웃이 무성하면 색정이 강하대서 나온 곁말.

보지 확*은 길이 나야만 좆 맛을 안다
- 여자는 첫 경험 후 세월이 좀 지나야만 성교의 참맛을 알게 된다.
    * 확 : 절구의 아가리에서 바닥까지 파인 부분. 음문을 빗댄 말.

보지*가 걸레보지다
- 정조 관념이라고는 없는 속 헤픈 여자다.
    * 보지 : '→ 보도 → 보도기 → 보자기 → 보지'로 변화된 말로서 '보자기'에서 나온 말. 보자기처럼 '생명의 씨를 품어 키워 내는 곳'이라는 뜻.

보지가 여우 보지다
- 요분질과 음문 조이는 기술이 그만인 여자다.

보지가 쫄깃쫄깃한 게 겨울꼬막 맛이다
- 여자의 성감이 최고라는 상찬의 말.

보지가 팽팽하다*
- 음문에 탄력이 있다.
    * 팽팽하다 : 켕기어 퉁기는 힘이 있다.

보지가 하발통이다
- 아무 남자하고나 성관계를 일삼는 음녀이다.

보지구멍에 소금 석 섬을 다 털어 넣어도 짜다소리 한 번 못 들었다
- 오입질에 미쳐서 내버리는 돈은 한도 끝도 없더라. 소금 석 섬 판 돈을 몽땅 다 화대로 줬음에도 고맙다는 말 한마디 없더라는 사내의 푸념.

보지구멍은 작아도 세상천지가 들고 나온다.
- 세상물정은 정분에 좌우되는 일이 대수일 만큼 비중이 크다는 뜻.

보지는 신물 나게 꽂아 주는 게 약이다
- 정사를 잘해 주는 것이 곧 여자의 불평불만을 삭이는 묘약이다.
= 씹은 입 찢어지게 박는 맛이다.

보지는 왜 내리 째졌을까
- 음문이 세로로 길게 째진 내력에 관한 구전설화.

■ 관련 여담

　　사람의 눈이나 입 등은 다 가로로 긴 데 반해 유독 음문만이 세로로 길게 째진 까닭은 다음의 원인 때문이라 한다. 옛날에 보지하고 항문은 바로 이웃에 살았는데 보지에서는 늘 퀴퀴한 새우젓내 나는 물이 나와 항문 쪽으로 흐르곤 하니까 항문이 어느 날 더 이상은 못 참겠다고 항의를 했다 한다. 한편 보지로서는 항문이 늘 구린내를 풍겨도 참고 살았는데 상대가 이렇게 나오자 정 그렇다면 나도 아니꼽고 더러워서 이사를 가겠노라고 선언한 다음 배꼽한테로 가서 여기는 널찍하고 환해서 지금 내가 사는 좁고 어두운 데보다 나아 보이는데 이사를 와도 괜찮겠느냐고 묻자 배꼽이 그렇잖아도 혼자 동떨어져 외로웠는데 백번 잘 되었다, 당장 이사 오라고 대환영을 하는 것이었다. 그래서 한창 이삿짐을 꾸리는 참인데 항문이 가만 보니까 그간 아옹다옹 싸움이야 했지만 미운 정 고운 정 다 들었는데 훌쩍 떠나고 나면 적적해서 못 살 것 같아 뜬금없이 붙잡고 늘어져 이사를 못 가게 말리는 것이었다. 이렇게 되자 배꼽은 어서 오라고 위에서 잡아끌고 항문은 못 보낸다고 아래로 끌어내리면서 실랑이를 벌이다 보니 그만 보지가 아래위로 길게 늘어나서 지금처럼 세로로 길게 째진 모양이 되었다 한다. [口傳說話集]

보지로 못을 뽑으라면 뽑지 도리 없다
- 철저한 상명 하달의 조직사회에서 쓰는 말로서, 일단 명령이 떨어지면 무슨 짓이든 해내야 한다는 명령어.

= 자지로 밤송이를 까라면 깠지 별 수 없다.

보지로 병마개를 따느니 마느니 한다
 - 음문의 조이는 힘이 그만큼 절륜하다는 비유의 말.

보지로 안 낳고 똥구멍으로 내지른 놈 같다
 - 비정상으로 낳았는가 많이 모자라는 자이다.

보지에 물 마르면 끝장이다
 - 나이 들어 정사 때 음수조차 안 나오게 되면 여자구실은 끝장난 것이다.

봄 보지 가을자지다
 - 봄에는 여자, 가을은 남자의 색정이 승하는 절기이다.

부자지 달린 값이나 해라
 - 불알 자지 달린 값도 못 한다. 남자가 무능력해서 기본적인 소임조차 못한다고 윽박지르는 말.

불알 긁어주는 데는 도가 텄다
 - 비위 맞추고 아첨하는 데는 당할 자가 없다.
 = 비나리* 치는 덴 당할 놈이 없다.
    * 비나리친다 : 환심을 사기 위해 아부를 한다.

불알 두 쪽만 달랑거릴 뿐
 - 가진 거라고는 없는 알거지다.
 = 불알 몽댕이 하나밖에 없다.

불알 발린* 사내놈 같다
 - 행실이 남자답지 않고 계집애처럼 소심한 자이다.
    * 불알 발린 : 거세를 당한.

불알만 찼다고 다 남자냐
 - 제대로 남자구실을 해야 사내대접도 받는 것이다.
 = 불알 찬 값이나 해라.

불알을 까서 왕소금 닷 되에 절일 놈
 - 밤낮 오입질을 일삼는, 상종을 못할 잡놈이다.

불알을 잡고 늘어진다
 - 매달려서 어거지 떼를 쓰고 있다.

불알에서 방울 소리 나겠다
 - 정신없이 설쳐대는 자를 두고 놀리는 말.

빈대 보지*는 요분질 맛에나 할까
 - 음문이 납작하면 성감이 좋지 않으므로 요분질이라도 잘해야 벌충이 된다는 뜻.
   * 빈대 보지 : 도톰하지 않고 빈대처럼 납작한 모양의 음문.

뻘 보지다
 - 갯벌이 많은 바닷가에서 해산물을 다루는 아낙들은 다리 힘이 튼튼해 성감이 좋대서 나온 말. 또는 뻘이 많은 남도 출신 여자를 농으로 이르는 말.
 = 전라도 뻘 보지, 한번 빠지면 죽는다.

사타구니만 보고도 보지 봤댄다
 - 좋지 않은 소문은 부풀려 퍼지게 마련이다
 = 허벅지만 보고도 보지 봤댄다.

상년 보지에도 은보지* 가 있다
 - 신분이 천한 여자도 좋은 혼처 만나 잘사는 수가 있다.
 = 상놈 좆에도 금테 두른 놈 있다.

* 은보지 : 은행이란 말의 어원이 그렇듯 예전에는 화폐가 은 본위였던 까닭에 '지체 높은 여자'란 뜻으로 '은보지'란 말이 회자되었다.

새우 자지다
- 새우등처럼 굽은 남근을 빗댄 말. 정력이 출중하다는 은유적 표현으로도 쓰인다.

서면 오므라들고 앉으면 벌어지는 것
- 외설 수수께끼의 하나. 음문.

손바닥으로 보지 막는 격이다
- 감추려 해도 수모는 피할 수 없는 노릇이다.
= 똬리로 보지 가린다. 눈 가리고 아웅 한다. 가랑잎으로 보지 감춘다.

쉬하고 좆 털 새도 없다
- 자지 끝의 오줌방울 털 새도 없으리만큼 바쁜 와중이다.
= 오줌 누고 보지 볼 틈도 없다.

쌀 보지다, 보리보지다
- 여자의 성품이나 성감 등을 음식맛 또는 입맛에 빗대 이르는 곁말.

씹 가랑이를 찢어 죽일 년
- 다시는 화냥질을 못하게끔 혼쭐을 내야 할 계집년이다.

씹 같다
- 마음에 차지 않는다.
= 좆 같다.

씹 두덩에 가래톳이 설 지경이다
- 몹시 바쁜 와중이다. 또는 어찌나 색탐이 심한지 음문에 상처가 날 지경이다.

씹 작다고 애 못 낳을까
- 키 작고 음문 작다고 아기 못 낳는 일 없듯 작아도 제 할 일은 다 잘하게끔 되어 있다.
= 참새는 작아도 알만 잘 까고 제비는 작아도 강남을 간다.

씹*
- 성숙한 여자의 성기. 보지. 또는 성교의 속된 말.
  * 씹 : '씨(種)의 입(口)'의 합성어로 '씨(정자)를 먹는 입'이라는 뜻. 본디 씹은 '씨를 먹어 생명을 배태하는 곳' 즉 '아기집'에서 유래한 말이다.

씹구멍에 곰팡이 슬겠다
- 한동안 정사를 못해서 아랫녘이 허전하다. 정사를 꼬이는 부추김 말이기도.

씹구멍에 불 나겠다
- 음란한 여자에게 해대는 욕설.

씹에다 오줌을 쌌다
- 조루(早漏)를 해서 창피를 자초했다.

씹한 놈 자지처럼 축 늘어졌다
- 일 또는 놀이나 술에 곯아 떨어져 축 처진 모양에 빗댄 말.
= 오뉴월 쇠불알 늘어지듯.

씻은 보지에 오줌 눈 격이다
- 애써 깨끗이 한 것을 더럽혀 놓아 안쓰럽다.

아이 자지가 크면 얼마나 크랴
- 아이가 알면 얼마나 알겠느냐, 여자가 벌면 얼마나 벌겠느냐 처럼 은근히 상대방의

능력을 비하하는 말.

알보지 다
- 털이 없는 음문.
= 백 보지. 밴대보지.

애 버릇하고 좆 버릇은 길들이기 나름이다
- 아이 버릇은 부모가 가르치기 나름이고 남자의 오입버릇도 아내가 길들이기에 달린 것이다.

양물(陽物)이 크다고 양기 좋은 건 아니다
- 작은 고추가 맵듯 남근이 크다고 다 정력이 좋은 것은 아니다.

여자 하문은 찰떡의 손가락 자국 같은 것
- 찰떡궁합이란 금슬이 좋은 부부를 이르는 말인데 다음은 신축성으로 본 찰떡과 음문의 상관관계를 빗댄 이야기다.

■ 관련 여담

한 어리석은 자가 나이 이십에 첫 아들을 보았는데 아이를 볼 적마다 '이 아이가 나온 후 그 어미의 음호(여근) 또한 아이 머리 크기만큼 커졌을 터이니 나의 양물(남근)이 대적할 수 없으리로다.' 단정하고는 한숨과 탄식으로 세월을 허송하기 어느새 수년이었다. 이에 그의 처가 늙은 여종과 의논하기를 "이 아일 낳은 뒤로 나의 하문(下門. 여근)이 무섭게 커진 줄 알고 이후 수년간 남편과 한 이불에서 자본 적이 없으니 자못 답답한 건 고사하고 다시 생산할 가망이 없으니 이를 장차 어찌 하리오?" 하니 여종이 "저에게 한 계교가 있사오니 오늘 밤에 서방님이 들어오면 농속에 인절미를 꺼내 저한테 주기만 하옵소서." 하였다. 처가 그 말에 따라 남편이 들어온 뒤 여종에게 인절미를 내주자 화로에다 잘 구운 후에 손가락으로 찔러 구멍을 뚫어 보이며 "이렇게 뚫고 나서 손가락을 빼내도 떡이 다시 합하듯이 아이 낳은 여인의 하문도 그와 같사옵니다." 하였으나 못 알아듣고 "그게 무슨 말이냐?" 다시 묻자 "아이 낳은 뒤에 하문이 넓어지긴 합죠마는 이 인절미 찰떡처럼 도로 좁아지는 것이니 비록 아이 열을 낳아도 낳을 때는 벌어지고 난 후에는 오물아드는 이치가 이 찰떡하고 같다는 뜻이유니다." 하니 남편이 홀연히 깨달아 그 날 밤에 속궁합을 맞춰본 후에는 의심을 풀었다 한다. [十大奇書]

염치없기는 씹 본 좆이다
- 막무가내로 덤비는 수컷의 성본능을 비유한 말.

오동통 살찐 보지, 좆 내 맡고 벌어진다
- 젊은 남녀는 기회가 닿기만 하면 정사를 벌인다는 뜻.

오줌발이 세야 좆심도 세다
- 오줌 줄기가 곧고 우렁차야 양기도 좋은 것이다.

옥문(玉門·여근)의 맛이 어떻더냐
- 여자를 모르는 산중 스님의 객담 한 자락.

■ 관련 여담

한 스님이 어디선가 '옥문의 맛이 기가 막히게 달다.'라는 말을 듣고는 꼭 한 번 맛보기를 원하던 중 하루는 발우*를 들고 산을 내려가다가 올라오는 한 여인을 만나게 되어 "오늘 한 번 그 옥문의 맛을 보고 싶다."라고 한즉 여인이 쾌히 승낙하여 함께 후미진 숲으로 들어가 생전 처음으로 그 옥문이란 것을 열어 들여다보게 되었다.

맛을 보기에 앞서 발우를 내려놓고 단정히 앉아 심경(心經)을 왼 다음 스님이 옻칠한 숟가락으로 옥문을 긁어 맛을 본즉 기대했던 맛은커녕 시큼하고 추예(醜穢)한 맛을 가히 견디기 어려울 지경이었다. 하여 스님이 다시 생각하기를 '달고 훌륭한 맛은 반드시 옥문의 깊은 곳에 숨겨져 있을 것이로다.' 하고는 숟갈을 더 깊은 곳에 넣어 힘껏 긁어내는 순간 힘이 너무 들어가선가 숟갈의 목이 부러지고 말았다. 이에 좋은 일을 바라고 따라왔던 여인이 분기탱천하여 욕지거릴 하면서 옷을 떨쳐입고 가 버렸다. 하지만 그 부러진 숟갈의 목은 여전히 옥문 안에 그대로 남아 지금도 여자가 오줌을 눌 때는 쏴쏴하고 그 숟가락 스치는 소리가 난다는 것이다. [十大奇書]

  * 발우 : 스님들이 쓰는 식기(食器)

우멍거지 배꼽 째기*도 못 닦고 몽달귀신** 될라
 - 장가도 못 가보고 죽으면 억울하고 원통해서 어쩌느냐.
  * 우멍거지 배꼽 째기 : 포경자지 거죽 벗기기. 성교를 한다는 뜻.
  ** 몽달귀신 : 총각으로 죽은 귀신.

우멍거지 주제에 좆 자랑한다
 - 포경이라 볼품없는 남근을 드러내 자랑한다 함이니 가만 있으면 그만인 것을 사서 망신을 자초한다는 뜻.
 = 앉은뱅이가 좆 자랑한다.

우멍한* 보지가 파리 잡는다
 - 생김새는 얼떠 보여도 동작만은 재빠르다. 생긴 거하고는 사뭇 다르게 민첩하다.
  * 우멍하다 : 물체의 중심이 쏙 들어가서 우묵하다.

임자 없는 보지다
 - 과부 이혼녀 등 혼자 사는 여자를 얕잡아서 이르는 말.

자라 좆*이 길면 목구멍 넘어가랴
 - 자기 남근이 작아도 성이 나면 엄청 커진다고 떠벌이는 자에게 허튼 소리 말라고 의기 지르는 말.
 = 애들 자지가 크면 얼마나 크랴.
  * 자라 좆 : 자라 수컷의 생식기. 보통 때는 작다가도 성나면 커지는 남근을 농으로 이르는 말.

자지 못된 것이 뒷동산에 가서 일어선다

- 요긴할 때는 가만 있다 엉뚱한 데 가서 발기한다 함이니 일이 뜻대로 풀리지 않아서 곤혹스러움을 비유한 말이기도.

자지 무서워서 씹도 못 하겠다
 - 소심하고 부끄럼 많이 타는 처자를 두고 놀리는 말.
 = 좆대가리 무서워 시집도 못 가겠다.

자지 안 서고 식성 줄면 황천길이 문지방 밖이다
 - 발기가 안 되는 것은 죽을 날이 멀지 않다는 징조이다.

자지 작다고 애새끼 못 낳을까
 - 작아도 문제될 거 없으니까 아무 걱정하지 마라.

자지 좋은 것은 일온(一溫)에 이양(二陽), 삼두대(三頭大)에 사 넓적이, 오 꼬부랑에 육 장대(壯大)다
 - 남근은 첫째 따뜻해 포근한 느낌을 주어야 하고 둘째 양기가 좋아 오래 해야 하며 셋째 귀두가 커서 마찰의 쾌감을 주어야 하고 넷째 넓적해서 꽉 들어찬 느낌을 주고 다섯째 약간 굽어 구석구석까지 쾌감이 전해져야 하며 여섯째는 길고 큰 것이 좋다.

자지가 대꼬챙이 같으니 물렁뼈 같다느니
 - 대개 여자 입장에서 과거 남자들과의 정사 경험을 두고 입방아를 찧는 말.
 = 자지가 송곳 같으니 솜방망이 같다느니.

자지가 말뚝 자지다
 - 남근이 작거나 가늘지 않고 마치 말뚝처럼 우뚝하면서도 기운차다.

자지가 뻔데기 자지다
 - 표피가 덮여 있는 포경 상태의 남근을 이르는 말.

자지에 독이 올랐다
- 양기(陽氣)가 절륜한 상태이다.

자지에 흙고물 묻히고 자란 곳이다
- 태어나서 흙바닥에 딩굴면서 자란 고향땅이다.

자지의 생김새 이야기
- 사람이나 짐승의 생식기가 각기 다른 모양을 갖게 된 내력에 대한 구전설화.

■관련 여담

옛날에 하느님이 땅에 사는 짐승들의 종족 보존을 위해서 갖가지 모양의 생식기를 만들어 큰 보따리 하나 가득히 싸서는 땅으로 내려 보냈다 한다. 그러자 땅위의 생령들이 모두들 가장 크고 좋은 놈을 먼저 차지하려고 보따리가 떨어진 데로 달려왔다. 이때 말과 소는 워낙 걸음이 빨라서 제일 큰놈을 골라잡게 되었고 사람은 중간 속도로 당도해서 그리 크도 작도 않은 중간치를 얻어 달게 되었다. 이중 돼지와 오리는 본디 걸음이 늦다 보니까 보따리가 있는 데를 가보니 크고 잘생긴 물건늘은 다 달고 가 버려 한 개도 남아 있지 않았다. 그래서 할 수 없이 울며 겨자 먹기로 보퉁이를 묶었던 노끈을 풀어서 나누어 달게 되었다. 그래서 돼지 자지와 오리 자지는 지금도 그렇듯, 풀어놓은 노끈마냥 꼬불꼬불한 모양새가 되었다 한다. [口傳說話集]

작고도 큰 것이 씹구멍이다
- 음문의 크기는 비록 작아도 여기에 온 재산을 다 쏟아 부어도 결코 채워지지 않는다는 뭇 오입쟁이들의 곁말.

잠수보지다
- 제주도 또는 남도출신 해녀들의 생활력이 강하듯 성 능력 또한 출중하대서 나온 말.

젊은 보지는 뽀듯한 맛, 늙은 보지는 요분질 맛이다
- 정사는 나이에 상관없이 나름의 묘미가 있어 이루어지는 것이다.

젊은 보지다
  - 나 어린 여자다.

제 좆 꼴리는 대로 하는 놈이다
  - 남 사정은 아랑곳없이 저 하고픈대로 하는 자이다.

졸금* 자지가 기운 쓰겠냐
  - 오줌발 시원찮은 터에 정사가 잘 될 수 있겠느냐고 비하하는 말.

    * 졸금 거리다 : 오줌 따위가 나오다 그치다 하는 모양.

좆 꼴리는 건 제 아비도 못 말린다
  - 성욕은 본능적인 거라서 누구도 통제하기 어려운 법이다.

좆 꼴리는 대로 하다간 초상날 줄 알아라
  - 멋대로 하다가는 크게 혼날 줄 알아라.

좆 꼴리면 오형제 신세나 져라*
  - 정 못 참겠거든 수음(手淫)이라도 해서 기분 풀어라.

    * 오형제 신세 진다 : 손가락으로 성기를 자극해서 쾌감을 얻는 자위행위. 용두질.

좆 내 맡고 보지 벌어지듯
  - 일이 생각대로 잘돼 가는 중이다.

좆 대가리도 덜 여문* 애숭이가
  - 아직 자지도 덜 큰 아이 놈이.

  = 좆 대가리도 안 팬 놈이.

    * 덜 여물다 : 아직 귀두가 벗겨지지 않은 포경상태라는 뜻.

좆 대가리만 크면 뭐 하나 좆심*이 좋아야지
- 남근이 크다고 자랑할 게 아니고 실전 능력이 좋아야 하는 것이다.
   * 좆심 : 남근의 발기 능력. 정력. 양기.

좆 대가리에 땀 난다
- 몹시 힘에 부치는 곤경에 처해 있다.

좆 대가리 헛 단 자식이다
- 남자답지 못한 용렬한 자이다.

좆 떼서 개나 줘라
- 오입질을 일삼는 자 또는 발기부전 무능력자에게 해대는 막말.

좆도 개 좆이다
- 밤낮 오입질이나 일삼는 날 건달이다.

좆 맛이 꿀맛이다
- 여자 입장에서, 정사 때의 느낌이 그만이다.

좆 밥* 이 덜 떨어졌다
- 나이를 덜 먹었다. 아직 철이 덜 들었다.
   * 좆 밥 : 귀두 둘레의 살가죽. 우멍거지.

좆 빠는 놈만 서럽다
- 굴욕적인 봉사를 하는 경우 등에 성깔이 나서 내뱉는 말.

좆 빠지게 힘들다
- 몹시 힘든 상태이다.
= 좆 나게 힘들다.

좆 빤다고
 - 미쳐서. 머리가 돌아서.

좆 안 서는 놈은 외상도 주지 말랬다
 - 발기부전이면 언제 죽을지 모르고 죽으면 못 받으니까 외상주지 마라.

좆 안서는 놈은 황천길* 이 내일 모레다
 - 발기 불능은 죽을 날이 얼마 안 남았다는 징후이다.
 = 좆 안 꼴리면 저승이 문 밖이다.
    * 황천길 : 저 세상으로 가는 길. 저승길.

좆이나 씨팔이다
 - 일이 엉망이 돼 버렸다고 혀 차는 말.

좆 작아 장가 못 간 놈 없고 좆 짧아서 새끼 못난 놈 없다.
 - 남근은 작아도 성관계나 자식 낳는 데 아무 지장이 없다.

좆 주무르듯 떡 주무르듯 한다
 - 과부가 오랜만에 남근을 애지중지 만지듯 물건을 사지는 않고 계속 만지작거리는 경우 등에 놀리거나 무안주는 말.

좆 줄듯 한다
 - 찬물에 남근이 움츠러들듯 돈 재산 등이 눈에 띄게 줄어드는 모양 등에 빗댄 말.

좆 짧은 건 써도 글 짧은 건 못 쓴다
 - 남근은 작아도 애 낳고 성생활 하는데 아무 지장 없지만 글 배우다 만 것은 아무짝에도 못쓰니 끝까지 배우도록 해라.

좆 크다고 씹 잘하는 건 아니다
- 남근이 크다고 해서 다 양기가 좋은 것은 아니다.
= 좆 크다고 좆심 좋은 건 아니다.

좆 큰 건 허우대 보고는 모른다
- 남근의 크기가 꼭 키나 체격과 비례하는 것은 아니다.

좆 하자는 대로 하다간 팔자 조진다
- 남자의 경우 불시 성욕이 일어나도 자제할 줄 알아야지 불연이면 신세를 망치게 되니 삼가고 조심할 일이다.

좆도 개 좆이다
- 밤낮 오입질이나 일삼는 개 건달놈이다.

좆도 모르고 송이버섯* 딴다
- 송이버섯이 꼭 남근처럼 생겼는데 그것도 모르고 송이버섯을 딴다 함이니 물정도 모르면서 아는 척 한다고 비웃는 말.
  * 송이버섯 : 송이(松栮)란 말 자체가 '소나무 버섯'이란 뜻임에도 '버섯'이 덧붙여진 것은 여타 '싸리버섯' 등과 구별 짓기 위해서였다 한다.

좆만 꼴리게 만든다
- 실속도 없이 기분만 좋다 말게 한다.

좆심이 좋다
- 성 능력이 탁월하다.

좆에 궁짜가 끼었나 보다
- 흔히 노총각 홀아비 등이 아무 여자한테나 집적댈 때 빈정대는 말.

좆으로 뭉개도 그보다는 낫겠다
 - 일을 건성으로 하거나 결과가 성에 안 차는 경우 등에 꾸짖는 말.

좆은 클수록 좋고 씹은 작을수록 좋다
 - 남근은 클수록 좋고 음문은 작을수록 성감이 좋다.

좆을 빼서 아가리에다 처 박을까보다
 - 계속 입(아가리)을 놀리면 가만두지 않겠다는 으름장.

좆이 영락없는 당나귀 좆이다
 - 남근이 별나게 큰 자이다.

좆이 커야 좆 맛도 좋다
 - 여자 입장에서, 남근이 커야 성감도 좋다는 뜻.
 = 좆이 커야 좆심도 좋다.

좆이나 빨아라
 - 쓸 데 없이 말참견하지 마라.

좆하고 씹은 작아도 써 먹는다
 - 남녀의 성기는 비록 작더라도 제 구실하는 데는 아무 지장 없다.

쥐 씹에 말 좆이다
 - 여자는 작은데 남자는 거한인 경우 그들의 성교 장면을 빗댄 말.
 = 어른이 애 버선 신은 격이다. 모기 씹에 당나귀 좆이다.

집구석 가서 네 서방 좆이나 빨아라
 - 여자가 원한 맺힌 상대에게 퍼붓는 원색적인 악담.

찰떡보지다
- 성감이 썩 좋은 여자이다.
= 찰떡궁합이다. 낙지 띠에 문어 띠다.

첫날밤 무서워서 시집도 못 가겠다
- 몹시 부끄러움 타는 처녀를 두고 입방아 찧는 말.
= 좆 대가리 무서워 씹도 못 하겠다.

청년 때는 송곳이요 중년에는 쇠망치, 노년에는 삶은 가지다
- 남근의 강직도가 나이 따라 표 나게 차이가 남을 해학적으로 나타낸 말.

■ 관련 여담

　　청년과 장년, 늙은이 세 사람이 동행을 하다가 어느 시골집에 유숙을 하게 되었는데 그 중 하나가 주인여편네의 해반주그레한 용모에 반해 밤중에 몰래 주인이 없는 그 방에 들어가 간통을 하였다. 다음 날 처의 고변으로 이를 알게 된 주인이 관아에 고소하였으나 사또가 처결할 방도를 몰라 부인에게 물은즉 "그야 뭐 그리 어려울 것이 있나이까? 이렇게 물어 보구려. 그 여편네가 일을 당할 때 양물이 송곳 끝 같더냐 혹은 쇠망치 같더냐 그도 아니면 삶은 가지로 들이미는 거 같더냐고 물어서 송곳 같다면 이는 분명 청년일 것이요 쇠망치라면 장년이고 삶은 가지 같다면 노인일 것이외다."라고 하였다. 이튿날 사또가 당했다는 여편네를 불러 물으니 '쇠망치로 치는 것과 흡사했다.' 라고 하매 장년을 잡아다 엄하게 족치니 과연 자기가 했다는 자복을 받게 되었다. 이에 사또가 이제는 부인을 의심하여 경위를 물은즉 "우리 또한 혼인시절에는 송곳 끝으로 찌르는 거 같았고 중년에는 쇠망치로 치듯 둔중하였으며 요즘 노경에 이르러서는 삶은 가지를 들이미는 것 같으니 이와 같이 알 뿐입니다." 라고 답하니 사또가 머리를 끄덕였다 한다.

[十大奇書]

춘보 용철이요 추자 뚫벽이다
- 춘보 즉 봄 보지는 용철(溶鐵) 즉 쇠를 녹이고 추자 즉 가을 자지는 벽을 뚫는다는 호사가들의 우스갯 말.
= 봄 처녀, 가을 총각이다. 봄 보지, 가을 자지다.

춘삼월 보지는 쇠 젓가락도 끊는다
- 봄철은 여자의 성욕이 승하는 절기이다.

터럭 없는 보지에 좆 물렸다
- 나 어린 계집이라고 얕보았다가 크게 혼이 났다.

털 요강
- 어른 여자의 성기를 빗댄 곁말.

파리 좆 만한 것이
- 나 어린 또는 같잖은 놈이 대든다고 꾸짖는 말.

풋 보지
- 아직 영글지 않은 나어린 여자의 음부. 풋 조개. (반)풋 자지. 풋 좆.

하초* 가 별 볼일이 없다
- 양기가 기대에 미치지 못해 실망스럽다.
  * 하초(下焦) : 한방에서 이르는 삼초의 하나로 배꼽 아래 대장 소장 방광 신장 등을 이르는 것이나 여기서는 발기능력을 빗댄 말.

4. 성교 관련

가랑이 품 판다
- 몸을 판다. 창녀 짓을 한다.

가랑이속* 빠져 나가기가 지옥 빠져나가기 보다 어렵다
- 색정을 떨쳐내기란 그만큼 어려운 것이니 항시 삼가고 경계할 일이다.

  * 가랑이속 : 음문을 둘러 이르는 말.

가서 네 마누라 젖이나 빨아 먹어라
- 쓸데없는 참견 말고 입 닥쳐라.

개구멍* 시방이다
- 과부나 남편 있는 여자와 몰래 정을 통하는 남자를 이르는 말.

  * 개구멍 : 남몰래 드나드는 비밀통로.

개 씹도 주는 놈한테만 준다
- 발정한 암캐도 수캐를 가려가며 흘레를 하듯 음란한 여자라 해도 아무 남자하고나 정사를 하지는 않는다.

개흘레 한다
- 마치 개가 흘레 하듯 남자가 여자 등 뒤에서 하는 성교체위를 이르는 말.

거시기* 가 오줌만 싸라고 생긴 줄 아냐
- 독신 또는 과부나 홀아비한테 은근히 정사를 부추기는 말.

  * 거시기 : 남녀의 성기를 빗댄 말.

검정 고기가 맛이 좋다
- 피부색 가무잡잡한 사람이 성감이 좋다는 뜻.

결을 준다
- 여자 측에서 정조를 허락한다.

계집 타기를 누운 소 타듯 한다
- 거리낌 없이 계집질을 일삼는 자이다.

계집이라면 회를 쳐 먹지 못해 안달이다
- 여자라면 사족을 못 쓰는 팔난봉 오입쟁이다.

고기는 씹는 맛, 씹은 박는 맛이다
- 무슨 일이든 그에 합당한 이유나 정서 또는 맛이 있는 법이다.

고추도 낯을 가린다
- 오입쟁이라고 아무 여자하고나 성교를 하는 것은 아니다.

고추밭에 상추 가리는 년이다
- 남편을 위하는 척 하며 실은 제 음욕을 채우는 계집이다. 고추밭 이랑에 심는 상추는 약이 올라 사내정력에 좋대서 나온 말.

고추장에 풋고추 궁합이다
- 속 궁합이 기막히게 잘 맞는 부부 또는 남녀사이다.
= 조청에 찰떡 궁합이다. 상치에 된장 궁합이다.

구들* 농사 짓는다
- 성교를 한다. 자식은 방구들 위에서 만든다는 뜻.
= 자식 농사짓는다. 밤농사 짓는다.

  * 구들 : '구운 돌'에서 나온 말. '구'는 '굽다'에서 나오고 '들'은 굴을 뜻하는 한자 돌(堗)이

변한 것이다.

구멍파기*에 미치면 녹아내리지 않는 삭신이 없다
- 여색에 미치면 신세 망치는 것이니 경계할 일이다.

   * 구멍파기 : 성교를 빗댄 말.

군밤 맛하고 샛서방 맛은 못 잊는다
- 군밤의 고소한 맛과 샛서방과의 달콤한 정사 기억은 좀체 잊지 못한다.

굶어도 사랑 맛, 씹 맛에 산다
- 남녀간의 정분이란 인생에서 그만큼 비중이 큰 것이다.
= 굶어도 엉덩방아 맛에 산다.

기왕 줄 바엔 홀딱 벗고 주랬다
- 사심 없이 주어야만 고맙게 여겨 후사도 있는 법이다. 정사 관련의 곁말이기도.

길 터진 밭에 마소(馬牛) 안 들어가랴
- 여자가 마음이 헐 하면 몸단속을 할 수 없게 된다.

꽃 본 나비, 담 안 넘어갈까
- 꽃같은 여자가 남자 눈에 들면 어떤 위험도 감수하게 된다.
= 꽃 본 나비, 불을 헤아릴까.

꽃뱀* 한테 물렸다
- 의뭉한 계집에게 걸려들어 돈 버리고 망신을 했다.

   * 꽃뱀 : 남자의 색심을 이용해 돈을 갈취하는 여자. 유녀. 창녀.

꽃잠 잔다
- 첫날밤 또는 신혼 때의 달콤한 정사를 이르는 말.

꿈에 서방 맛* 본 듯
- 얼떨결에 지나 놓고 보니 허망하기 짝이 없다.
= 꿈에 씹 맛 본 듯. 꿈에 임 본 격이다
   * 서방 맛 : 여자가 정사 때 느끼는 성적인 쾌감. 사내 맛. 좆 맛.

낭자* 비녀 빠지겠다
- 낭자에 찌른 비녀가 빠지겠다 함이니 정사 때의 황홀함을 빗댄 말.
   * 낭자 : 여인들이 예장에 쓰던, 딿은 머리의 한 가지.

냄비* 잘못 돌려서 빵 살이** 하는 년이다
- 간통죄로 옥살이하는 여자이다.
   * 냄비 : 음문을 빗댄 말.
   ** 빵 살이 : '감방살이'의 은어.

넘어선 안 될 선을 넘었다
- 불륜의 성관계를 했다.
= 삼팔선을 넘었다.

노마크 찬스다
- 아내가 친정에 가거나 남편이 출장 등으로 집을 비워 바람을 피우는데 절호의 기회이다.

농탕질 한다
- 남녀가 음탕하게 놀아나는 모습을 그린 말.

눈 맞고 배 맞았다*

- 남녀 간에 눈이 맞아 몸까지 섞은 사이가 되었다.
= 붙어 먹었다.
　* 배 맞았다 : 떳떳하지 않은 성관계를 가졌다.

늙은 호박에 대심* 박기 한다
- 나이 든 여자와의 성관계를 빗댄 말.
　* 대심 : 기름불이나 초 따위에 박아 쓰는 굵은 심지.

단 구멍*이 신 구멍*만 못하다
- 음식 맛이 좋아도 성교의 짜릿한 맛을 이길 수는 없다는 뜻.
　* 단 구멍 : 감식(甘食)하는 입. *신 구멍 : 음문을 비유.

단맛이 신맛이다
- 성교의 맛이 그 중 좋은 맛이다.

달포* 는 굶고 살아도 임 없이는 하루도 못 사네
- 젊어서는 식본능보다 성본능이 더 절실할 수 있다는 뜻.
　* 달포 : 한 달 이상. 한 달여.

돼지 얼굴 보고 잡아 먹나
- 고기 맛이 좋아 잡아먹듯 남자가 오입하는 이유도 그와 같다는 뜻.
= 오입쟁이 얼굴 보고 하나, 씹 보고 하지.

둥근 구멍에 모난 자루가 맞겠냐
- 성격 또는 속궁합이 안 맞아 다툼이 잦은 부부 또는 남녀 간을 비유한 말.

등 따습고 배부르면 씹 생각이 나는 법이다
- 의식주가 족하면 성욕이 꿈틀대기 마련이다.

디딜방아* 에 겉보리 찧듯
- 속궁합이 썩 잘 맞는 남녀의 정사장면을 그린 말.
= 아는 집 들이기듯 한다.
* 디딜방아 : 두발로 발판을 디뎌서 곡식을 찧게 만든 재래식 방아.

따먹었다
- 남자 입장에서, 여자와 성교를 했다는 뜻의 속어.

떡을 쳤다
- 어떤 일을 치르는데 충분하고도 남을 만했다. '떡을 친다'는 정사를 빗댄 말이기도.

롱 타임 한다
- 밤샘 정사 서비스를 한다.
= (반) 숏 타임 한다.

마른 오징어 깔아뭉개듯 한다
- 덩치 큰 남자가 가냘픈 여자를 사정없이 덮치거나 또는 여럿이 달려들어 약자를 잔인하게 짓밟는 모습 등을 나타낸 말.

말뚝 동서, 구멍 동서다
- 혼음을 한 사이다. '말뚝'은 남근, '구멍'은 여근을 빗댄 말.

말하고 계집은 타 봐야 안다
- 실제로 겪어 보아야만 진가를 알 수 있다.

맷돌 씹에 좆 빠지듯 한다.
- 체위를 바꿔 성교를 하면 남근이 잘 빠지듯 일이 뜻대로 안 되는 경우 등에 내뱉는 말.

멀미는 주물러 줘야 낫는다
- 배 멀미 차멀미는 남녀 불문하고 껴안거나 성감대 등을 애무해줘 성(性)적으로 흥분이 되면 가라앉는다.

몸 걸레질 한다
- 성 행위를 비유한 말.
= 몸을 섞는다.

몸 풀었다
- 아기를 낳았다. 또는 '성관계를 했다'의 속어.

몸 허물어졌다
- 끝내 정조를 잃고 말았다.

몸도 달기 전에 헛물켜고 있다
- 이 편은 생각도 없는데 저 혼자 설쳐 대고 있다. 정사를 빗낸 말이기도.
= 떡 줄 놈은 생각도 없는데 김칫국부터 마신다.

묵은 조개, 햇 조개* 다 까먹어** 보았다
- 무릇 여자라면 노소불문 다 관계해 보았다.
   * 묵은 조개, 햇 조개 : 늙은 여자, 젊은 여자.
   ** 까 먹었다 : '성교를 했다'의 속어.

문전 처리가 파이다
- 사업 또는 이성교제나 정사 등에서 끝마무리를 잘못해 망쳐 버렸다.
= 다 가서 문지방을 못 넘는다. 이른바 당문파(當門破 : 문턱을 넘지 못하고 쓰러짐)라는 뜻.

물 보리 한 말에 숫 씹* 만 다 버렸다
- 귀한 것 내준 대가가 물 보리라니 말로 주고 되로도 못 받았다는 볼멘소리.
    * 숫 씹 : 처녀의 성(性).

물 본 기러기요 보지 본 좆이다
- 더없이 잘 무르익은 정사 기회이다.

물총질 한다
- 성교 시의 사정 행위.

물방아* 찧는다
- 성행위를 빗댄 말.
= 가죽방아 찧는다. 밤방아 찧는다. 디딜방아 찧는다. 구들방아 찧는다. 품방아 찧는다. 물총질 한다.
    * 물방아 : 음수를 둘러 이르는 말.

뭐니 뭐니 해도 씹 호강이 제일이다
- 돈 호강이니 뭐니 해도 흡족한 정사만큼 만족감을 주는 것은 없다.
= 이 호강 저 호강 해도 씹 호강이 제일이다.

밉다니까 떡 사 처먹고 서방질 한다
- 미운 여편네가 떡까지 사먹어 가며 서방질을 하다니 한심한 일이다.

밑엣 품을 판다
- 서방질을 한다. 또는 창녀 짓을 한다.

배 지나간 자리다
- 여자 입장에서, 성관계를 해도 흔적이 남는 건 아니라는 뜻.
= 배 떠난 자리다. 죽 떠먹은 자리다. 좆 지나간 자리다. 배(船) 지나간 자리나 배

(腹) 지나간 자리 모두 흔적이 없다는 뜻.

밤마다 벙거지 쓴 놈*이 들락거린다
- 밤마다 성관계를 일삼는 음탕한 여자이다.
   * 벙거지 쓴 놈 : 남근을 빗댄 말.

밤송이하고 보지는 여물면 저절로 벌어진다
- 남녀 모두 꽃띠나이가 되면 성에 대해서 저절로 알게 된다.

밥은 샛밥이 더 맛있다
- 배우자 아닌 상대와의 정사가 더 성감이 좋다.
= 군것질이 더 맛있다. 도둑 썹이 더 맛있다.

방사(房事)는 일착(一窄)이요 이온(二溫)하고 삼치(三齒)에 사요본(四搖本)이고 오감창(五甘唱)에 육장(六長)이다
- 남자 입장에서, 성교는 첫째 질이 좁아서 빠듯해야 하고 둘째 느낌이 따뜻하고 셋째 이빨로 무는 듯해야 하고 넷째 요분질이 좋아야 하고 다섯째 감창소리가 나야 하고 여섯째 오래 해야 좋은 것이다. [十大奇書]

방아품 판다
- 몸을 판다. 매춘을 한다.

밭* 팔아먹고 사는 년이다
- 정조를 팔아먹고 사는 창녀나 작부 따위를 이르는 말.
   * 밭 : 음문 또는 '정조'의 속어.

밴대질 한다
- 여자끼리 성교 흉내 내는 짓을 한다.
= (반)비역질. 남색(男色)질.

번개 씹에도 정이 있고 도둑 씹에도 정든다
　- 남녀간의 정분은 누구도 알 수 없는 것이다.

번개 씹하듯 한다
　- 일을 잠시 잠깐 새 해치워 버리는 경우 등에 빗댄 말.
　= 번갯불에 콩 구워먹듯 한다. 토끼 씹하듯 한다. 잠자리 씹하듯 한다.

벌려 주고 뺨 맞는다
　- 베풀어 주고도 욕을 본 억울한 경우이다.
　= 씹 대주고 뺨 맞는다.

벽치기 한다
　- 여자를 벽에 붙이고 하는 즉석 정사.

보리밭* 에서 나오다 들켰다더라
　- 몰래 계집질 또는 서방질을 하고 나오는 것을 아무개가 봤다더라고 소문내는 말.
　　* 보리밭 : 옛날에는 물방앗간과 함께 보리밭이 요즘 러브호텔과 같은 밀애 장소로 선호됐다고 함.

보지보고 하지 낯짝 보고 하나
　- 바람둥이가 오입을 할 때에는 미추(美醜)를 가리지 않는다는 뜻.
　= 돼지 얼굴보고 잡아 먹냐.

보지에 데었다
　- 너무 색을 밝힌 나머지 가진 재산을 다 날리고 거지꼴이 되었다. 또는 꽃뱀 같은 여자의 마수에 걸려들어 혼구멍이 났다.

본서방 좆에는 쇠테 두르고 샛서방 좆에는 금테 둘렀다
　- 샛서방과의 정사가 그만큼 성감이 더 좋다는 뜻.

= 본서방 좆 맛은 물맛이고 샛서방 좆 맛은 꿀맛이다.

봉지도 안 떼고* 애부터 낳으란다
- 일에는 순서가 있는 법인데 성급하게 다그친다고 들이대는 말.
  * 봉지도 안 떼고 : 성교도 안 한 상태에서.

붙어 먹었다
- 부부가 아닌 상대와 성교를 했다.

비빔밥 하고 보지는 질어야 제 맛이다
- 비빔밥처럼 음문도 촉촉해야만 성감이 좋다.

비역* 은 한 놈이 소문내고 씹은 준 년이 소문낸다
- 이래저래 그 짓은 소문이 나게 마련이다. 또는 성관계는 여자가 먼저 소문내는 일이 많다는 뜻.
  * 비역 : 남자끼리 성교하듯 하는 짓. 남색질.

비지촌(非脂村) 이야기
- 남녀가 얼릴 때면 대개 남자가 거짓말을 하는 일이 많대서 생긴 말.

■ 관련 여담

예전에 한 나그네가 동네를 지나다가 시장하던 터에 보리밭 둑에 있는 뽕나무에 오디열매가 먹음직스런지라 그 나무에 기어 올라가 오디를 따먹고 있던 참이었다. 그런데 웬 처녀 하나가 작은 술상을 들고 보리밭으로 들어오더니 이어 따라온 총각과 술 한잔씩을 나눠 먹은 다음 엉겨붙어서 질탕한 정사를 벌이는 것이었다. 그러던 중 기분이 고조된 처녀가 총각에게 "우리 서로 거기를 애무해 주자"고 한즉 총각이 좋다고 해 처녀는 약속대로 입으로 총각의 양물을 빨아 줬는데 총각은 "여자의 음문은 깊이 들어가 있어 애무하기 어려우니 손가락을 넣었다 빼서 그것을 빨면 어떻겠느냐?"라고 하는 것이었다. 처녀가 좋다고 하자 총각이 손가락을 넣었다 빼서 빨기는 했는데 엉뚱한 다른 손가락을 빠는지라 처녀가 항의하자 총각은 계속 맞는다고 우겨대는 거였다. 이에 뽕나무 위에 앉아 이 모든 대거리를 보고 있던 나그네가 '그 손가락이 아니다'라고 일갈하는 바람에 처녀와 총각이 모두 대경실색하여 도망치고 말았는데 그런 일이 있은 뒤 그 마을 이름이 '그 손가락이 아니다'라는 뜻의 '비지촌(非脂村)'으로 불리게 되었다 한다. [十大奇書]

뼈를 녹인다
- 운우지정(雲雨之情)을 빗댄 말.
= 뼈가 녹는다.

사내 맛에 환장 들린 년이다
- 색탐이 심한 여자라고 욕하는 말.
= 연장 맛(좃 맛, 씹 맛)에 환장하는 년이다.

살 방아* 를 찧는다
- 질탕하게 성교를 한다.
= 살 인연을 맺는다.

   * 살 방아 : 남근 또는 성교의 속어. 살 방망이. 고기몽둥이. 고기방망이.

살보시* 한다
- 정조로 보시에 갈음한다.
= 육 보시 한다. 육 공양 한다.

   * 보시(布施) : 불가에서 양식이나 돈 또는 물품을 베푸는 일.

■ 관련 여담

예전에 주막집의 주모나 또는 그 비슷한 처지의 천민 계층 여자들은 스님이 오면 따로 보시할 양식도 돈도 없는 경우 또는 그 핑계로 스님과 하룻밤 정사를 나누곤 했는데 이를 '살보시 한다' 또는 '살보시 받는다.' 고 하였다. 그 대가로 스님은 나중에 사미승을 시켜 양식에 보태 먹으라고 시주 들어온 쌀 말이나 보내주곤 했다 한다.

살 송곳* 디민다
- 남자 입장에서, 성교를 한다는 뜻.
= 살 송곳 꿴다.

* 살 송곳 : 남근을 둘러 이르는 말.

살 송곳 맛을 알면 정 붙여 살게 마련이다
- 여자가 사내 맛을 알면 고생이 자심해도 참고 살게 돼 있다.

살 수청 효도 한다
- 늙은 부친에게 동비(童婢)로 하여금 수청을 들게 해 기쁘게 해드린다.

살꽃* 맛이 그만이다
- 정사 때의 느낌이 아주 좋다.

* 살꽃 : '몸의 꽃'이란 뜻으로 음문을 빗댄 말.

살꽃을 바쳤다
- 정조를 주었다.
= 살 수청을 든다. 몸을 섞는다. 몸을 준다.

살꽃을 판다
- 몸을 파는 창녀이다.

살을 섞는다
- 성교를 한다. '살을 나눈다.' 와 같은 뜻.

살을 주었다

- 여자 측에서 정조를 허락했다.

삼팔선을 넘었다
- 남녀가 비정상의 성관계를 가졌다.
= 마지노선* 을 넘었다.
  * 마지노선 : 1차 세계대전 후 프랑스가 독일국경에 구축한 방어선. 더는 물러설 수 없는 마지막 저지선을 이르는 말.

상사병 든 총각한테는 씹이 약이다
- 이성 때문에 생긴 총각의 병에는 여자를 붙여 주어야 낫는다.

상사병* 든 처녀는 말뚝총각**이 약이다
- 사랑 때문에 생긴 처녀의 병은 건장한 총각을 붙여줘야 한다.
  * 상사병(相思病) : 이성을 그리워한 나머지 생기는 병. 화풍병(花風病).
  ** 말뚝총각 : 남근이 말뚝처럼 튼실한 총각.

상추쌈에 된장 궁합이다
- 속궁합이 썩 잘 맞는 남녀이다.
= 풋고추에 된장 궁합이다. 조청에 찰떡 궁합이다.

새벽치기 한다
- 이른 새벽에 벌이는 정사를 이르는 말.

■ 관련 여담 1

서울 사는 한 생원(生員)이 포천에 갈 일이 있어 새벽녘에 여종을 불러 이른 조반을 짓도록 명했다. 여종이 새벽밥을 짓느라고 부산하게 오가던 중 창틈으로 보니 생원 부처가 한참 새벽치기를 하는 중이었다. 여종이 적이 비웃으면서 물러나오는데 마침 절구통 부근에서 수탉이 암탉을 쫓아서 교합을 하는지라 여종이 큰소리로 "아니 이놈들아, 너희들도 포천 행차를 하려고 그러느냐?" 그러더란다.

■ 관련 여담 2

비슷하되 조금은 다른 이야기. 어떤 이가 다음날 선영에 벌초를 가고자 하여 여종에게 새벽밥을 분부하여 여종이 날이 밝기 전에 아침밥을 지어놓고 상전이 기침하기를 기다렸으나 아무런 기척이 없자 상전 침소로 가서 엿듣자니 방금 그 일이 한창이었다. 도리 없이 물러나와 쪼그리고 앉아 기다리는데 그새 날이 밝으면서 장닭이 뜰아래로 뛰어 내려 암놈 등에 올라타고 교합을 하는지라 여종이 보고 "아니, 너희들도 벌초하러 산에 가려고 그러느냐?" 하고 중얼대는 소리를 마침 상전 내외가 방에서 나오다 듣고는 부끄러운 나머지 말이 없었다 한다. [十大奇書]

샛밥 먹는다
- 배우자 아닌 상대와 정을 통한다.
= 붙어 먹었다.

샛서방 좆 맛은 꿀맛이고 본서방 좆 맛은 물맛이다
- 정사는 불륜이 더 맛이 좋다는 뜻.

생선을 보고 칼 이란다
- 남녀교합시 절정의 경지를 빗댄 말.

■ 관련 여담

나이 어린 처녀가 시집을 갔는데 어려서부터 처자를 돌봐온 유모가 걱정이 되어 은근슬쩍 첫날밤의 그 맛이 어떻더냐고 물으니 그냥 별로라는 답변이 돌아왔다. 그러자 유모가 "아씨가 이제 열여섯이니 점차 알게 되겠지만 그 맛이 인간에 제일가는 맛이라. 흥이 무르녹게 되면 눈 앞에 태산이 있어도 보지 못하고 귀는 우레가 쳐도 듣지 못하게 될 것이오." 라고 일러 줬으나 낭자의 반응은 이냥 시큰둥했다. 이에 유모가 다시 이르기를 "그럼 다음에 아씨가 낭군과 더불어 일을 벌일 때 내가 멀리서 물건을 하나 보여줄 테니 아씨가 그 물건을 바로 맞추면 아직 아닌 것이고 못 맞추면 맛을 아는 것이니 한번 그렇게 해 보리까?"하여 그러기로 한 뒤에 어느 날 행사를 벌이게 되었다. 그런데 그 홍농(興濃. 절정)의 때에 이르러 유모가 멀리서 생선을 들고 "이 물건이 무엇인고?" 하니 아씨가 바야흐로 넋이 절반은 나간 상태에서 "그걸 누가 모르리까, 그게 바로 칼이지요." 라고 했다. 대개 부엌칼 모양이 어형(魚形. 물고기 모양)과 흡사하여 이를 그릇 안 것이었다. 이로써 유모가 나중 이르기를 "남녀교합의 맛이 본래 이와 같으니 아씨는 이제 그 참맛을 알고도 남을 만 하오." 라고 추켜 주면서 좋아했다 한다. [十大奇書]

서방질* 한번 하나 열 번 하나 말 듣기는 마찬가지다
- 결과는 마찬가진데 기죽을 거 없다. 내 생각대로 하겠다고 내뻗는 말.
  * 서방질 : 여자가 배우자 아닌 사내와 성관계를 하는 짓. 화냥질. 난질.

서방질은 할수록 샛서방이 늘고 오입질도 할수록 더하게 된다
- 서방질이나 오입질은 한번 빠지면 점점 더 깊이 빠져들게 되니 당초부터 삼가고 경계할 일이다.

서방질하다 고구마* 먹고 체 했냐
- 서방질을 면피하고자 변명을 늘어놓는 여자에게 쏘아주는 쓴 소리.
  * 고구마 : 남근을 빗댄 속어.

서방질하다 들킨 년 마냥
- 몹시 당황하거나 서두르는 모습에 빗댄 말.

손만 만져도 애가 선다
- 임신이 잘되는 아낙 또는 그런 부부에게 덕담 또는 농으로 하는 말.
= 쳐다만 봐도 애가 들어 선다.

씹 동티가 났다
- 성행위를 한 뒤에 생긴 재앙을 이르는 말.

씹 생각은 죽어야 떨어진다
- 그만큼 성본능은 질기기 그지없다는 비유의 말.
= 여색(女色)하고 욕심은 죽어야 떨어진다.

■ 관련 여담

한 파파 할미가 병들어 죽을 임세에 이르러 세 딸들을 불러 앉히고는 이제 내가 죽으면 혼령이 돼서라도 너희들을 도울 것이니 원하는 바를 말하라 한즉 장녀가 "남자의 신낭(腎囊. 불알)은 아무 쓸모없는 물건이라 이를 양물에 보태 크게 했으면 좋겠습니다." 하니 "너는 아직 물리를 모르는구나. 저울에 추가 없으면 가히 쓸 수가 없느니라." 하였다. 이어 둘째가 이르되 "남자의 양물은 혹은 움직이고 혹은 움직이지 않거니와 원컨대 항시 움직여서 죽지 않도록 했으면 좋겠나이다." 한데 대해 "무릇 각궁(角弓)은 팽창하여 풀리지 않으면 도리어 탄력을 잃어 쓸 수 없게 되느니라." 하고 잘못된 생각을 고쳐 주었다. 이어서 셋째가 "남자 엉덩이에 큰 혹이 나게 해서 행사가 음농(淫濃. 절정)할 때에 이르러 나로 하여금 잡아당겨 한층 더 힘을 쓰게 했으면 좋겠습니다." 한즉 그 어미가 "너의 말이 가장 묘리를 얻었도다. 너의 아비 엉덩이에 만약 그 물건이 있었다면 내가 비록 당장 죽더라도 여한이 없을 것이다." 하고는 다 죽어가면서도 할미가 서방 엉덩이 잡아당기는 시늉을 하더란다.

씹 얘기는 양반도 웃는다
- 누구든 그런 얘기에는 귀가 솔깃하게 된다.
= 씹 얘기하면 부처님도 돌아앉아 웃는다.

씹은 사 서방(四書房) 노릇을 잘해야 한다
- 정사에 꼭 필요한 네 가지 조건 이야기.

■ 관련 여담

첫째는 마(馬)서방으로 말 좆을 닮아 큼지막해야 하고 둘째는 여(呂)서방으로 불알이 커서 양기가 좋아야 하고 셋째는 우(牛)서방으로 여물 되새김질 하듯 오래 해야 하고 넷째는 작(雀)서방으로 참새처럼 아래위 잦은 율동으로 쾌감이 고조되게끔 해야 한다는 뜻.

씹 한번 잘하면 좋은 일 없어도 사흘 웃는다
 - 대개 여자 입장에서, 정사를 잘하면 그만큼 좋은 느낌이 오래 간다는 뜻.

씹 호강한다
 - 여자 입장에서, 정사 느낌이 그만이어서 매우 흡족해 한다.

씹에 정드는 게 씹 정이라는 거다
 - 성관계를 하면 정도 깊이 들게 된다.

씹에는 공 씹이 없다
 - 성관계는 반드시 상응하는 대가를 치르게 되어 있다.
 = 씹에는 외상이 없다. 술은 공술 있어도 씹에는 공 씹이 없다.

씹에는 외상이 없다
 - 화대는 꼭 맞돈을 치러야 하는 법이다. 또는 성관계는 반드시 상응하는 대가를 치르게끔 되어 있다는 뜻.

씹은 색 쓰는 맛이다
 - 성교의 맛은 요분질 등 여자하기에 달렸다.
 = 씹은 요분질 맛이다.

씹은 정 맛이다.

- 정사도 사랑이 도타워야만 맛이 나는 법이다.
= 정이 있어야지 씹한다고 정드는 건 아니다.

씹은 첫째가 용두질 둘째가 비역질이고 셋째가 진짜 씹이다
 - 성행위는 사춘기 때 손으로 하는 자위행위(용두질)부터 배운 다음 이어 동성끼리 성행위 흉내(비역질)도 내다가 마침내 이성간의 정상위 단계에 이른다는 성교 체험 과정을 이르는 말.

씹을 준 대도 못 하는 병신 놈
 - 여자가 몸을 허락했음에도 하지 못하는 반편 같은 자이다.

씹 대주고 뺨 맞고 국 쏟고 보지 데고 탕기 깨고 서방한테 매 맞고
 - 한 가지 잘못이 빌미가 돼 연속으로 딱한 일을 당하는 경우에 빗댄 말.

씹하는 건 엿봐도 편지 쓰는 건 엿보지 말랬다
 - 남의 비밀을 엿보는 건 예의도 아니고 또한 당사자의 자존심을 건드려 큰 싸움이 되기 십상이니 그러지 마라.

씹하자는 대로 했다간 몸 버리고 망신한다
 - 여자가 몸 단속을 잘못하면 언제 욕을 볼지 모르니 명심할 일이다.

씹한 다음에는 달라진다
 - 첫 번의 성관계는 충격적인 일이니만큼 심신에 큰 변화가 생길 수 있다.

씹한 자리 없고 죽 떠먹은 자리 없다
 - 여자가 바람을 피워도 몸 어디에 흔적이 남는 것은 아니다.

아는 집 들어가듯 한다

- 거리낌 없는 애무 또는 거침없는 성행위 등을 빗대 이르는 말.

아닌 밤중에 홍두깨다
- 별안간 일을 당한 경우 등에 빗댄 말. 여기서 홍두깨란 수절하는 과부 방에 오밤중에 침입한 남자가 내민 홍두깨처럼 큼직한 남근을 비유한 말.

아버님은 환생하는 양물(陽物)이 되옵소서
- 세 딸의 부친 회갑연 덕담 이야기.

■ 관련 여담

노인이 회갑연을 맞아 자손들이 만당(滿堂. 집에 가득 참)한 가운데 맏며느리가 먼저 헌수(獻壽. 장수를 비는)의 잔을 올리자 그 지아비가 "잔을 들었으니 복되고 경사스런 말로서 헌배를 함이 가하리라."하니 며느리가 "원컨대 시아버님께서는 천황씨(天皇氏)가 되옵소서." 하였다. 노인이 무슨 뜻인고 물으니 '천황씨로 말하면 일만 팔천세를 누렸으니 그리 장수하시라는 축원이옵니다.'라고 하였다. 이어 둘째 며느리도 잔을 올리면서 "지황씨(地皇氏)도 일만 팔천세를 수(壽)하였으니 아버님께서는 지황씨가 되소서" 하니 노인이 또한 '좋은 말이로다' 하고 화답을 했다. 한데 셋째 며느리는 느닷없이 "시아버님께서는 양물(陽物. 남근을 빗댄 말)이 되옵소서." 하는 것이었다. 노인이 의아해서 무슨 까닭인고 물으니 "양물은 비록 죽을지라도 능히 환생(還生. 죽었다가 되살아남) 하여 장생불사(長生不死)하니 이 같이 장수 하옵기를 비나이다." 라고 사뢰었다. 이에 노인이 파안대소하면서 "참으로 그 말에 묘미가 있고 묘리가 있도다."하고 칭찬해 마지않았다 한다.

아랫심이 좋아야 사내 대접도 받는다
- 사내는 양기가 좋아야만 여자한테 대우도 받게 된다.

아침마다 텐트를 친다
- 자고 난 아침마다 남근이 불끈 발기한다. 본디 텐트는 저녁에 치고 아침에 걷는 법

인데 그런 일상에 대한 반어법적인 표현.

암컷이 발광을 해야 잡아먹을 맘이 동하는 것이다
- 성교는 몸을 빼기도 해야만 찍어 눌러서 항복 받는 맛이 나는 법이다.

애새끼 만들 틈도 없다
- 낮에는 물론 밤에 정사 나눌 틈조차 없이 바쁜 와중이다.
= 쉬하고 자지 털 새도 없다.

어른이 애 버선 신은 격이다
- 작은 여자와 장승처럼 큰 남자의 정사장면을 그린 말.
= 모기 씹에 당나귀 좆이다.

얼굴 박색은 있어도 씹 박색은 없다
- 얼굴이 못나도 성감만은 얼마든지 좋을 수 있다.

여자 몸 속 늘락대는* 거보다 더 재미있다
- 무언가에 무아지경으로 심취해 있는 모습을 비유한 말.

* 여자 몸 속 들락댄다. : 정사를 빗댄 말.

여자는 다듬방망이질, 남자는 가죽방망이질* 을 잘해야 한다
- 여자는 다듬이질 즉 살림을 잘하고 남자는 정사로 아내를 흡족하게 해주어야 집안이 두루 평안하다.

* 가죽방망이질 : 성행위.

염치없는 놈이라야 씹은 잘 한다
- 오입질은 이것저것 안 가리는 염치없고 체면 안 가리는 자가 잘한다.

엿*이나 먹어라
- 상대방을 놀리거나 약을 올릴 때 해대는 막말.

* 엿 : 여기서 '엿'은 남사당패의 은어로서 음문을 빗댄 말.

영업용 택시다
 - 돈을 주고 사는 여자를 이르는 말.

오입 맛 알면 계집 맛*은 모른다
 - 다른 여자 맛에 길이 들면 제 처와의 성관계는 멀어지게 된다.

* 계집 맛 : 아내와의 성적인 쾌감.

옷고름 풀었다
 - 여자 입장에서, 정조를 허락했다.
 = 치마끈 풀었다. 몸을 주었다.

왕 침* 놓는다
 - 성행위를 둘러 이르는 말.
 = 육침. 가죽 침. 가죽방망이.

* 왕 침 : 발기된 남근을 빗댄 말.

오입쟁이 한두 번 망신이야 대수* 겠냐
 - 아내 아닌 상대와 정사를 일삼는 오입쟁이가 들켜서 망신당하는 거야 통상 있는 일 아니더냐.

* 대수 : '중요한 일' 혹은 '대단한 일'을 이르는 대사(大事)에서 나온 말.

오입쟁이 낮거리 안 하는 놈 있나
 - 오입질 일삼는 자는 때와 장소를 가리지 않는다.

요분질 쳐 사내 피 다 말린다
 - 여자가 색정이 강해서 사내의 얼을 쏙 빼놓는다.

요분질* 이 니글니글하다
- 지나치게 색을 밝혀 정나미가 떨어질 정도이다.
= 요분질이 아금받다.
   * 요분질 : 여자가 남자에게 쾌감을 주고자 몸을 요리조리 놀리는 짓.

용두질* 안 치는 놈 없고 손가락 안 넣는 년 없다
- 젊어서의 자위행위야 통상 있는 일이 아니냐.
   * 용두질 : 손가락으로 성기를 자극하는 남자의 수음(手淫)행위.

육허기가 들었다
- 한동안 정사를 못해 마치 허기가 든 양 온몸이 허전하다. 육허기를 채운다는 건 육정(정사)으로 허기를 지운다는 뜻.

음양수장(陰陽隨長)이다
- 부부간에 오래 지내다보면 속궁합이 맞게 된다는 뜻.

■ 관련 여담

한 여인이 시상동에서 참기름 상사하는 사내와 눈이 맞아 정사를 하게 되었는데 양물이 어찌나 큰지 여인은 극환(極歡)을 맛보지도 못하고 서둘러 양물을 빼내 도망을 치고 말았다. 그 일로 음문이 찢어지고 아파서 견디지 못해 여러 날을 조섭하는 중에 하루는 그 사내의 처를 만나게 되어 궁금하던 차에 "전번에 마님댁 어른이 나를 꾀어 한 번 자자고 하여 부득이 허락하였더니 그 물건의 크기가 고금에 없는지라 도저히 당할 수가 없어 나만 음문에 중상을 입었는데 대체 마님께서는 어찌 용케 견디시는지요?" 라고 물었다 한다. 이에 그 처가 웃으면서 "나로 말하면 본래 열 댓살에 서로 만나서 아직 작은 음과 양이 교합을 하다가 모르는 새 양(陽)이 점점 자라고 음도 따라서 커져서 이젠 도리어 내 음문이 헐겁게 되었다오." 라고 답하니 여인이 "이치가 자못 그럴듯 하외다." 라고 머리를 끄덕였다 한다. [十大奇書]

이 방아 저 방아 해도 가죽 방아가 제일이다

- 여자 입장에서 이 방아 저 방아로 곡식 찧어 잘 먹는 것도 좋지만 흡족한 정사에는 미치지 못 한다는 뜻.
= 이 호강 저 호강해도 씹 호강이 제일이다. 이방 저빙 해도 내 시빙이 제일이다.

임의로 들어왔으되 임의로 나가지는 못하리라
- 정사(情事)에 임해 너만 좋게 놔둘 수 없다는 뜻.

■ 관련 여담

마을 총각이 소죽통을 빌리려고 울타리 너머 이웃집에 간즉 주인과부가 허벅지가 드러난 홑치마만 입고 봉당마루(안방과 건너방 사이의 작은 마루)에서 잠이 들어 있었다. 불현듯 음심이 동한 총각 놈이 달려들어 제 양물을 여인의 음문에다 들이대고 꽂으니 과부가 놀랍고도 크게 노하여 "네가 이러고도 능히 살 거 같으냐?"라고 꾸짖었다. 이에 총각이 "내가 소죽통을 잠시 빌리러 왔다가 우연히 이렇게 죄를 지었소이다. 그럼 이만 빼고 돌아가리다."라고 하자 과부가 두 손을 깍지 끼어 옥죄듯 총각 허리를 끌어안고는 "네가 임의로 내 몸에 들어왔으되 언감생심 임의로 나가지는 못하리라." 하고는 극음(極淫. 오르가즘)을 취한 다음에야 돌려보냈다. 한데 이튿날 저녁에 과부가 총각을 다시 불러 묻는 것이었다. "총각, 오늘은 어째 소죽통을 빌리러 오지 않는고?" [十大奇書]

입을 맞추면 배꼽도 맞추게 된다
- 남녀가 사랑을 하면 점점 더 깊이 빠져들게 된다.

잠자리 씹하듯 한다
- 일을 성의 없이 한다고 꾸짖는 말. 또는 한군데 지멸있게 못 있고 금세 떠나 버리는 경우 등에 비유한 말.
= 토끼 씹하듯 한다. 번개 씹한다. 참새 씹한다. 번개불에 콩 구워 먹듯 한다.

장화 신고 들어 간다
- 콘돔을 끼고 성교를 한다.

절구질 세게 한다고 절구 밑 빠지는 법 없다
- 방사(房事)를 세게 한다고 음문에 흠집 나는 일 없으니 군걱정하지 마라.

정을 통했다
- 배우자가 아닌 상대와 성관계를 했다.
= 붙어 먹었다.

제주 가서는 다금바리 복바리 비바리 맛을 다 보아야 한다
- 다금바리는 바릿과의 물고기로 복바리와 함께 맛이 좋기로 이름난 어종이다. 비바리는 제주도 처녀를 이르는 말.

좆 내만 맡아도 애가 든다
- 남자 냄새만 맡아도 임신이 되리만큼 아기가 잘서는 여자이다.

질리도록 꽂아 주는* 게 최고다
- 여자는 무엇보다도 정사를 잘 해 줘야만 흡족해 한다.
  * 꽂아 준다 : 성교를 한다.

채신머리없는* 좆이 뒷간에 가서 꼴린다
- 정작 긴요할 땐 꿈쩍 않더니 생뚱맞은 데 가서 발기한다 함이니 실기(失機)가 되어 일을 그르쳤다는 뜻.
= 제구실 못하던 좆이 뒷동산에 가서 일어선다.
  * 채신머리없다 : 주책이 없다.

처진 보지는 앉아 치기*가 제격이다

- 여근이 처진 경우는 앉은 자세로 해야 제 맛이다.
    * 앉아 치기 : 앉은 자세로 하는 성교 방식.

촛대거리 한다
- 꼿꼿하게 서서 하는 성교 방식.

치마끈 풀었다
- 마음이 통해서 정조를 주었다.
= 몸을 주었다. 옷고름 풀었다. 치마 벗었다.

치마만 봐도 꼴린다
- 남자 입장에서 양기가 절륜한 상태이다.
= 치마만 봐도 회가 동한다.

침 좀 발라야겠다
- 성교 시 음문이 건조하면 귀두에 침을 발라 삽입하듯 삐걱대는 일에 대해 담당에게 촌지(寸志)라도 주어 해결해 보라고 이르는 말.
= 기름 좀 쳐야겠다.

텐트 못 치는 좆도 좆이냐
- 자고난 새벽에도 발기가 안 되면 사내노릇은 진작 물 건너간 것이다.

하던 씹에 사주 박는다
- 동거를 하다 혼인신고를 해 부부가 된 경우이다.

한강에 배 지나간 자리다
- 과거사로 고민하는 여자에게, 성교는 흔적이 안 남는 것이니 걱정하지 말라고 다독이는 말.

= 죽 떠먹은 자리다. 배 지나간 자리 없고 좆 지나간 자리 없다.

한 번 줄래 안 줄래
- 흔히 남자가 여자에게 정을 통할 뜻이 있느냐, 어서 마음을 정하라고 다그치는 말.
= 한 코 줄래 안 줄래.(은어)

호미* 도 안 쓰면 녹스는 법이다
- 남자의 경우, 성 능력도 쓰지 않으면 퇴화해서 못쓰게 된다.
= (반)우물도 두레박질 안 하면 말라서 못쓰게 된다.

   * 호미 : '홈+이'의 합성어로 '홈을 파는 것'이라는 뜻.

홍합* 조개를 먹는다
- 젊은 여자와 성관계를 한다.

   * 홍합 : 홍합과의 바닷조개. 껍데기는 광택이 나는 흑색이고 안은 진주 빛, 살은 붉은 빛으로 맛이 좋다. 여기서 홍합은 음문의 속어.

흔들어 대는 바늘귀에 실이 들어갈까
- 여자가 몸을 빼면 성관계는 이루어질 수 없다는 뜻.

흘레 붙는다
- 짐승의 암, 수컷이 교미하는 짓. 또는 바람둥이의 오입질을 개 흘레에 빗대 비하하는 말.

5. 정분 관련

갑작사랑 영이별이다
- 뜸들일 새도 없이 맺어진 사랑은 헤어지기도 쉽다.
= 쉬 더운 구들이 쉬 식는다. 굴러 들어온 돈, 굴러 나간다.

고운 년 미운 데 없고 미운 년 고운 데 없다
- 곱게 보면 끝까지 예뻐 보이고 눈에 나면 끝까지 미워보이게 된다.
= 미운 년 예쁜 짓 못 보고 예쁜 년 미운 짓 못 보았다.

계집 고운 것하고 바닷물 고운 건 믿을 수 없다
- 여자가 미색이면 바람 들기 십상이고 바닷물이 고운 것 또한 장차 큰물이 일 징조라서 믿을 것이 못 된다.

■ 관련 여담

선비들이 산사(山寺)에서 만나 객쩍은 마누라 자랑이 한창이었다.

묵묵히 이를 듣고 있던 늙은 스님이 탄식하며 말하기를 "소승은 옛날에 한다하는 한량이었지요. 그런데 아내가 죽은 뒤 얻은 재취가 얼마나 고운지 애지중지 지내던 중에 되놈들이 처들어와 크게 분탕질을 하는데도 행여 고운 처를 놓칠까 저어 나가 싸우지도 못하고 처를 붙안고 도망치다가 말을 탄 되놈에게 잡히고 말았습니다그려. 한데 그 되놈이 처의 미색에 반해 소승을 결박하여 장막 아래 붙잡아 매고는 처를 끌고 들어가자마자 운우(雲雨之情. 정사의 옛말)가 무르익어 남자는 물론이고 계집의 희학질소리(절정 때 내는 감창소리)마저 농염하기 그지없으니 기가 막힐 밖에요. 그런데 한 술 더 떠서 제 계집이 되놈에게 "남편이 곁에 있어 편치가 않으니 아예 죽여 없애는 게 어떠하오?" 그러는 겁니다. 그러자 두목이 "옳도다. 내 당장 그리 하마" 라는 말을 듣고는 소승이 그 배은망덕에 분통이 터지면서 없는 기운이 솟구쳐 올라 묶은 끈을 우지끈 끊어버린 다음 장막 안으로 뛰어 들어가 연놈들을 단칼에 베어죽인 후에 도망을 쳐서 이에 머리를 깎고 중이 되어 여지껏 구차한 목숨을 보전해 온 것이올시다. 이로 말미암아 여쭙건대 여러 선비님들의 아내 자랑을 어찌 가히 다 믿을 수 있으리까?" 하니 자랑을 늘어놓던 선비들 입이 그만 쏙 들어가고 말았다 한다. [十大奇書]

기분이 넌출지고 덩굴진다
 - 마음이 흔쾌하여 다른 일에도 두루 좋게 미친다.

그 실한 몸에 기쁨 하나 담지 못하고
 - 혼자 사는 젊은 여자의 적막한 이성 관계를 나타낸 말.

그리 수줍음 타고서야 어찌 첫날밤에 신랑을 배위에 올려 놓을꼬
 - 수줍음을 잘 타는 처녀를 두고 주고 받는 호사가들의 곁말.

눈 흘레한다
 - 눈빛으로 정을 통하거나 눈짓으로 정사약속을 한다.

눈먼 사랑이 눈뜬 사람 잡는다
 - 실연으로 자살을 하거나 또는 원한이 맺혀 살인 등 범죄를 저지르는 경우 등에 이르는 말.

눈웃음 잘 치면 호색한다
 - 눈웃음은 잔정이 많고 색정도 강하다는 징표이다.

늦바람에 머리털 세는 줄 모른다
 - 늦바람이 나면 나이, 체면도 돌보지 않게 된다.

늦바람은 원님도 못 잡는다
  - 늦게 난 바람기는 그만큼 자제하기가 어렵다는 뜻.
  = 늦바람은 제 아비도 못 잡는다.

덕(德)이 연지요 정(情)이 곤지다
  - 마음이 고우면 얼굴도 고와 보인다. 얼굴화장보다 마음화장이 먼저라는 뜻.

도라지꽃 못된 것이 양 바위틈에서 핀다
  - 바람둥이 여자가 양다리를 걸쳐 삼각관계가 되었다.

도화살 낀 년* 이야 오가는 길손 허기나 꺼주고 살 수청** 이나 들어주고
  - 술도 팔고 몸도 팔면서 살아가는 주막집 여인네의 넋두리.
    * 도화살 낀 년 : 살 탐하는 성정의 여자.
    ** 살 수청 : 정조를 주는 짓.

떡을 치게도 좋은 달밤이다
  - 연인을 불러내 정사라도 하고 싶으리만큼 휘영청 밝은 달밤이다.

뜨내기 사랑에 정들고 멍들었다
  - 어쩌다 만나 든 풋사랑이 병이 되었다.

마음이 시리고 저리다
  - 몹시 눈물겨운 일 또는 절통한 일이다.

말에 감기고 정에 감겨서
  - 말에 정들다 보니 마음도 통하게 되어.

목(木) 메달이다

- 여자나이 20부터 금 은 동 메달로 치다가 삼십이 넘으면 시집 못가 울화통이 터져서 '목매달 나이'라 하여 우스개로 이르는 말.

몸단속을 한다
- 여자가 정절을 지키고자 행동거지에 신중을 기한다.

몸은 팔아도 마음은 팔지 말랬다
- 어쩔 수 없어 매춘은 할지언정 마음만은 곧게 가져야 한다고 이르는 말.

몸뚱이 갈무리 하나 제대로 못 하냐
- 몸단속 하나 제대로 못해 정조를 잃었단 말이냐고 꾸짖는 말.

무슨 덧정* 이 남았다고 눈물이 듣거니** 맺거니 하면서
- 눈물로 반갑게 해후하는 모습을 그린 말.

  * 덧정 : 곁가지 정.
  ** 듣다 : 물방울 (눈물)이 떨어지다.

무슨 부어터질 정이 있다고
- 매정하게 가버린 자한테 무슨 덧정이 남아서.

문단속 잘한다고 몸단속 잘하란 법 없다
- 영악한 아낙이 어쩌다 실수로 정조를 잃은 경우 등에 이죽거리는 말.

미인 소박은 있어도 박색 소박은 없다
- 미인은 치레하느라 도도해서 사랑받지 못해도 박색은 주제를 알아 상냥한 까닭에 사랑을 받게 된다.

미인은 사흘에 싫증나고 추녀는 사흘에 정 든다
- 정이 들고 안 들고는 미색보다 마음 씀씀이에 달린 것이다.

바다* 고운 것하고 여자 고운 건 믿지 마라
- 잔잔하다가도 순식간에 파도가 몰아쳐 인명을 앗아가는 바다처럼 여자의 변덕 또한 그러한즉 믿어서는 안 된다.

  * 바다 : 바다의 옛말 '바롤'은 '파랗다'를 이르는 '바르다'가 변해 명사화된 것으로 '파란 데'라는 뜻이다. 고로 바다란 바닷물이 파란 데서 나온 말이다.

바람기 없는 사내 없고 화낭기 없는 계집 없다
- 바람기, 화낭기는 본능적인 거라서 다들 조금씩은 갖고 있게 마련이다.

밥 없으면 얻어먹고 숟갈 없으면 집어먹고 집 없으면 방앗간에 자도 정만 있으면 산다
- 가진 것 없어도 정만 도타우면 역경을 이기고 살 수 있다.

밥이 익기를 기다려야 하듯 정분(사랑)도 그러하다
- 만사 모두가 숙성의 시간이 있어야 하는 것이다.

방아확* 은 새것이 좋고 여자 확은 닳은 것이 좋다
- 방아확은 새것이라야 곡식이 잘 찧어지고 음문은 길들여져야만 성감이 좋다.

  * 확 : 절구의 아가리에서 바닥까지 파인 부분. 음문을 빗댄 말.

번지 없는 주막이다
- 범접하기 쉬운 술집여자이다.

= 임자 없는 나룻배다. 바닷가 해당화다. 노류장화다.

복 많은 년은 넘어져도 가지 밭* 에 넘어지고 복 없는 년은 넘어져도 똥밭에 넘어진다
- 운이 좋으면 불행을 만나도 전화위복이 되지만 그와 반대되는 경우도 있는 법이다.

  * 가지 밭 : 가지 모양의 남근을 빗댄 말.

비릿한 눈길
  - 남정네들의 색탐하는, 느끼한 시선을 이르는 말

사내보기를 흙 보듯 한다
  - 정숙해서 남자를 거들떠보지 않거나 또는 남자한테 데어 아예 쳐다보지도 않는다.

살결이 희면 열 허물을 가린다
  - 큰 장점이 있으면 작은 허물은 절로 감춰지는 법이다.

사랑도 품앗이다
  - 사랑도 주거니 받거니, 밀당* 을 잘해야 한다.
 = 정도 품앗이다.
    * 밀당 : 밀고 당기기.

사랑싸움에 정 붙는다
  - 부부간 또는 남녀 간의 다툼은 정이 드는 동기가 되기도 한다.

사랑은 입을 다물어도 말을 한다
  - 사랑은 눈빛만으로도 마음이 통한다.

사랑의 맹세는 주피터* 도 웃는다
  - 사랑을 다짐하는 건 허망한 노릇이다.
    * 주피터 : 로마 신화의 주신(主神).

사르르 눈웃음 친다
  - 유혹할 목적으로 짓는 의도적인 눈웃음.

사별(死別)보다 생이별이 더 서럽다
  - 죽으면 잊기라도 하는데 생이별은 이러지도 저러지도 못해 너 고통스럽다.

살아 생이별은 생초목에 불 붙는다
 - 사별이 아닌 생이별은 산 푸나무가 타들어가듯 가슴 쓰린 일이다.

삿갓 밑에서도 정만 있으면 산다
 - 고생스러워도 남녀 간 정만 도타우면 살 수 있다.

상사(相思) 구렁이가 몸에 감긴 듯
 - 사랑의 그물에 꼼짝없이 휘감겨서.

새 사랑은 꿀떡 사랑, 구사랑은 찰떡 사랑이다
 - 새 사랑이 꿀떡처럼 달긴 해도 오랫동안 맺어 온 정분 역시 찰떡처럼 감칠맛이 있어 좋다는 뜻.

색에는 귀천이 없다
 - 이성 관계는 신분을 가리거나 따지지 않는다.

샛서방* 질 모르는 건 본서방뿐이다
 - 서방질은 소문나는 일인지라 다들 알게 마련인데 본 남편에겐 말해 주는 이가 없어 저 혼자 모르고 있다.
 = 등잔 밑이 어둡다.
   * 샛서방 : 남편 몰래 정을 통하는 남자. 사잇서방. 구멍서방.

샛서방 국수는 고기를 밑에 담고 본서방 국수는 고기를 위에 놓는다
 - 샛서방은 은밀한 사이라서 그리 남 모르게 위한다는 뜻.

샛서방하고 정들면 본서방 무서운 줄 모른다
 - 그러한즉 당초부터 불륜을 멀리하고 경계할 일이다.

서방은 샛서방이 좋고 계집은 샛 계집이 좋다
- 몰래 하는 정사가 더 느낌이 좋은 법이다.
= 음식하고 계집은 훔쳐 먹는 게 더 맛있다.

신도 신던 신이 편하고 계집도 길든 계집이 깊은 맛 있다
- 뭐든 오래 길이 들어야만 편하고 정 맛도 깊게 된다.

싫은 음식은 먹어도 싫은 여자하고는 못 산다
- 음식은 그때 뿐이지만 아내는 평생을 함께 해야 하는 까닭에 그렇다는 뜻.

숯불하고 여자는 쑤석거리면 탈 난다
- 숯불도 자주 쑤석이면 꺼지듯 여자 역시 자꾸 꾀면 줏대가 약해 나쁜 길로 빠지기 쉽다.

시집가긴 두 번이 어렵지 세 번 네 번은 여반장(如反掌)이다
- 첫 번의 재혼엔 고심을 해도 그 나음부터는 예사로 여기게 된다.

시집도 가기 전에 기저귓감 마련한다
- 아기 낳으면 쓰려고 미리 준비를 한다. 또는 눈치 없이 제 앞가림만 하려 든다고 머퉁이 주는 말.
= 중매쟁이 보고 기저귀감 마련한다.

씹 복 없는 년은 봉놋방* 에 가서 자도 고자 옆에 눕는다
- 복 없는 여자는 남자들만 자는 봉놋방에 가서 자도 하필이면 성 불구자 옆에 눕는다 함이니 노력을 해도 되는 일이 없다는 뜻.
= 복 없는 년은 머슴방에 가도 고자 옆에 눕는다.

  * 봉놋방 : 예전에 나그네들이 자고 가도록 만든 주막의 가장 큰 방. 구들만 뜨끈하게 때주고 요나 이부자리 없이 덜렁 목침 하나만 주었다고 함.

안 보면 보고 싶고 만나 보면 이 갈린다
 - 보고 싶어도 만나보면 찬바람이 도는 탓에 정나미가 떨어진다.

암탉이 오리알을 낳아도 수탉한테 할 말이 있다
 - 여자가 서방질을 해도 남편한테 할 말이 있듯 핑계없는 일은 없는 법이다.
 = 처녀가 애를 낳아도 할 말이 있다. 과부가 애를 배도 핑계는 있다.

연분 있으면 곰보도 일색으로 뵌다
 - 연분이 닿으면 마음눈이 멀어 죄다 예뻐 보이게 마련이다.

예쁜 계집 석 달 예쁜 줄 모르고 미운 계집 석 달 미운 줄 모른다
 - 결혼해 살다 보면 용모에 상관없이 정으로 살게 되어 있다.

예쁜 얼굴에 얼음장 들었다
 - 대개 예쁜 여자는 쌀쌀맞기가 마치 얼음장 같다는 뜻.

오 리는 못 가도 십리는 간다
 - 여자 측에서 가까운 곳은 이목 때문에 곤란하니까 멀리 나가서 만나자, 또는 통정할 수 있다고 암시하는 말.

웃음 헤픈 여자는 아랫녘도 헤프다
 - 잘 웃는 여자는 정이 많아서 정조도 헤프기 십상이다.

일색(一色)* 소박은 있어도 박색(薄色) 소박은 없다
 - 박색은 약점을 벌충하고자 노력하는 까닭에 더 많은 사랑을 받게 된다.
    * 일색(一色) : 뛰어난 미인. (반)박색.

임 있으면 금수강산, 임 없으면 적막강산이다

- 정인이 없으면 부귀와 호강 모두 다 부질없는 것이다.

장마는 늦장마, 바람은 늦바람이 무섭다
- 늦장마가 다 지은 농사 망쳐버리듯 늦 바람 또한 집안 살림을 돌보지 않아 패가망신하게 되니 경계할 일이다.

재수 좋은 년은 넘어져도 가지 밭* 에 가서 넘어진다
- 운이 좋으면 불운조차도 전화위복이 된다.
= 복 많은 년은 넘어져도 가지 밭에 넘어지고 복 없는 년은 넘어져도 똥밭에 넘어진다.
   * 가지 밭 : 여기서 '가지'는 남근을 빗댄 말.

젊어서는 사랑에 살고 늙어서는 정에 산다
- 젊어서는 사랑에 살지만 나이 들면 그 동안 든 정에 기대서 살게 된다.

정 끊는 칼은 없다
- 정이 깊이 들면 강압은 물론 죽음으로도 갈라놓을 수 없게 된다.

정 들면 살점도 베어 먹이고 싶다.
- 정이 들면 심지어 죽음도 두려워 하지 않게 된다.

정 붙여 살면 아귀* 틈에서도 웃고 살고 칼산* 도 두렵지 않다
- 아무리 힘들어도 사랑만 있으면 능히 다 이겨낼 수 있다.
= 굶주려도 사랑 맛, 씹 맛에 산다.
   * 아귀(餓鬼) : 굶어서 죽은 귀신. **칼산 : 기슭이 가파른 험산.

정나미* 붙게 한다
- 정이 담뿍 들게 행동한다.
   * 정나미 : 어떤 대상에 대한 애착.

정들면 첫 서방이나 둘째서방이나 한가지다
 - 상대방에 상관없이 사랑이 있느냐 없느냐가 관건이다.

정만 있으면 가시 방석인들 따가우랴
 - 사랑만 있으면 혹독한 고생도 견디고 살 수 있다.
 = 정만 있으면 삿갓 밑에서도 산다.

정분이 난다
 - 사랑이 싹튼다. 또는 불륜 따위 불상사가 생긴다.

정에서 노염난다
 - 가까울수록 도리와 예의를 지켜야 한다.

정을 거뒀다
 - 정이 식었다. 정분이 떨어졌다.

정을 따르자니 앞날이 울고 앞날을 따르자니 정이 운다
 - 남자는 맘에 드는데 돈이 없는 경우 등에 여자가 내뱉는 푸념.

정이 깊으면 병도 깊다
 - 사랑이 깊으면 그리움 또는 미움도 깊게 된다.
 = 다정도 병이 된다.

정이 헤프면 화냥년 된다
 - 정이란 외곬으로 가야지 헤프면 신세를 망치게 된다.

젖만 만지다 말기는 어려운 일이다
 - 음욕을 중도에 참고 그만두기는 매우 힘든 일이다.

제 귀염, 제 등에 지고 다닌다
- 누구든 사랑받는 것은 처신을 잘한 결과이다.

주근깨 많은 여자는 색골이다
- 주근깨가 많으면 색정이 강하대서 나온 말.

짝 잃은 원앙이요 짝 잃은 기러기다
- 원앙새나 기러기 모두 금실이 매우 좋대서, 정인을 잃은 외로운 처지를 비유한 말.

처녀와 아줌마 그리고 할미 이야기
- 처녀는 처음 정사를 한대서 처녀고 아줌마는 아주 많이 한대서 아줌마고 할머니는 할 만큼 했대서 할머니라는 호사가들의 곁말.
= 처녀는 향기롭대서 방(芳)뎅이고 아낙네는 응한대서 응뎅이고 과부는 궁하대서 궁뎅이다.

천 길 물속은 알아도 한 길 계집 속은 모른다
- 사람의 의중은 알 듯 하면서도 실은 모르는 것이 더 많다.
= 열길 물속은 알아도 한 길 사람 속은 모른다.

죽은 정은 하루 천리를 간다
- 살아생전 다정했어도 죽고 나면 정 또한 순식간에 멀어지게 된다.

지척이 천 리다
- 이웃 총각 또는 처녀를 짝사랑하는데 상대는 무정해 애가 타는 경우, 몸은 지척이지만 마음은 맺어질 수 없는 천 리 밖이라는 뜻.

찰거머리 정, 찰거머리 사랑이다
- 무엇으로도 떼어 놓을 수 없는 남녀 간의 사랑을 비유한 말.

찰떡궁합이다
 - 금슬이 좋은 부부다. 여기서 찰떡은 '잘 들러붙는 부부애'의 곁말.

천리도 지척이다
 - 마음이 가까우면 천리도 지척처럼 가깝게 느낀다.

품마다 새 사랑 있다
 - 헤어지면 못 살 것 같아도 새사람 만나 정들면 살게끔 돼 있다

한번 웃어 나는 새 떨어진다
 - 빼어난 미인을 비유한 말.
 = 한번 웃어 사내 눈 다 먼다. 한번 웃어 애간장 다 녹인다. 한번 웃으면 꽃이 울겠다.

한 품에 든 임의 속도 모른다
 - 아무리 가까워도 사람 속은 알 수 없는 것이다.

홑적삼 큰아기에 눈멀고 마음 멀어
 - 다 큰 처녀가 한여름에 더워서 홑적삼을 입는 경우 젖가슴 등 고혹적인 속살이 내비치어 뭇 사내들을 눈멀고 마음 멀게 만든다는 뜻.

6. 돈 · 노름 관련

가진 돈이 없으면 망건* 꼴이 사납다
 - 가난하면 입성에서부터 빈티가 나게 마련이다.
   * 망건 : 상투 위에 두르는 그물 모양의 건(巾).

개 박살이 났다
 - 노름 또는 투기판에 끼어들었다가 큰 손해를 보았다.
 = 고랑 땡 먹었다.

개 좆인가, 앉기만 하면 까진다*
 - 노름판 등에서 계속 돈을 잃는 경우, 부아가 나서 내뱉는 말.
   * 까진다 : 귀두 껍질이 벗겨진다. 또는 돈을 잃는다.

개울물에 큰 고기가 나겠냐
 - 얕은 개울물에 큰 고기가 없듯 자본금이 적으면 큰 이득을 도모할 수 없다는 뜻.
 = 큰 물에 큰 고기 나는 법이다.

개털* 이 되었다
 - 노름 또는 일이 낭패를 해서 빈털터리가 되었다.
   * 개털 : 돈 없고 배경 없는 죄수를 빗댄 말. (반) 범털.

개패다
 - 화투놀이 등에서 안 좋은 패가 들었을 때 내뱉는 말.

경로당 화투 치고 있다
 - 느려터진 대응에 부아가 나서 쏘아주는 말.

경우가 삼칠장이다
 - 상식에 어긋나는 말이다. '섰다' 같은 노름에서 두 장의 합이 3+7=10 즉 지우고 끝 수가 없는 경우, 경우가 없다는 비유로도 쓰는 말.
 = 이 팔 망통이다.

계집하고 돈은 임자가 따로 없다
 - 여자든 돈이든 먼저 차지하는 자가 임자가 된다.

공알* 기리 한다
 - 화투 놀이에서 기리를 뗄 때 정상적으로 위에서 떼지 않고 중간 또는 밑에서 떼는 경우에 이르는 말.
     * 공알 : '음핵'의 속어.

고스톱의 좌우명은 '고 해서 울지 말고 웃으면서 스톱하자' 이다
 - 욕심내 고 해서 덮어 쓰지 말고 스톱을 하는 것이 실속 있고 안전한 것이다.

구렁이알 같은 돈이다
 - 아주 소중한 밑천을 이르는 말.

굴러든 돈, 굴러 나간다
 - 쉽게 번 돈은 쉽게 없어지게 마련이다.
 = 쉬 더운 구들이 쉬 식는다. 쉽게 얻은 계집은 버리기도 쉽다.

궁상에는 돈이 붙지 않는다
 - 궁기가 밴 빈상(貧相)에는 복이 따르지 않는다.

꽃* 값이 아니라 살꽃 값이다
- 화대(花代)를 이르는 말.
  * 꽃 : 꽃의 옛말은 '곳' 또는 '곶'이었다. '꽃'은 '곱다'가 어원으로 '고운 것'이란 뜻. '살꽃'은 음문을 빗댄 말이다.

꾹 돈 준다
- 뇌물로 쿡 찔러 주는 돈.

꿈에 현몽* 한 돈도 찾아 먹는다
- 돈에는 지독하게 무서운 자이다.
  * 현몽(現夢) : 꿈에 나타남.

남자는 돈으로 때우고 여자는 몸으로 때운다
- 위급한 상황에 처하면 남자는 돈으로 해결하고 여자는 정조로 갈음한다.

내 돈 있어야 남 인심도 좋아 진다
- 내가 잘 살아야만 남에게 대접도 받게 된다.

노름 돈 대주는 놈은 낳지를 말랬다
- 노름 돈을 대 주면 못 받기 십상이니까 그런 허랑한 짓거리는 하지 마라.
= 빚보증 서는 놈은 낳지를 말랬다.

노름에 미치면 계집도 팔아 먹는다
- 돈이 떨어지면 이성을 잃고 나중에는 제 아내까지 담보로 돈을 빌려 노름을 했는데 이를 '살내기'라 불렀다. 여기서 '살'은 음문을 빗댄 말.

노름에 미치면 사주도 팔아 먹는다
- 사주(四柱)란 태어난 해(年), 달(月), 일(日), 시(時)를 이르는 말로서 이런 자신의 팔자, 운명마저 팔아먹는다 함이니 노름을 하면 이성을 잃고 망조가 든다는 뜻.

노름은 운칠기삼(運七技三)이다
- 노름은 운수가 일곱에 기술이 셋이다. 운이 따라야만 이길 수 있다는 뜻.

노름질은 본전에 망한다
- 노름하다 돈을 잃으면 본전 생각에 손을 못 끊고 계속해서 결국 패가망신을 하게 된다.

노름질할 때 여자는 속곳을 벌린다
- 남녀가 얼리는 판에서 여자가 음문이 반쯤 보이게끔 속곳을 벌인 자세로 노름을 하면 남자들 판단력이 흐려져서 판돈을 다 따게 된다는 뜻.

노름질해서 부자 된 놈 없다
- 노름해서 망한 자는 많아도 잘된 사람은 없으니 절대 노름질은 하지마라.
= 도둑질해서 부자 된 놈 없다.

뇌물로 못 막는 건 억수장마에 계곡물뿐이다
- 뇌물을 쓰면 웬만한 일은 해결되게 마련이다.

눈 먹은 토끼 다르고 얼음 먹은 토끼 다르다
- 뇌물도 양과 질에 따라서 효과가 달리 나타나는 법이다.

돈 나는 모퉁이가 죽는 모퉁이다
- 돈 욕심에 패가망신하거나 죄를 지어 불행하게 된 경우 등에 빗댄 말.

돈 닷 돈 벌려고 보리밭에 갔다가 안동포* 속곳만 똥칠했다
- 작은 이득을 탐했다가 되레 손해만 크게 보았다. 소탐대실 했다.
= 닷 돈 보고 보리밭에 갔다가 명주 속곳만 다 버렸다.

  * 안동포(安東布) : 안동지방에서 나는 올이 고운 삼베.

돈 돈 하다가 죽는다
 - 평생 돈에 얽매 살다 죽는 것이 인생이다.

돈 떨어져 봐야 세상인심도 안다
 - 돈 떨어졌을 때의 행동으로 세상인심을 가늠해 볼 수 있다.

돈 떨어져 신발 떨어져 애인마저 떨어져
 - 비렁뱅이 건달 신세가 되었다는 넋두리 노래 말.

돈 떨어지면 정분도 친구도 떨어진다
 - 돈이 없으면 애인, 친구한테서도 따돌림 당하게 된다.

돈 떨어지자 입맛 난다
 - 돈이 떨어지니까 돈 쓸 일이 자꾸 더 생겨 큰일이다.
 = 입맛 나자 양식 떨어진다. 씹 맛 나자 과부 된다.

돈 마다는 놈 없고 계집 마다는 사내놈 없다
 - 남자면 누구든 돈과 여자를 탐하는 속물근성이 있다.

돈 모아 둘 생각 말고 자식 글 가르치랬다
 - 재산보다 교육이 훨씬 더 가치 있는 투자방법이다.

돈 빌려 주면 돈 잃고 친구도 잃는다
 - 비록 친한 사이라도 돈 거래는 삼가는 것이 좋다.

돈 빌릴 때는 고맙다, 갚을 때는 무정하다고
 - 빌릴 때는 요긴하게 쓰게 해 줘 고맙지만 갚을 때는 이자까지 갚아야 하므로 매정한 마음이 들게 된다.

돈 뺏고 몸 뺏고 한다
- 도움주는 거라곤 없이 빼앗아 가기만 하는 자이다.

돈 뺏은 놈은 벌 받아 죽고 나라 뺏은 놈은 임금 된다
- 법의 그물에는 항시 잔챙이들만 걸리고 큰 고기는 그물을 뛰어넘거나 찢고서라도 빠져 나간다는 비유의 말.

돈 앞에는 웃음이 한 말, 돈 뒤에는 눈물이 한 섬이다
- 돈이 많으면 사는 게 즐겁지만 없으면 늘 근심 걱정에 파묻혀 살게 된다.

돈 없는 나그네, 주막 지나가듯
- 쓸쓸하고 안쓰러운 모습을 빗댄 말.

돈 없다는 놈은 많아도 남는다는 놈은 없다
- 돈으로도 채워지지 않는 것이 사람 욕심이다.

돈 없어 죽지도 못 합니다
- 돈이 없는 탓에 재앙을 면한 어느 스님 이야기.

■ 관련 여담

한 스님이 나룻배를 타려고 섰는데 배를 타려는 사람이 갑자기 늘어나자 배 삯이 별안간 두 배로 뛰었다. 그런데도 타겠다는 사람이 많자 수중에 배 삯 한 푼밖에 없던 스님은 줄 밖으로 밀려날 수밖에-. 망연자실한 스님은 우두커니 서서 떠나는 나룻배를 바라만 보고 있었다. 그런데 그 배가 강 한가운데서 기우뚱하더니 그만 뒤집히고 말았다. 너무 많이 태워 배가 사람무게를 견디지 못한 까닭이었다. 이 광경을 보고 있던 스님이 그렇게 중얼거리더란다. "소승은 돈이 없어 죽지도 못합니다. 나무 관세음보살!"

돈 없으면 무서울 것도 없다
 - 막장 인생에 이르면 무서운 것도 없게 된다.
 = 도마 위의 고기가 칼을 무서워하랴.

돈 없는 놈은 입도 없다
 - 가진 게 없으면 할 말이 있어도 못하고 눌려서 지내게 된다.
 = 돈이 말한다.

돈에서 싹이 날 지경이다
 - 돈이 너무 많아 주체하기 곤란할 정도이다.

돈에 눈이 멀면 삼강오륜(三綱五倫)도 석냥 닷푼으로 읽는다
 - 돈에 상승을 하게 되면 사람의 도리를 잊어버리게 된다.

돈은 악마도 되고 천사도 된다
 - 돈의 양면성, 이중성을 나타내는 말.

돈을 장마에 빗물 쓰듯 한다
 - 아끼지 않고 돈을 함부로 쓴다고 나무라는 말.

돈 있는 놈이 돈 걱정은 더 한다
 - 돈 있는 자가 되레 더 궁상을 떨고 있다.
 = 있는 놈이 앓는 소린 더 한다.

돈 있어 못난 놈 없고 돈 없어 잘난 놈 없다
 - 못난 자도 돈 있으면 대우받아 잘나 보이고 정작 잘난 사람도 돈 없으면 못난이 취급을 받게 된다.

돈 있으면 개도 멍첨지 된다
 - 못나도 돈만 있으면 깍듯한 예우를 받는 세상이다.

돈 있으면 금수강산, 돈 없으면 적막강산이다
 - 돈이 있고 없음에 따라 풀렸다 얼었다 하는 것이 세상인심이다.

돈 자랑, 계집 자랑, 자식 자랑은 삼불출이다
 - 돈, 아내, 자식 자랑을 하면 손가락질을 받게 되니 그러지 마라.

돈 자랑 좆 자랑은 하지 말랬다
 - 돈이 많다거나 오입질 등 감춰 마땅한 것을 드러내면 사람대접을 못 받게 된다.

돈 주고 못 사는 것이 지개(志槪)이다
 - 기개와 지조는 돈의 힘으로도 좌지우지할 수 없다.

돈 준다면 산 호랑이 눈썹도 빼 온다
 - 그만큼 돈의 힘은 무소불위한 것이다.

돈 힘에 일 한다
 - 하기 싫고 힘에 겨워도 하지 않을 수 없을 만큼 돈의 힘은 막중한 것이다.
 = 돈 힘에 산다.

돈만 있으면 귀신도 부린다
 - 귀신도 부릴 수 있으리만큼 돈의 힘은 대단한 것이다.

돈만 있으면 처녀 불알도 산다
 - 있지도 않은 처녀불알도 살 수 있으리만큼 돈의 힘은 막강하다는 우스갯 말.

돈복 없으면 인복(人福)이라도 있어야지 무슨 년의 팔자가 있는 건 박복(薄福)뿐이라서
  - 팔자도 더럽다고 한숨짓는 여인네의 넋두리.

돈에 상승* 을 했다
  - 돈에 미쳤다. 돈에 환장을 했다.
    * 상승 : 본성을 잃고 마치 딴사람 같이 변했다는 뜻의 상성(喪性)에서 나온 말.

돈에는 반해도 사내한테는 반하지 마라
  - 화류계에서, 남자는 돈만 보고 대해야지 사람한테 반했다가는 돈도 못 벌고 몸만 버려 불행하게 되니 그러지 말라고 이르는 말.

돈으로 맺은 연분, 돈 떨어지면 그만이다
  - 정이 아닌 계산속으로 만난 정분은 덧없는 것이다.

돈으로 못 틀어막는 건 홍수 장마와 재채기뿐이다
  - 돈으로 해결 안 되는 일이란 거의 없다.

돈은 똥과 같다
  - 돈이란 마치 똥이나 오줌처럼 뿌리면(나누면) 만물을 살리는 거름이 되지만 움켜쥐고 있으면 썩은 내 나는 오물이 된다.

돈은 마음을 검게 하고 술은 얼굴을 붉게 한다
  - 돈 하고 술은 늘 조심하고 경계할 대상이다.

돈은 번 자랑 말고 쓴 자랑 하랬다
  - 돈의 가치란 보람 있게 쓰는 데 있는 것이다.

돈은 웃으면서 주고 싸우면서 받는다
 - 돈을 빌려주긴 쉬워도 받아내기는 어렵다.
 = 앉아서 준 돈, 서서도 못 받는다.

돈을 벌면 친구를 갈고 벼슬을 하면 아내를 간다
 - 치부(致富)와 출세가 사람을 타락하게 만들기도 한다.

돈이 제갈량이다
 - 돈은 무소불위의 힘을 발휘한다.

돈이 썩었냐
 - 돈 함부로 쓰지 마라. 혹은 돈 아껴 쓰라고 야단치는 말.

돈이라면 개똥이라도 아귀아귀 처먹을 놈이다
 - 돈이라면 사족을 못 쓰는 속물이다.
 = 돈이라면 뺨맞을 일도 마다지 않는다.

돈주머니 하고 입은 동여매야 한다
 - 말은 삼가야 후환이 없고 돈은 저축을 해야 근심이 없게 된다.

돈지랄 한다
 - 분수에 안 맞게 돈을 함부로 뿌려대고 과시한다.

돈하고 자식은 마음대로 되지 않는다
 - 돈이나 자식은 분복이 있어야지 원하는 대로 주어지지 않는다.

돌고 돌아 돈이다
 - 끊임없이 회전하는 것이 돈의 속성이다.

땅벌 굴보고 꿀 돈 내어 쓴다
 - 결과가 나오기도 전에 돈을 당겨쓰는 경솔함과 조급함을 비아냥대는 말.
 = 너구리 굴 보고 피물(皮物)돈 내어 쓴다.

땅 열 길을 파 봐라, 돈 한 닢이 나오나
 - 절약할 줄 모르고 돈을 함부로 쓴다고 나무라는 말.
 = 돈 무서운 줄 알아라.

똥을 주물렀나 손속* 도 좋다
 - 흔히 도박에서 계속 끗발이 잘 나는 이를 추어주거나 또는 빈정대는 말.
   * 손속 : 노름판에서 치는 대로 잘 맞아 나오는 재수. 수덕(手德).

말은 가자고 굽을 치는데 임은 잡고서 낙루(落淚)로구나
 - 노름판에서 '시간은 다돼 가는데 본전 건질 가망은 없다'는 개털이 된 노름꾼의 넋두리.

무리꾸럭 했다
 - 남의 빚 따위를 대신 물어 주었다.

뭐니뭐니 해도 머니가 제일이다
 -세상살이에는 돈이 제일이다. '뭐니뭐니'를 영어의 유사발음 '머니(money)'에 비유한 곁말.

민화투 치다 시어미 비녀 잡혀 먹는다
 - 장난삼아 한 일이 큰 낭패가 된 경우 등에 빗댄 말.
 = 장난치다 애 밴다. 곁눈질에 애 밴다.

비 십오 먹는 놈은 낳지를 말랬다

- 고스톱에서 비 열 끗과 다섯 끗은 점수에 별 보탬이 되지 않는 탓에 꾼들 간에 주고 받는 우스갯말.

빚 주고 뺨 맞는다
- 잘해 주고도 되레 욕을 먹는 분하고 억울한 경우이다.
= 내 씹 주고 뺨 맞는다.

빚 준 상전에 빚진 종이다
- 빚을 쓰면 빚 준 사람의 정신적 노예가 되는 것이니 절대 빚은 지지 마라.
= 빚지면 문서 없는 종 된다. 빚진 죄인이다.

빚 줄 때는 부처님, 받을 때는 염라대왕이다
- 빚을 줄 때는 부처님처럼 어질게 보였는데 빚 독촉할 때 보니 염라대왕처럼 무섭고 모질더라.

빚은 이자도 늘고 걱정도 는다
- 안팎으로 쪼들리게 되니 절대 빚은 얻어 쓰지 마라.

빚지고 거짓말 안하는 놈 없다
- 누구든 빚 채근을 당하면 오만 가지 변명을 늘어놓게 된다.

살내기* 하는 후레아들** 놈이다
* 살내기 : 여기서의 살은 음문 또는 여자의 정조를 이르는 말.
** 후레아들 : 본디 호래(胡來)아들 즉 오랑캐 땅에서 온 오랑캐 자식이라는 욕에서 나온 말.

■ 관련 여담

노름을 하다가 돈이 떨어지면 전답, 집문서를 잡히고 나중에는 자기 아내가 노름 상대와 하룻밤 자는 조건으로 돈을 빌려 노름을 하기도 했는데 이처럼 아내를 저당 잡히는 노름질을 '살내기'라 하였다.

술, 계집, 노름이 패가의 삼대 장본이다
 - 남자가 술과 여자와 노름을 밝히면 집안이 망하게 된다.

없다 없다 해도 있는 것이 빚이요, 있다 있다 해도 없는 것이 돈이다
 - 빚은 생각보다 많게 마련이고 가진 돈은 쓰기에 늘 부족하기 마련이다.

외상이면 소도 잡아먹고 공짜라면 양잿물도 큰 거 골라먹는다
 - 공짜 좋아하는 사람들의 속성을 빗대 이르는 말.

여우처럼 교활하고 너구리처럼 음흉하게
 - 노름판에서는 그리해야만 돈을 딸 수 있다는 뜻.

이자는 돈이 아니냐
 - 이자가 작은 돈이라고 우습게 알면 되느냐고 들이대는 말.

■ 관련 여담

예전에 어느 참봉* 이 동네 과부한테서 급전을 빌려 쓰고는 갚지 못하고 있자 몸이 단 과부가 날마다 그 돈을 받으러 다녔다. 그러던 중 하루는 돈을 받으러 가보니 참봉이 마루에서 베잠방이 밑으로 큼직한 양물을 내놓고는 낮잠에 빠져 있는 것이었다. 과부가 한참 그 모양을 바라보다가 사내맛 본지도 오랜지라 참지를 못하고 참봉의 몸 위에 올라타 버렸다. 그런데 실전에 들어가 보니 기대와는 영 딴판으로 신통치가 않은 것이었다. 해서 과부가 "여보 참봉, 하려면 좀 제대로 해 주지 이게 뭔가?"하고 투덜댔다 한다. 그러자 참봉 하는 말이 "지금은 이자나 끄려고 하는 건데 그 정도면 되잖느냐?"고 눙치는 거였다. 이에 과부가 증이 나서 정 그러면 하기 따라서 본전까지 다 꺼줄 테니 진짜 한번 제대로 해 보라고 하자 참봉이 작심을 했나 이번에는 그야

말로 과부가 까무러칠 만큼 정사를 잘해주는 것이었다. 일이 이렇게 되자 과부가 주섬주섬 옷을 입으면서 그러더란다. "아니 본전만 돈이고 이자는 돈이 아니란 말이우?" [十大奇書]

　　* 참봉 : 조선시대 능(陵)이나 원(園)에 딸렸던 종9품의 하위직 벼슬.

일복이 돈 복이다
- 일 많은 사람이 돈벌이도 좋다는 뜻.

잡기(雜技)* 를 해 봐야 속을 알게 된다
- 노름질 같은 잡기를 해 보면 예전에 몰랐던 그 사람 속마음이 드러나게 된다.

　　* 잡기 : 투전 골패 따위의 잡된 갖가지 노름.

좆 발이 안 선다
- 흔히 노름판에서 끗발이 안 날 때 투덜대는 말.

주머니가 가벼우면 마음은 무거워진다
- 돈이 없으면 심중이 천근만근 무겁게 된다.

초장 끗발* 이 파장 개 끗발이다
- 흔히 화투놀이에서 처음에 잘 붙는 운이 끝까지 가긴 힘든 것인즉 초장에 너무 좋아할 거 없다고 퉁기는 말.

　　* 초장 끗발 : 놀이에서의 초반 운수.

출근길에 똥 밟았다
- 일을 시작하자마자 맞닥뜨린 예상 못한 장애를 빗댄 말. 또는 고스톱 등 놀이판에서 치자마자 설사를 한 경우 등에 눈살을 찌푸리면서 내 뱉는 말.

치마만 들어도 돈 들어 온다
- 속곳은 고사하고 치마만 슬쩍 들어도 돈이 들어 올 만큼 빼어난 미인이다.

타향 친구는 십 년, 노름판 친구는 삼십년이다
 - 타향에선 십 년 아래 위는 허물없이 벗을 삼고 노름판에서는 나이에 구애를 두지 않는다는 뜻.
 = 타향 친구는 십년 맏이도 벗 한다.

투전도 투전같이 못하고 돈만 잃었다
 - 놀지도 못하고 돈만 내버렸다고 투덜대는 말.
 = 씹도 씹같이 못하고 명주속곳만 다 버렸다.

피 뺏고 돈 뺏고 한다
 - 화투노름에서 상대방이 설사한 패를 집어 가 피도 한 장 빼앗기고 결국 돈까지 내줘야 하는 경우 등에 패자가 내뱉는 볼멘소리.

화투하고 좆 대가리는 만질수록 커진다
 - 노름질이나 오입질은 하면 할수록 빠져 들어 끝내 패가망신하는 것이니 당초에 손을 대서는 안 된다고 이르는 말.

혈육에는 형제 있어도 돈에는 형제 없다
 - 돈 탓에 형제간이 남보다 못하게 되는 경우도 비일비재하다는 뜻.

흑싸리 껍데기로 안다
 - 사람을 하찮게 여긴다고 들이대는 말.
 = 홍어 좆으로 안다.

7. 술 관련

겉은 눈으로 보고 속은 술로 본다
 - 외모는 눈으로 보지만 속내는 취해서 주고받는 대화로 됨됨이를 알게 된다.

고주* 망태다
 - 구제 난망의 술꾼이다.
   * 고주 : 독한 술을 이르는 고주(苦酒)가 아니고 누룩으로 빚은 술을 뜨는 그릇을 이르는 말. 즉 고주 위에 씌운 망태처럼 술에 절었다는 뜻.

곤죽* 이 되었다
 - 술을 지나치게 마시거나 또는 일에 지쳐서 몸을 가눌수 없으리만큼 축 늘어졌다.
   * 곤죽 : 본래는 곯아서 썩은 죽을 이르는 말이 변하여 음식이 질척해진 상태를 칭하는 말이 되었다.

과하다면서 석잔, 그만 한다면서 다섯 잔이다
 - 술에 취하면 자제기능을 잃게 되니 조심할 일이다.

꽃은 반만 핀 것이 곱고 술도 반만 취한 것이 좋다
 - 여자는 반만 핀 듯한 처녀 때가 예쁘고 술도 반만 취했을 때가 더 기분 좋은 법이다.
 = 화개반(花開半)이요 주미취(酒微醉)니라.

니놈은 으째 박정희를 그리 쏙 빼닮았다냐
 - 대통령 박정희에게 욕을 퍼부은 국밥집 할머니 이야기.

■ 관련 여담

　　1970년대 박정희가 지방시찰차 전주에 갔을 적 이야기다. 본래 애주가였던 박정희가 그날 밤 엔간히 마신 탓에 다음날 새벽이 되자 속이 쓰리지 않을 수 없었다. 본래 숙취해소에는 콩나물국이 비방으로 알려져 있다. 이에 눈치9단의 수행비서가 얼른, 전주에서 유명세가 떠르르한 욕쟁이 할머니 콩나물국밥집으로 달려가 숙소로 콩나물해장국을 배달해 달라고 공손히 당부를 했다 한다. 그런데 할매가 느닷없이 '어쩨 사내새끼가 두 손을 불알에다 꽂고서 비실대느냐?'고 욕사발을 퍼부은 뒤 한술 더 떠 "지발로 와서 처먹든가 말든가 혀!"라고 고함을 치는 거였다. 코가 석자는 쑥 빠진 비서가 허탕을 치고 돌아와 배달이 안 된다고 이실직고하자 박정희가 껄껄 웃으면서 "그럼 내가 가야지 별수 있나?" 하고는 몸소 국밥집을 찾았다. 한데 문제는 다음단계에서 불거졌다. 꿈에도 박정희를 대통령이라고 생각 못한 할매가 평소 말투대로 반말에 욕지거릴 퍼부은 것이었다.

　　"야, 이 놈 봐라. 니놈은 어쩨믄 박정흴 그리도 쏙 빼다 박았냐? 누가 보문 영락없이 박정희루 알았다. 이눔아, (그런 뜻에서)이 날계란 하나 더 처먹어라!" 해서 박정희는 그 집에서 할매 걸쭉한 욕사발과 함께 콩나물국밥에 계란까지 덤으로 얹어 한 상 잘 받아먹고 나왔다 한다. 욕쟁이 할매와 박정희의 소박한 심성이 전주비빔밥마냥 잘 버무려진 이 신화는 향후 전주지방 호사가들에게 파적(破寂)의 술 안줏감이 돼 여지껏 구전돼 내리고 있다.

마시려면 아비더러 형님이랄 때까지 먹고 아니면 만다
- 일단 마셨다 하면 꼭지가 돌 때까지 먹고 그러지 못할 양이면 애당초 마시지 않는 성미다.

막걸리 거른다며 지게미* 도 못 건진다
- 취할만한 게 아무 것도 없지 않느냐고 따지는 말.

　　* 지게미 : 술을 거르고 난 찌끼. 참고로 조강지처(糟糠之妻)란 '지게미와 쌀겨로 끼니를 잇던, 가난을 함께 한 아내' 를 이르는 말이다.

많이 마시면 망주요 적게 마시면 약주다
- 술을 많이 마시면 몸 상하고 실수로 망신도 하지만 조금만 마시면 보약처럼 이로

운 것이다.

물 덤벙 술 덤벙이다
- 아무 일에나 뛰어 들고 간섭 잘하는 얼뜬 자이다.

물 장사는 돈 장사다
- 술처럼 물을 원료로 하는 장사는 이문이 많이 남는다.

물장사 십 년에 엉덩이짓만 남았다
- 술장사 십 년에 돈도 못 벌고 요분질* 기술밖에는 남은 게 없다.
= 술장사 십 년에 깨진 주전자만 남았다.
  * 요분질 : 성교 시 여자가 상대에게 쾌감을 주고자 허리를 요리조리 놀리는 짓.

밀밭 근처만 가도 주정하겠다
- 밀로 술 빚는 누룩을 만드는 까닭에 술에 약한 사람을 두고 놀리는 말.
= 양조장 근처만 가도 취하겠다. 보리밭만 지나도 주정하겠다.

미운 놈 보려면 술장사하랬다
- 술꾼들을 상대해야 하므로 역겨운 일이 많다는 뜻.

박주(薄酒)도 차 보다는 낫고 추부(醜婦)도 빈방보다는 낫다
- 안 좋은 술이라도 차 보다는 낫고 못난 아내라도 독수공방 보다는 낫다.
  사낙배기 처 보다는 빈방이 나을 수도.

반야탕(般若湯)* 이다
- 술을 은유적으로 이르는 말. 곡주(穀酒)로도 칭한다.
  * 반야탕 : 술을 뜻하는 스님들의 은어. 본디는 지혜의 물이라는 뜻.

반잔 술에 눈물 나고 한잔 술에 웃음 난다

- 반잔 술에 섭섭해 눈물 나고 한잔 술에 고마워 웃음이 난다 함이니 도와줄 바엔 사심없이 도와 줘야만 고맙게 여긴다는 뜻.
= 주려면 홀딱 벗고 주랬다.

밥은 굶어도 술을 굶고는 못 산다
- 밥 없이는 살아도 술 없이는 못 사는 구제불능의 술꾼이다.

사람이 술을 먹고 술이 술을 먹고 술이 사람을 먹는다
- 술 너무 좋아하다가는 인생 종치게 되니 자중할 일이다.

상시에 먹은 마음, 취중에 난다
- 평상시 마음이 취중에 불거져 나오는 것이니 입조심할 일이다.

석양배(夕陽盃)를 한다
- 하루 일을 마치고 해거름 녘에 얼려 마시는 술. 자고로 술시(戌時)는 저녁 7시에서 9시 사이인데 술(戌)자가 개 술자라서 술 마시는 시각과 함께, '술먹은 개' 라는 전래의 속어와 더불어 묘한 연관성을 느끼게 한다.

소나기 술에 사람 곯는다
- 과음한 술에 녹초가 되어 병을 얻게 된 경우이다.

소주로 초배하고 맥주로 도배를 했다
- 주종불문으로 술을 너무 마셔서 고주망태가 되었다.

술 먹은 개다
- 술에 취해 행패 부리는 꼴이 개짐승이나 다를 바 없다.

술 받아 주고 뺨 맞는다
- 베풀고도 칭찬은커녕 되레 화를 당한 억울한 경우이다.
= 내 씹 주고 뺨맞는다. 내 빚 주고 욕 먹는다.

술 병(酒病)은 술로 고쳐야 한다
- 술을 못 먹어 생긴 병이나 과음으로 생긴 병 등 어느 것이나 술로 다스려야 낫는다는 허튼 소리.
= 널뛰다 삔 허리는 널을 뛰어야 낫는다.

■ 관련 여담

　　갑, 을, 병 세 사람이 배나무 밑에서 놀다가 마침 나무에서 떨어진 배를 하나 발견하여 갑이 "이 배를 셋이 나누어 봤자 먹지 않느니만 못하니 우리 셋 중에 가장 술을 못하는 사람이 먹기로 하자"고 제안하여 모두가 동의하였다. 을이 먼저 "나는 술집 근처만 지나가도 취해서 머리가 어질어질 하다"라고 하자 병이 "나는 술집은 고사하고 밀밭만 지나가도 정신이 어지럽다"라고 한 술 더 떴다. 그러자 갑이 별안간 쓰러져 크게 고통스러워하는지라 을과 병이 놀라서 함께 갑을 붙잡아 일으키면서 "별안간 왜 그러느냐? 어디가 아프냐?"라고 물으니 "난 지금 너희 두 사람이 하는 말만을 듣고도 크게 취해서 정신을 차릴 수가 없어 그런다"라고 하여 결국 배는 갑의 차지가 되었다 한다.

술 잘 먹고 노래 잘하고 계집 잘 보고
- 천하에 없는 한량이다. 또는 개건달이라고 비아냥대는 말.

술 좋아하면 주정뱅이, 놀기 좋아하면 건달 된다
- 무슨 일이든 지나치면 결과가 안 좋게 마련이니 새겨둘 일이다.

술 중에서 가장 맛좋은 술은 입술이다
- 술꾼들 사이에서 회자되는 우스개 곁말.

술 취한 놈은 넓은 개천도 좁다고 건너 뛴다
 - 술에 취하면 담대해져서 위험천만한 짓도 서슴지 않는다.

술 한 말은 처먹고 뻗어야 남자 아니냐
 - 명색이 남자면 남자다운 행동을 보여야 남자랄 수 있지 않겠느냐.

술값 천 년에 약값은 만년이다
 - 예로부터 술값과 약값은 외상을 하거나 떼먹는 일이 많다는 뜻.

술김에 사촌 땅 사 준다
 - 술에 취하면 엉뚱한 짓도 예사로 저지르기 쉽다.

술꾼은 청탁불문이요 오입쟁이는 미추불문이다
 - 술꾼은 술의 종류를 가리지 않고 오입쟁이는 미추 여부를 따지지 않는다.

술 덤벙 물 덤벙이다
 - 일을 아무렇게나 해서 망쳐 놓았다고 꾸짖는 말.

술로 밥을 삼는다
 - 주야장천 술에 절어 사는 모주꾼이다.

술상 가녘에 코방아 찧고 있다
 - 술에 취해서 정신을 못 차리고 있다.

술에 곯아서 숟가락 내버렸다
 - 밥은 뒷전이고 술만 퍼마시더니 결국 술병으로 세상 떴다.

술에는 공술이 있어도 씹에는 공 씹이 없다
 - 술은 어쩌다 공술을 얻어먹지만 성관계는 반드시 반대급부를 치르게 돼 있다.

술에서 담배 여자 노름질까지 다 끊었다더라
- 죽을 때가 다 된 모양이라고 수군대거나 빈정대는 말.

술은 김 서방이 먹고 취하긴 이 서방이 취한다
- 생뚱맞은 일이다. 인과응보가 안 통하는 경우도 있다는 뜻.
= 술은 주인이 먹고 주정은 머슴 놈이 한다.

술은 들고 망신은 나온다
- 술이 들어가면 망언과 실수를 하기 쉬우니 조심할 일이다.

술은 맏물* 에 취하고 사람은 끝물에 취한다
- 사람은 오래 사귀는 과정에서 정분이 도타워지게 된다.

  * 맏물 : 그해 맨 먼저 나온 곡식. 첫잔 또는 첫 만남. '끝물'은 그 반대말.

술은 묵은 술, 옷은 새 옷이 좋다
- 술은 묵을수록 맛이 좋고 옷은 새 옷일수록 입기 좋고 보기에도 좋다.

술은 백약(百藥)의 장(長)이요 백독(百毒)의 두령이다
- 술은 잘 마시면 신약처럼 이롭지만 잘못 마시면 몸을 망치는 독이 되니 삼가고 경계할 일이다.

술은 술술 넘어간다고 술이다
- 술꾼들이 주고받는 우스갯말.
= 돈은 돌고 돌아서 돈이다.

술은 잘 먹으면 약주요 못 먹으면 망주다
- 술은 적당히 마시면 약이 되지만 지나치면 패가망신하게 되니 조심할 일이다.

술은 장모가 따라도 여자가 따라야 제 맛이다
 - 술은 여자가 있어야 더 맛이 나는 법이다.
 = 술은 시아비가 따라도 남자가 따라야 제 맛이다.

술을 똥구멍으로 처 먹었냐
 - 술에 취해서 추태를 부리는 자에게 해대는 막말.

술이라면 젓가락으로도 집지 못한다
 - 술하고는 담을 쌓고 지내는 자이다.

술자리서 얌전한 놈이 계집은 먼저 따 먹는다*
 - 의뭉한 자는 따로 있는 법이다.

　　* 따먹는다 : '성관계를 한다'의 속어.

술장사는 쓸개가 둘은 있어야 한다
 - 별의별 주정뱅이들이 많은 까닭에 술장사는 이를 꾹 참고 견딜 수 있어야만 잘 할 수 있다.

술집 주모만 봐도 취한다
 - 전혀 술을 못하는 자이다.
 = 밀밭 근처만 지나가도 취한다.

술집에 가서 떡 달랜다
 - 물정을 모르는 한심한 자이다.
 = 우물에 가서 숭늉 달랜다.

숲 속의 꿩은 개가 내몰고 오장*의 말은 술이 내 몬다
 - 술에 취하면 비밀을 토설해 욕을 보는 수가 있으니 항시 술 조심, 말조심 할 일이다.

* 오장(五臟) : 한방에서 이르는 간장 심장 비장 폐장 신장 등 다섯 가지 내장. 여기서는 속내를 통틀어 이르는 말.

싫은 밥은 있어도 싫은 술은 없다
- 술꾼은 술이 맛 없어도 타박하거나 마다지 않는다.

싸구려 술잔에 코 박고 살았다
- 고달프게 산 인생살이였다.

아주머니* 술도 싸야 사 먹는다
- 친분이 있어도 잇속을 따지는 게 세상 인심이다.
= 아줌마 떡도 싸야 사먹는다.

* 아주머니 : '아주+어머니' 합성어이다. '아주'는 작다는 뜻으로 '아우뻘 되는 어머니'즉 어머니보다 젊은 여자를 이르는 말인데 지금은 두루 쓰이는 일반 명칭이 되었다.

아줌마 아줌마 하면서 외상 술 달랜다
- 아첨하는 자는 나름의 꿍꿍이속이 있는 까닭이다.

안주는 무슨 안주, 내 낯짝이 술 안주지
- 안주가 마뜩찮다고 투덜대는 술꾼한테 주모가 별 같잖은 소리 말라고 내뱉는 말.

얕은 술잔에 빠져 죽는 놈이 깊은 물에 빠져 죽는 놈보다 더 많다
- 술 좋아하다 패가망신하는 일이 다반사인즉 경계할 일이다.
= 물에 빠져죽은 놈보다 술에 빠져죽은 놈이 더 많고 술에 빠져죽은 놈보다 계집에 빠져죽은 놈이 더 많다.

억병* 으로 취했다
- 한량없이 마셔서 고주망태가 되었다.

* 억병 : 술을 너무 마셔서 인사불성이 된 상태.

얻어먹는 술에 시니 다니 탓을 한다
  - 고맙다는 말은 고사하고 타박을 하다니 고약한 자이다.
  = 얻어먹는 주제에 찬밥 더운밥 가린다.

열반주(涅槃酒)이다
  - 술 탓에 세상을 떠난 경우를 빗댄 말. 열반은 죽음 또는 고승의 입적(入寂)을 이르는 말.

외모는 거울로 보고 마음은 술로 본다
  - 술에 취하면 본심이 드러나게 된다.

임은 품어야 맛이고 술잔은 차야 맛이다
  - 술잔은 넘치게 채워서 쭉 마셔야만 제 맛이다.

조선 놈은 해장술* 에 망한다
  - 우리나라 사람들이 시도 때도 없이 술을 마시는 등 계획성 없음을 외지인들이 꼬집던 말.
    * 해장술 : 술기운을 풀답시고 아침녘에 마시는 술. '해장술에 하루 일 망친다.' 는 말도 있다.

주님을 가까이 모십시다
  - 흔히 개신교 또는 천주교 신자들이 모임에서 '우리 술이나 한잔 합시다.' 라고 주고받는 말. 주님의 주(主)자를 술 주(酒)자로 둘러서 하는 곁말.

주정뱅이 보고 술 취했다면 성 낸다
  - 누구든 입바른 말은 싫어하는 법이다.

취중 무천자* 이다
  - 술에 취하면 두려운 것이 없게 된다.

= 주정뱅이는 원님도 피한다.
* 무천자(無天子) : 천자 즉 임금이 없다, 무서운 게 없다는 뜻.

취중 진정발* 이다
- 취하면 평소 품었던 속마음이 드러나게 된다.
= 취중에 진담 나온다.
* 진정발(眞情發) : '참마음이 나온다.'는 뜻.

취한 놈이 외나무다리는 잘 건넌다
- 취하면 담대해져서 위험한 짓도 서슴지 않게 된다.

취한 놈이 취했다, 미친 놈이 미쳤다 하더냐
- 대개 꾸짖으면 거짓 변명을 일삼게 마련이다.

탁주 동이를 부신다
- 술을 다 퍼 마시고 술독을 물로 부신다 함이니 대단한 술꾼이라는 뜻.

한잔 술엔 청탁불문이고 두잔 술엔 노소불문이요 석잔 술에는 생사불문이다
- 처음에는 좋고 나쁜 술 가리지 않다가 더 발전하면 노소를 가리지 않게 되고 마침내는 생사를 돌보지 않게 되니 대저 술이란 삼가는 것이 제일이다.

해어배를 마신다
- 조선시대 한량들이 기방(妓房)에서 기생으로 하여금 술을 머금게 하여 그 술을 입에서 입으로 돌려 가며 받아 마시던 습속을 이르는 말.

■ 관련 여담

이 경우 기생은 머금은 술을 좌중 모두에게 고루 입을 맞춰 가면서 건네 주었는데 이를 해어

배(解語杯)라 하였다. '해어배'라 한 것은 해어화(解語花)가 기생을 이르는 말이었기 때문이다. 해어화는 '말을 알아듣는 꽃'이란 뜻으로 미인을 달리 이르는 말이기도.

해장술에 맛들이면 땅도 팔아 먹는다
- 해장술에 취하면 판단력을 잃고 문전옥답을 헐 값에 팔아 넘기는 큰 실수를 저지르기도 하니 경계할 일이다.
= 해장술은 땅 판 돈으로 먹어도 아깝지 않다.

해장술에 살림 거덜 난다
- 해장술에 맛들이면 하루 일을 망치는 건 고사하고 살림을 들어먹기 십상이니 자중해야 한다.
= 해장술은 빚을 내서도 먹는다.

해장술에 취하면 제 아비도 몰라본다
- 아침 빈속에 술을 마시면 취기가 심해 큰 실수도 저지르기도 한다.

험담만큼 좋은 안줏거리도 없다
- 술자리에서 만나 누구를 헐뜯고 욕하는 거야 흔한 일 아니냐. 또는 술판에서 오가는 험담은 큰 허물이 될 수 없다는 뜻.

8. 음식 · 맛 · 냄새 관련

가는 떡이 커야 오는 떡이 크다
 - 가는 정이 있어야 오는 정도 있다.
 = 가는 말이 고와야 오는 말이 곱다. 주는 정이 있어야 받는 정도 있다.

가는 밥 먹고 가는 똥 싸랬다
 - 청렴하게 사는 것이 그 중 속 편한 것이다. 또는 적게 벌면 절약하면서 살아야 한다는 뜻.

가을 아욱국은 계집 내쫓고 먹는다
 - 가을 아욱국이 그만큼 맛이 좋다는 비유의 말.
 = 가을 아욱국은 사위만 준다. 가을 아욱국은 문 걸어 잠그고 먹는다.

가장 좋은 맛은 마음 맛이다
 - 인생살이엔 마음 됨됨이, 마음 씀씀이가 그 중 중요한 것이다.

감꽃 떨어지는 데서 홍시(紅柿) 찾는다
 - 성미 급한 자를 두고 비아냥대는 말.
 = 싸전에 가서 밥 달랜다. 우물에 가서 숭늉 찾는다.

개 잡아먹고 동네 인심 잃고 닭 잡아먹고 이웃 인심 잃는다
 - 개를 잡아 나눠주고 닭을 잡아 이웃 간에 나눠먹어도 양이 고르지 않다는 등 구설수로 되레 인심을 잃는 수가 있다는 뜻.

개고기다
- 사람 축에 못 드는 인간망종이다.

개떡* 이다
- 별로 취할 건덕지가 없다.

    * 개떡 : 보릿고개 때 허기를 지우고자 보릿가루에다 쑥잎 등을 섞어 쪄 먹던 구황음식 가운데 하나. 여기서 '개'는 '변변치 못한'이라는 뜻.

개똥참외는 먼저 본 놈이 임자다
- 임자 없는 물건 또는 사물에 대한 점유권을 주장하는 말.
= 처녀하고 과부는 먼저 올라타는 놈이 임자다.

개밥에 도토리다
- 축에 끼지 못하고 따돌림 당하는 처지다.
= 낙동강 오리알이다.

객지 밥 삼년에 사람 곯는다
- 불규칙한 생활을 오래 하다 보면 건강을 해치게 된다.

거지* 가 뱃속에 들어앉았나 보다
- 체면 돌보지 않고 허겁지겁 먹는 자를 밉보아 이르는 말.
= 게걸들린 놈, 밥 처먹듯 한다.

    * 거지 : '걸(乞·빌어먹다)어지'에서 ㄹ이 탈락해서 된 말이다.

거지도 쪽박이 있어야 얻어 먹는다
- 누구든 기본은 갖추고 있어야 몫이 돌아가는 법이다.
= 입은 거지는 얻어먹어도 벗은 거지는 못 얻어먹는다.

건더기 먹는 놈 따로 있고 국물 먹는 놈 따로 있다
　- 일은 같이 했는데 어째 돌아가는 몫이 다르냐고 따지는 말.
　= 어느 놈은 입이고 어느 놈은 주둥이냐.

건더기 주고 국물 얻어 먹는다
　- 실속은 다 빼앗기고 헛물만 켜고 있다.
　= 배 주고 뱃속 빌어먹는다. 어물전 털어먹고 꼴뚜기 장사한다.

검정 고기가 맛이 좋다더라
　- 피부 검은 남자가 성감이 좋대서 나온 말.

　■ 관련 여담

　　옛날에 한 재상(宰相)이 본디 양물(陽物 남근)이 왜소하고 짧아서 십여세 어린애 물건이나 다름 없었다. 이에 그 부인은 '남자들 물건은 본래가 다 이렇게 작은 건가보다.' 라고 믿고 지내는 중에 하루는 임금님 거둥행차를 보려고 집 앞의 정자마루에 올랐다가 한 검은 얼굴의 군졸이 정자 아래에서 오줌 누는 모습을 보게 되었다. 한데 그 자의 양물이 심히 굳세고 장대한지라 놀란 나머지 집에 돌아와 동무들에게 전언한 즉 "검은 고기가 맛이 좋다고 그런 남정네의 방사 맛이 그만이란다." 라고 넌지시 귀뜸을 해주는 것이었다. 이에 더욱 이상한 생각이 든 부인이 참지 못하고 남편인 재상한테 군졸의 그 말뚝 양물에 대해 물은즉 "그 군졸이 얼굴은 검고 수염은 누렇고 신체는 장대치 않습디까?"라고 되묻는 거였다. 재상은 당시 군졸은 대개 그 비슷하게 생긴 자들이 많았던 까닭에 그리 빗대 말한 것이었다. 부인이 맞는다고 하자 재상이 박장대소를 하면서 "그자는 고질의 병집이 있어 그런 것이오. 그 병 때문에 여직 장가도 못가고 홀아비로 늙어가는 불쌍한 인사라오." 라고 그럴싸하게 둘러댔는데 이 말을 전해들은 자마다 돌아서서 웃었다 한다.

고드름에 초장 친 맛이다
　- 맛이 너무 형편없다고 성토하는 말.
　= 술에 술탄 맛, 물에 물 탄 맛이다.

고추를 넣으면* 매콤한 맛이 나야 고추 아니냐
- 정사를 하면 화끈한 맛이 나야 하는데 대체 이게 뭐냐고 여자 쪽에서 구시렁대는 말.
  * 고추를 넣는다 : 남근을 삽입한다.

공짜는 써도 달다
- 공으로 얻은 것은 쓴 것도 달게 느끼듯 누구든 공 것을 좋아한다는 뜻.
= 공짜라면 소금도 달다. 공짜라면 양잿물도 큰 걸로 골라 먹는다.

과객질* 에는 염치가 밑천이다
- 과객질을 잘 하려면 염치가 좋아야 한다.
  * 과객질 : 예전 먼 길을 갈 때 모르는 집에 들어 숙식을 해결하던 일.

국도 국 같지 않은 게 뜨겁기만 하다
- 벌이도 신통찮은 일이 고되기만 하다.
= 일도 일 같지 않은 게 힘들기만 하다.

궁노루* 있으면 향내 나고 똥파리 있으면 구린내 나는 법이다
- 감추려 해도 어떤 경우든지 바탕이 드러나게 마련이다.
  * 궁노루 : 사향노루. 수컷 배 쪽에 사향낭이 있어 향내를 풍긴다.

글 총명은 식궁(食窮)이다
- 글 잘하는 이는 살림이 궁하게 마련이다.

금을 지고 밥을 굶을 위인이다
- 융통성이 없는 답답한 자이다.
= 우물 옆에 두고 목 말라 죽겠다. 밥상 앞에 놓고 굶어 죽겠다.

기름 엎지르고 깨알 주워 먹는다

- 정작 큰일은 그르치고 작은 것에 연연해하고 있다고 비웃는 말.
　= 낟가리 태우고 싸라기 주워 먹는다. 집 태워먹고 못대가리 줍는다.
　　배주고 배속 빌어먹는다.

기름밥 먹는다
　- 자동차 관련 일을 해서 먹고 산다.

꼬챙이는 타고 고기는 설었다
　- 구워져야 할 고기는 설 익고 그대로 있어야 할 꼬챙이는 탔다 함이니 일이 엉망이 되어 버렸다는 뜻.

꿀 먹은 벙어리에 침 먹은 지네다
　- 잘못을 하고도 아닌 양 시치미를 뚝 떼고 있다.

나중 꿀 한 식기보다 당장 엿 한가락이 더 달다
　- 미래의 큰 이익보다 당장의 작은 이득을 더 탐하는 게 인간속성이다.
　= 먼 데 단 냉이보다 가까운 쓴 냉이가 낫다. 금년 새 다리가 명년 쇠다리보다 낫다.

남 떡 먹는데 팥고물 떨어지는 걱정한다
　- 공연한 참견 말라고 핀잔주는 말.

남 더운밥이 내 식은 밥만 못하다
　- 비록 하찮아도 내 것만이 소중한 것이다.
　= 남의 돈 천 냥이 내 돈 한 푼만 못하다.

남의 아이 떡 주라는 말은 내 아이 떡 주라는 소리다
　- 듣기 좋은 소리 같아도 실은 제 잇속을 차리는 셈속이다.

내 똥 구린 줄은 모르고 남의 방귀 탓한다
  - 제 큰 허물은 모르고 남의 작은 허물을 버르집고 있다.

냉수 먹고 갈비 트림 한다
  - 실속도 없이 허세를 부리고 있다.
  = 냉수 먹고 이빨 쑤신다.

노루 때려잡은 막대기, 석 삼 년 우려먹는다
  - 귀에 못이 박히도록 뇌까리는 통에 넌덜머리가 나 죽겠다.
  = 노루 뼈 우려먹듯 한다. 고기 만진 손, 물에 풀어 끓여 먹겠다.

누군 인삼 먹고 누군 무 뿌리도 못 먹는다
  - 세상살이 고르지 못하다고 항의하거나 분개 또는 탄식하는 말.

눈칫밥 먹는 주제에 상추쌈까지 처먹는다
  - 밉둥이 주제에 설상가상 한술 더 뜨고 있다.

늦감 맛이 더 달다
  - 늘그막에 피우는 바람이 더 기가 막히게 맛이 좋다.

단골 손은 진국 주고 뜨내기 손은 멀국 준다
  - 단골손님에겐 진국 술을 주고 오가는 뜨내기 손에겐 보통 술을 준다 함이니 단골을 더 귀하게 여긴다는 뜻.

단물만 쪽 빨아먹고
  - 제 욕심만 채우고 모른 척하다니 분하고 억울한 일이다.

음식·맛·냄새 관련 137

달걀 섬 다루듯 한다
 - 행여 다치거나 깨질세라 조심스레 대한다.
 = 처녀 젖가슴 만지듯 한다.

달고 꼬숩기가 깨엿 맛이다
 - 일이 잘 풀리거나 또는 음식 맛이 기가 막힐 때 뇌는 말.

더러운 냄새가 더 오래 간다
 - 나쁜 짓을 한 오명은 좀체 지워지지 않는 법이다.

돼지가 발 걷고 지나갔다
 - 고기는 진작 다 건져가고 멀건 국물만 남았다. 군대 등 조직사회에서 급식비를 떼 먹곤 하는데 대한 고발성 의미도 묻어 있다.
 = 돼지가 멱 감은 물 택이다.

두부 딱딱한 것, 여자 딱딱한 건 아무짝에도 못 쓴다
 - 무릇 여자는 보드랍고 상냥해야 쓰는 법이다.

뒷장에 쇠다리 먹자고 오늘 장에 개다리 안 먹을까
 - 다음에 더 좋은 기회가 있다 해도 이번 기회를 놓칠 수는 없다.

들새 살찐 걸 보니 산새도 먹을만 하겠다
 - 한 가지를 보면 다른 것도 미루어 알 만하다는 뜻.

들 풍년에 마당흉년이다
 - 보기만 그럴 듯 하지 정작 내 광에 들일 곡식은 없다는 탄식의 말.

떡국* 먹는 데만 찾아 다녔냐

- 보기보다 나이가 많은 사람을 두고 놀리는 말.
　* 떡국 : '나이'를 둘러 이른 말.

떡도 떡같이 못 해 먹고 찹쌀 한 섬만 다 날렸다
- 애쓴 보람도 없이 아까운 양식만 축 냈다.
= 닷 푼 보고 보리밭에 따라갔다 비단 속곳만 다 버렸다.

떡방아 소리 듣고 김칫국 찾는다
- 지레짐작으로 당찮은 짓을 한다고 면박주는 말.
= 떡 줄 놈은 생각도 않는데 김칫국부터 마신다. 떡은 재 너머 있는데 국물부터 마신다.

떡장수가 떡 하나 더 먹게 마련이다
- 무슨 일이든 담당자가 더 득을 보게 되어 있다.

떡하고 씹은 오래 쳐야만 제 맛 난다
= 떡은 오래 쳐야만 더욱 차지고 쫄깃해지듯 남녀 간의 정사도 한가지다.

똥은 말라도 구린내 난다
- 한 번 나쁜 짓을 하게 되면 세월이 가도 지워지지 않는 법이다.

똥이 무서워 피하나 더러워서 피하지
- 상종 못할 인간이라서 상대를 안하는 것이다.

만만한 게 홍어 좆이다
- '만만한 게 홍어 좆이냐'와 함께 부당한 괄시에 대해 항의하는 말.

■ 관련 여담

홍어는 본초강목에 '음탕하다'는 뜻의 '해음어'로 기록돼 있다. 홍어 수컷에는 두 개의 생식기가 있는데 통상 성기가 두 개인 뱀이 그렇듯 한번 붙으면 떨어질 줄을 모른다고 한다. 그래선가 홍어 암컷을 낚으면 수컷이 교접한 채로 따라 올라오곤 하는데 어부들은 의외로 이를 반기지 않는단다. 수컷은 암놈에 비해 맛이 한참 떨어져 값이 헐한 데다 꼬리 양쪽에 달린 생식기에 가시가 있어 갈로 암컷에서 떼 내는데 애를 먹이는 까닭이다. 그래서 어부들은 욕지거릴 해대면서 수놈 생식기를 잘라낸 다음 바닥에 패대기를 치고는 한단다. "에이 씨팔, 만만한 게 홍어 좆이냐?" 이는, 억울하게 거시기를 거세당한 홍어 수컷들의 푸념에서 나왔다는 것이 현지 호남권역 홍탁(홍어+탁주) 술꾼들 입에 오르내리는 곁말이라 한다. 다른 한편 물 속에서 홍어의 늘어진 좆을 작은 물고기들이 낚시밥인 줄 착각하고 툭툭 치고 지나가곤 하는데 이런 모습에서 '만만한 게 홍어 좆'이란 말이 생겼다는 설도 있다. 한편 수컷 홍어 한마리만 잡히는 경우엔 수컷의 약점(맛과 가격)을 가리고자 생식기를 먼저 잘라 없애는 습관에서 이런 상소리가 나왔다는 말도 있다. (자료제공 : 소설가 이재백)

말짱 도루묵이다
- 기대한 일이 수포로 돌아간 경우 등에 내뱉는 말.

■ 관련 여담

도루묵 생선의 원래 이름은 목어(木魚)였다. 선조가 임진왜란 때 피란길에서 처음 먹어본즉 맛이 별미여서 이름을 은어(銀魚)로 고쳐 부르게 했다는 말이 전해온다. 한데 대궐로 돌아온 뒤 시켜 먹어보니 맛이 별로여서 '은어는 과람하니 도로 목어라 부르라'고 하여 도로목어가 되고 음이 변해 도루묵이 됐다는 것이다. 그러나 이 설에도 이의가 제기되고 있다. 선조 때 사람인 홍길동전의 저자 허균의 글에 이 생선 얘기가 나오는데 이미 고려 때 이 고기를 좋아하는 임금이 있어 당시 이름인 목어를 은어로 고쳐 부르게 했다가 싫증이 나자 다시 목어로 고쳤다 하여 환목어(還木魚. 도로목)가 되었는데 이로써 생선개명의 인물이 선조가 아님이 입증된 셈이다. 그리고 '말짱 도루묵'이란 말 또한 이 생선의 운명처럼 은어에서 목어로, 다시 말해서 좋았다가 헛일이 됐다는 의미의 속설로 널리 회자돼 내리게 된 것이라 한다. 참고로 이 도루묵은 민물고기 중 고급 어종인 은어가 아닌 바닷물고기를 말하는 것이다.

* 자료 : 정민의 世說新語.

맛 좋은 준치에는 가시가 많다
- 좋은 일엔 궂은 일도 끼어들게 마련인즉 마음 쓸 거 없다.
= 호사다마다. 새옹지마다.

맛있는 음식에 체 한다
- 좋은 일에는 마(魔)가 끼기 십상이다. 또는 뇌물을 먹으면 언젠가는 화를 당하게 된다는 뜻.

맹물에 조약돌 삶은 맛이다
- 이게 대체 무슨 맛대가리냐. 맛이 형편없다고 내뱉는 볼멘소리.

먹고 죽은 놈이 때깔도 좋다
- 먹는 것이 삶에서 그만큼 중요한 부분이라는 뜻.

먹구렁이 회쳐 먹을 놈이다
- 비위와 배짱이 대단한 자이다.

먹는 데는 남이고 궂은 일에는 일가다
- 이문 생기는 것은 혼자 챙기고 궂은 일에만 불러내는 고약한 자이다.

먹다가 굶어 죽겠다
- 먹을 것이 너무 적음을 비아냥대는 말.

먹어 조지고 말로 조지고 몸으로 조진다
- 죄수들이 자신들의 수형생활을 자조적으로 이르는 말.

먹은 놈이 똥도 싸게 마련이다
 - 뇌물 먹은 자가 나중 들통이 나서 벌도 받게 돼 있다.
 = 소금 먹은 놈이 물켜게 마련이다.

먹을 복 있는 놈은 자다가도 제삿밥 얻어 먹는다
 - 복 많은 자는 하는 일마다 술술 잘 풀리는 법이다.

먹지 않는 종 없고 투기 없는 아내 없다.
 - 매우 드문, 좀체 있을 수 없는 일이다.

메밀묵 추렴을 한다
 - 메밀로 만든 음식을 먹으면 젖가슴이나 사타구니 등 속살이 예뻐진다는 속설에서 나온 말.

■ 관련 여담

메밀은 자고로 잎은 파랗고 꽃은 희고 줄기는 붉고 열매는 검으며 뿌리는 노란 색깔이라서 오색을 갖춘 영물이라 하여 우리 조상들은 식물 이상의 의미를 부여했다. 마을 부녀자들이나 처녀들이 특히 겨울밤이면 메밀묵 추렴을 곧잘 한 이유도 실은 이 오방색의 메밀 음식을 먹으면 유방이나 사타구니 등 속살이 하얘지고 예뻐져서 남편 사랑 듬뿍 받고 아들 잘 낳는다는 속전에서 비롯된 것이라 한다.

목구멍 때도 못 벗겼다
 - 음식이 보잘 것 없어 먹은 거 같지 않다.
 = 간에 기별도 가지 않는다.

몰래 먹는 음식이 더 맛있다
 - 배우자 아닌 상대와의 정사가 훨씬 더 성감이 좋다.
 = 도둑 씹이 더 맛있다.

물 만 밥에 목 멘다
- 쉬운 일도 깔보다가는 낭패 보는 수가 있으니 조심해야 한다.

물러도 준치요 썩어도 생치* 다
- 귀한 것은 조금 흠결이 있어도 대우를 받는 법이다.
= 썩어도 준치다.
  * 생치(生雉) : 익히지 않은 꿩고기.

미꾸라지국 먹고 용트림 한다
- 별볼 일 없는 자가 난 척을 한다고 비웃는 말.
= 냉수 먹고 갈비 트림한다.

밉다고 걷어찬 놈이 떡 함지에 가 엎어진다
- 미운 놈이 한술 더 뜨고 있다. 먹을 복 있는 자는 따로 있다는 뉘앙스도.

밥 맛이다
- 인색하고 쩨쩨해서 정나미가 떨어지는 자이다.

밥 빌어다 죽 쒀 먹을 놈이다
- 하는 일마다 그르치는 미욱한 자이다.
= 배 주고 배 속 빌어먹는다.

밥 지랄하고 자빠졌다
- 객쩍은 짓거리나 일삼고 있다고 책망하는 말.

밥 처먹는 것도 아깝다
- 밥값도 못하고 하고한날 놀고먹는 애물덩어리다.
= 먹고 대학생이다.

밥맛 술맛은커녕 씹 맛도 잊었다
 - 병이 깊어 세상살이가 다 허무해져 버렸다. 달관의 말로 쓰이기도.

밥은 봄같이 먹고 국은 여름같이 먹고 장은 가을같이 먹고 술은 겨울같이 먹어라
 - 음식 맛은 온도에 좌우되기도 하므로 밥은 봄 날씨처럼 따뜻하게 국은 여름 날씨처럼 뜨겁게 장은 가을 날씨처럼 시원하게 술은 겨울 날씨처럼 차게 해서 먹어야 제 맛이 난다는 뜻.

밥 팔아서 똥 사 먹겠다
 - 됨됨이가 미욱하고 모자라는 자이다.

방귀길 나자 보리 양식 떨어진다
 - 보리밥을 먹어 잘 삭이게 되자 보리양식이 떨어졌다. 일이 공교롭게 엇나가고 틀어짐을 비유한 말.
 = 입맛 나자 양식 떨어진다. 씹에 길나자 과부 된다.

방귀에 초친 맛이다
 - 구린내에 초까지 쳐서 보탰으니 맛과 냄새가 매우 고약함을 이르는 말.
 = 고드름에 초친 맛이다. 조약돌 씻은 맛이다.

변학도 잔치에 이 도령 술상이다
 - 춘향전에서 개다리 소반의 이 도령 술상처럼 접대가 소홀함을 성토하는 말.

보리 개떡 같다
 - 음식 또는 사람이나 일거리가 하찮다.
 = 개뿔 같다. 개 좆 같다.

보리밥 먹고 쌀 방구 뀐다
- 배움은 없어도 아는 것이 많은 영리한 자이다.

볼가심거리도 안 된다
- 음식이 보잘 거 없어 한입 거리도 안 된다.

봉홧불에 김 구워 먹는다
- 일을 아무렇게나 해서 망쳐 놓았다고 꾸짖는 말.

비위가 노래기 회쳐 먹겠다
- 인정머리도 염치도 없는 망종인간이다.

  * 노래기 : 고약한 노린내를 풍기는 절지동물.

사흘 굶은 개 눈에는 몽둥이도 보이지 않는다
- 며칠 내리 굶주리면 어떤 무엇도 두렵지 않게 된다.
= 사흘 굶으면 포도청 담도 뛰어 넘는다.

산나물 몰래 먹은 죄이다
- 그로 인해 은밀히 통간한 일이 들통 나 혼난 이야기.

■ 관련 여담

어느 집 여종이 미모가 빼어나 주인집 아들이 간통을 일삼았는데 하루는 그 아들이 다시금 처가 잠든 틈을 타 살금살금 행랑채로 나갔다. 그 순간 처가 잠에서 깬 뒤를 밟아서 창틈으로 엿본즉 여종이 몸을 빼면서 이르되 "서방님께선 어찌 흰떡 같은 아가씨를 놔두고 굳이 천한 저에게 오시어 이렇듯 못살게 구십니까?" 하니 사내가 말하되 "아가씨가 흰떡과 같다면 너는 산나물과 같으니 음식으로 치면 떡을 먹은 후에 어찌 나물을 먹지 않을 수 있으랴" 하며 입을 맞추고 운우(雲雨)가 농(濃)하니 차마 더 못 보고 돌아와서 누워 잤다. 그 이튿날 부부가 함께 시아버지를 옆에 모시고 있을 때 아들이 졸지에 기침이 연발하자 간신히 입을 다물고 벽을 향해 혼잣소리로 "요즘 내가 병을 얻었으니 무슨 연고인지 모를 일이로다." 한 즉 그 처가 읍하고 말하기를 "그것이야 다른 까닭인가요? 나날이 산나물을 많이 드신 연고겠지요" 하니 시아비가 듣고 크게 노해서 "어디서 났기에 산나물을 너만 혼자 몰래 먹는단 말이냐? 이게 불효가 아니고 뭣이더냐?"라고 크게 꾸짖으니 아들이 민망하여 입을 다물고 말이 없었다 한다. [十大奇書]

산모 입에는 석 자 가시도 걸리지 않는다
- 몸을 푼 산모는 입맛이 좋아져서 어떤 거친 음식도 다 잘 먹는다.

살아야 명(命)이고 먹어야 복이다
- 희로애락 다 제쳐 놓고 잘 먹어서 명줄을 잇는 것이 인간사의 요체이다.

새우젓 내, 안 나는 년 없다
- 음문에서 새우젓 내가 나듯 본질적인 것은 어쩔 수 없다는 뜻.

■ 관련 여담

이 말의 유래는 다음과 같다. 옛날에 한 여자가 있었는데 보지가 워낙 커서 큰 광주리에 담아 머리에 이고 다녔다 한다. 그러던 중 하루는 장을 보고 오다가 비를 만났는데 마땅히 비를 가릴 곳도 없고 하여 창피를 무릅쓰고 그 큰 보지를 더욱 크게 벌여서 많은 장꾼들이 모두 그 안에서 비를 그을 수 있게 해주었다 한다.

그러다 비가 그쳐서 장꾼들이 제가끔 저 갈 길로 가는데 그중 새우젓 장수 한 놈이 그만, 비가 그쳐 내려놓은 보지 턱에 걸려서 새우젓 한통을 몽땅 다 그 안에다 쏟고 말았다. 이런 일이 있은 뒤부터 보지에서는 오늘 이날 입때껏 퀴퀴한 새우젓 냄새가 진동하게 되었다 한다.

[口傳說話集]

색 밝히는 놈은 신 맛을 탐 한다
- 음란하면 신 맛을 탐한다는 이른바 음자호산(淫者好酸)에서 나온 말.

샛서방 고기 맛이다
- 청갈치 맛을 빗댄 말. 남녘 바닷가 마을에서는 청갈치가 마치 샛서방처럼 맛이 좋대서 회자되는 말.
    * 경남 삼천포해변에서 採錄.

설삶은 말 대가리 같다
- 성미가 검질기고 고집이 센 자이다.

설움엔 먹어 살찌고 걱정엔 안 먹어 살이 내린다
- 슬플 때는 먹는 것으로 대리 충족해 살이 찌지만 큰 걱정이 있으면 입맛을 잃어 야위게 된다.

소금* 먹은 놈이 물 켠다
- 일을 저지르면 어떤 식으로든 표가 나게 되어 있다. 또는 사필귀정(事必歸正)으로 죄를 지으면 들통이 나서 벌을 받게 된다는 뜻.
    * 소금 : 소금은 '작은 금' 즉 소금(小金)에서 나온 말이라 한다. 그만큼 우리 일상에서 귀중한 존재란 뜻일 듯. '소금은 하늘의 선물이다'(영국 속담)

소금도 맛 보고 사랬다
- 무슨 일이든 확인하는 습관이 몸에 배 있어야 한다.
= 불여 튼튼이다.

소금이 썩으면 썩었지
- 절대로 불가능한 일이다.

소금 좀 뿌려야 겠다
- 재수 없는 일이나 우환 예방을 위해 드나드는 문지방 등에 소금을 뿌리라는 뜻. '날 도둑놈 간다. 왕소금 뿌려라' 등 못마땅한 인사가 왔다 가는 경우, 손재수 예방하라고 외치던 민속이 전해져 내렸다.

소금이 짜대도 곧이듣지 않는다
  - 신용을 잃는 바람에 어떤 말을 해도 믿지 않는다.
  = 소금으로 장을 담근대도 곧이듣지 않는다. 콩으로 메주를 쑨대도 믿지 않는다.

쇠고기는 본처 맛이고 돼지고기는 애첩 맛이다
  - 고기의 고유한 맛을 처첩 간의 정 맛에 비유한 곁말.

수수팥떡에 안팎이 없기로서니
  - 아래 위를 몰라보고 버릇없이 군다고 호통치는 말.

시다는데 초 치는 격이다
  - 설상가상(雪上加霜)이다.
  = 외눈에 안질, 흉년에 거지노릇이다.

식은 숭늉 같은 놈이다
  - 맛대가리 없고 줏대 없는 자이다.

신맛 좋아하면 색을 탐 한다
  - 색을 밝히는 자는 신맛을 즐긴대서 나온 말.
  = 음자호산(淫者好酸)이다.

신물* 에 쓴 물까지 나온다
  - 생각만 해도 진절머리 나는 일 또는 인간이다.
    * 신물 : 과식을 하거나 체했을 때 넘어오는 시큼한 위액.

싫은 매는 맞아도 음식 싫은 건 못 먹는다
  - 입에서 안 받는 데야 도리가 없는 것이다.
  = 싫은 음식은 먹어도 싫은 여자하고는 못 산다.

싸라기밥만 처먹고 자랐냐
- 반말지기를 일삼는 자에게 반 토막 싸라기밥만 먹었느냐고 쏘아주는 말.

싸전* 가서 밥 달랜다
- 쌀가게 가서 쌀이 아닌 밥을 달래리만큼 성미가 급하거나 아둔한 자이다.
= 우물에 가서 숭늉 달랜다. 급하기는 밑 씻고 똥 누겠다.
    * 싸전 : 쌀 가게.

앞으로는 절대 하지 마라
- 어느 무식하고 순박한 산골 부부 이야기.

■ 관련 여담

산골 동네에 젊은 부부가 살았는데 남편이 나무를 한 짐 해 지고 돌아와 보니 저녁 밥상 위에 웬 조기 한 마리가 올라 있었다. 반갑다기보다 의아해서 웬 거냐고 물은 즉 아내 말이 낮에 생선 장수가 왔었는데 말 한 번만 들어주면 조기를 한 마리 주겠다고 하길래 생각해 보니까 한 번 한다고 무슨 탈이 날 거 같지도 않고 하여 들어줬더니 조기를 한 마리 주어 상에 올렸다는 것이다. 남편은 기가 막혔으나 기왕 이리 된 일을 어쩔 수 없다 싶어 "이번엔 어쩔 수 없지만 앞으로는 절대 해서는 안 된다."고 다짐을 받은 다음 맛있게 식사를 했다. 한데 며칠이 지난 뒤 저녁에 돌아와 보니 이번엔 밥상에 조기가 하나도 아닌 두 마리나 올라 있는 것이었다. 남편이 괴이쩍게 여겨 까닭을 묻자 아내는 조금도 거리낌없이 "생선 장수한테 당신이 앞으로는 절대 하지 말라고 했다니까 그 생선 장수 말이 그럼 뒤는 상관없다는 말이니까 그렇게 하자고 해서 뒤로 해줬더니 이번엔 웬일로 조기를 두 마리나 주어 상에 올린 거라우." 그러더란다. [十大奇書]

언제 네 떡 내 먹었더냐 한다
- 은혜를 입고도 나 몰라라 하는 배은망덕한 자이다.

얻어먹는 놈이 큰 떡 먼저 집는다

- 얻어먹으면 겸손해야 함에도 버르장머리 없이 굴다니 고약한 일이다.
= 얻어먹는 놈이 이밥 조밥 따진다. 거지 주제에 찬밥, 더운밥 가린다.

얻어먹는 데서 빌어 먹는다
 - 사정이 어렵고 급해서 빌린 돈을 다시 꾸어 쓰는 경우 등에 빗댄 말.

없는 놈이 많이 먹으면 처먹어 못산다, 있는 놈이 많이 먹으면 식복 있어서 잘 산다네
 - 똑같은 경우도 없이 살면 궂게, 잘살면 좋게 오르내리는 것이니 잘살도록 해라.

여자하고 군밤은 곁에 있으면 먹게 마련이다
 - 남녀가 가까이 있다 보면 정분이 나게 돼 있다.
= 젊은 여자와 볶은 콩은 곁에 두면 먹게 된다.

왕십리 어멈 풋나물 주무르듯 한다
 - 제멋대로 거칠게 애무하는 모습을 그린 말.
  * 연적 같은 젖퉁이를 왕십리 마누라 풋나물 주무르듯 주물럭 씻어 보며〈고본 춘향전〉에서.

유자는 얽어도 제사상에 오르고 탱자는 고와도 똥밭에 구른다
 - 사람은 외양이 아니고 능력과 쓰임새로 대접받는 것이다.

일에는 굼벵이 사촌, 먹는 데는 꿀돼지 형님이다
 - 게을러터진 주제에 먹는 거라면 체통 모르고 덤비는 자이다.

음식 싫은 건 먹어도 계집 싫은 건 억지로 못 산다
 - 음식이야 싫어도 눈 딱 감고 씹어 넘길 수 있지만 아내는 평생을 같이하는 까닭에 억지로 살기 어렵다는 뜻. 사내 싫은 것도 매한가지일 터.

입 따로 있고 주둥아리 따로 있냐
- 음식대접에 차이가 나는 경우, 부아가 나서 치받는 말.

잘 먹고 잘 입어 못난 놈 없다
- 잘 먹고 잘 입어 부티나면 누구든지 잘나 보이게 마련이다.

저녁 굶은 초서(草書)다
- 어느 가난한 선비가 양식을 꾸어달라는 글을 흘림체인 초서로 써 보냈으나 상대방이 읽지를 못해서 저녁을 굶고 말았다는 고사에서 나온 말. 자존심 때문에 초서로 써 보냈거나 상대방 또한 비위가 상해서 모르는 체한 것일수도.

젊은 놈 망령은 홍두깨로 고치고 늙은이 망령은 곰국으로 고친다
- 나이 젊은 놈의 못된 버릇은 매로 따끔하게 다스려야 하고 노인네 노망기는 맛있는 음식을 대접해야 효험이 있다.

점심 요기하자고 소 잡는 꼴이다
- 사소한 일에 터무니 없는 짓을 한다고 핀잔 주는 말.
= 모기 보고 칼을 빼든다.

젓가락으로 국 떠먹을 놈이다
- 어리석고 용렬한 자이다.

젖 좀 더 먹어야겠다
- 하는 짓을 봐 허니 유치해서 더 좀 배워야겠다.

제 똥 구리다는 놈 없다
- 제 허물은 스스로 깨닫기 어렵다.
= 누구든 제 똥 구린 줄 모른다.

제 배부르니 평양 감사가 조카 같다
- 유족하게 되면 방만한 심사가 싹 트게 된다. 또는 서민은 조그만 행복에도 흡족해 한다는 뜻.

제 배부르면 종 배고픈 줄 모른다
- 사람이란 대체로 저만 아는 이기적인 존재이다. 남 사정을 헤아리는 건 그만큼 어려운 일이라는 뜻.

제 집 쌀 놔 두고 남의 보리밥 얻어 먹는다
- 살만큼 살면서도 가난한 이웃 신세를 지는 파렴치한 자이다.

조밥도 먹고 이밥* 도 먹었다
- 이 풍진 세상살이, 겪을 만큼 다 겪었다.
  * 이밥 : 입쌀로 지은 밥. 쌀밥.
= 묵은 조개, 햇조개 다 까먹어 보았다. 군자소리도 듣고 왈자소리도 들었다.

주전부리 한다
- 간식을 먹는다. 또는 배우자 아닌 상대와 정을 통한다.

죽 쒀서 개 바라지* 한다
- 목적에 빗가는 엉뚱한 짓 또는 손해나는 짓을 한다.
= 죽 쒀서 개 좋은 일만 시켰다.
  * 바라지 : 온갖 것을 돌봐주는 일.

죽사발이 웃음이요 밥사발이 눈물이다
- 가난해도 걱정없이 사는 것이 걱정에 파묻혀 잘 사느니보다 낫다.

죽어 진수성찬이 살아 쓴 담배 한 대만도 못하다

- 살아 생전에 효도해야지 죽고 난 뒤에는 아무 소용없는 것이다.

죽어도 먹고 죽은 놈은 때깔이 곱다
- 뭐니뭐니 해도 섭생을 잘하는 것이 제일이다.

줄수록 양양, 먹을수록 냠냠 한다
- 줄수록 오히려 더 달래고 안 주면 탓을 한다.

진국* 은 나 먹고 훗국** 은 너 먹으란 수작이냐
- 알짜배기는 네가 먹고 나더런 국물이나 먹고 떨어지란 말이냐. 그런 속 들여다뵈는 거래는 흥미 없다고 내치는 말.

  * 진국 : 푹 고아서 걸쭉하게 된 국물.
  ** 훗국 : 진국을 떠낸 뒤의 멀건 국물.

짜거든 맵지나 말든가
- 좋게 봐줄만한 건덕지가 하나도 없다.
= 시거든 떫지나 말고 검거든 얽지나 말든가.

쩍 하면 입맛이요 건너다보면 절 터다
- 안 보아도 짐작이 가는 일이다.
= 쩍 하면 입맛이요 쿵 하면 뒷집 호박 떨어지는 소리 아니냐.
  척하면 삼척, 쿵하면 도둑놈 담 넘어가는 소리다.

찡겨서* 입에 풀칠이나 하면서
- 먹다 굶다 하면서 근근득신 명 보존을 하고 있다.

  * 찡기다 : 구겨져서 우글쭈글하게 된 모양.

참외* 버리고 호박 먹는다

- 착한 아내 버리고 우둔한 첩을 얻어 좋아하는 한심한 자이다.
= 배 주고 배 속 빌어먹는다. 놋동이 버리고 질동이 얻어 좋아한다.
  * 참외 : '참'은 '썩 좋은'의 뜻이고 '외'는 '오이'의 생략어다. 따라서 참외는 '참 오이' '좋은 오이' 라는 뜻.

침 뱉고 돌아선 우물, 다시 먹는다
- 욕을 하고 돌아섰어도 살다 보면 다시 찾을 일도 생기는 것이니 경솔한 짓을 해서는 안 된다고 이르는 말.

칼나물이다
- 일부 스님이 몰래 먹던 고기음식을 빗대 이르는 말.

■ 관련 여담

스님들은 차는 마시되 술을 먹지는 않았지만 간혹 마시게 되는 경우 이를 곡차(穀茶)라 부른 것과 한가지로 나물 이외 고기는 물론 생선조차도 일체 멀리 하였으되 개중에는 더러 육류(肉類)를 몰래 먹는 이도 있었던 모양이다. 칼나물이란 그런 스님들 사이에 은밀히 전해져 내린 '고기음식'을 일컫는 은어이다.

콩을 팥이래도 곧이 듣는다
- 남의 말을 무조건 믿는 얼간이다. 또는 혹 거짓말을 해도 믿으리만큼 평소 신용이 두터운 사람이다.

콩죽 먹는 놈 따로 있고 똥 싸는 놈 따로 있다
- 고생하는 놈 따로 있고 덕 보는 놈 따로 있느냐고 따지는 말.
= 떡메 치는 놈 따로 있고 떡 먹는 놈 따로 있다.

크고 단 참외 없다

- 세상사 모두가 제 입맛에 맞기는 어려운 법이다.

탱자에서 탱자 냄새 나게 마련이다
- 본색은 반드시 드러나는 법이다.
= 향에서 향내 나고 똥에서 구린내 나는 법이다.

파리한 당나귀, 귀 빼고 좆 빼고 나면 뭐 먹을 거 있노
- 말라빠진 나귀에서 그 중 큰 것들을 다 제하고 나면 나한테 돌아올 게 뭐냐고 따지는 말.

9. 신체 · 장기 관련

가랑이를 찢어 죽일 년
 - 가랑이를 벌리고 정을 통했대서 제 남편과 얼린 여자에게 퍼붓는 악담.

가랑이에서 비파 소리가 난다
 - 바짓가랑이가 맞부딪쳐 비파 소리가 나리만큼 몹시 바쁜 와중이다.

가슴에서 천불* 이 난다
 - 참으려 해도 울화가 치밀어 올라서 못 견디겠다.
 = 가슴 치고 피 토할 일이다.
  * 천불 : '하늘의 불'이란 뜻으로 저절로 일어난 불을 이르는 말.

가슴에 얹힌 돌덩어리다
 - 가슴에 맺혀 있는 크나큰 근심거리다.

가진 거라곤 불알 두 쪽뿐이다
 - 가진 거라곤 없으니 맘대로 하라고 내뻗는 말.

간을 내 씹어 먹어도 시원치 않다
 - 너무 분해서 어떤 잔인한 방법으로 죽여도 한이 남겠다.

간을 녹인다
 - 홀딱 반하게 만든다. 또는 몹시 애가 타게 한다.

간이 뒤집혔나 허파에 바람이 들었나
 - 무던하던 사람이 끔찍한 일을 저지른 경우 등에 놀랍고도 미심쩍어서 뇌는 말.

간이 떨린다
 - 매우 놀라운 일이다. 또는 억울해서 부아가 치민다.

곰보 자국도 보조개로 보인다
 - 정이 들면 마마로 얽은 자국도 보조개처럼 예뻐 뵈는 법이다.

귀 소문 말고 눈 소문 해라
 - 들은 건 불확실하니까 직접 본 것만을 말해라.

귀가 초롱같다
 - 잘 알아 듣는다. 또는 하나 들으면 열을 알 만큼 총명하다.
 = (반)귀가 절벽이다.

귀가 항아리만 해져서
 - 부쩍 호기심이 나서. 귀가 솔깃해서.

귀동냥 눈동냥으로 얻어 듣고 얻어 보고
 - 정식으로 배운 게 아니고 여기저기서 얻어 들어 알게 된 것이다.

귀때기도 새파란 것이
 - 나이 어린놈이 버릇없이 군다고 호통치는 말.

귀머거리 귀 있으나마나
 - 일러주어도 못 알아 듣는 아둔한 자이다.
 = 앉은뱅이 앉으나마나. 검둥이 세수하나마나. 고자 씹하나마나.

귀와 눈은 둘인데 입은 하나라는 걸 알아야지
　- 보고 듣기는 많이 하되 말수는 적어야 한다.
　= 귀는 길어야 하고 혀는 짧아야 한다.

귓구멍에다 말뚝을 처박았냐
　- 어째 그리도 말귀를 못 알아듣는단 말이냐.

길을 떠나려거든 눈썹도 빼놓고 가라
　- 먼 길에는 작은 물건도 짐이 되니 단출하게 떠나도록 해라.

끄덩이* 잡는다
　- 여자들 간의 격렬한 몸싸움을 이르는 말.
　　끄덩이 : 머리끄덩이. 머리털을 한데 뭉친 머리 끝.

나무칼로 귀를 베어 가도 모르겠다
　- 일에 몰두해 있다. 또는 잠에 깊이 곯아 떨어졌다.

나바론* 의 건포도다
　- 민짜의 여자 몸매를 이르는 곁말.
　= 민짜다. 절벽이다.
　　나바론 : 2차대전 때 독일이 연합군 함대를 격퇴하고자 만든 절벽 요새. 건포도는 유두(乳頭)를 빗댄 말.

낯가죽이 땅 두께 같다
　- 후안무치하기 짝이 없는 자이다.

낯 박살* 을 먹인다
　- 억하심정이 있어 면전에서 크게 망신을 준다.
　　낯 박살 : 얼굴을 못 들게 큰 창피를 주는 일.

낯짝에다 똥칠만 했다
 - 흠씬 창피를 당했다.

낯짝이 반지르르하면 얼굴값 한다
 - 여자 얼굴이 예쁘면 유혹이 많아서 신세를 망치는 수가 있다.

내 밑 들어 남 뵈는 꼴이다
 - 망신을 자초하는 남세스런 행동이다.
 = 제 얼굴에 침 뱉기다.

넓적다리만 보고도 보지 봤댄다
 - 나쁜 소문은 부풀려 퍼지게 마련이니 조심할 일이다.
 = 사타구니만 보고도 보지 봤댄다.

넘겨짚다 팔 부러진다
 - 무슨 일이든 어림짐작으로 하다가는 큰 코 다치게 되니 경계할 일이다.

눈도장을 찍었다
 - 눈빛으로 마음이 통했다. 또는 남녀 간에 정을 통하기로 묵계가 이루어졌다.

눈두덩이 푸른색이면 색골이다
 - 눈언저리에 푸른색이 돌면 색을 밝힌다는 속설에서 나온 말.

눈비음* 만 그럴싸했지
 - 좋게 보이려고 겉으로만 슬쩍 꾸몄을 뿐.

   * 눈비음 : 남에게 곱게 보이려고 꾸미는 짓.

눈썹* 만 뽑아도 생 똥 싸겠다

- 그리 작은 고통도 참지 못하면서 무슨 큰일을 하겠느냐.
    * 눈썹 : 여기서 '썹'은 길섶 옷섶과 한가지로 '가장자리'를 나타낸다. 따라서 눈썹이란 눈 가장자리에 나 있는 털을 이르는 말.

눈썹을 일으키면 어쩔 거야
- 네까짓 게 눈을 부라리고 대들면 어쩔 거냐.

눈에 멀면 마음에도 멀어진다
- 자주 안 보면 정도 멀어지게 된다.

눈에서 불똥 튄다
- 연정 또는 적의에 불타 눈에서 불꽃이 이는 듯하다.
= 눈에 불이 돈다.

눈은 풍년에 입은 흉년이다
- 뵈는 건 풍성해도 나 먹을 거라곤 없는 궁색한 처지다.

대가리에 딱지도 덜 떨어진 것이
- 아직 머리에 쇠딱지* 도 안 떨어진 어린것이 되바라졌다고 꾸짖는 말.
= 대가리에 피도 안 마른 것이. 배냇물도 덜 마른 놈이.
    * 쇠딱지 : 어린아이 머리에 눌어붙은 때.

대갈통에 바람구멍 나고 싶으냐
- 죽고 싶지 않으면 시키는 대로 해라.

대낮에 씹구멍 벌리는 개 같은 년
- 낮거리를 하다 들통 난 여자에게 해대는 욕설.

대머리 보니까 공짜깨나 좋아 하겠다
 - 대머리에게 공것 좋아 하겠다고 놀리는 말.

도다리다
 - 얼굴이 넙치마냥 둥글 넙적하게 생긴 이를 놀려대는 말.

동무 사나워 뺨따귀 맞는다
 - 나쁜 친구와 얼리면 한동아리로 몰려서 곤욕을 치르게 되니 가려서 사귈 일이다.
 = 모진 놈(년) 옆에 있다가 벼락 맞는다.

동이배 다
 - 물동이처럼 불룩하게 나온 배.
 = 똥배. 술통 배.

뒤통수에도 눈 달린 놈이다
 - 눈치 바르고 약삭빠른 자이다.

등 시린 절, 받기 싫다
 - 여느 때 잘해 주지도 못했는데 분에 넘는 대접을 받는 경우 등에 차라리 안 받느니만 못하다고 물리는 말.

등짝 긁으라니까 장딴지 긁고 있다
 - 동문서답 하고 있다. 답답한 자이다.

등치고 간 내먹는 놈
 - 잘해 주는 척하면서 실은 제 잇속만을 챙기는 자이다.
 = 얼러 좆 먹인다.

땡볕 땅구멍에다 좆을 박고 견디는 게 차라리 낫겠다
 - 어떻게 이런 따위 궂은일을 하란 말이냐고 항의하는 말.

떡살* 이 토실토실하다
 - 음부가 보기 좋게 살 생겼다.

   * 떡살 : 여성생식기의 두두룩한 부분.

떡판 엉덩이가 요분질도 못한다
 - 엉덩이가 떡판이면 치레라도 해야 하는데 요분질도 못해 쓸모가 없다.

똥구멍이 찢어지게 가난하다
 - 몹시 가난하다는 비유의 말.

똥 누고 밑 안 씻은 것 같다
 - 마무리를 깔끔히 못해서 개운치가 않다.
 = 요강 뚜껑으로 물 떠먹은 것 같다.

똥구멍에 바람을 처넣어 배때기를 터쳐 죽일 놈
 - 다시없는 망종인지라 잔인하게 죽여 마땅한 자이다.

똥창* 이 맞는다
 - 뜻이 맞는다. 배포가 맞는다.

   * 똥창 : 소의 큰창자의 한 부분. 여기서는 '마음속'을 빗댄 말.

똥창까지 다 들여다보고 있다
 - 다 알고 있으니까 거짓말할 생각마라.

맨발이 버선발이고 신발이다
 - 여름이고 겨울이고 맨발로 지내는 자이다.

멱살* 잡이 한다
  - 말이 통하지 않아 몸싸움으로 시비를 가린다.
    * 멱살 : 목 부분 또는 그 부위의 살.

면상에 철판 깐 놈이다
  - 염치라고는 없는 뻔뻔한 자이다.
  = 낯짝에 철판을 깔았다.

모가지가 둘이 아니란 걸 알아 둬라
  - 일자리 쫓겨나고 싶지 않으면 처신 똑바로 해라.
  = 모가지가 열 개라도 모자라겠다.

모가지에 기브스 했다
  - 거만스럽게 우쭐댄다.

모래 바닥에 혀를 박고 죽을 일이다
  - 억울하게 당한, 분통 터지는 일이다.

목구멍 치다꺼리나 하고 있다
  - 겨우겨우 끼니나 때우면서 살고 있다.
  = 목구멍에 풀칠한다.

목이 가늘면 색을 탐한다
  - 마른 사람이 색을 더 밝히는 성향이 있다.

몸 도장을 찍었다
  - 대개 남자입장에서, 성관계를 했다는 뜻.

몸뚱이에다 구렁이를 감았다
- 온몸에 시퍼런 멍이 들만큼 몹시 매를 맞았다.

몸이 따갑다
- 수치스러워 몸 둘 바를 모르겠다.

몸집 작아도 물건만은 장대하니 여(呂)씨요-
- 재기 넘치는 한 기생의 뭇 오입쟁이들 인물평 한 자락.

■ 관련 여담

어느 기생이 자기 집에 오는 인사들을 일러 마(馬)부장이니 우(牛)별감이니 여(呂)초관이니 최(崔)서방이니 하고 부르는데 실제 그 이름하고는 전혀 다른 일종의 별호였다. 하여 주막에 와 있던 자가 의아해서 "네가 인사들의 성씨를 그토록 모르느냐?"라고 물으니 기생의 답변인즉 "그분들하고 친분이 오랜데 모를 리가 있소이까? 마씨 여씨 등의 성을 붙임은 야사포폄(夜事褒貶. 밤일에 대한 인물평가)으로서 제가 붙인 별호가 올시다." 라는 것이었다. 이어서 인물평에 들어가는데 "그중 아무개는 몸과 양물이 아울러 장대하니 마(馬)씨요 아무개는 몸집은 작지만 그 물건만은 큼지막하니 여(呂)씨요 또 아무개는 한번 꽂으면 금방 토하니(조루를 빗댄 말)되새김질 잘하는 우(牛)씨고 아무개는 아래위 오르내림이 현란하니 최(崔)씨라, 최는 곧 참새 작(雀)이라 그렇다는 뜻이올시다." 라고 하는 것이었다. 그래서 "그럼 나는 무슨 별호로 부르겠는고?" 하고 물으니 "매일 헛되이 왔다가 헛되이 가 세월만 축내니 마땅히 허 생원으로 제(題)함이 적절할까 하오이다." 라고 했다.

과시 명불허전(名不虛傳)이라. 재기(才妓. 재주있는 기생)이름값에 모자람이 없는 기생이었다. [十大奇書]

무두질* 해 놓은 낯짝으로
- 뻔뻔스런 얼굴을 하고서는.

  * 무두질 : 가죽 따위를 부드럽게 다루는 일.

무릎맞춤 한다
- 서로 말이 어긋날 때 중인을 불러 삼자대면으로 진위를 가린다.

물렁뼈다
- 성품이 야무지지 못해 늘 휘둘리는 자를 놀림조로 이르는 말.
= 물렁쇠다.

미주알고주알* 캔다
- 자질구레한 것까지 속속들이 파헤치는 경우를 빗댄 말.

   * 미주알고주알 : '미주알'은 항문을 이루는 창자의 끝 부분. 남의 창자 끝까지 들여다 보리만큼 꼬치꼬치 캔다는 뜻. '고주알'은 '미주알'의 덧말일 따름이다.

발 달린 짐승* 이 어디는 못 가겠냐
- 일일이 따라다니며 단속할 수도 없는 일이다.

   * 발 달린 짐승 : 사람을 비유한 말.

배보다 배꼽이 더 크다
- 일 또는 사물의 크기나 순서가 뒤바뀌었다. 또는 어불성설(語不成說)이다.
= 산보다 범이 더 크다.

배알*이 꼴려서 못 보겠다
- 하는 짓이 역겨워서 눈뜨고는 못 볼 지경이다.

   * 배알 : '창자'를 속되게 이르는 말.

밴댕이* 창사구(창자) 같은 소가지다
- 소견이 좁아터진 답답한 자이다.
= 밴댕이 소갈머리다.

   * 밴댕이 : 청어과의 작은 바다물고기.

밸* 꼴리는 대로 해라
  - 네 마음대로 하라고 내치는 말.

    * 밸 : '배알'의 준말.

밸도 소가지도 없는 놈이다
  - 자존심이라곤 털끝만큼도 없는 자이다.

뱀 눈에 마늘코다
  - 냄새를 잘 맡는다. 민완 형사를 빗댄 말.

뱃속에 들어가 본 것 같이 안다
  - 남의 속을 들여다본 듯 소상히 알고 있다.

본 것은 눈으로 흘리고 들은 것은 귀로 흘려라
  - 안 좋은 일은 못 보고 못 들은 양 마음에 두지 않는 것이 신상에 좋다.

볼기짝 질긴 놈이다
  - 한번 앉으면 일어설 줄 모르는 검질긴 자이다.

비곗덩어리만 굴러 다닌다
  - 사람 구실 못하는 반편이다.

빨 통* 이 그만이다
  - 젖가슴이 크고 모양도 좋다.

    * 빨 통 : 유방의 은어. 젖통.

뺨맞고 하소연하다 볼기 맞는다
  - 도움을 받으려다 되레 더 큰 화를 자초했다. 긁어 부스럼이 되었다.
  = 여우 피하려다 승냥이 불러들였다.

뼈 추렴을 당했다
- 몹시 얻어맞아 초주검이 되었다.

사족(四足) 멀쩡한 병신이다
- 사지 멀쩡한 놈이 줄곧 놀고먹는 맹랑한 자이다.

사지 삭신 육천 마디가 다 쑤셔서 죽겠다
- 온몸이 다 쑤시고 아파 죽을 지경이다. 또는 정신적인 고통까지 겹쳐 참을 수 없을 정도라는 뜻.

사지를 뜯어 발겨서 죽일 놈
- 잔혹하게 죽여도 한이 남을 만큼 원한 맺힌 자이다.

살결이 분결이고 젖통이 분통이고
- 입이 건 중매쟁이가 젖가슴이 좋고 살색도 고운 며느릿감이라고 추켜세우는 말. 예전 처녀 젖가슴이 좋은 건 장차 아기에게 젖을 잘 먹여 키울 수 있는 바탕 조건으로 통하기도 했다.

살이 운다
- 분노에 치가 떨린다.
= 살이 떨린다. 오장육부가 떨린다.

살점을 뜯어먹고 씹어 먹어도 시원치 않다
- 원한이 뼈에 사무쳐서 퍼붓는 악담.

살점을 오려 내는 것 같다
- 말로 다할 수 없이 절통한 일이다.

살점이라도 떼 주고 싶다
- 몹시 동정이 간다. 또는 홀딱 반해서 무엇이든 아낌없이 다 주고 싶다.

살품에 손 집어넣는 잡놈
- 옷과 젖가슴 사이 빈틈(살품)에 함부로 손을 넣는 불상놈이다.

상투 잡는다
- 몸싸움을 한다. 또는 상종가에 샀다가 크게 손해를 본 경우 등에 빗댄 말.

색골은 배 위에서 죽는다
- 색탐이 지나치면 명대로 못 살고 결국 여자 배 위에서 복상사를 하게 된다.

속내가 방고래 같다
- 생각이 깊은 자이다.

= 속이 천 길이다.

손으로 보지 막는 격이다
- 가당치 않은 짓을 하고 있다고 머퉁이 주는 말.

싸다듬이* 로 얻어맞았다
- 초주검이 되리만큼 몹시 매를 맞았다.

   * 싸다듬이 : 매나 몽둥이로 함부로 때리는 짓.

쌍다구* 가 고얀 놈이다
- 얼굴 생김새가 험악한 자이다.

   * 쌍다구 : 얼굴의 속된 말.

쎄* 빠지고 좆빠지게 일한 덕도 없이

- 심혈을 기울인 일이 낭패가 된 경우 등에 내뱉는 말.
  * 쎄 : 혀의 낮춤말.

씹 거웃은 덮어줘도 욕을 먹는다
 - 보기 민망해 덮어줘도 칭찬은커녕 욕만 얻어먹기 십상이니만큼 좋은 일도 가려서 해야 하는 것이다.
 = 아줌마 보지털은 덮어줘도 욕 먹는다.

아가리 놀리는 덴 주먹이 약이다
 - 말을 함부로 하는 자는 따끔한 주먹맛을 보여줘야 한다.

아가리가 개 아가리보다 더 더럽다
 - 입을 벌렸다 하면 욕지거리가 터져 나오는 자이다.

앙가 바틈한* 게 사람깨나 팼겠다
 - 체격이 딱 바라진 것이 싸움꾼 빼닮았다.
  * 앙가 바틈 : 키는 작아도 딱 바라진 몸피. '앙바틈하다'와 같이 쓰는 말.

앙가슴을 열어 제친다
 - 울화통이 치밀어 상의를 벗어 붙인다.
 = 앙가슴 : 두 젖무덤 사이의 가슴.

야코* 죽인다
 - 기가 죽게끔 혼을 낸다. 본때를 보인다.
  * 야코 : 야코→ 양키코 → 큰 코에서 나온 말로 큰 코가 한풀 꺾였다는 뜻.

어떤 놈은 입이고 어느 놈은 주둥이냐
 - 음식 대접 등이 눈에 띄게 차이가 나는 경우, 이럴 수 있느냐고 따지는 말.

= 어떤 놈은 입이고 어느 놈은 아가리냐.

언 발에 오줌 누기다
- 언 발에 오줌 누어 봤자 발만 더럽히므로 신통찮은 편법을 쓴다고 나무라는 말.

얼굴 뜯어먹지 말고 일해서 먹고 살아라
- 인물치레 말고 성심껏 일해서 먹고 살 궁리를 해라.

얼굴 못난 년이 거울만 탓한다
- 제 잘못은 덮어 두고 생뚱맞은 탓만 하고 있다.

= 선무당이 마당 기울댄다. 국수 못 하는 년이 안반만 나무란다.

얼굴 일색이 마음 일색만 못하다
- 여자는 마음 착한 것이 최상의 미덕이다.

얼굴에 생쥐가 오르락내리락 한다
- 잔꾀가 많고 약삭빠른 자이다.

얼굴에다 개 가죽을 쓰고 다닌다
- 사람 노릇 하기는 글러 먹은 자이다.

여편네 못난 것은 젖통만 크고 사내놈 못난 것은 좆대가리만 크다
- 여자는 유방만 커서 남 보기 흉하고 사내 놈은 여색만 밝혀서 설상가상이다.

= 사내 못난 것은 대갈통만 크고 계집 못난 것은 젖통만 크다

옆구리 찔러 절 받기다
- 내키지 않는 대접을 받은 격이라서 뒷맛이 개운치 않다.

= 엎드려 절 받기다. 등 시린 절 받기 싫다.

오금에 불나고 등판에 김 서렸다
- 분주하고 화급하거나 또는 일에 몰입해 있는 상황 등에 빗댄 말.

오금을 못 쓴다
- 일에 몰입해 있거나 또는 천적(天敵)을 만나 옴짝 못하는 모습을 그린 말.

오리 궁둥이를 해죽거린다
- 궁둥이로 교태를 부린다.

오장 육부 없는 놈이라야 처가살이도 한다
- 자존심 상하는 일이 많아 마음고생이 심하다는 뜻.

오장육부* 가 다 썩을 일이다
- 분하고 억울해서 속이 다 문드러질 지경이다.

 * 오장육부(五臟六腑) : 오장은 한방에서 간장 · 심장 · 비장 · 폐장 · 신장 등 다섯 가지 내장을, 육부는 대장 · 소장 · 위 · 담 · 방광 · 삼초를 통틀어 이르는 말로서 흔히 속마음 전체를 일컫는 말.

오장이 니글니글하다
- 아니꼬워서 속이 다 뒤틀린다.
= 오장이 뒤집히는 것 같다.

온 삭신* 이 다 고소하다
- 정사 뒤의 나른한 쾌감 또는 고심했던 일이 잘 풀려서 매우 흡족한 상태이다.

 * 삭신 : 온 몸의 근육과 뼈마디.

외눈박이와 정들면 두눈박이가 병신으로 보인다
- 사랑에 눈이 멀면 판단력이 흐려지게 된다.

울고 싶은데 뺨맞은 격이다
- 바라던 일이 기막히게 잘 맞아 떨어졌다.

육허기가 들었다
- 한동안 정사를 못해 마치 허기가 든 양 온몸이 허전하다.

이도 안 난 것이 뼈다귀 추렴 하겠단다
- 주제도 모르고 분수에 넘는 짓을 하겠다고 설쳐 댄다.
= 이빨도 나기 전에 갈비 뜯으려 든다.

이마빡 찔러서 피 한 방울도 안 나온다
- 지독하게 인색한 자이다.
= 노랭이 중에도 상노랭이다. 소금 중에도 왕소금이다. 이마빼기 찔러 물 한 방울 안 나오겠다.

이빨이 맏자식보다 낫다
- 이가 튼튼하면 잘 먹어 건강해지므로 맏자식이 봉양하는 것보다도 낫다.
= 정강이가 맏아들보다 낫다. 다리가 성하면 어디든 구경도 가고 얻어먹을 수도 있는 까닭에 늘그막에 의탁하는 맏자식보다도 낫다는 뜻.

입 싸움이 주먹 싸움 된다
- 말로 다투다가 주먹 싸움이 되는 것이니 항시 말을 조심해야 한다.

입술* 두껍고 눈두덩 푸르딩딩한 게
- 욕심 많고 성미 사납게 생긴 몰골이.
  * 입술 : '눈시울'에서 보듯 가장자리를 뜻하는 '시울'에서 나온 말로 '입의 가장자리'란 뜻이다.

입에 거품을 물고 눈깔이 뒤집혀서는
 - 포한으로 길길이 날뛰는 모습을 그린 말.

입에 문 혀도 깨문다
 - 실수란 누구든지 할 수 있는 것이다.

입에다 빗장질을 해라
 - 명심하고 못 보고 못 들은 일로 접어 두거라.

입으로 말하는 건지 똥구멍으로 말하는 건지
 - 그걸 말이라고 하는 거냐. 같잖은 거짓말일랑은 걷어 치워라.

입은 무거워야 하고 발은 가벼워야 한다
 - 말수는 적고 몸은 부지런해야 한다.

입은 작고 귀는 커야 한다
 - 내 말은 적게 하고 남의 말은 많이 들어라.

입은 화(禍)와 복(福)의 나들이 문이다
 - 말은 잘하면 복을 받고 잘못하면 화를 부르는 것이니 늘 입을 조심할 일이다.
 = 입은 화를 부르는 문이요 혀는 몸을 죽이는 도끼다.

입이 걸쭉하다
 - 육담을 잘 한다. 또는 말을 구성지게 썩 잘 한다.

입이 도끼날 같다
 - 남들이 꺼리는 입바른 소리를 잘한다.
 = 입이 맵다.

자식은 오복(五福)에 안 들어도 이는 오복에 든다
- 이가 좋으면 잘 먹어 건강하므로 효도 자식보다도 낫다.

작두바탕에다 모가지 눕혀놓고 산다
- 목숨이 오락가락하는 위험한 짓을 하고 있다. 또는 그런 처지에 놓여 있다는 말.

저고리 앞섶에 벌 들었다
- 다 큰 처녀의 성숙한 모습을 그린 말. 벌에라도 쏘인 양 젖가슴이 부풀었다는 뜻.

젖 먹은 밸까지 다 뒤집힌다
- 꼴 보기 싫어 속이 있는대로 다 뒤틀린다.

젖이 커야 남편 사랑받고 애도 잘 먹여 키운다
- 유방이 크면 부부금슬과 육아 등에 많은 도움이 된다는 뜻.

젖통은 사발젖이라야 젖이 흔하다
- 사발처럼 봉긋한 유방이라야 젖이 흔해 아기 키우기에 안성맞춤이다.

젖통을 떡 주무르듯 한다
- 거칠게 애무를 한다.
= 젖통을 푸성귀 주무르듯 한다.

젖통의 생김새 이야기

■ 관련 여담

연적젖은 연적(硯滴. 벼룻물을 담는 납작한 그릇)처럼 넓적한 모양새고 병 젖은 병 모양같이 길쭉하고 쇠뿔 젖은 소의 뿔처럼 뾰족하고 쇠불알 젖은 오뉴월 그것처럼 축 늘어진 모양새고 귀웅젖은 젖꼭지가 쏙 들어가 있는 젖이다. 사발젖은 사발을 엎어놓은 모양인 반면 대접젖은 처지지 않고 올라 붙은 탄탄한 모양새여서 호사가들은 흔히 대접젖을 가장 잘 생긴 젖으로 쳤다 한다.

젖퉁이는 젖소만한 년이
- 유방이 유난히 큰 여자를 밉보아 이르는 말.

제 발등에 불똥 떨어져야 정신 차릴 놈이다
- 누구든 자신이 고초를 당해야만 세상살이 어려운 것을 깨닫게 된다.

주둥이 까발렸다* 간 초상날** 줄 알아라
- 말을 입 밖에 냈다가는 죽을 줄 알라고 겁주는 말.

　　* 까발린다 : 속에 든 것을 드러낸다.
　　** 초상나다 : 죽는 일.

주둥이 놀린다
- 경우에 안 맞는 말을 한다. 또는 버릇없이 말대꾸를 한다.

주둥이가 노골노골해 지도록 되우 쳐라
- 고분고분하게 불 때까지 맵게 족쳐라.

주둥이가 석 자는 빠졌다
- 몹시 화가 나 있다. 많이 삐쳤다.

주둥이에 좆이나 콱 물릴까 보다
- 쓸데없는 말 나불대는 자에게 해대는 욕설.

주먹* 담판을 한다
- 주먹다짐으로 시시비비를 가린다.

* 주먹 : '줌+억'의 합성어로 본래 '집는 것'이란 뜻이었는데 이제는 '손가락을 모아 쥔 손'을 이르는 것으로 되었다.

주먹구구에 박* 터진다
- 어림짐작으로 하다가는 낭패를 보게 되니 명심해라.
   * 박 : 머리통.

죽지* 도 안 난 것이 날려고 든다
- 능력도 안 되는 것이 분수를 모르고 설쳐댄다.
= 머리에 피도 안 마른 놈이. 배내똥도 덜 마른 것이.
   * 죽지 : 날갯죽지.

짐이 났다
- 나쁜 습관이 몸에 뺐다.

짧은 혓바닥에 긴 모가지 달아난다
- 세치 혓바닥 잘못 놀리면 신세를 망치게 되니 삼가고 조심할 일이다.

쫑코* 먹었다
- 꾸중을 들었다.
   * 쫑코 : 쪼는 코→ 쫀코→ 쫑코로 변한 말.

찢어진 아가리라고 말대꾸는 잘 한다
- 반성하는 기색은 없이 변명만 늘어놓고 있다.

천리 밖을 보는 눈이 제 눈썹은 못 본다
- 누구든 자기 허물은 모르거나 무시하기 십상이다.
= 등잔 밑이 어둡다.

코가 석자는 빠졌다
- 일에 실패를 하거나 걱정거리가 생겨서 상심 중이다.

코문이 한다 또는 코문이 당한다
- 바람둥이에게 마누라한테 호되게 당하기 전에 근신하라고 이르는 말.

■ 관련 여담 1

예전에 남편이 심하게 바람을 피우는 경우 아내가 그 남편의 코를 물어뜯는 은밀한 습속이 있었는데 코를 문다 하여 '코문이'라고 불렀다. 코를 무는 것은 코를 남자의 성기에 유감 시켜서 바람의 원인이 되는 성기 절단 원망을 코로써 대신한 것으로 풀이된다.

■ 관련 여담 2

두 처녀가 흉허물이 없어 무슨 얘기든 숨기는 일이 없었다. 그러다가 갑이 먼저 시집을 가게 되어 말로 다 못할 음양의 극미(極味)를 을에게 들려주자 을이 정신이 혼미하고 흥분을 억제치 못하여 마침내 달려들어 갑의 코를 물어뜯어 상처를 냈다. 이에 갑의 집에서 을을 관아에 고발한즉 나졸이 두 여인을 불러 까닭을 묻자 갑이 어쩔 수 없이 다시 사실대로 고하니 을이 또한 음흥(淫興)을 이기지 못해 나졸의 코를 무는지라 사또가 해괴히 여겨 급창으로 하여금 다시 묻게 한즉 을이 또한 급창의 코를 물어 사뭇 난리가 났는데 마침 형방이 고할 일이 있어 사또 앞에 나오니 사또가 스스로 코를 잡고 내아(內衙)로 달아나면서 그러더란다. "형방이여 형방이여, 네 코는 쇠로 만든 코냐? 급히 달아나라, 급히 달아나라." 〈奇聞〉

코 크다고 얻은 서방이 고자이다
- 코가 커서 밑심도 좋을 줄 믿고 얻은 서방이 알고 보니 고자더라. 세상사는 '겉볼안'이 아닌 경우도 있다는 뜻.

코 큰 놈, 좆 자랑하듯
- 제 물건이 좋아 자랑하는 건 큰 흠이 되지는 않는다.

코는 클수록 좋고 입은 작을수록 좋다
 - 남자 코가 크면 남근이 크고 여자 입이 작으면 음문이 작아 속궁합이 잘 맞아서 잘 살게 된다는 곁말.

코허리가 저리고 시리다
 - 비통한 일을 당해 어찌할 바를 모르겠다.

클 것은 작고 작을 것은 크다 보니
 - 선후가 어긋나 낭패가 되었다.

■ 관련 여담

한 상놈의 처가 버선 한 켤레를 지어 그 지아비에게 주었는데 신으려고 아무리 애를 써도 너무 작아서 발에 들어가지를 않는지라 혀를 차고 꾸짖기를 "네 재주가 가히 기괴하도다. 마땅히 좁아야할 물건(陰門)은 너무 넓어서 쓸 모가 없고 가히 커야할 물건은 작아서 발에 맞지 않으니 무슨 놈의 재주가 이렇듯 메주란 말이냐?" 라고 투덜댔다. 이에 그의 처가 맞받아치기를 "흥 그대는 뭐 다른 줄 아시오? 길고 굵어야 할 물건(男根)은 작아서 쓸모가 없고 마땅히 클 필요 없는 발은 나날이 커져서 맞지 않으니 이게 대체 무슨 푼수(모자라거나 어리석은 자를 빗댄 말)란 말이요?" 라고 대거리를 한즉 듣고는 허리 꺾지 않는 자가 없었다. [十大奇書]

키 작고 안 까부는 놈 없고 키 크고 안 싱거운 놈 없다
 - 키하고 성격의 상관관계를 우스개로 나타낸 말.
 = 키 크면 속 없고 키 작으면 자발없다*

  * 자발없다 : 버릇이 없다.

키* 가 크나 작으나 하늘에 안 닿기는 매한가지다
 - 키 좀 크다고 우쭐대지 마라.

  * 키 : '크(다)' 어근과 접미사 '이'의 합성어로서 '큰 것'이라는 뜻.

터진 잠방이* 에 방귀 새듯 한다
- 잠깐 새 없어지거나 또는 자유자재로 넘나드는 모습 등에 빗댄 말.

    * 잠방이 : 무릎까지 내려오게 지은 남자 홑바지.

통박을 굴린다
- '머리를 쓴다'의 속어.

통 뼈다
- 힘이나 대가 센 사람 또는 배짱이 두둑한 자이다.

턱 떨어지는 줄 모른다
- 무엇에 열중해 있음을 비유한 말.

털 많은 놈(년)은 호색한다
- 털 많은 자는 색을 밝힌다. 또는 그런 사람을 두고 하는 놀림말.

텁석부리, 사람 된 데 없다
- 구레나룻 많은 사람을 놀리는 말.

파이프* 가 샌다
- 성병 등 비뇨 기관에 이상이 생겼다는 뜻.

    * 파이프 : 남근의 속어. 파이프 모양 같데서 나온 말.

하늘 높은 줄 모르고 땅 넓은 줄만 안다
- 키 작고 뚱뚱한 이를 놀리는 말.

하늘* 똥구멍 찌르겠다
- 유난히 키가 큰 사람을 놀려대는 말.

    * 하늘 : '한'+'울'의 합성어로서 '한'은 '크다'의 뜻을 '울'은 '덮개' '씌우는 것'을 뜻하는 명사. 결국 하늘이란 '큰 덮개' 또는 '크게 씌워놓은 것'이란 뜻이다.

신체 · 장기 관련

화(禍)는 입 따라 나오고 병은 입 따라 든다
- 말을 잘못하면 화를 입게 되고 음식을 잘못 먹으면 병을 얻게 되니 항시 말조심, 음식 조심할 일이다.

해가 똥구멍 찌르겠다
- 잠꾸러기에게 해가 났으니 어서 일어나라고 야단치는 말.

해태 눈깔이다
- 눈앞에 물건도 찾지 못하고 쩔쩔매는 자에게 주는 핀잔.

혓바늘 선 데 통고추 쪼개 붙이는 소리하고 있다
- 가뜩이나 기분이 엉망인데 설상가상, 속 뒤집는 소리를 하고 있다.

　　* 자료제공 : 소설가 고 이문구.

혓바닷을 빼내 열두 토막을 낼 놈(년)이다
- 입이 싸서 크게 혼구멍이 나야만 정신 차릴 인간이다.

10. 질병 · 의약 · 죽음 관련

개똥도 약에 쓰려니 없다
 - 평소엔 흔하던 것도 정작 필요해서 쓰려니까 보이지 않는다. 만사가 통상 그리 빗가기 마련이라는 뜻.

개똥도 약이라면 환장 한다
 - 하찮은 것도 몸에 좋다면 법석을 떨고 덤비는 옐량세태를 비웃는 말.

고기 배때기에 장사지냈다
 - 물에 빠져 죽어 시신도 건지지 못했다.

고꾸라져 뒈졌다
 - 잘 죽었다고 고소해 하는 말.

고로롱 팔십이다
 - 지병으로 고로롱고로롱 하면서도 장수를 하고 있다.
 = 쭈그렁밤송이 삼년 가고 오년 간다.

구들 더께* 가 되었다
 - 늙고 병들어 방구들에 누워 연명하고 있다. 죽을 때가 다 되었다는 뜻.
   * 더께 : 찌든 물건에 더덕더덕 달라붙은 거친 때.

굶어 죽기는 정승 하기보다 더 어렵다
 - 아무리 여러 날을 굶어도 쉽게 죽지는 않는다. 또는 누군가의 도움으로 연명을 하

게 마련이라는 뜻.

근원 벨 칼 없고 근심 없앨 약 없다
- 끊을 수 없는 악연처럼 인생의 근심 걱정 또한 떠날 수 없는 것이다.

근처 의원 용한 줄 모른다
- 가까이 지내면 장점을 모르기 십상이다.
= 이웃 무당 영하지 않다. 성인도 고향에선 환영받지 못한다.

금잔디 동산에 산다
- 죽은 사람이다. 금잔디 동산은 묘지를 이르는 말.

까마귀 똥도 약에 쓴다면 물에 깔긴다
- 세상만사는 그리 빗나가는 경우가 다반사이다.
= 개똥도 약에 쓰려면 없다.

꽃 무덤이다
- 아까운 나이에 죽은 젊은이의 무덤.

꿀도 약이라면 쓰다
- 누구든 약이라면 먹기 싫어한다.

나무 코트 입었다
- 죽었다. 나무 코트는 관(棺)을 이르는 말.

남의 염병* 이 내 고뿔만도 못하다
- 내 하찮은 통증을 남의 중병보다 더 크게 여기는 게 사람 속성이다.
= 남 등창이 내 감기 고뿔만도 못하다.

* 염병 : 장티푸스. 예전에는 치명적인 전염병 중의 하나였다.

남향 명당이 북향 개자리* 만도 못하다
- 묘 자리로 그만인 남향 명당보다 비록 춥고 구차해도 이 세상살이가 더 낫다.
= 자갈밭에 굴러도 이승이 낫다. 땡감을 따 먹어도 이승이 좋다.
* 개자리 : 명중 여부를 살피고자 과녁 앞에 파놓은 구덩이.

널* 짜는 목수, 사람 죽기만 기다린다
- 득 되는 일이면 남의 불행조차도 아랑곳하지 않는다.
* 널 : '널'은 '넓게 켠 나무판대기'를 이르는 것으로 '너르다'에서 나온 말. 여기서 '널'은 관(棺)을 이르는 말.

널쪽 한 장이 이승 저승이다
- 뱃사람들이 배 가장자리 널빤지 너머를 저승이라고 부른 데서 나온 말.
= 널판 너머가 저승이다. 또는 주검 넣는 관을 '널'이라 부르기도 했다.

네 병이야 낫든 말든 내 약값이나 내라
- 책임은 뒷전이고 받을 돈만 챙기려 드는 고약한 자이다.

넥타이 공장* 에 가고 싶으냐
- 한탕하자는 제의에, 죽고 싶지 않으면 그만두라고 만류하는 말.
* 넥타이 공장 : '교수형을 집행하는 사형장'의 은어.

눈만 감으면 염* 하러 달려 들겠다
- 죽을 때가 다 된 것 같다.
= 기어 나오고 기어 들어간다더라.
* 염(殮)하다 : 죽은 이를 씻은 다음 염포(殮布)로 묶는 일.

눈물은 내려가고 숟가락은 올라간다
- 아무리 슬퍼도 산 사람은 먹어야 한다.

댕기에 달려서 깨졌다
 - 교수형으로 죽어 세상 마감했다. 은어.
 = 목댕기 달았다.

돌팔이* 가 사람 잡는다
 - 엉터리 의원은 병을 낫우기는커녕 되레 생명을 해친다.
 = 선무당이 사람 잡는다.
   * 돌팔이 : 거처 없이 돌아다니며 기술 또는 물건 따위를 파는 자를 이르는 '돈팔이'에서 나온 말. 가짜 의사. 엉터리 약 장수.

뒈져 싼 놈이다
 - 이미 죽은 이에게 동정은커녕 되레 잘 죽었다고 저주로 퍼붓는 악담.

뒈져 제삿밥도 못 얻어먹을 놈
 - 부모도 조상도 모르는 불상놈이다.

뒈졌는가 살았는가 꿩 구워 먹은 소식* 이다
 - 죽었는지 살아 있는지 아무 소식이 없어 답답하기 짝이 없다.
   * 꿩 구워 먹은 소식 : 아무 흔적이 없다는 뜻의 '꿩 구워 먹은 자리'와 같은 말.

뒈진 새끼 불알 만지는 소리하고 있다
 - 쓸데없는 말을 지껄여 대고 있다.

들으면 병, 안 들으면 약이다
 - 몰랐으면 그만인 것을 공연히 알게 돼 얻은 근심걱정이다.

땅 보탬 했다
 - 죽었다. 죽어 흙 보탬이 되었다.

땅내* 가 고소하냐
- 노인들끼리 죽을 때가 되지 않았느냐고 농으로 주고받는 말.

  * 땅내 : 땅의 냄새. 죽어 묻히게 될 흙냄새.

마음병이 더 무섭다
- 마음 상처로 인한 병은 치료방법도 기한도 없어 더 무섭다.

마음이 가벼우면 병도 가볍다
- 병도 마음먹기 따라서 씻은 듯 이겨내고 나을 수 있다.

말똥도 모르고 마의(馬醫) 노릇 한다
- 개뿔도 모르는 주제에 아는 체를 하고 있다.
= 맥도 모르면서 침통 흔든다. 눈금도 모르면서 자막대 흔든다.

말똥에 굴러도 이승이 좋다
- 고생이 자심해도 죽는 것보다는 이승 살이가 그래도 낫다.

맷돌질은 병든 년이 잘하고 도리깨질은 미친놈이 잘한다.
- 누구든 한두가지의 쓸모는 갖추고 있다는 뜻.

목숨 으깨졌다
- 병고 또는 사고로 인해 비명에 죽었다.

무당은 병 생기라 빌고 관쟁이* 는 사람 죽기만 기다린다.
- 득 되는 일이면 남의 불행조차도 행운으로 여긴다.

  * 관쟁이 : 관(棺)을 만드는 사람.

묵무덤* 에 음덕** 이 가당키나 한 소리냐

- 조상 산소는 돌보지 않으면서 복 받기를 바라다니 될 성이나 부른 말이냐.
 * 묵무덤 : 오래도록 돌보지 않아 폐묘가 된 무덤.
 ** 음덕(蔭德) : 조상이 보이지 않게 베푸는 덕.

묵은 장이 약 된다
- 노인의 지혜가 일상에 큰 도움이 된다.
 * 묵은 장 : 오래 삭힌 장(된장, 고추장 등)류.

미련한 병은 죽어야 낫는다
- 그리 미욱해서야 어떻게 한 세상 살아갈지 걱정된다.

바보* 는 고치는 약도 없다
- 어리석어 말썽만 피우는 자를 두고 탄식하는 말.
 * 바보 : 바보는 본래 '밥보'가 변한 말로서 밥만 먹고 아무 것도 할 줄 모르는 자를 말한다. 바보의 '바'는 '밥'이 변한 것이고 '보'는 '떡보'처럼 그런 사람을 지칭하는 접미사다.

배내똥을 쌌다
- 사람이 죽기 전에 마지막으로 싸는 똥.

갓 태어난 아기가 먹은 것 없이 싸는 똥도 배내똥이라 하는데 이는 곧 똥이 우리 삶에서 차지하는 큰 비중을 뜻하는 것이기도.

벌떡증이 있다
- 화가 벌떡벌떡 일어나는 홧병 증세가 있다.

병은 밥상 아래 내려 앉는다
- 밥을 잘 먹으면 병은 낫게 되어 있다.
= 밥이 보약이다. 음식으로 못 고치는 병은 약으로도 고칠 수 없다.

병 주고 약 안 준다
 - 병만 들게 해 놓고 나 몰라라 한다.

병든 우세* 로 개 잡아 먹는다
 - 별 시답잖은 핑계를 내세워 제 욕심을 채우는 자이다.
     * 우세 : 상대편보다 나은 형세.

병든 주인이 열 몫 한다
 - 머슴일 열 몫에 갈음하리만큼 주인의 감시역할은 큰 것이다.
 = 감농(監農)이 열 몫 한다.

병신도 병신이라면 노여워 한다
 - 바른 말도 상대에 따라 가려 쓸 줄 알아야 하는 것이다.
 = 과부도 과부라면 눈 흘기고 장님도 눈멀었다면 싫어한다.

병은 알리고 정분은 숨겨라
 - 병은 두루 알려서 처방을 구하되 사랑은 감춰서 구설수를 피해야 한다.

병은 한 가지에 약은 천 가지다
 - 천병(千病)에 만약(萬藥)이다. 그만큼 사이비 치료법이 많다는 뜻.

병줄을 놓았다
 - 오래 앓아온 병에서 깨어나 건강을 되찾았다.
 = 깨성했다.

병집이 있다
 - 깊이 박힌 결함 또는 병의 뿌리가 있다.
 = 병통이 있다.

병추기 놈이다
 - 지병으로 늘 성치 못한 자이다. 또는 앓기 잘하는 사람을 놀림조로 이르는 말.

병풍 뒤로 간다
 - 죽었다. 죽으면 시신을 병풍 뒤에 모신대서 나온 말.

볕 잘 드는 집에는 의원이 필요 없다
 - 햇볕이 잘 드는 집은 병이 없어 의사가 필요 없다. 사람 건강에는 햇볕이 필수적이라는 뜻.

보릿고개, 저승 고개다
 - 예전 양식이 떨어지는 봄철 보릿고개가 되면 굶어죽는 사람이 많았대서 나온 말.

보약도 쓰면 안 먹는다
 - 아무리 좋다고 해도 저 싫으면 도리 없는 것이다.
 = 꿀도 약이라면 쓰다고 안 먹는다. 정승 판서도 저 싫으면 그만이다.

비상을 먹고는 살아도 나이를 먹고는 못 산다
 - 누구든 늙어지면 어김없이 죽게 돼 있다.
 = 나이 이기는 장사 없다.

사람을 죽여 봐야 명의가 된다
 - 뼈아픈 실패를 겪어 보아야만 큰 인물이 될 수 있다.

사람이 죽으려면 맘부터 변한다
 - 일이 나기 전에 먼저 징조가 나타나는 법이다.

사잣밥을 목에 매달고 다닌다
 - 언제 죽을지 모를 위험천만한 짓을 일삼고 있다. 사잣밥은 초상집에서 저승사자를

대접하기 위해 떠 놓는 밥.

사후(死後) 약방문* 이다
- 죽은 뒤 약방문을 구한다 함이니 이미 때를 놓쳐 낭패가 됨을 이르는 말.
= 굿 지난 뒤 날장구 친다. 행차 뒤에 나팔 분다. 버스 지난 뒤 손 흔든다.
　* 약방문(藥方文) : 한방에서, 약재이름과 분량을 적은 종이.

살아도 못 살겠다
- 비록 목숨이 살았어도 사람답게 살지는 못 하겠다는 탄식의 말.

　■ 관련 여담

　어촌에서 한 젊은 내외가 금슬 좋게 살았는데 남편이 고기잡이를 나갔다가 풍랑을 만나서 그만 죽고 말았다. 졸지에 청춘과부가 된 아내가 땅을 치고 울던 중에 남편의 시신이 집에 당도하게 되었다. 그래서 아낙이 마지막으로 본답시고 보다가 문득 아랫도리를 살펴 보니 망할 놈의 물고기들이 남편의 부자지를 몽땅 다 뜯어 먹어 흔적조차 없는 것이었다. 이 황당하고 참혹한 모습에 젊은 아낙이 기가 막혀서 "아이고, 살아도 못 쓰겠네. 살아도 못살겠네, 아이고-" 하면서 다시 대성통곡을 하더란다. [十大奇書]

살인 내고 초상 치러 준다
- 자신이 저지른 과오 탓에 봉욕을 하고 있다.

삼 년 구병(救病)에 불효 난다
- 간병 같은 궂은일이 오래 끌다 보면 효심이 한결같을 수 없다는 뜻.
= 긴 병에 효자 없다.

상사병에는 약도 없고 의원도 없다
- 정분으로 인해 생긴 사랑병에는 처방약이 없다.

생죽음을 당했다
- 사고 또는 병으로 제 목숨 다 못 살고 죽었다.

성해서 호랑이 밥 되고 죽어서 여우 밥 된다
  옛날 호랑이와 여우가 많았던 시절 이야기로 살아서는 호환(虎患)이 두렵고 죽으면 여우가 무덤 속 시신을 파먹는 일이 많았대서 생긴 말.

송장 빼놓고 장사 지낸다
- 가장 긴요한 것을 빼 놓고 일을 치르려 든다고 비웃거나 나무라는 말
= 불알 빼놓고 장가간다.

송장 치고 살인 낸다
- 뜻밖의 불상사로 큰 곤욕을 치른다. 병자나 노인을 치거나 넘어뜨려 사망한 경우 등에 빗댄 말.

솥 찜질 한다 또는 솥 찜질 당한다
- 예전 탐관오리 또는 부정에 연루된 벼슬아치에게 내렸던 형벌의 한 가지.

■ 관련 여담

  사람과 말의 내왕이 빈번한 네거리 한복판에다 높다랗게 서까래를 받치고 가마솥을 건 다음 그 앞에 죄인을 끌어다가 앉히면 판관이 저지른 죄목을 낱낱이 낭독한다. 낭독이 끝나면 험상궂은 나졸들이 죄인을 솥 속으로 밀어 넣고 장작불 지피는 시늉을 한다. 이 의식만으로 행형 절차는 일단 끝이 난다. 그러나 정작 죄인에게 내려지는 형벌은 이때부터 시작되는 것이다. 왜냐하면 솥 속에서 끌려 나온 죄인은 손끝 하나 다친 데 없이 멀쩡한 위인이지만 이때부터 살아 있는 사람으로 대접을 받지 못한다. 두 눈 멀뚱한 시체가 가족에게 넘겨지면 가솔들은 그 자리에서 염습을 하여 관에 넣어 들고서 집으로 돌아간다. 집에 닿으면 장례 절차에 따라 정중하게 장례를 치르매 당사자는 살아 있으되 이미 귀록(鬼錄)에 올라 있는 저승 사람으로 취급을 당하게 된다. 아내 또한 서방이 죽은 평생과부로 살아야 한다. 그가 장터에 나가 물건을 사려 해도 귀신이

라 하여 상종을 안 하고 막걸리 요기를 한다 해도 주모가 돈을 받지 않는다. 바둑 훈수를 두어도 귀신의 소리라 하여 곧이듣지 않고 밭갈이를 하거나 김을 매도 귀신이 한 짓이라 하여 딴 사람이 다시 김을 매고는 했다 한다. [十大奇書]

쇠 좆 달이듯 한다
- 먹거나 약에 쓰려고 쇠 좆을 솥에 넣고 달이듯 어떤 일에 꿈쩍 않고 열중하는 모습을 그린 말.

수구문(水口門)* 차례다
- 죽을 때가 다 되었다.
  * 수구문 : 광희문의 다른 이름으로 예전에 이 문을 통해서 시체를 낸 까닭에 생긴 말.

선영* 덕은 못 봐도 인심 덕은 본다
- 조상 음덕 바라지 말고 이웃 간에 화목하면 더 많은 도움을 받게 된다.
  * 선영(先塋) : 조상의 무덤.

시난고난 한다
- 병이 오래 끌면서 점점 더 악화되고 있다.

시룽시룽한*게 갈 때가 된 모양이다
- 정신이 오락가락하는 걸 보니 죽을 때가 다된 것 같다.
  * 시룽시룽하다 : 말이나 정신이 오락가락한다.

식어 버렸다
- 죽었다.
= 세상 그만뒀다. 숟가락 내팽개쳤다. 식은 방귀 뀌었다. 흙밥이 되었다.

쓴 말이 약 되고 단 말이 병 된다
- 단점을 지적해 주는 쓴 말이 실은 좋은 말이고 아첨하는 달콤한 말은 일신을 망치

게 하는 것이니 새겨들을 일이다.

씹이 빠지고 뼈다귀가 녹게 아파도
- 신병으로 인한 극심한 고통 또는 곤고한 인생살이를 이르는 말.

알고 죽는 해소병* 이다
- 결과가 나쁠 줄 뻔히 알면서도 어찌해 볼 도리가 없다는 뜻.

    * 해소병 : 기침을 많이 하는 폐질환. 해수병(咳嗽病)이 맞는 말임.

    자료제공 : 소설가 정동수.

앓아본 놈이 의사다
- 병을 앓게 되면 그 병에 대해 누구보다도 소상히 알게 된다는 뜻.

약 주기 전, 병부터 준다
- 문제점부터 끄집어 내 곤혹스럽게 만든다.

약* 을 올린다
- 화가 나게끔 성미를 돋군다.

    * 약 : 본디는 고추나 담배 따위가 자라면서 독특한 자극 성분이 생기는 것을 '약이 오른다.' 라고 한 것이 성정을 돋구는 말로 변용되었다.

양기 줄고 식성 줄고 음성 줄면 저승길도 줄어든다
- 발기부전에다 먹는 양에 목소리까지 줄면 죽을 날이 머잖은 징조이다.

양껏 박아서 학질 뗀 박가 이야기
- 강제로 욕보여 놀래킨 나머지 학질을 뗀 박 씨 관련의 고담.

■ 관련 여담

고부군에 사는 총각 교생(校生. 조선시대 향교에 다니던 생도) 박씨는 타고난 용모가 추한 나머지 사람들이 가까이 하기를 꺼렸으나 그 자신은 늘 꽃다운 여인을 흠모해 마지않았다. 그러던 중 마침 미기(美妓) 홍랑이 학질에 걸려 신음하기를 반년여에 백약이 무효란 소문이 도는지라 이에 교생 박씨가 "내 비록 가진 건 없지만 학질 떼는 재주만은 백발백중이다." 라고 떠들고 다니자 온 동네가 '과연 그런가 보다.' 하고 믿게 되었다. 이 소문이 마침내 학질로 파죽음이 된 홍랑의 귀에 들어가매 한번 와서 봐주기를 청하기에 이르렀다. 이에 박씨가 "만일 내 말을 옳게 들으면 모르되 들지 않으면 학질은 영 떨어지지 않을 터인즉 그리 하겠는가?" 라고 다짐을 받은 다음 다시 이르되 "내일 꼭두새벽에 서너자가 되는 대막대기를 구해 그 양쪽구멍에 굵은 밧줄 한 자씩을 얽어매어 가지고 뒷골 성황당 앞에서 나를 기다리라. 그러면 내 의심 없이 가서 학질을 떼어 주리라." 하니 홍랑이 기뻐하여 허락했다. 이튿날 과연 홍랑이 진작 와서 기다리고 있는지라 가져온 대막대기를 벌여놓고 홍랑으로 하여금 막대기를 목침삼아서 눕게 한 다음 밧줄로 사지를 단단히 묶고 차례로 옷을 벗겼다. 홍랑이 놀라고 의심하는 중에 박씨는 숨 돌릴 새도 없이 날렵하게 홍랑의 벌거숭이 몸에 올라타 양물을 홍랑의 음호 깊숙이 박고는 원도 한도 없으리만큼 양껏 정사를 치렀다. 홍랑은 어이가 없고 분함에 치가 떨렸으나 이 때 얼마나 놀라 진땀을 쏟았는지 반년여 앓던 학질이 그만 뚝 떨어지고 말았다.

비록 병은 나았으나 홍랑이 화가 나서 입을 꾹 다물어버려 이날 입때껏 이 사실을 아는 이는 아무도 없다고 한다.

양약은 입에 쓰고 좋은 말은 귀에 거슬린다
- 심신에 좋은 것은 통상 그만한 반대급부가 있게 마련이다.
= 양약고구(良藥苦口)하고 충언역이(忠言逆耳)니라.

어느 선비의 윗방아기 효행 이야기
- 노쇠한 부친의 회춘을 위해서 효자 아들이 나이어린 처녀애를 들여보내 동침토록 한 효행 이야기. 윗방아기란 이 때의 나어린 처녀를 이르는 말이다.
= 효도 중의 으뜸은 윗방 아기다.

■ 관련 여담

시골에 선비 하나가 있었는데 위인이 똑똑치는 않아도 효심만은 돈독한 편이었다. 한데 그 아비 생원(生員)이 호색하여 집안의 어여쁜 동비(童婢)와 사통코자 하던 중 계책을 내어 동네 의원친구에게 부탁하기를 "내가 앓는 척을 할 터인즉 그대는 여차여차히 말을 하라. 그러면 마땅히 좋은 궁리가 있으리라." 하였다. 수일 후에 생원이 문득 크게 아픈 시늉을 하니 선비아들이 놀라 황급히 동네의원을 불러왔다. 의원은 병이 위중함을 말한 다음 "이 병에는 백약이 무효일 것이나 다만 한 방법이 있으되 쓰기 난감하도다." 하니 아들이 "아무리 어려워도 감당할 터인즉 비방을 말하라"고 성화가 불같았다.

　　이에 의원은 "이는 한기(寒氣)로 인하여 병이 가슴과 배에 맺힌 것이니 남자를 겪은 적이 없는 숫처녀를 구해서 끌어안고 땀을 흘리게 하면 회춘의 원기가 돌아 낫겠거니와 달리는 아무런 약도 소용이 없는 고로 남감하단 것은 이를 두고 말함이라" 하였다. 마침 선비의 어미가 창가에서 이 말을 엿듣고는 아들을 불러 "내 방의 여종이 이제 나이 열일곱에 숫처녀일시 분명하니 약을 구할 양이면 그 여종아이를 약으로 씀이 좋지 아니하랴." 하여 그날 밤에 병풍으로 사방을 가리고 그 동비를 벗겨 이불 속에 들게 하여 모자가 생원의 발한(發汗)을 살피더니 얼마 후에 생원이 여종과 더불어 운우가 극음(極淫)이어늘 그 어미가 발연히 노하여 "어찌 이것이 땀을 내는 약이더냐? 이같이 땀을 낼 양이면 어찌 나와 더불어 땀을 내지 못한단 말이냐?" 하고 악을 써대니 선비아들이 불쑥 이르되 "어머님은 어찌 그리 어리석은 말을 하시오? 어머님은 숫처녀가 아니잖습니까?" 라고 탓을 한즉 이 말을 전해 듣고 웃지 않는 자가 없었다. [十大奇書]

어린아이 병엔 어미만한 의사 없다
　- 아이들 병은 대개 엄마들의 지극 정성으로 낫게 된다.

어질병이 자라서 지랄병 된다
　- 작은 병도 살피지 않으면 고질병 되는 것이니 유념해야 한다.

염라대왕 장부에서 빠졌나 보다
　- 장수 노인을 치하하거나 또는 농으로 이르는 말.

염병 지랄하고 자빠졌다
　- 봐 허니 정상이 아닌, 돌은 놈 같다.

염라대왕이 제 할아비라도 도리 없다
 - 죽을 운명이면 무슨 수를 써도 별 수 없다.

오줌에도 데겠다
 - 허약하거나 또는 심약한 자를 두고 놀리는 말.
 = 건들바람에도 쓰러지겠다.

옹이에 마디더라고 죽어라 죽어라 한다
 - 일이 연거푸 꼬이기만 해서 죽을 맛이다.

우환이 도둑이다
 - 집안에 앓는 이가 있으면 마치 도둑이 든 양 재산을 축낸다는 뜻.

은하수가 왔다갔다 한다
 - 드세게 얻어맞아 눈앞에 별들이 오락가락한다.

의사가 제 병 못고치고 점쟁이 저 죽는 날 모른다
 - 누구든 막상 자신의 일에 다치면 헛점이 드러나기 마련이다.

의원 잘못은 흙으로 덮고 부자 잘못은 돈으로 덮는다
 - 의료 사고는 생사를 가름하는 일이니만큼 특히 경계할 일이다.

의원은 늙은 의원, 무당은 젊은 무당이 좋다
 - 의원은 경험 많은 노 의원이 병을 잘 낫우고 무당은 젊어야 잘 뛰고 굿을 잘 한다.

이 문 저 문 다 닫아도 저승 문은 못 닫는다
 - 죽음은 왕후장상도 피해 갈 수 없는 것이다.

이승 문 밖이 저승 문이다
- 죽음이 먼데 있는 것 같아도 불시 죽는 일도 다반사이다.

이승 저승으로 흩어졌다
- 죽이 사별을 했다.

이승이 저승 같고 저승이 이승 같아서
- 죽을 때가 다됐는지 정신이 오락가락한다.

이승잠 잔다
- 와병 중 원기를 돌리지 못하고 계속 자는 잠. 이승은 이 세상살이를 이르는 말.

일곱 매 묶고 하늘관광 갔다
- 일곱 매 묶는 것은 염(殮)을 이르는 것으로 사망을 했다는 뜻.

일병장수(一病長壽)한다
- 병이 한두 가지 있으면 평소 조심을 해서 더 오래 산다.
= 유병장수하고 무병단명(無病短命)한다.

일판이 아니라 죽을 판이다
- 일이 너무 힘에 부쳐서 죽을 지경이다.

일흔부터는 남의 나이로 산다
- 70까지만 내 나이고 70넘어 사는 건 70 못살고 죽은 남의 나이를 빌어 사는 것이다. 장수가 그만큼 흔치 않은 일이란 뜻이기도.
= 일흔이 넘으면 덤으로 산다.

임자가 따로 있다
- 일 궁합이나 남녀궁합이거나 잘 맞는 짝은 따로 있다.

■ 관련 여담

ㅌ한 재상이 처가의 동비(童婢. 나이 어린 계집종) 향월이가 자색이 좋아 간통하고자 해도 기회가 없더니 마침 향월이 학질에 걸려 누웠는데 재상이 내국(內局)을 관장하는 자리에 있는지라 장모가 이르되, 향월이 저렇듯 학질로 고생이 자심하니 사위가 내국의 양약을 내어 고쳐주기를 당부하는 것이었다. 이에 재상이 "명일 내국 일을 마치자마자 좋은 약을 갖고 나올 것이니 부정타지 않게 후원 외진 데 울바자를 치고 기다리면 마땅히 와서 고쳐 주리다." 하였다.

그 말대로 이튿날 재상이 후원의 울바자 안으로 들어가 향월의 옷을 벗긴 다음 양물에 침을 발라 음문에 꽂고 율동을 거듭하니 향월이 크게 놀라 땀이 비 오듯 쏟아지는 가운데 학질이 뚝 떨어졌다. 이에 재상이 "학질은 흉악한 병인지라 이렇게 놀래키지 않으면 도망가지 않느니라." 라고 짐짓 위로까지 해주었다. 그 후 공교롭게도 장모가 또한 학질에 걸려 사위 재상으로 하여금 고쳐달라고 청한 즉 재상이 웃으면서 "그것은 악장(岳丈. 장인의 존칭)이 아니면 가히 고칠 수 없습니다." 라고 완곡히 고사(固辭)하였다 한다. [十大奇書]

입에 쓴 약이 병을 고친다
- 비위 거슬리는 쓴 소리가 약이 되기도 한다.

입에서 흙냄새가 난다
- 죽을 때가 다 되었다.

자리 보전한다
- 죽을 때가 되어 운신을 못하고 누워 있다.

자리걷이 해야* 할 놈이다
- 죽어 없어져야 마땅한 자이다.

  * 자리걷이 한다 : 고인의 시신 모신 관을 집 밖으로 내간 다음에 치르는 집을 가셔내는 의식. 관을 놓았던 자리에 음식을 차려 놓고 진혼굿을 하면서 고인의 명복을 비는 의식 절차를 이르는 말.

잠이 보약이다
 - 잠을 잘 자는 것이 건강의 요체이다.
 = 밥이 보약이다.

저승 백년보다 이승 일년이 낫다
 - 죽어 영생하기보다 다만 얼마만이라도 이승에서 더 살기를 바라는 게 사람마음이다.
 = 산 개가 죽은 정승보다 낫다. 죽은 놈은 산 놈 그림자만도 못하다. 부자 저승보다 거지 이승이 낫다. 남향 명당이 북향 개자리만도 못하다.

저승* 고개 근처까지 갔다
 - 여러 징후로 보아 죽을 때가 다 된 것 같다.

   * 저승 : 지시대명사 '저'와 생명을 나타내는 '생(生)'이 합성된 말로서 '저생(生)'이 '저승'으로 변한 것이다. 사람 사는 세상을 이르는 '이승' 또한 '이생(生)'이 변한 말이다.

저승길도 동무 있으면 가볍다
 - 친구는 인생에서 그만큼 귀한 존재이다.

저승에 가도 죗값은 못 면한다
 - 죽는다고 죄가 없어지는 것은 아니니 평소 죄 짓고 살지 마라.

점쟁이도 저 죽는 날은 모른다
 - 누구도 자신의 앞일은 모른 채 살고 있다.

접시 물에 코 박고 뒈져 쌀 놈이다
 - 죽어도 망측하게 죽어 마땅한 자이다.

좆 안서는 놈은 황천길* 이 내일 모레다
 - 발기부전은 곧 죽을 날이 얼마 남지 않았다는 징조이다.

   * 황천길 : 저승을 이르는 황천으로 가는 길. 저승길.

죽는 년이 보지 감추랴
 - 어차피 끝장난 마당에 체면 돌보겠느냐.
 = 화냥년이 보지 감추랴.

죽는 데는 급살이 제일이다
 - 죽을 때는 시난고난 앓지 말고 한순간에 죽는 것이 그 중 좋은 것이다.

죽어 영이별은 살아도 살아 생이별은 못 산다
 - 사별은 체념하고 살 수 있어도 헤어져 못 만나는 건 체념도 할 수 없어 더 고통스럽기 그지없다.

죽어 진수성찬이 살아 쓴 담배 한 대만도 못하다.
 - 부모님 살아 생전에 성심껏 봉양토록 해라.

죽어 흙 되기는 매일반이다
 - 잘난 자든 못난 자든 나중 흙으로 돌아가기는 한가지다. 그럼에도 어째 그리 도도하게 구느냐 또는 몸을 사리느냐고 해대는 말.

죽은 놈 입이 가장 믿음직하다
 - 죽은 자는 말이 없으니 산통을 깰 리가 없어 안심된다.

죽을 병에도 살 약이 있다
 - 어떤 곤경에도 살 길은 있는 것이니 용기를 내라.

죽을 길 옆에 살 길이 있다
 - 인생은 복불복이니만큼 용기와 희망을 잃지 마라.

죽을 병이면 편작* 도 별수 없다

- 죽을 병에는 천하 명의도 살릴 방법이 없다.
    * 편작(扁鵲) : 중국 춘추전국 시대의 명의.

줄 초상 난다
  - 초상이 겹쳤다. 또는 엎친 데 덮치듯 불행한 일이 포개서 생기는 경우 등에 빗댄 말.

지고 다니느니 칠성판에 먹느니 사잣(使者)밥* 이다
  - 누구든 언제 죽을지 모르면서 한세상 살고 있는 것이다.
    * 사잣밥 : 초상집에서 죽은 이의 넋을 부를 때 염라부의 사자를 대접하기 위해 떠놓는 밥 세 그릇.

지랄 염병을 떨고 있다
  - 창피한 줄 모르고 눈꼴 사나운 짓거리를 하고 있다.
  = 지랄 염병한다.

짚불 꺼지듯 한다
  - 곱게 운명을 하거나 권세나 재산 등이 가뭇없이 사라지는 경우 등에 빗댄 말.

천덕꾸러기가 더 오래 산다
  - 못 입고 못 먹는 천한 신분이 되레 더 오래 산다. 평생 괄시 받으며 살다보니 사는 힘 질겨져서 오래 사는 것일 수도.

칠성판* 을 졌다
  - 죽었다.
    * 칠성판 : 관 속 시신 밑에 까는 널빤지. 북두칠성을 본떠 일곱 구멍을 뚫는다.

코에서 흙내가 난다
  - 죽을 때가 다된 것 같다.
  = 흙냄새가 고소하다.

코를 떼서* 싼 놈이다
- 잘난 척하더니 그리 창피를 당해 깨소금 맛이다.

    * 코를 떼다 : 창피를 당하거나 꾸중을 듣다.

파장떡이 해 버렸다
- 아무 미련없이 죽음을 택했다.

편히 살고 싶으면 관 속에 들어가랬다
- 그렇게 일하기 싫으면 죽는 것도 방법이라고 쥐어박는 말.

피골상접에다 얼까지 쑥 빠졌다
- 비쩍 마른데다 정신까지 오락가락하는 걸 보니 갈 때가 다 된 것 같다.

피바람이 분다
- 전쟁이 나서 많은 사람이 죽어 나가는 끔찍한 상황이다.

허리 아픈 건 씹 동티란다
- 요통환자에게 너무 색을 밝히시 난 병이 아니냐고 놀리는 밀.

화(禍)는 입 따라 나오고 병은 입 따라 든다
- 말을 잘못하면 화를 입게 되고 음식을 잘못 먹으면 병을 얻게 되니 항시 입조심, 음식 조심할 일이다.

황천객이 되었다
- 이 세상 사람이 아니다. 죽었다.

희쭈그리* 한 게 갈 때가 다 됐다
- 축 처져서 힘아리 없는 모습이 죽을 때가 다 된 모양이다.

    * 희쭈그리 : '씹 쭈그러든 것' 즉 음문이 쭈그러들어 볼품없이 된 모양을 이른다는 설도 있음.

11. 부부 관련

가재는 작아도 바위를 지고 여자는 작아도 남자를 안는다
 - 작은 여자라도 덩치 큰 남자와 만나 아기 낳고 사는데 아무 지장이 없다.

갓난아기는 어미젖, 어미는 남편 좆 먹고 산다
 - 아기에게는 엄마젖 아낙에게는 남편 사랑이 필수적이다.

고추밭에 상추 가리는 년이다
 - 남편을 위하는 척하며 실은 제 음욕을 채우는 계집이다. 고추밭 이랑에 심는 상추는 약이 올라 사내 정력에 좋대서 시어미가 며느리에게 해대는 욕설.

골난 김에 서방질 한다
 - 화가 나서 이성을 잃으면 나쁜 짓도 서슴없이 저지르게 된다.
 = 홧김에 서방질한다. 부앗김에 씹질 한다.

곰하고는 못 살아도 여우하고는 산다
 - 미련퉁이 보다는 간살스런 여자가 그래도 낫다.

곰팡이가 슬 지경이다
 - 여자입장에서, 한동안 정사를 못해 음문이 텅 빈듯 허전하다.

계집 골부림* 에는 가죽방망이** 가 약이다
 - 아내가 까닭 없이 긁어대는 건 정사서비스가 부실한 까닭이다.
     * 골부림 : 이유 없이 골을 내는 짓.
     ** 가죽방망이 : 남근의 속어.

계집은 가까이 하면 버릇없고 멀리하면 원망 한다
 - 여자는 가까이 하면 함부로 굴고 멀리하면 원망하니 가까이도 멀리도 하지 마라. 이른바 불가근불가원(不可近不可遠)하라는 권면의 말.

계집은 젊어서는 여우, 늙으면 호랑이 된다
 - 여자는 갓 시집을 와서는 사근사근 여우처럼 잘 하다가도 늙으면 내주장이 되어 범처럼 온 집안을 쥐고 흔드니까 미리 알아서 대처할 일이다.

남의 서방과는 살아도 남의 새끼하고는 못 산다
 - 의붓자식은 잘 따르지 않아서 함께 살기 힘이 든다.

남편 밥은 누워서 먹고 아들 밥은 앉아서 먹고 딸 밥은 서서 먹는다
 - 한평생 의지해 사는 데는 남편이 그 중 든든한 존재이다.
 = 남편 밥은 아랫목에서 먹고 아들 밥은 윗목에서 먹고 딸 밥은 부엌에서 먹는다.

남자가 앓으면 집안이 망하고 여자가 앓으면 살림이 망한다
 - 인생살이는 건강이 가장 중요한 것인 만큼 항시 건강에 유념해야 한다.

남편은 귀머거리, 아내는 장님이라야 잘 산다
 - 남자는 아내에 대한 험담을 들어도 못 들은 척 아내는 눈에 거슬리는 걸 보아도 못 본 체 넘기고 살아야 집안이 두루 평안한 법이다.

남편 복 없는 년은 자식 복도 없다
 - 이래저래 일이 틀어지기만 한다는 복 없는 여자의 넋두리.

달 밝은 밤이 흐린 낮만 못하다
 - 자식이 아무리 효도를 잘 해도 악한 처가 봉양하느니만 못하다. 또는 약한 사람이 아무리 용을 써도 힘센 자를 당하지 못한다는 뜻.

대들보가 부러지면 서까래도 부러진다
- 가장이 죽으면 집안에 망조가 들게 된다.

된 서방 만나 고생문 훤히 열렸다
- 뒤 늦게 까다로운 서방 만나서 생고생깨나 하게 생겼다.

뒷집 영감 앞집 마님 지내듯
- 부부간에 살갑지 못하고 마치 소 닭 보듯 무덤덤 하기 짝이 없다.

뜻 맞고 몸 맞을 때가 부부지 갈라서면 남이다
- 대저 그러니만큼 서로가 잘해 줘야 하는 것이다.

마누라* 없이는 살아도 장화 없이는 못 산다
- 비 오면 진창이 되는 개발지역 주민들의 볼멘소리.

  * 마누라 : 본디는 조선시대 왕비를 이르는 '대비마노라'처럼 '마마'와 함께 쓰인 극존칭어였다. 그러던 것이 신분제도가 무너지면서 늙은 여자나 아내를 가리키는 일반 명칭으로 바뀌게 되었다.

마누라 회초리 맛, 엔간히 맵더이다
- 사낙배기 아내한테 혼난 이야기.

■ 관련 여담

　　조관(朝官. 조정의 관료) 가운데 허씨 성을 가진 이가 있어 성품이 온화한 반면 그의 처는 억세고 사나웠다. 처가 한번 호랑이처럼 울부짖으면 사지가 움츠러들고 혼백이 달아나서 꼼짝을 못하더니 하루는 무슨 일로 그 처가 크게 노하여 남편 허씨로 하여금 종아리를 걷어 올리게 하고 피가 맺히도록 회초리를 갈겨댔다. 그런 뒤 어느 날 허 씨가 친구 집에 놀러갔다가 공교롭게도 그 집 하인이 잘못을 저질러 그 친구가 회초리를 들어 치죄하는 걸 본 허 씨가 말리면서 이르기를 "그만 치도록 하시오. 내가 전일에 처에게 회초리로 맞아보니 그 아픔이 가히 눈물이 나리만큼 참을 길이 없더이다." 하고 만류하니 그의 벗이 웃음을 머금고 회초리를 거두었다 한다.

[十大奇書]

만만한 년은 제 서방 좆도 못 끼고 잔다
- 못난 계집은 자기서방 하나도 제대로 챙기지 못한다.

못된 말은 수레를 결딴내고 못된 처는 집안을 결딴 낸다
- 성미 못된 여자가 들어오면 집안에 망조가 들게 된다.

미친 여편네, 떡 퍼 돌리듯 한다
- 음식을 마구 퍼 돌려서 동이 나게 해 일을 망쳐놓는 경우 등에 빗댄 말.
= 미친년 널뛰듯 한다. 미친년 달래 캐듯 한다. 미친 년 속곳 펄렁이듯 한다. 미친년 오줌 깔기듯 한다. 미친년 춤추듯 한다. 미친년 치맛자락 날리듯 한다. 미친 년 애 씻어 죽이듯 한다. 미친 놈 떡 퍼 돌리듯 한다. 미친놈 벌 쐰 듯. 미친 중놈 파밭 매듯 등등 '미친 연놈' 관련 속어이다.

바가지 긁는다
- 남편에게 불평불만을 쏟아 놓으며 못살게 군다.

■ 관련 여담

옛날 전염병이 돌면 역귀(疫鬼)를 잡는다고 바가지를 득득 긁어서 시끄러운 소리를 내곤 했다. '바가지 긁는다'는 이 사실(史實)에서 유래한 말이다. 바가지의 어원은 큰 박을 절반 쪼개면 작아져서 '바가지(박+아지)'가 되는데 바가지는 이렇듯 반으로 쪼갠 '작은 박'이란 뜻이다.

바리* 바리 싣고 가도 제 복 없으면 못 산다
- 시집가서 잘살고 못 사는 건 분복이지 혼수와는 상관없는 것이다.
  * 바리 : 소나 말의 등에 싣는 짐을 세는 단위.

반 서방은 된다
- 서방은 아니지만 심정적으로 매우 가까운 남자이다. 남편 몰래 정을 통하는 '샛서방'과는 다른 뜻임.

밤 금실 좋다고 낮 금실 좋은 건 아니다
- 속궁합은 좋은 데도 성격이 안 맞아 삐걱대는 부부사이를 이르는 말.

백년을 살아도 갈라서면 남이다
- 평생 부부도 등 돌리면 남이 된다.

부부간에 정 있으면 도토리 하나만 먹고도 산다
- 부부간에 사랑만 있으면 어떤 어려움도 이겨낼 수 있다.

부부는 낮에 싸움을 해도 밤에 푼다
- 부부는 낮에 티격태격 싸웠다가도 밤에 한 이불 덮고 자고나면 다시 정다워진다.
= 부부싸움은 개싸움이다.

부창부수(夫唱婦隨)의 소경부부 이야기
- 말 궁합이 척척 맞는 어느 소경부부의 고담 한 자락.

■ 관련 여담

소경 부부가 함께 있는데 문득 이웃에서 와자지껄하는 소리가 들리자 소경이 궁금하여 무엇 때문에 이렇게 시끄러운가 물으니 아내가 손가락으로 남편의 젖꼭지 사이에 사람 인(人)자를 써주는 거였다. 글자 모양이 곧 불 화(火)였다. 이에 소경이 "으응 불이 났다구, 어디서 났는고?" 하고 재차 물으니 처가 이번에는 지아비의 손을 이끌어 자기 음문을 만지게 한즉 "아니, 진흙골(泥洞)에서 불이 났어? 진흙골 뉘집인고?" 하고 다시 물었단다. 처가 이번엔 남편의 입과 낭(囊)을 번갈아 만져 주자 "여(呂)생원 집이라고? 거 안됐네그려. 근데 얼마나 탔다던가?" 하니 이번엔 처가 손을 뻗어 소경의 양경(陽莖. 남근)을 꽉 쥐는 것이었다. 이에 소경이 방바닥을 치면서 "어허, 다 타고 기둥만 남다니 안 됐도다, 참으로 안 됐도다." 그러더란다. 전대미문(前代未聞)의 부부의 총민함이여. [十大奇書]

사내 잘못 만나면 죽 세끼에 매 세 대다
- 남편 잘못 만나면 가난으로 고생이 자심할 뿐만 아니라 설상가상 매 맞는 일도 다반사니 새겨둘 일이다.

살 송곳* 맛을 알면 정붙여 살게 마련이다
- 여자가 사내 맛을 알게 되면 고생이 돼도 그냥저냥 살게 되어 있다.

   * 살 송곳 : 송곳의 옛말은 '솔옷'으로 소나무 송(松)에 '뾰족하게 나온 것'이란 뜻의 '곳'이 합성된 낱말이다. 여기서는 남근을 빗댄 말.

서방이 미우면 자식까지 밉다
- 남편이 밉쌀 맞으면 정이 식어 자식까지 미워지게 된다.

서방인지 남방인지
- 여자가 남편더러 서방 노릇 제대로 못한다고 구시렁대는 말.

서방하고 무쇠 솥* 은 새것이 언짢다
- 남편이나 무쇠 솥이나 다 세월이 좀 지나야만 제 구실을 하는 법이다.

   * 무쇠 솥 : 검은 쇠로 만든 솥. 가마솥도 이 종류에 속한다.

속살 대고* 살았다
- 부부 사이로 지냈다.

   * 속살 : 성기를 이르는 말.

신발 거꾸로 신었다
- 여자가 마음이 변해 야반도주를 했다. 또는 개가를 했다.

쇼원도 부부다
 - 남 보기엔 모범부부인 양 보여도 실상은 정이 없는 가식 부부이다.

아내* 말은 잘 들으면 패가(敗家)하고 안 들으면 망신 한다
 - 아내 말은 항시 줏대를 갖고 들을 것은 듣고 버릴 것은 버릴 줄 알아야 한다. 즉 불가근불가원(不可近不可遠)하라는 교훈의 말.

　　* 아내 : '안 해'에서 나온 말로서 '안+해' 곧 '집안의 태양'을 이르는 고유어다. 아내를 '계집'이라고도 했는데 기실 어원은 '집에 계시는 사람'이란 뜻의 존칭어다.

아내가 죽으면 뒷간에 가서 웃는다
 - 아내가 죽으면 또 한 번 장가들 생각에 은근히 좋아한다.

아내는 다홍치마 적, 자식은 열 살 안에 길들여야 한다.
 - 무슨 일이든 봄에 씨 뿌리고 가을에 거두듯 때를 가려 다룰 줄 알아야 한다.

아내는 소요 첩은 여우다
 - 아내는 살림을 도맡아 소처럼 일만 하는데 반해 첩은 사내 비위나 맞추는 여우 짓만 하면서 놀고 지낸다.

아내란 오미구존(五味具存)이다
 - 아내를 음식의 다섯 가지 맛에 비유한 말.

　■ 관련 여담

　갓 결혼한 아내는 그 달기가 마치 꿀과 같다. 하지만 살림에 재미가 붙기 시작하면 무장아찌처럼 짭짤해졌다가 그 맛이 좀 더 쇠면 시큼털털한 개살구 맛으로 변하게 된다. 이때부터 톡톡 쏘는 매운 맛이 나기 시작하는데 이 여편네 매운 맛이란 땅벌조차도 당적하기 어려울 정도이다. 이 매운 맛이 없어지면 그때부터는 죽을 때까지 쓴맛 한 가지만 남게 된다.

안고 자면 가시버시* 다
 - 식은 안 올렸어도 살 대고 살면 부부 아니겠느냐.
   * 가시버시 : 부부를 속되게 이르는 말.

어미가 의붓어미면 아비도 의붓아비 된다
 - 의붓어미가 들어오면 아버지도 자식들 한테서 점차 멀어져 결국 의붓아비처럼 되고 만다.

여자 나이 이십에는 꿀같이 달고 삼십에는 무장아찌마냥 짭짤하고 사십에는 시금털털하고 오십에는 매운맛만 나고 육십에는 쓴맛만 남는다
 - 남자입장에서 여자에 대한 느낌이나 성감을 연령대별로 풀이한 곁말.

여자는 고추로도 때리지 말랬다
 - 여자는 연약하므로 절대로 손을 대서는 안 된다.

여자는 아이 낳을 때가 한창이다
 - 여자는 아이 낳을 때 즉 이십에서 삼십대까지가 가장 에쁘고 건강히다.

여자는 젖은 데 마르고 마른 데 젖으면 볼장 다 본 거다
 - 젊어서 늘 젖어 있던 음문이 마르고 맑았던 눈가에 진물이 흐르게 되면 여자는 좋은 세월 다 간 것이다.
 = 여자는 씹 마르고 눈에 물기 생기면 볼장 다 본 것이다.

여자는 눈이 잘생겨야 자식 복이, 코가 잘생겨야 남편 복이 있다
 - 여자 얼굴을 민속적인 관상으로 풀이한 말.

여자는 데려오긴 쉬워도 길들이기는 어렵다
 - 어떤 여자든 내 사람으로 길들여 사는 건 쉽지 않은 일이다.

여자는 두레박질 안 하면 물이 말라서 못쓰게 된다
- 성생활을 안 하면 음수가 줄면서 성기능도 퇴화하게 된다.
= 호미(연장. 남근)도 안 쓰면 녹슬어 못쓰게 된다.

여자 버릇 고치는 데는 방망이가 약이다
- 여자의 몹쓸 버르장머리는 때려서라도 고쳐야 한다. 또는 아내가 공연히 짜증을 내는 골부림은 가죽 방망이질(정사)을 잘해 주면 낫는다.

오거리 같은 서방이다
- 마음을 다잡지 못하고 바람 부는 오거리에 선 나그네처럼 항시 어디론가 떠날 궁리만 하는 미덥지 못한 남편이다.

오복* 보다 더 큰 게 처복(妻福)이다
- 사내에겐 음전한 아내보다 더 큰 복이 따로 없다.

  * 오복(五福) : 유교에서 말하는 '다섯 가지 복'이란 뜻으로 첫째 오래 사는 것(壽), 둘째 살림이 넉넉한 것(富), 셋째 몸이 건강한 것(康寧), 넷째 자손이 많은 것(子孫衆多), 다섯째 편안히 죽는 것(考終命)을 말한다. 몸이 건강하자면 이가 튼튼해야 하므로 흔히 튼튼한 이를 오복의 하나로 치기도 하였다.

오복 위에 처복, 처복 위에 건강 복이다
- 몸 건강한 것이 부부한테는 가장 큰 복이다.

오쟁이 지다
- 자기 아내가 다른 남자와 간통을 하다
= 오쟁이 졌다. : 그런 여자를 아내로 둔 남자를 비웃고 놀리는 말

외소박 당한다
- 시어미 아닌 남편으로부터 당하는 구박을 이르는 말.

(반) 내소박. 아내가 남편을 박대하는 일.

열 서방 사귀지 말고 한 서방 모시랬다
 - 뭇 남자들과 바람을 피우다가는 소박맞아 불행하게 되니 한 서방 잘 받들어서 응분의 대우를 받고 사는 게 제일이다.
 = 열 서방 사귄 계집, 늙어 한 서방도 못 섬긴다.

이 방 저 방 해도 내 서방이 제일이다
 - 어떠니저떠니해도 함께 사는 남편이 가장 믿음직한 존재다.

이복자식 둔 년, 주머니 둘 찬다
 - 전실 자식 있는 여자는 훗날을 위해 남편 몰래 돈을 빼돌리는 일이 다반사다.

이불 속에서나 내 서방 내 남편이다
 - 밖에 나가면 남의 서방이 될 수도 있다는 뜻.
 = 품안엣 적에나 내 자식이다.

이집 저집 해도 내 계집이 제일이다
  한 세상사는 데는 뭐니뭐니 해도 아내가 가장 소중한 존재이다.
 = 방 중에는 서방이, 집 중에는 내 계집이 제일이다.

의 나쁜 부부는 맞지 않는 신발과 같다
 - 부부 사이가 나쁘면 마치 끼는 신발 같아서 평생 편할 날이 없게 된다.

작은 마누라는 정에 살고 큰 마누라는 법에 산다
 - 첩이란 정으로 맺어졌지만 본처는 정이야 있든 없든 법적으로 신분이 보장된 관계이다.

장맛 나쁜 건 일년 원수요 마누라 악한 건 백년 원수다
 - 평생을 함께 하는 까닭에 부부사이란 그렇듯 비중이 큰 것이다.

젊어서는 서방이 좋고 늙어지면 고기가 좋다
- 젊어서는 남편이 좋지만 늙으면 고기나 돈 같은 재물이 더 좋아지게 된다.

정 떨어진 부부는 원수만도 못하다
- 부부가 정이 식으면 남보다 더 못한 사이가 될 수 있다.

주걱 뺨따귀* 얻어 맞는다
- 남편이 아내한테 혼구멍이 난다. 이른바 내소박을 당한다는 뜻.

  * 주걱 뺨따귀 : 밥 푸는 주걱으로 아내한테 얻어맞는 뺨따귀. 여기서 주걱은 '줍다'에서 '줍'이 '죽'으로 변한 뒤에 접미사 '억'이 붙어 '주걱'이 되었다. 따라서 주걱은 '밥을 집는 것'이란 뜻이다.

중매쟁이가 원수다
- 틀어진 부부가 자신들을 맺어준 중매쟁이를 원망하는 말.

참새는 작아도 알만 잘 낳는다
- 몸집 작은 여자라도 아기 낳는 데서 살림에 이르기까지 다 잘 할 수 있다.

처가살이 하다 장모 붙어 먹은 놈이다
- 처가살이에다 장모와의 성추문 까지, 구제난망의 인간망종이다.

처가살이 고용살이다
- 처가살이는 역겨운 일이 많다는 뜻.

처와 첩은 물과 기름이다
- 처와 첩 사이는 그처럼 공존 융화하기가 어렵다.

■ 관련 여담

한 재상이 나이 환갑에 미모의 소첩을 얻었는데 애지중지하여 매양 첩의 무릎을 베고는 흰 머리털을 뽑게 하였다. 그러던 중 하루는 첩이 나가고 없어 재상이 부인에게 청하여 흰 터럭을 뽑아 달라 한즉 승낙하여 침상에 누웠더니 이에 얼마 남지 않은 검은 털만을 골라 뽑아 나중 거울을 보니 호호백발의 노옹이 되어 있었다.

이에 재상이 탄식하여 이르되 "처와 첩이 이렇듯 크게 다름을 비로소 알겠도다." 그러더란다. [十大奇書]

추한 아내, 악한 첩도 빈 방보다는 낫다
- 못생긴 아내 악한 첩일망정 그래도 없는 것 보다는 낫다.

큰 마누라는 매 꾸러기* 작은 마누라는 좆 꾸러기다
- 처와 첩이 싸우면 남편은 첩의 편을 들어 본처에게 매질을 한 다음 첩에게 가서 정사를 한다는 뜻.

  * 꾸러기 : 일을 버르집어 만드는 자. 잠꾸러기. 장난꾸러기 등.

투기 없는 아내 없다
- 질투하지 않는 아내는 있을 수 없는 일이다.

■ 관련 여담

당나라 태종 때 사공(司空) 벼슬을 하던 방현령의 아내가 투기가 몹시 심하다는 소문을 들은 태종이 이를 고약하게 여겨 하루는 그 부인을 궁으로 불러들였다. 그리고는 "짐이 네 남편한테 첩을 하나 내리겠노라. 만약 네가 첩을 받아들이지 않으면 어명을 어긴 죄로 이 독배를 마시고 죽어야 할 것이다." 하고 가짜 독배를 내밀었다. 그러자 방현령의 부인은

"죽으면 죽었지 그렇게는 못 하겠습니다."라고 하면서 대뜸 그 독배를 받아 마셔 버렸다. 이에 부인이 돌아간 다음 태종이 방현령을 보고 그러더란다.

"아니, 짐도 이렇게 떨리는데 그런 아내를 둔 방 사공은 얼마나 더 무섭겠느냐? 심히 딱하고 딱한 일이로다."

팔 십리 강짜를 한다
  - 질투심이 남다르게 심한 여자이다.

◼ 관련 여담

  팔십 리 강짜란 남편이 좋아하는 여자가 팔십 리나 떨어진 먼 곳에 있음에도 마치 한동네 이웃에 있는 양 본처가 속을 끓이고 강짜를 놓는다는 뜻이다. 옛날에는 팔십 리가 정서적으로 매우 먼 거리였음을 짐작케 하는 말이다.

품 안에 있을 때나 내 계집이다
  - 정이 식어 딴 맘 먹으면 남의 여자도 될 수 있다.

하루 화근은 해장술이요 평생 화근은 악한 처다
  - 해장술을 하면 하루 일을 망치고 아내를 잘못 만나면 평생 시달리게 된다.
  = 하루 걱정은 해장술, 일 년 걱정은 끼는 갓신, 평생 걱정은 악한 처다.

한 사내놈 사랑이 제일이지 열 사내놈 칭찬 다 소용없다
  - 여자는 뭇 남자들의 실없는 칭찬에 마음을 써서는 안 된다.

혼자 입은 못 살아도 두 입은 먹고 산다
  - 남녀가 힘을 합치면 두 사람 이상의 성과를 낼 수 있다.
  = 외 주둥이 굶는다.

12. 가족 · 친인척 관련

남의 자식 고운 데 없고 내 자식 미운 데 없다
 - 팔이 안으로 굽는 편애를 비아냥대는 말.

내 딸이 고와야 사위도 고른다
 - 내 물건이 좋아야 큰 소리도 칠 수 있다.

노땅이다
 - 노인을 낮추어 이르는 말.
 = 노털이다. 늙다리다. 꼰대다.

눈 먼 자식이 효도 한다
 - 하찮게 여긴 상대로부터 도움을 받는 경우도 있는 법이다.
 = 병신자식이 효도한다. 굽은 나무가 선산 지킨다. 의붓자식이 효도한다.

달군 쇠와 아이는 때려야 써 먹는다
 - 달군 쇠는 때려야 좋은 연장이 만들어지고 자식은 엄하게 가르쳐야만 바르게 크는 법이다.

동서 시집살이는 오뉴월에도 서릿발 친다
 - 시어미보다 맏동서가 쥐고 흔드는 시집살이가 더 호되고 가혹하다.

동서모임은 독사 모임이다
 - 여자 동서끼리 모이면 서로 헐뜯기 예사이다.

동서싸움이 형제싸움 된다
- 동서들 사이가 안 좋으면 형제간 우애도 금이 가게 된다.

딸 둘에 아들 낳기는 정승 나기보다 어렵다
- 매우 쉽지 않은 일이다.
= 처녀장가 두 번은 과거할 팔자라야 한다.

딸은 내 딸이 더 예쁘고 곡식은 남의 곡식이 더 탐스럽다
- 시기와 탐심으로 가득한 속인(俗人)들 성정을 나타낸 말.

딸 죽은 사위, 불 없는 화로다
- 허울뿐이지 실속이라곤 없는 공허한 관계이다.

딸년은 평생 도둑년이다
- 딸은 시집보낼 때도 솔찮게 돈이 들지만 시집간 뒤에도 친정에 오면 꼭 좋은 것만 챙겨 간대서 나온 말.
= 딸년은 도둑년, 사위 놈은 도둑놈이다.

말머리 아이다
- 결혼한 뒤 바로 배어 낳은, 이른바 허니문 베이비를 이르는 말.

맏딸은 금을 주고도 못 산다
- 맏딸은 부모의 일손을 많이 덜어주기에 그만큼 소중한 존재이다.
= 맏딸은 살림밑천이다.

무릎팍 까져 가면서 자식새끼 헛 낳았다
- 힘들게 낳은 자식이 망나니가 되다니 헛일한 셈이 됐다고 가슴치는 말.

무자식이 상팔자요 유자식이 개 팔자* 다
- '자식이 원수' 라는 늙은 부모의 한 맺힌 넋두리.

   * 개 팔자 : '더러운 팔자'라고 자책하는 말.

   자료제공 : 소설가 이두영

반달 같은 딸이라야 온달 같은 사위도 고른다
- 딸이 예뻐야 보름달처럼 잘 생긴 사위도 고를 수 있듯 만사가 상대적인 것이다.

방에서는 매부 말이 옳고 부엌에 가면 누이 말이 옳다
- '방에 가면 시어미 말이 옳고 부엌에 가면 며느리 말이 옳다.'와 같은 뜻.

범이 사나우면 제 새끼 잡아 먹을까
- 부모가 아무리 엄해도 자식한테 해되는 일이야 하겠느냐 또는 직장 상사가 아무리 성미 고약해도 부하 직원에게 해코지야 하겠느냐.

보리떡을 떡이라 하며 의붓아비를 아비라 하랴
- 말이 좋아 떡이고 아비지 이름에 값하지 못하는 허명일 뿐이다.

부모 속에는 부처, 자식 속에는 앙칼* 이 들었다
- 부모는 온 정성을 다해서 자식을 키우지만 자식은 그런 은공을 알기는커녕 가슴에 불만불평만 가득 차 있다.

   * 앙칼 : 모질고 날카로움.

부모 속이지 않는 자식 놈 없다
- 자식이 부모에게 거짓말 하는 거야 통상 있는 일이 아니냐.

부모가 반 팔자다
- 누구든 출신성분에 의해 운명의 절반은 타고나는 것이다. 또는 요행만 바라다 망조 든 자들이 구실 삼아서 뇌는 말.

부모가 온 효자라야 자식이 반 효자 노릇 한다
 - 부모가 잘 해야만 학습효과로 자식이 반 효자 시늉이라도 하는 법이다.

부모가 죽으면 뒷동산에 묻고 자식이 죽으면 가슴에 묻는다
 - 부모보다 자식의 죽음이 더 가슴 아픈 일이다.
 = 남편이 죽으면 뒷동산에 묻고 자식이 죽으면 앙가슴에 묻는다.

부모는 문서 없는 종이다
 - 부모는 평생 낳은 자식 뒷바라지하다 늙어 죽게 마련이다.

부모는 자식 주고 남은 돈을 쓰고 자식은 쓰고 남은 돈이 있어야 부모 준다
 - 부모는 몸을 아끼지 않고 자식을 살피지만 자식은 제 몸부터 챙기고 나서 부모를 생각한다. 남아도 부모 안주는 자식이 부지기수 지.

부모마음 열에 하나만 알아줘도 효자다
 - 자식은 대개 부모의 깊은 마음을 헤아리지 못한다.

사돈 남 나무란다
 - 제 잘못에는 시치미 떼고 남 평계만 일삼고 있다.

사돈집 잔치에 감 놓아라 배 놓아라 한다
 - 주제 넘는 참견을 하고 있다.

사위 자식은 개자식이다
 - 사위도 반자식이라지만 남의 자식이지 제 자식은 아니다.

사위 코 보니 외손자 볼 성싶지 않다
 - 사위 놈 코를 보니 아랫녘 힘도 약해서 외손자 볼 것 같지 않아 걱정된다.
 = 사위놈 좆 보니 외손자 보긴 틀린 거 같다.

삼대(三代) 가는 부자 없고 삼대 가는 거지 없다
- 부귀와 빈천은 돌고 도는 것이니 잘 산다고 뻐기지 말고 못 산다고 주눅 들지 마라.

씨받이*나 씨내리**나 다 팔자 사나운 상것들 아니냐
- 남의 자식 낳아 주는 대가로 호구(糊口)하는, 알고 보면 다들 불쌍한 자들 이야기 아니겠느냐.

   * 씨받이 : 예전, 부부 중에서 아내 몸에 이상이 있어 대(代)를 못 잇는 경우에 일정한 대가를 받고 대신 아기를 낳아 주던 여자를 이르던 말. 대리모.
   ** 씨내리 : '씨받이'의 반대말로 자식을 점지해 주는 외갓 남자를 이르는 말. 대리부(代理父).

아들은 아비 닮고 송아지는 이웃 황소 닮는다
- 자식은 부모를 닮게 마련이다. 곧 씨 도둑질은 들통이 나게 마련이라는 뜻.

아들은 장가들이면 반 남 되고 딸은 시집보내면 온 남 된다
- 아들은 결혼하면 처에게 정을 빼앗겨 반 남처럼 되고 딸은 본디 출가외인인지라 완전히 남이 된다.

아비 모르는 자식이다
- 절에 가서 백일치성 기도로 낳은 자식을 얕잡아 이르던 말. '절 자식', '생 사리'* 와 같은 뜻.

   * 생 사리(生舍利) : 사리란 스님의 화장한 몸에서 나온 구슬 모양의 뼈를 이르는 말인데 이와 관련해 생사리란 살아 있는 스님의 몸에서 나왔다는 뜻으로 '백일 치성' 같은 때 젊은 스님을 통해서 낳은 이른바 사생아를 이르는 말이다.

■ 관련 여담

옛날 잘사는 대갓집에서 아들이 부실한 연고로 며느리한테 태기가 없으면 백일치성을 드린답시고 시어미가 평소 잘 다니는 절에 며느리를 데려가고는 했다. 미리 며느리에게 일단 절에 가면 스님이 시키는 대로 절대 복종하도록 다짐을 준 까닭에 '절에 간 색시'란 말도 이때 생긴 거라고. 일단 절에 닿으면 후미진 곳에 색시 방이 정해지고 밤이 되면 젊은 중이 색시 방에 군불을 땐 다음 슬그머니 방으로 들어와 "방구들이 잘 데워졌나?"하면서 색시가 깔고 앉은 방석 밑에 손을 넣어 본다는 것이다. 이때 색시가 가만있으면 그대로 방사(房事)를 하고 놀라거나 거부감을 보이면 밤에 그 방에 최면이 되는 약초(만병초 아류의 독초로 추정)를 뿌려 혼미해진 상태에서 접간을 했단다. 그렇게 석달 열흘을 지내다 보면 정상의 여자는 임신이 되게 마련인데 이렇게 해서 얻은 자식을 '백일치성 드려 부처님 공덕으로 낳았다'고 했다는 것이다. 하기사 틀린 말은 아닌 것이 백일치성 드린 거 분명하고 스님 공덕(?)도 부처님 공덕이나 오십보백보인즉 빈말은 아니렷다. [도솔암에서 採錄]

아이 셋이면 석자 가시도 걸리지 않는다
- 아이가 많은 집 어미는 늘 굶주리는 탓에 어떤 험한 음식도 잘 먹는다.

안 주면 맞아 죽고 반만 주면 쫄려 죽고 다 주면 굶어 죽는다
- 자식한테 유산을 다 물려준 늙은 부모의 한 맺힌 탄식. 세태를 반영하는 고발성 멘트이기도.
= 무자식이 상팔자요 유자식이 개팔자다.
  자료제공 : 소설가 이두영.

어미는 살아 서 푼이요 죽고 나면 만 냥이다
- 어머니 은덕은 생전에는 별로 못 느끼지만 죽고 나면 그 은공이 한없이 컸음을 깨닫게 된다.

얼러 키운 후레자식이다
- 자식을 귀엽게만 키우면 버르장머리가 없게 된다.
= 얼러 키운 효자 없다. 오냐 자식 후레자식 된다.

업은 자식보다 안은 자식을 더 여긴다
- 같은 자식이라도 정이 더 가는 자식이 있다.

여편네 말 들었다가 남의 여편네 도둑년 만든다
 - 아내 말은 곧이곧대로 듣지 말고 새겨서 잘 판단해야 한다.

열두 효자가 악처 하나만 못하다
 - 아들 여럿이 잘 해 줘도 악처 하나가 건성으로 챙겨 주느니만 못하다.

예쁜 자식 매 한 대 더 때려라
 - 자식은 엄하게 다뤄야만 바르게 크는 법이다.

움딸* 을 딸이라 하며 의붓아비를 아비라 하랴
 - 허울뿐이지 아무 실속도 없는 공허한 관계이다.

  * 움딸 : 시집간 딸이 죽어서 사위가 새로 맞아들인 아내를 이르는 말. 그루터기에서 움 즉 싹이 났다는 뜻.

의붓아비 제사지내듯 한다
 - 마지못해 건성으로 시늉만 하고 있다.
 = 처삼촌 산소 벌초하듯 한다. 똥마려운 년 국거리 썰듯 한다. 의붓아비 제삿날 물리듯 한다.

의붓어미가 아니라 의붓자식이 티를 낸다
 - 전처의 자식이 오히려 계모를 구박하고 못살게 군다.

의붓자식 놈, 부모 뺨 안치면 효자다
 - 친자식도 불효를 밥 먹듯 하는 마당에 하물며 의붓자식이 효도를 하겠느냐, 꿈도 꾸지 말라고 이르는 말.

의붓자식 소 팔러 보낸 것 같다
 - 의붓자식이 소 판 돈 갖고 도망을 칠세라 전전긍긍한다 함이니 영 마음이 편치 않은 상태임을 나타낸 말.

의붓자식마냥 눈치만 본다
- 전실 자식이 계모 눈치 살피듯 눈치만 본다.

자식 겉만 낳지 속까지 낳더냐
- 친부모라도 자식의 못된 성미나 행동은 어쩔 도리가 없는 것이다.

자식 낳아 기르는 법 알고 시집가는 년 없다
- 부딪치면 다 풀어 갈 수 있는 것이니 아무 걱정하지 마라.
= 씹하는 법 알고 시집가는 년 없다.

자식 둔 골* 은 범도 돌아 본다
- 사나운 짐승이라도 제 새끼만은 끔찍이 여긴다.
= 자식 둔 부모는 알 둔 새 같다.
  * 골 : 골짜기.

자식 둔 사람은 입찬소리* 말랬다
- 제 자식이 어찌 될지 모르는 까닭에 입바른 소릴 해서는 안 된다.
  * 입찬소리 : 분수에 지나친 장담.

자식 둔 사람은 화냥년 보고 웃지 말고 도둑놈 보고 흉보지 말랬다
- 제 자식이 어찌 될지 모르는 까닭에 남의 자식 흉을 봐서는 안 된다.

자식 떼고 돌아서는 어미는 발자국마다 피가 고인다.
- 어미 자식 간의 정은 그처럼 떼놓기 힘든 것이다.

자식 씨하고 감자 씨는 못 속인다
- 몰래 바람피워 낳은 아이는 자라면서 닮게 되어 들통이 나게 된다.

자식 있는 부모치고 안 운 사람 없다
- 자식을 낳아 키우려면 그만큼 온갖 마음고생, 몸 고생을 겪게 마련이다.

자식 자랑은 반 미친놈, 계집 자랑은 온 미친놈이다
  - 어딜 가든 자식 자랑 아내자랑은 불출소리를 듣는 것이니 그러지 마라.

자식도 크면 상전이다
  - 자식도 나이 들면 대하기 어려워지는 법이다.

장모는 사위가 곰보라도 예뻐하고 장인은 며느리가 애꾸라도 예뻐한다
  - 장모 사랑은 사위, 시아비 사랑은 며느리한테 가는 법이다.

제 발등 불부터 끄고 아비 발등 불 끈다
  - 급한 일을 당하면 본능적으로 제 몸부터 챙기게 마련이다.
  = 세상만사 아생연후(我生然後)이다.

제 새끼자랑은 3년, 남 새끼 흉은 싸잡아서 6년을 본다
  - 저 밖에 모르는 몰상식한 자이다. 대부분 사람들이 그런 아류라는 비유의 말.

제 자식도 정 각각 흉 각각이다
   부모 자식 간외 정도 같지 않은데 하물며 형제나 부부간엔들 같겠느냐. 서로 덮어주면서 살라고 이르는 말.

죽은 새끼는 잊어라, 또 낳으면 자식이야
  - 죽은 자식 때문에 애통해하는 부부를 다독이는 말.

집구석 좁은 건 살아도 맘 구석 좁은 건 못 산다
  - 가정은 화목이 제일가는 덕목임을 강조한 말.

집안에선 귀염둥이, 밖에서는 미움둥이다
  - 집에서 귀엽게 자란 아이는 버르장머리가 없어 밖에 나가면 미움을 받게 되니 귀한 자식일수록 엄하게 키워야 한다.

집안이 망하려니까 좆 큰 놈* 나더라고
- 집안이 안 되려니까 오입질 일삼는 난봉자식이 나와 가문 망신을 시키고 있다.
    * 좆 큰 놈 : '오입쟁이'의 속어.

한 부모는 열 자식 거느려도 열 자식은 한 부모 못 모신다
- 부모는 힘써 자식들을 키우지만 부모가 늙고 병들면 어느 놈 하나 부모를 모시려 들지 않는다.

한솥밥 먹고 송사 한다
- 같은 핏줄 또는 절친한 사이에 남우세스런 짓을 한다고 손가락질 하는 말.

한 어미 자식도 오롱이조롱이다
- 한 뱃속에서 난 자식도 생김새, 마음씨가 다들 제각각이다.
= 한배 독(돼지)새끼도 아롱다롱 한다. 한 배 새끼도 쌀강아지 보리강아지가 있다.

할미꽃은 어려도 할미꽃이고 각시풀은 쇠서 검불이 돼도 각시풀이다
- 처지가 달라지더라도 본질에는 변함이 없다는 뜻.

호랑이 아비에 개자식 없다
- 범이 범을 낳고 개가 개를 낳듯 혈통이란 엄정한 것이다.

형은 내밀고 형수는 감춘다
- 형은 아우에게 후하게 주려 하지만 형수는 제 가솔을 먼저 염두에 두고 인색하게 군다.

힘 센 자식 말고 말 잘하는 자식 낳으랬다
- 처세와 출세는 말 잘하는 능력에 좌우되는 일이 많다는 뜻.

13. 여성 일반

가까이선 아양, 멀리서는 추파* 던지는 년이다
 - 음란하기 짝 없는 여자이다.
   * 추파(秋波) : 본래 '가을철의 잔잔한 물결 또는 여자의 고운 눈길'이란 뜻이던 것이 '환심을 사려고 유혹하는 기색이나 눈길' 같은 안 좋은 의미로 변했다.

가마 타고 옷고름 단다
 - 앙바르지 못한 여자의 게으름을 탓하는 말.
 = 말 타고 버선 깁는다.

가재와 여자마음은 가는 방향을 모른다
 - 옆으로 기는 가재걸음 방향을 모르듯 여자마음 또한 종잡을 수 없기는 마찬가지다.

갈보* 도 절개가 있다
 - 하물며 여염집 여자가 어찌 그리도 정조관념이 없단 말이냐.
   * 갈보 : 매춘부.

개 갈보년이다
 - 몸을 파는 천한 계집이다.

개 씹 같은 년이다
 - 발정기의 암캐마냥 음란하기 짝 없는 여자다.

개성 년 서방 보내듯 한다

- 손님 대접을 소홀히 한다고 투덜대는 말. 개성 땅에는 장사꾼 남정네가 많아 남편을 객지로 보내는 것이 예삿일이었대서 나온 말.

걸레 빨아 행주할 년
 - 걸레와 행주를 구별하지 못할 만큼 아둔한 여자이다.

계집 보기를 흙 보듯 한다
 - 여자와는 인연이 없다는 생각으로 거들떠보지 않는다. 또는 여자에게 크게 혼이 난 뒤 다짐을 하고 여자를 거들떠보지 않는다.

계집 악담은 오뉴월에도 서리 친다
 - 사실이 그러한즉 여자한테 악담 들을 짓일랑은 행여 하지 마라.

계집은 품어봐야 알고 싸움은 붙어 봐야 안다
 - 몸으로 부딪쳐 봐야만 실상을 알게 된다.

계집에 기갈이 들었다
 - 여자한테 미쳐서 바른 정신 상태가 아니다.
 = 계집에 상승을 했다.

계집은 남의 계집, 자식은 내 자식이 예쁜 법이다
 - 남자들 속에는 다들 그런 의뭉한 심보가 들어앉아 있다.

계집은 먼저 올라타는 놈이 임자다
 - 여자는 처음 몸을 준 남자와 부부가 돼 살기 십상이다.

계집을 초간장도 안 찍고 집어 삼키는 놈이다
 - 여자라면 노소불문, 미추불문의 팔난봉 오입쟁이다.

계집이 너무 밝히면* 애를 못 낳는다
 - 여자가 여러 남자들과 놀아나면 아기를 배태하기가 어렵다.
　　* 밝힌다 : 성애에 탐닉한다.

계집 입 싼 것, 노인 부랑한 것, 지어미 손 큰 것, 중 술 취한 것, 돌담 배부른 것, 두부 딱딱한 것, 봄비 잦은 것
 - 세상천지 아무짝에도 쓸데없는 것들이다.
 = 똥배지 국회의원. 철가방 공직자. 월급 도둑놈 등등도 한 통속일러니.

계집치고 보지 속에 손가락 안 넣어 본 년 없다
 - 한창 때의 자위 행위야 통상 있는 일 아니더냐.

고른 것이 하필이면 되모시* 다
 - 애써 고른 것이 헌 처녀였다 함이니 애쓴 보람도 없이 허사가 돼 버렸다고 한숨짓는 말.
 = 비단 고르다가 베 고른다. 너무 고르다 눈먼 사위 얻는다. 고른 끝에 곰보 마누라 얻는다.
　　* 되모시 : 혼인한 적이 있음에도 숫처녀행세를 하는 여자. 거짓 처녀.

고무신 거꾸로 신었다
 - 여자가 이혼을 하거나 또는 도망을 쳤다.

고집 센 년은 몽둥이, 골난 년은 가죽방망이* 가 약이다
 - 일 또는 상황마다 거기에 걸맞는 처방이 따로 있는 법이다.
　　* 가죽방망이 : 남근을 둘러 이르는 말.

공알* 빠지겠다
 - 자궁이 빠질 만큼 몹시도 힘든 와중이다.
 = 좆 빠지게 힘들다.

* 공알 : 음핵.

공주병 걸린 년이다
- 주제에 자기가 미인인 양 착각하는 여자이다.

구멍 있는 건 모두 딸이다
- 태몽 풀이에서 무엇이든 구멍 있는 게 꿈에 보이면 딸이라는 뜻. 여기서 '구멍'은 음문을 빗댄 말

국수 못하는 년이 안반* 만 나무란다
- 일은 못하는 주제에 핑계만 늘어놓고 있다.
= 선무당이 마당 기울 댄다. 선무당이 장구 탓한다.
  * 안반 : 떡 같은 음식을 만들 때 쓰는 넓고 두꺼운 나무판.

국수 잘 하는 년이 수제비 못 뜰까
- 국수 솜씨가 좋은 터에 그보다 쉬운 수제비쯤이야 식은 죽 먹기 아니겠느냐. 이 솜씨가 좋으면 다른 솜씨도 좋게 마련이다.
= 기생질 잘 하는 년이 화냥질 못 할까.

군 계집이다
- 내연 또는 이따금 상관하는 뜨내기 여자다.

기생은 서른이 환갑나이다
- 화류계 여자는 삼십이면 한물 간 나이로 친다.
= 여자나이 삼십이면 눈먼 새도 안 돌아본다.

기생에도 도인(道人) 기생이 있다
- 천민 계층인 기생 중에도 영특하고 출중한 인물이 있다. 오만원 권의 주인공인 신

사임당 관련 고담이기도 함.

■ 관련 여담

조선시대 대학자였던 율곡의 아버지 이원수가 서울에서 벼슬을 살던 중 휴가를 얻어 아내 신사임당이 있는 강릉 오죽헌으로 가던 길에 날이 저물어 대관령의 한 주막에서 유숙을 하게 되었다. 이 때 한 어여쁜 기생이 주안상을 잘 차려 접대를 하는지라 취흥이 도도한 차에 합방을 하려던 찰나 느닷없이 호랑이 한마리가 나타나서 창호지를 찢고 포효하는 것이었다. 이에 놀라서 피신을 하느라 기대했던 합방이 결국 무산되고 말았다. 하여 별 수 없이 다음 날 강릉 오죽헌으로 돌아가 아내 신사임당을 만나 이 때 낳은 자식이 이율곡이었다. 그 후 휴가를 마치고 돌아오는 길에 대관령 그 주막에 들러 보니 여전히 그 어여쁜 기생이 있는 지라 이원수는, 열 계집마다는 사내놈 없더라고 다시금 넌지시 지난번 못 이룬 정사를 부추긴즉 기생이 이르기를 "저는 당초부터 나리가 잘나서 모시고자 한 게 아니옵고 당시 나리께서 큰 인물(이율곡을 지칭)의 씨를 품고 계심을 알았기에 그 씨를 받고자 하여 꾀어 본 것이온데 이미 강릉에 가시어 부인(신사임당)에게 그 씨를 주고 빈 몸으로 오셨으니 제가 어찌 쭉정이나 다름없는 나리와 동품을 한단 말입니까?"하고 일언지하에 거절을 했다. 이 일로 인해 '기생에도 도인 기생이 있다'는 말이 생겼다 한다.

기차게 까진 년이다
- 기막히게 영악한 여자이다.

깔려서 색이나 실컷 써봤으면* 원 없겠다
- 여자 입장에서 성애에 대한 갈망 또는 원망을 토로하는 말.

　* 색을 쓴다 : 성적인 교태를 부린다. 성교를 한다.

깔판이다
- 여자를 속되게 이르는 말. 정사 시 밑에 깔린대서 나온 말.

꼬리가 아홉 개 달린 불여우 년

- 간사스럽기 짝 없는 여자이다.

꼬리치는 년은 밟히게 마련이다.
  - 바람기 많은 여자는 정조를 잃게 되어 있다.

꽃도 잎이 일어야 더 곱다
  - 미인도 옷을 잘 입어야 더 예뻐 보인다.

꽃은 꽃이라도 호박꽃이다
  - 엔간히 못생긴 여자이다.

꽃은 반만 핀 것이 곱고 술도 반만 취한 것이 좋다
  - 여자는 반만 핀 듯한 처녀 때가 예쁘고 술도 반취 때가 더 기분 좋은 법이다.

꽃은 웃어도 소리가 없고 새는 울어도 눈물이 없다
  - 비록 표시는 없어도 속에는 감정이 살아 있다는 뜻.

꽃잎이 있으니 꽃이고 치마를 둘렀으니 여자다
  - 명색이 여자지 여자다운 데라곤 눈을 씻고 봐도 없는 선머슴 지른 얼굴이다.
  = 절구에다 치마 두른 격이다.

낙지 띠다
  - 착착 감기는 낙지처럼 색정이 강한 여자이다.
  = 낙지 띠에 문어 띠다.

난봉 계집, 옷고름 여며 봤자이다
  - 바람난 여자가 내숭을 떨어 봤자 무슨 소용이 있겠느냐.

난질* 이나 하는 년 주제에
- 서방질이나 하고 다니는 계집 터수에.
    * 난질 : 여자의 화냥질. 서방질. 또는 정인 남자와 도망치는 짓.

남 사정 봐주다 동네 갈보 된다
- 동네 잡놈들 말을 다 들어주다가는 신세 망치는 것이니 몸단속 잘 하라고 이르는 말. 항시 줏대를 갖고 살아야 한다는 조언.
= 남 사정 봐주다 애 밴다. 남의 말 다 들어주다가 화냥년* 된다

■ 관련 여담

화냥년이란 서방질하는 여자를 욕되게 이르는 말로서 조선시대 임진왜란, 병자호란 때 피란을 갔다가 겁간을 당한 뒤 전쟁이 끝나자 '고향에 돌아온 여자'란 뜻의 환향녀(還鄕女)에서 비롯된 말이라 한다.

낫으로 제 밑 가릴 년이다
- 길고 가는 모양의 낫으로는 음문을 가릴 수 없음이니 가당찮은 짓을 하고 있다고 나무라는 말.
= 따리로 보지 가린다. 낫으로 좆을 가린다.

내당 섬돌 파르라니 이끼 낀 채
- 남편이 드나들지 않아 내당 섬돌에 파랗게 이끼가 끼었다 함이니 안방마님의 적막한 세월을 나타낸 말.

내숭떠는 년이다
- 겉으론 얌전해도 속내는 엉큼한 여자이다.

여성 일반

냄비* 가 팽팽하다
 - 젊은 여자다.

   * 냄비 : '음문'의 은어.

네 년 보지엔 금테 두르고 은테 둘렀냐
 - 자기 남편과 간통한 여자에게 해대는 악담.

노는 씹이다
 - 과부나 이혼녀 등 배우자 없는 무주공산(無主空山)의 여자를 빗댄 말.
 = 임자 없는 나룻배다.

노류장화에 임자 있더냐
 - 기생 또는 술집 작부는 먼저 차지하는 자가 임자이다.

노처녀 골부림에는 말뚝총각* 이 약이다
 - 노처녀의 이유 없는 짜증 병은 밑심 좋은 총각을 붙여줘야 낫는다.

   * 말뚝총각 : 남근이 말뚝처럼 튼실한 총각.

다시 벌려 주면* 내가 개딸년에 개아들년이다
 - 믿었던 남자가 바람을 피웠거나 또는 여타 포한으로 퍼부어대는 여자의 악다구니.

   * 벌려주다 : 자진해서 성관계를 하다.

달라면 주겠다
 - 여자 입장에서, 상대방이 정사를 요구하면 기꺼이 응하겠다는 뜻.

당나귀 좆 보고도 오줌 지릴 년
 - 음란하기 짝 없는 여자이다.

돌계집이다
- 아이를 낳지 못하는 여자. 석녀(石女).

돌베개 벤다
- 잘 데가 없어 노숙을 한다. 또는 여자가 한데서 정사를 하거나 겁간을 당한 경우 등에 빗댄 말.

동정* 못 다는 년이 물 발라 머리 빗는다
- 기본도 못하는 주제에 미움 받을 짓만 골라서 하고 있다.
  * 동정 : 한복 저고리 깃에 덧대는 헝겊오리.

두레박질 안하면 우물도 말라 못쓰게 된다
- 여자의 경우 정사를 안 하면 성기능이 퇴화하게 된다.
= 연장(남근)도 쓰지 않으면 녹슬어 못 쓰게 된다.

뒈지는 년이 밑구멍 감추겠냐
- 다 망친 마당에 체면 돌볼 리 있겠느냐.
= 나가는 년이 물 길어 놓고 가랴. 죽는 년이 보지 감추랴.

뜬계집이다
- 어쩌다 만나 한두 번 풋정을 나눈 여자이다.

마당이 환하면 비가 오고 계집 뒤가 반지르르하면 애가 든다
- 아낙의 몸매가 반듯해지면 다시 임신을 할 수 있게 된다.

말 씹하는 건 안방마님도 엿 본다
- 말은 보는 이가 흥분되리만큼 교미를 잘하는 까닭에 누구든 숨어서라도 보고 싶어 한다. 또는 그런 일에는 누구든 호기심을 갖게 마련이라는 뜻.

명태는 빨랫방망이, 여자는 가죽 방망이* 로 두들겨야 제 맛 난다
- 명태는 방망이로 두들겨야 맛이 좋아지고 여자는 정사를 잘해 줘야만 살갑게 반응한다.

　　* 가죽방망이 : 남근을 비유한 말.

모진 년 옆에 있다 벼락 맞는다
- 사납거나 위험한 자 가까이 있으면 위태롭게 되니 새겨둘 일이다.
= 죄진 놈 옆에 있다 날벼락 맞는다. 동무 사나워 뺨따귀 맞는다. 애먼 놈 옆에 있다 벼락 맞는다.

몸을 더럽혔다
- 뜻밖의 일을 당해 정조를 잃었다.
= 몸을 빼앗겼다. (반)몸을 주었다.

못 믿을 건 굵은 씹구멍이다
- 결혼했다 헤어져 혼자 사는 여자는 대개 사내 맛을 잊지 못해 독신을 지켜내기가 어렵다.
= 첫배 과부* 가 머슴방 엿보듯 한다.

　　* 첫배 과부 : 첫 아기를 낳고 홀로 된 젊은 과부.

무주공산(無主空山)이다
- 혼자 사는 여자. 또는 그런 여자의 음문을 빗댄 말.
= 무주공산, 빈 음문이다. 임자 없는 나룻배다.

무하고 계집은 바람이 들면 못 쓴다
- 무에 바람이 들면 못 먹게 되고 여자가 바람이 들면 살림을 파탄 낸다.

묵은 씹이다
 - 나이 든 여자이다.

문디 가시나다
 - 경상도 출신 여자를 속되게 이르는 말.

물 간 년이다
 - 정조를 잃은 또는 전성기가 지나 시세가 없어진 여자이다.

물 안 나오면 끝장이다
 - 성교 시 음문이 건조하면 여자는 좋은 시절 다 간 것이다.

물에 빠진 건 건져도 계집에 빠진 건 못 건진다
 - 여색에 빠지면 좀체 자력으로 헤어나기가 어렵다.

미꾸라지도 수염이 나는데 수염 안 나는 이유가 있다
 - 소가지 없는 여자를 두고 비하하는 말. 또는 여자에게 수염이 안 나는 신체적 특징
   을 얕잡아서 이르는 말.

밥 푸다 말고 주걱 남 빌려 주겠다
 - 마음이 그리 헤퍼서야 어따 쓰겠느냐.
 = 밥 푸다 말고 주걱 남 주면 살림 결딴난다.

밥만 먹고 어떻게 사냐
 - 여자 입장에서 남자의 성적 서비스가 부실함을 에둘러 탓하는 말.

밭하고 계집은 먼저 차지하는 자가 임자다
 - 무엇이든 동작 빠르고 용기 있는 자가 임자가 되는 것이다.
 = 개똥참외는 먼저 맡은 놈이 임자다.

배 위로 일개 중대* 는 지나갔다
- 바람둥이로 소문난 여자를 두고 비아냥대는 말.
    * 일개 중대 : 군대에서의 중대 단위(150~200명)병력.

배 지나간 자리 없고 좆 지나간 자리 없다
- 여자가 한두 번 바람을 피웠어도 흔적이 남지는 않는다. 또는 사실이 그런즉 지난 일 걱정할 것 없다고 다독이는 말.
= 강물에 배 지나간 자리다. 죽 떠먹은 자리다.

배(梨)하고 보지는 물이 많아야 제 맛이다
- 음문은 젖어 있어야만 성감이 좋다.

백여우 같은 년
- 요사스럽기 짝이 없는 여자이다.
= 불여우 같은 년.

뱀* 같이 찬 년
- 몰인정하고 표독한 여자이다.
    * 뱀 : 뱀의 옛말은 '브라'인데 이는 '배로 기는 것'이라는 뜻이다.

베갯머리 동서다
- 한 남자와 동침한 두 여자 사이를 이르는 말.

보기보다 떡판이 끝내 준다
- 인물은 별로인데 정사 때의 성감만큼은 그만이다.

보지 좋은 건 첫째가 만두 보지 둘째가 길난 보지 셋째가 숫 보지 넷째가 빨 보지 다섯째가 물 보지다

- 첫째 씹 두덩이 만두처럼 볼록해야 하고 다음은 잘 길들여진 것이 좋으며 처녀보지처럼 조봇해야 금상첨화이고 다음은 빨아들이는 힘이 좋아야 하고 시종 물기가 많아야 좋다는 뜻.

보지는 첫째가 협(狹)하고 둘째가 착(搾)하고 셋째가 온(溫)하며 넷째가 습(濕)해야 좋다
- 음문은 첫째 좁아서 뽀듯한 느낌을 주어야 하고 둘째 조이는 힘이 있고 셋째 안이 따스하고 넷째 물이 많아서 매끄러워야 좋은 것이다.

보지에 곰팡이 슬겠다
- 한동안 성교를 못해 허전하다는 입 건 여자들의 곁말. 또는 남자들이 건네는 정사 부추김 말이기도.

부앗김에 서방질 한다
- 화가 나면 성정이 흐려져서 나쁜 짓도 서슴지 않게 된다.
= 홧김에 서방질 한다. 홧김에 돌부리 걸어 찬다.

뼈깨나 녹였겠다
- 해반지르르한 낯짝이 남자들 애간장 녹여 돈깨나 훑어 냈겠다.
= 사내 등골 다 빼 먹을 년이다.

사내 맛* 볼 만치 다 보았다
- 숱한 남자들과 정사 경험이 있는 몸이다.
   * 사내 맛 : 남자한테서 느끼는 성적인 쾌감.

사내 바치는 년이다
- 사내 맛을 탐하는 계집이다.
= 사내 피 다 말리는 년이다.

사내란 건 죄다 흘레* 수캐라고 생각해라
- 남자란 다들 짐승 같은 것들이니 몸단속 잘 하라고 이르는 말.
  * 흘레 : 짐승간의 교미하는 짓.

살쾡이 되려다 가까스로 사람 모양 갖춰 태어났다
- 표독하기 짝이 없는 여자이다.

삼신할미* 도 무심하시지 납작자지** 라니
- 아들을 바라고 낳은 자식이 딸이라고 한숨짓는 말.
  * 삼신할미 : 아기를 점지한다는 신령.
  ** 납작 자지 : 여자아기의 성기를 에둘러 이르는 말.

새 각시* 아랫도리 싸매듯 한다
- 숨기고 감추려고만 든다고 꾸짖는 말.
  * 새 각시 : 새색시.

새끼 조개다
- 나 어린 여자애를 속되게 이르는 말.
= 풋 조개다. 풋 보지다

색기(色氣)가 처발렸다
- 색을 바치는 성정이 얼굴에 나타나 있다.

샘바리 년이다
- 물건 또는 사람을 투기하는 샘이 많은 여자다.

샛서방 좆은 두 뼘이고 본서방 좆은 반 뼘이다
- 샛서방과의 정사가 본서방과는 비교가 안 되리만큼 느낌이 좋다는 뜻.

서방 잡아먹은 년
- 시어미 또는 이웃들이 남편이 죽고 없는 과부나 며느리에게 해대는 악담.

서방* 만난 벙어리마냥
- 말없이 희죽희죽 웃는 모습을 두고 놀리는 말.
    * 서방 : 서방의 '서'는 '새', '새 것'을 말하고 '방'은 '사람'이란 뜻으로 곧 '새사람', '신랑'이란 뜻인데 점차 그 명칭이 일반화되었다.

서방질하다 들킨 년처럼
- 당혹해 하거나 또는 서두르는 모습 등에 빗댄 말.
= 낮거리 하다 들킨 년 마냥.

섣부른 서방질에 매타작만 당했다
- 서방질은 물샐틈없이 해야 하는데 섣불리 하다 들통이 나서 일을 그르침은 물론 매까지 얻어맞았다.

성미 급한 계집이 맷돌거리* 한다
- 성미가 급한 나머지 남 안하는 짓을 하는 경우 등에 빗댄 말.
= 맷돌 씹 한다. 맷돌치기 한다.
    * 맷돌거리 : 남녀가 마치 맷돌 가는 식으로 체위를 바꿔하는 성교방식.

소 같고 곰 같은 놈(년)
- 소처럼 먹기만 많이 먹고 곰처럼 미련한 자이다.

쏘개질하는 년이다
- 있는 일 없는 일 다 엮어서 일러바치는 입이 싼 계집이다.

씹 선심* 쓰다가는 몸 버리고 망신한다

- 여자는 무엇보다도 몸단속을 잘해야 뒤탈이 없는 법이다.
　　　* 씹 선심 : 정사(情事)인심이 후하다는 뜻.

씹구멍 마를 새 없는 년이다
　　- 틈만 났다 하면 성관계를 일삼는 음녀이다.

씹구멍이 오줌만 싸라고 생긴 줄 아냐
　　- 오입쟁이들이 여자한테 정사를 부추기는 꼬임 말.

씹구멍이 허전해서 못 살겠다
　　- 몸이 허하리만큼 사내 맛본 지가 꽤 오래 되었다.

씹순이다
　　- 몸을 파는 창녀다. 은어.

씹에 금테 두른 년이다
　　- 오만하고 비싸게 구는 여자이다.

씹하는 법 알고 시집가는 년 없다
　　- 막상 닥치면 다 해낼 수 있는 거니까 걱정하지 마라.
　　= 애 낳는 법 알고 시집가는 년 없다.

아무 잡놈한테나 가랑이 벌리는 화냥년
　　- 정조 관념이라고는 없는 헤픈 여자이다.

아이 못 낳는 년이 서방질은 잘 한다
　　- 제 할 일도 못하는 주제에 욕먹을 짓만 하고 있다.
　　= 애 못 낳는 년이 밤마다 태몽만 꾼다.

■ 관련 여담

　　예전에는 여자가 시집와서 아이를 못 낳으면 집안의 대를 끊어 놓는다 하여 칠거지악의 하나로 소박의 대상이 되었다. 이런 까닭에 여자가 임신이 안 되면 무슨 방법을 써서든 아기를 가져 보려고 남몰래 샛서방을 보는 탈선행위까지 서슴지 않았다. '애 못 낳는 여자의 서방질'은 이처럼 불륜이기에 앞서 도리어 동정이 가는, 애처로운 여심의 발로이기도 했던 것이다.

아이 셋을 낳아야 여자 가슴에 남정네 정이 제대로 차는 법이다.
- 겉정이든 속정이든 여자는 세월이 지나야만 깊은 정 맛을 알게 된다.

앉아서 오줌 싸는 것들이란
- 여자들을 싸잡아서 비하하는 말.

알깍쟁이 년이다
- 제 잇속밖에 모르는 계집이다.

어우동 찜 쪄 먹겠다
- 화냥질 솜씨기 어우동 보다도 한 수 위겠다.

■ 관련 여담

　　어우동은 조선 성종시대 양갓집 규수의 몸으로 왕실의 종친들 외에도 남정네 신분을 가리지 않고 간통을 일삼아 이 사건에 연루돼 귀양을 간 벼슬아치만도 수십명에 달했다는 기록이 성종실록에 남아 있다. 당시 이 사건의 파장이 어느 정도였나를 짐작케 하는 대목이다. 그럼에도 일부 신하들은 양갓집 규수에게 사형은 지나치니 귀양을 보내는 것으로 하자고 주청을 했지만 성종은 나라기강을 바로 잡는다는 명분을 내세워 어우동을 교형(絞刑. 교수형)에 처했다.

엉덩이가 아니라 맷돌 짝이다
- 엉덩이가 유난히 큰 여자를 두고 놀리는 말.

여우가 보면 할미 하겠다
 - 교활하기가 여우 뺨치는 여자이다.

여자 나이 삼십이면 눈먼 새도 안 돌아 본다
 - 여자가 서른 살쯤 되면 고운 티가 가셔 뭇 사내들 관심권 밖으로 밀려나게 된다.
 = 여자 나이 삼십이면 장승도 안 돌아본다.
    자료제공 : 소설가 정동수.

여자 속은 고와야 하고 남자 속은 넓어야 한다
 - 여자 마음은 착해야 하고 남자는 너그러워야 한다.

여자 악담에는 무쇠도 녹는다
 - 여자한테 악담 들을 짓일랑은 절대 하지 마라.

여자 인물은 옷 속에 있을 땐 모른다
 - 여자의 미모는 옷과 화장에 의해서 좌우되는 경우가 많은 법이다.

여자 입 크면 보지 크고 남자 코 크면 좆이 크다
 - 여자 입이 크면 음문이 크고 남자 코가 크면 남근이 크다는 속설에서 나온 말.
    검증된 자료는 없음.

여자 허벅지 얘기* 싫다는 놈 없다
 - 남자들은 대개 여자 얘기, 오입질 얘기 같은 것을 좋아한다.
    * 허벅지 얘기 : 오입질 이야기.

여자가 고집 세면 팔자가 세다
 - 내 주장이 강하면 집안이 화목하지 않게 된다.

여자나이 사십이면 사그라 들고 오십이면 오그라 든다
- 샤그라 들고 오그라들듯 그 나이가 되면 볼품이 없어진다.

여자나이는 삼십이 환갑나이다
- 그 나이쯤 되면 고운 티가 가신데서 나온 말.
= 기생은 삼십이 환갑나이다.

여자는 모름지기 세 구멍을 조심하랬다
- 여자는 평소 말을 조심하고(입구멍) 남의 말을 제대로 잘 듣고(귓구멍) 정조를 잘 지켜야(씹구멍) 신상에 해로움이 적다는 교훈의 말.

여자는 빼는 맛이다
- 여자는 비록 상대방이 마음에 있어도 새침을 떨고 속내를 감추는 맛이 있어야 남자들이 더 좋아한다.
= 홍어는 쏘는 맛, 여자는 빼는 맛이다.

여자를 돌 보듯 흙 보듯 한다
- 통 관심이 없어 여자보기를 마치 소 닭 보듯 한다.

여자와 뱀 굴은 속을 모른다
- 땅 속 뱀 굴이 어디까진지 알 수 없듯 여자 마음속 역시 매한가지다.

열녀전* 끼고 서방질 한다
- 얌전한 척 해도 뒤로는 화냥질을 일삼는 음녀이다.
= 열녀각 밑에서 서방질 한다.

   * 열녀전(烈女傳) : 절개를 지킨 여자의 행실을 적은 책.

영감 불알 주무르듯 한다

여성 일반

- 기분 좋은 얼굴로 뭔가를 만지작거리고 놓지 않는 여자를 두고 놀리는 말.
  = 칠 년 과부, 좆 주무르듯 한다.

오기로 서방질 한다
  - 남편 또는 가정에 대한 반감으로 도리에 어긋난 막된 행동을 한다.
  = 홧김에 서방질 한다. 핑계 김에 화냥질 한다. 홧김에 씹 준다.

오지랖* 이 열두 폭은 될 년이다
  - 남의 일에 참견을 일삼는 앙바르지 못한 여자다.
   * 오지랖 : 웃옷의 앞자락. 오지랖이 넓으면 다른 것을 더 많이 싸거나 덮을 수 있다.

외간 남자엔 눈 꼬리 치고 제 서방엔 흰 눈 까뒤집는 년이다
  - 음란한데다 성미까지 고약한 여자이다.

육 보시* 한다
  - 여자가 정조로 보시에 갈음한다.
   * 육 보시(肉布施) : 보시는 절이나 중 또는 가난한 이에게 돈이나 물품을 베푸는 일로서 육 보시는 돈이나 물품 대신 정조를 바친다는 뜻.

이웃 집 불난 데 키* 들고 나설 년
  - 남 잘못되기를 축수하는 못 돼 먹은 여자다.
   * 키 : 곡식 따위를 까부르는 농기구.

인심 좋다보니 한 동네 시아비가 열둘이다
  - 동네 남정네들 청을 받아 주다 화냥년이 되었다 함이니 몸단속은 스스로 잘 해야 한다는 충고의 말.
  = 인정에 겨워 동네 시어미가 아홉이다.

일은 남의 일을 해도 아이는 남의 아이 못 본다
 - 남의 아기 봐 주는 건 신경깨나 거슬리는 고역(苦役)이다.

절구에 옷 입혀 놓은 꼴이다
 - 키가 작고 뚱뚱한 여자를 놀리는 말.
 = 절구통에 치마만 걸쳤다.

젊은 계집은 가지 밭* 에 오줌만 싸도 애가 든다
 - 젊은 여자는 성교를 했다 하면 금세 임신이 된다.
 = 젊은 계집은 치마만 스쳐도 애가 든다.
   * 가지 밭 : 남근이 가지 열매를 닮았대서 나온 말.

젖소가 보면 언니 하겠다
 - 유방이 별나게 큰 여자를 놀리는 말.

조개* 도 묵은 조개이다
 - 늙은 여자이다.
   * 조개 : 조개의 옛말은 '죠개'이다. '죠'는 '조그마한 것'이란 뜻이었는데 족집게에서처럼 '쪼개지는 작은 것'이란 뜻을 나타내게 되었다. '음문'을 빗댄 말.

좆도 좆같지 않은 게 꼴에 남자라고
 - 여자가 남자의 무능력을 탓하거나 또는 성적인 불만을 내 뱉는 말.

좆심도 없으면서 달래기는
 - 남자에게, 정사 능력도 없으면서 보챈다고 면박 주는 말.

좆심은 코 보고는 모른다
 - 코가 커야 정력도 좋다지만 낭설일 수도 있다.
 = 좆심은 허우대 보고는 모른다.

진돗개처럼 독하고 사나운 년이다
- 사낙배기 여자를 두고 해 대는 말.

촌년이 바람나면 씹구멍에 불이 난다
- 순박한 여자가 바람이 나면 더 지독하게 서방질을 한다.
= 선 도둑이 날 새는 줄 모른다. 촌년이 바람 들면 날 새는 줄 모른다.

친정어미를 보면 그 딸년을 안다
- 딸은 어미를 닮게 마련이니만큼 혼사에는 이를 꼭 참고해야 한다.

풀만 먹이고* 자빠졌다
- 여자가 조루증의 남자한테 해 대는 막말. 또는 일도 일같이 못하는 주제에 말썽까지 보탠다고 지청구 주는 말.
  * 풀만 먹인다 : 조루증으로 정액이 옷에 묻어 마치 풀을 먹인 것 같다. 옷만 못쓰게 버려 놓았다는 뜻.

핑계 핑계 대고 도라지 캐러* 간다
- 거짓 핑계를 대고 실은 정인(情人)을 만나러 간다.
= 핑계 핑계 도라지 핑계로
  * 도라지 캔다 : '성교를 한다'의 은유적 표현.

하루 머리 세 번 빗으면 구멍창녀* 된다
- 몸치장 자주 하는 여자는 화냥기가 많아 종래는 타락하게 된다.
  * 구멍창녀 : 몸을 파는 여자.

한 구멍* 새끼들이다
- 한 배에서 나온 자식들이다.
  * 구멍 : 음문을 빗댄 말.

한번 하나 두 번 하나 화냥년 되긴 마찬가지다
- 서방질을 한 번 하든 열 번을 하든 화냥년 말 듣기는 한가지다.
= 한 번 해도 화냥, 두 번 해도 화냥 말 듣긴 매일반이다.

해당화에 임자 있다더냐
- 바닷가 해당화에 임자 없듯 화류계 여자도 마찬가지다.
= 노류장화에 임자 있더냐.

헌 사내놈들 진절머리 난다
- 제 욕심만 채우려 드는 늙다리 사내들, 넌덜머리 난다.

헌 옷 얻어 입으면 걸레감만 남고 헌 서방 얻어 살면 송장치레만 한다
- 혼자 살면 살았지 늙은 홀아비는 얻어 살지 말라고 이르는 말. 또는 중고보다는 새 것을 쓰도록 하라는 권면의 말.

호박이 보면 언니 하겠다
- 못 생겼거나 뚱뚱한 여자를 놀리는 말.
= 절구에 치마 두른 격이다.

홍합에는 물도 많고 말 많은 년 씹에는 털도 많다
- 말 많고 탈도 많은 여자를 두고 비아냥대는 말.

화냥년이 보지 감출까
- 여자가 타락하면 체면이나 이목도 돌보지 않게 된다.
= 죽는 년이 보지 감추랴.

화냥년이 수절 타령* 한다
- 분수에 안 맞는 수작을 하고 있다.
= 화냥년이 열녀전 끼고 다닌다.

　　* 수절타령 : 정절을 지킨 여자의 이야기.

14. 남성 일반

개구멍 서방이다
- 남 몰래 정을 통하는 남자. 개구멍(비밀 통로)으로 드나드는 샛서방이라는 뜻.

거꾸로 매달아도 국방부 시계는 간다
- 군대생활 힘들어도 언젠가 제대날짜는 오게끔 되어 있다.

경상도 고집불통이다
- 경상도 사람들 중엔 고집 센 이들이 많대서 생긴 말.

계집 둘 가진 놈의 창자는 호랑이도 안 먹는다
- 첩을 거느리면 속이 있는 대로 다 썩어 문드러져 호랑이조차 먹으려들지 않는다.
= 계집 둘 가진 놈의 똥은 개도 안 먹는다.

계집 싫어하고 돈 마다는 놈 없다
- 무릇 남자라면 여자와 돈은 다들 좋아하게 마련이다.
= 열 계집 마다는 사내놈 없다.

계집 자랑은 삼 불출* 자식 자랑은 팔불출이다
- 어디서든 아내나 자식 또는 돈 자랑을 하면 경박해 보여 사람대접을 받지 못하니 그러지 마라.
  * 불출(不出) : 못나고 어리석은 자.

계집을 초간장도 안 찍고 집어 삼키는 난봉꾼이다

- 여자라면 노소불문, 미추불문으로 밝히는 오입쟁이다.

계집이라면 절구통에 치마만 둘러도 사족을 못 쓴다
- 여자라면 불문곡직으로 덤비는 팔난봉이다.

계집질은 세 가지 치레를 잘 해야 한다
- 첫째는 입담 치레 즉 말을 잘 해서 환심을 사고 둘째는 체면치레로 체면 같은 건 진작 시궁창에 던져 버려야 하며 셋째는 양물 치레로 까무러칠 정도로 정사를 잘 해 줄 수 있어야 바람둥이로서 자격이 있다는 뜻.

고른 끝판에 곰보 마누라 얻는다
- 지나치게 고르다 보면 총기가 흐려져 실수하는 수가 있으니 별나게 굴지 마라.
= 비단 고르려다 베 고른다. 고르다 되모시(가짜처녀) 고른다.

고추가 커야만 맵다더냐
- 작은 고추가 더 맵듯이 뭐든지 크다고 다 실속 있는 것은 아니다. 여기서 '고추'는 남근을 이르는 말.

고향자랑은 해도 처자식 자랑은 말랬다
- 고향 자랑은 허물이 되지 않아도 처자식 자랑은 불출소리를 듣고 손가락질 받으니 그러지 마라.

공 씹하고* 비녀 빼 갈 놈이다
- 인정머리라곤 씨알머리도 없는 자이다.
   * 공 씹 한다 : 화대 없이 성관계를 맺는다.

공술 먹은 놈이 트집 잡는다
- 공술 먹었으면 고마워해야 함에도 되레 시비를 거는 고약한 자이다.
= 말 한 마리 다 처먹고 나서 말 좆내가 난단다.

군것질* 깨나 하는 놈이다
 - 오입질을 일삼는 자이다.
   * 군것질 : 배우자 아닌 상대와 정을 통하는 짓. 오입질. 계집질.

군바리다
 - 군인을 얕잡아 이르는 말.
 = 땅개, 땅강아지(육군)다. 물개(해군)다. 개병대(해병대)다.

깜냥 없는 놈이다
 - 대중 없고 요량 없는 자이다.

껄렁패다
 - 일은 아니하고 주색잡기나 일삼는 자이다.

꽃 본 나비 물 본 기러기다
 - 나비가 꽃 본 듯 기러기가 물 본 듯 호기(好期)를 만났다.

꽃 본 나비, 불을 헤아릴까
 - 사랑에 빠지면 어떤 위험도 개의치 않게 된다.

꽃 탐하는 나비, 거미줄에 잡혀 죽는다
 - 색탐을 하면 언젠가 화를 입게 된다.

꽃방석에 앉혀 주마
 - 여자에게 호강시켜 주겠다고 꼬이는 말.
 = 돈방석에 앉혀 주마.

날파리를 후린다
 - 할 일 없이 빈둥거리며 나다니는 여자들을 꼬여 유린하거나 팔아먹는다.

날파람둥이다
 - 주색잡기나 하고 다니는 허랑한 자이다.

남자 콧김 쐤다* 고 애새끼 배겠냐
 - 결과에는 다 그럴만한 원인이 있는 것이다.

   * 콧김 쐤다 : 입맞춤 정도의 신체 접촉을 이르는 말.

남자는 모름지기 내리꽂는 것을 잘해야 한다
 - 남자는 항시 절륜한 양기로 여자를 눌러놔야 대접을 받는다.

남자는 문지방 넘을 기운만 있어도 여자를 본다
 - 생식 본능이란 그렇듯 검질긴 것이다.
 = 남자는 숟가락 들 힘만 있어도 애를 낳는다.

남자는 빈 방에 다듬잇돌만 있어도 껴안고 잔다
 - 남자는 틈만 나면 바람을 피우려 드는 수컷 기질이 몸에 배 있다.

남자는 삼부리(입부리, 좆부리, 발부리)를 조심하랬다
 - 남자는 함부로 말하지 말고(입) 계집질하지 말고(좆) 아무데나 나다니지(노름질 도둑질 등) 말고, 이 세 가지를 조심하면 신상에 해로움이 적다.

남자는 양기(陽氣)가 원기다
 - 양기가 좋은 것은 건강이 좋다는 징표이다.

남자는 좆 방망이로 망한다
 - 여색에 빠져 헤어나지 못하면 패가망신하니 경계할 일이다.

냄비* 닦아 준다
 - 성교를 한다.

   * 냄비 : '음문'의 속어.

네가 잘나 일색이냐 내 눈이 멀어 일색이지
  - 잘 났다고 꼴 사납게 으스대지 마라.

다음에 보잔 놈치고 무서운 놈 없다
  - 미루는 자는 속이 무른 까닭에 겁낼 것이 없다.

동네 색시 믿다가 장가 못 간다
  - 용기를 내야지 막연히 믿기만 하다가는 일을 그르치게 된다.
  = 앞집 처녀 믿다가 홀아비 된다.

두 다리가 튼튼해야 가운뎃다리도 튼튼하다.
  - 온몸이 건강해야지 정력만 따로 좋을 수는 없는 법이다.

두 발 달린 짐승이 어딘들 못 가랴
  - 바람둥이는 발정한 짐승이나 한가진데 여염이든 과부집이든 어딘들 못 가겠느냐. 또는 바람둥이 노름꾼 술꾼 등을 싸잡아서 이르는 말.

떨어지는 낙엽도 피해가라
  - 제대말년이 되면 사고 안 나게끔 각별히 몸조심해라.

똥배짱 부린다
  - 아무 대책도 없이 부리는 날배짱.

뜬쇠* 도 달면 어렵다
  - 평소 얌전한 자도 화가 나면 무서운 법이다. 공연히 성미 건드려 큰 코 다치지 않도록 조심해라.

   * 뜬쇠 : 불에 둔한 쇠붙이.

말하고 계집은 먼저 타는 놈이 임자다
- 예전에 여자는 정조를 준 사내와 혼인을 해야 했으므로 당시 혼인풍습을 빗댄 말.
= 과부든 처녀든 먼저 올라타는 놈이 임자다.

망둥이한테 좆 물린 격이다
- 하찮게 본 물건 또는 사람한테 변을 당한 경우이다.
= 개구리한테 보지 물린 격이다. 억새에 자지 벤 택이다.

머리 숱 많은 놈이 계집 탐한다
- 머리터럭 많은 남자 중에는 색골이 많다는 속설.

무조건 꼬질대* 가 좋아야 한다
- 집안이 구순하려면 무엇보다도 아내를 성적으로 만족시켜 주어야 한다.

  * 꼬질대 : '꽂는 물건'이란 뜻으로 남근을 비유한 말.

물에 빠져 죽은 놈보다 술에 빠져 죽은 놈이 더 많고 술에 빠져 죽은 놈보다 계집에 빠져 죽은 놈이 더 많다
- 남자는 무엇보다도 여색을 경계해야 한다.

물에 빠진 건 건져도 계집에 빠진 건 못 건진다
- 여색에 빠지면 웬만한 자제력으로는 헤어나지 못한다.

미련한 놈이 범 잡는다
- 우직한 자는 물불 안 가리는 탓에 큰일을 해내는 수도 있다.
= 미친 개가 호랑이 잡는다. 미련이 담벼락 뚫는다.

벌* 에 쐰 미친놈 같다
- 대책 없이 마구 날뛰는 모습을 비유한 말.

  * 벌 : 벌이 날 때는 '붕붕' 소리가 난다 하여 '부어리', '부얼'이라 했는데 이것이 변하여 부어리 → 부얼 → 벌로 되었다.

벌려 줘도 못하는 병신이다
- 조건을 갖춰 주어도 능력이 없어 못한다 함이니 여자가 상대방의 성적인 무능력을 비웃는 말.

변강쇠가 아니라 똥 강쇠다
- 큰소리만 쳤지 알고 보니까 속빈 강정이더라. '변'을 '똥(便)'에 빗대 양기가 절륜하다고 허풍떠는 자를 비아냥대는 말.

불두덩* 이 근질근질하다
- 한동안 정사를 못해 허기가 든 양 온몸이 허전하다.
= 씹구멍이 허전해 죽겠다.
  * 불두덩 : 생식기 위쪽 언저리의 두두룩한 부분.

불알 값도 못하는 놈이다
- 사내 구실도 못하는 반편이다.

불알 긁어주는데 도가 텄다
- 비위 맞추고 아첨하는데 이력이 난 자이다.

불알 두쪽 찬 게 무슨 벼슬이라고
- 남자로 태어난 게 무슨 대단한 일이라고.
= 불알 값이나 해라. 불알 찬 값도 못한다.

불알 떼서 개나 줘라
- 겁이 많거나 하는 짓이 용렬한 자에게 쏘아주는 말.

불알을 잡고 늘어져라
- 매달려 떼를 써서라도 일을 성사시켜라.

불알이 오그라 붙을 지경이다
- 큰 걱정거리가 생겨서 어찌할 바를 모르겠다.
= 간이 졸아붙을 것 같다.

불알하고 자식은 짐스런 줄 모른다
- 제 자식은 많든 적든 고생스런 줄 모르고 거두게 마련이다.

사내 못난 건 대갈통만 크고 계집 못난 건 젖통만 크다
- 머리통이 큰 남자 또는 젖가슴이 큰 여자를 밉보아 이르는 말.

사내* 가 부엌일을 하면 불알이 떨어진다
- 남자가 집안일을 하면 좀스러워 못쓰니 바깥일에만 전념토록 해라.

　* 사내 : 남자를 뜻하는 '사나이'의 준말이다. 사나회 → 사나이 → 사내로 변하였다.

사내가 상처(喪妻) 세 번하면 대감 한 것만 하다
- 세 번이나 새장가를 드는 것은 대감벼슬 한 만큼이나 대단한 일이라는 상찬 또는 비아냥의 말.
= 처녀장가 두 번 들려면 과거할 팔자라야 하다.

사내가 우멍거지* 면 자손 복이 적다
- 남근이 포경이면 제 기능을 못해 아기생산에 문제가 생길 수 있다.

　* 우멍거지 : 포경 상태의 자지.

사내놈 치고 용두질* 안 치는 놈 없다
- 한창 때 남자들의 자위행위야 예삿일이 아니냐.

　* 용두질 : 남자의 수음 행위.

사내놈들은 싸우면 적이요 사귀면 친구다
- 남자들 성품은 대개가 그런 것이다.
= 적과 벗은 한 끗 차이다. 싸우던 개도 돌아서면 꼬리 흔든다.

남성 일반 255

사내놈들은 죄다 화적 떼다
  - 어미가 과년한 딸에게 특히 사내놈들을 조심하라고 이르는 말.

사내놈이 물렁팥죽 같아 어따 쓰노
  - 남자가 그렇게 물렁해서야 무슨 일을 다잡아서 하겠느냐.

사내는 어딜 가나 옹솥* 하고 계집은 있다
  - 사내는 어딜 가든 밥솥(먹거리)하고 여자는 붙게 마련이니 걱정하지 마라.
    * 옹솥 : 옹기로 만든 작은 솥.

사내는 제 계집 무릎 베고 죽어야 팔자가 좋다
  - 남자는 아내가 먼저 죽으면 홀아비로 남아 고생이 자심하므로 아내보다 먼저 죽는 것이 신상에 좋다.

사내는 좆 방망이로 흥하고 망한다
  - 남자가 외도를 하다 들키면 망신에다 출세에도 지장이 크니만큼 자중할 일이다.

사내는 평생에 세 번 크게 웃는다
  - 남자는 혼인할 때 웃고 첫아들 낳았을 때 웃고 아내가 죽으면 또 한번 장가들 생각에 돌아서서 웃는다는 곁말.

사내들 평생 원수는 술과 계집이다.
  - 남자들이 평생 조심할 것은 술하고 여자니만큼 새겨 둘 일이다.
  = 사내가 못 참는 건 첫째가 술, 둘째가 계집이다.

사내 씨알머리 다 말리는 게 전쟁이다
  - 전쟁이 나면 남자들이 다 군대 가거나 죽어서 동네가 텅 비게 된다.

사내자식은 수리개 넋이다

- 사내들은 수리* 처럼 떠돌아 다니기를 좋아한다.
= 역마살이 끼었다. 기러기 넋이 씌웠다.
　　* 수리 : 수릿과의 맹금(猛禽). 산악이나 평야에 살면서 토끼나 들쥐를 잡아먹는다.

살얼음판도 안 빠지고 건널 놈이다
- 영악하고 사는 힘 질긴 자이다.
= 바위 위에도 농사지어 먹을 놈이다.

살 탐이나 하는* 천하 잡놈
- 밤낮 색만 밝히는 오입쟁이다.
　　* 살 탐한다 : 색을 밝힌다.

삼불출(三不出)이다
- 어리석은 자이다. 흔히 돈 자랑, 마누라 자랑, 자식 자랑하는 자를 비웃고 놀리는 말.

삿대질* 이 주먹질 된다
말다툼이 커지면 주먹 싸움이 되는 것이니 항시 말을 조신해야 한다.
= 말싸움이 주먹 싸움 된다.
　　* 삿대질 : 삿대는 배를 대거나 뗄 때 쓰는 장대를 이르는 말로서 여기서 삿대질이란 주먹으로 을러대는 짓을, 삿대를 이리저리 놀리는 모양에 빗댄 말.

상놈 눈은 양반 티눈만도 못하다
- 백성들의 남루한 살림과 운명을 자조적으로 이르는 말.

상놈 좆에도 금테 두른 놈 있다
- 천한 신분이라도 사람만 똑똑하면 얼마든지 자수성가하거나 부자 집 딸과 혼인해서 잘 사는 수가 있다.

상놈은 발로 살고 양반은 글로 산다
 - 사람마다 맡은 바 소임 또는 능력이 따로 있는 법이다.

상놈의 살림이 양반의 양식이다
 - 양반이란 따지고 보면 상놈이 열심히 일해 주는 덕분에 잘 먹고 잘사는 것이다.

상처(喪妻)가 망처(亡妻)다
 - 아내가 죽으면 잡안살림이 결딴나게 된다.

색대질* 에 탈이 난 것이다.
 - 남자가 종작없이 오입질을 하고 다니다 병이 난 것이다.
   * 색대질 : '색대'는 품질검사를 위해 가마니속의 곡식을 찔러 꺼내 보게끔 만든 대나무로 만든 도구이다. 색대질이란 그런 오입질을 이르는 말.

선 머슴* 놈 마루걸레질 하듯 한다
 - 건성건성 하는 모양이 눈에 나서 꾸짖는 말.
 = 의붓아비 제사 지내듯(미루듯). 처삼촌산소 벌초하듯. 똥 마련 년 국거리 썰듯.
   * 선머슴 : 장난이 심한 사내아이 또는 아직 일에 익숙지 않은 농가 고용살이를 이르는 말로서 '선'은 설었다 덜 익었다 미숙하다 는 뜻.

설마설마 하다 앞집 처녀 놓친다
 - 미루기만 하다가는 일을 그르치니 용기를 내거라.

소가 밟아도 꿈쩍 않을 놈이다
 - 성품이 매우 굳센 자이다.

소문난 좆이 잔등이 부러졌다
 - 한때는 굉장했다지만 이젠 한물 가 버렸다.
 = 호랑이, 허리 부러진 택이다.

시집가다 발병이나 나라
- 시집가다 발병이 나면 어쩔 수 없이 돌아와야 하므로 사모하던 이웃 처녀 시집가는 날, 동네 총각의 애타는 심경을 그린 말.

신랑 콧등 실해서 새 각시 입 찢어지겠다
- 신랑 코가 커서 밑심 좋아 신부가 되게 좋아하겠다.

신랑이 웃으면 보리농사 반농사 된다
- 예전엔 대부분 가을철에 혼인을 했는데 신부가 예뻐서 신랑이 웃으면 겨우내 신부한테 푹 빠져서 농사를 돌보지 않아 봄철 보리 소출을 기대할 수 없게 된다는 뜻.

싸움꾼 치고 골병 안 든 놈 없다
- 싸움을 잘 하면 튼튼하게 마련인데 늘 싸움질을 하다보면 끝내 골병이 드는 것이니 싸우지들 말고 화목하게 지내라고 이르는 말.

씹 맛에 멍든 놈이다
- 계집질 좋아하다가 패가망신한 자이다.

씹 맛은 남의 마누라가 첫째요 제 마누라가 꼴찌다
- 바람둥이 사내들이 주고받는 곁말.

씹 자랑은 못해도 좆 자랑은 한댔다
- 여자가 제 물건 자랑은 못해도 남자는 더러 득보는 경우도 있어 자랑을 하기도 한다.

씹구멍이 헐렁하니 빠듯하니 한다
- 오입쟁이들이 주고받는 음문(陰門) 관련의 육담.

씹도 못하고 불알에 똥칠만 했다
- 정작 일을 못 치른 건 고사하고 설상가상 망신만 당했다.

씹에는 임자가 따로 없다
 - 아무하고나 성관계를 하는 오입쟁이나 창녀 입장에서 그렇다는 뜻. 또는 처녀나 과부는 먼저 차지하는 자가 임자(남편)가 된다는 비유의 말.

어느 놈 좆에는 금테 두르고 은테 둘렀냐
 - 실연당한 남자가 상대 여자에게 해대는 원념의 악담.

여윈 놈이 좆 치레 한다
 - 뚱보보다 마른 남자가 더 정력이 좋다는 뜻.
 = 마른 장작이 더 잘 탄다.

역마살이 비역살* 까지 밴 놈이다
 - 마치 역마처럼 떠돌아다니는 습관이 몸에 밴 자이다.

  * 비역살 : 궁둥이 쪽의 사타구니 살.

열녀문은 있어도 열남문(烈男門)은 없다
 - 절개를 지키는 여자는 있어도 그런 남자는 없다.

열두 가지 요분질에 뼛골이 다 녹는다
 - 남자가 오입질을 끊지 못하면 건강을 망치게 되니 명심할 일이다.

염치없는 놈이라야 씹은 잘 한다
 - 오입질은 이것저것 안 가리는 염치없고 체면 안 가리는 자가 잘한다.

오입 맛은 첫째가 남의 마누라 둘째가 종년 셋째가 첩년 넷째가 기생이고 꼴찌가 자기 아내다
 - 예전 오입질 좋아하는 호사가들이 주고받던 곁말. 소위 일도(一盜) 이비(二婢) 삼첩(三妾) 사기(四妓) 오처(五妻)라는 뜻.

오입쟁이는 미추 불문이요 술꾼은 청탁 불문이다
 - 오입쟁이는 여자가 예쁘든 추하든 가리지 않고 술꾼은 술맛이 좋고 나쁘고를 가리지 않는다.
 = 오입쟁이, 얼굴 보고 하나 씹 보고 하지.

오줌발에 씻겨 나온 놈인가 보다
 - 사정(射精)이 아닌 오줌발에 생긴 놈인 양 많이 모자라는 자이다.
 = 뜨물* 로 만든 놈인가 보다.
  * 뜨물 : 곡식을 씻어낸 희뿌연 물.

온통으로 생긴 놈, 계집 자랑하고 반편으로 생긴 놈, 자식자랑 한다
 - 오죽 못났으면 마누라, 자식자랑을 하느냐고 머퉁이 주는 말.

왁대 값*이나 받아 처먹는 놈
 - 제 아내를 간부(姦夫)에게 넘겨주고 돈을 받아먹는 인간쓰레기다.
  * 왁대 값 : 거세한 소나 말을 왁대라 부르는데 위와 같은 무능력자는 거세당한 짐승이나 다름없대서 이르는 말.

왕년* 찾는 놈치고 별 볼일 있는 놈 없다
 - 지난날 들먹이는 사람 치고 제대로 된 인간 보지 못했다.
  * 왕년 : 잘 나가던 시절. 옛날.

의뭉한 놈이 닭 잡아먹고 계집질 한다
 - 엉큼한 자들이 꼭 남의 집 닭서리서부터 계집질까지 나쁜 짓은 도맡아 놓고 하는 법이다.
 = 의뭉한 놈이 더 무섭다.

자지 고약한 건 첫째가 우멍거지요 둘째가 물렁이 셋째가 당문파* 요 넷째가 시들이다

남성 일반 261

- 첫째 우멍거지는 귀두가 덮여 있어서 아예 못 쓰고 둘째 물렁이는 발기가 약해서 감질만 나게 하고 셋째 당문파는 삽입하자마자 문 앞에서 죽어 버려 김빠지고 넷째 시들이는 본래 발기가 안 되는 발기부전이라는 뜻.
    * 당문파(當門破) : 문 앞에 이르러 턱을 넘지 못하고 쓰러진다는 뜻.

자지 안 서고 식성 줄면 황천길이 문지방 밖이다
  - 발기가 안 되는 건 죽을 날이 멀지 않다는 징조이다.

자지가 송곳 같으니 솜방망이 같다느니
  - 여자들이 남자의 성 능력을 두고 입방아를 찧는 말.
  = 자라자지니 당나귀 좆 같다느니.

자지에 금테 둘렀냐
  - 여자입장에서 어째 남자가 그렇게 도도하냐고 들이대는 말.

절구통에 치마만 둘러도 사죽* 을 못 쓴다
  - 미추불문, 노소불문으로 오입질을 일삼는 자이다.
    * 사죽 : 사족(四足)이 맞는 말임.

좆 물렸다
  - 흔히 바람둥이가 꽃뱀에 물려서 곤욕을 치르는 경우 등에 빗댄 말.

좆 찬 놈들* 은 모두 개새끼들이다
  - 사내란 모두 발정한 수캐 같은 것들이니 가까이 하지마라.
    * 좆 찬 놈들 : 남자를 속되게 이르는 말.

좆심* 줄고 식성 줄고 음성 줄면 저승이 문 밖이다
  - 남자는 원력(原力)이 줄면 갈 데는 저승 한군데 밖에 없다.
    * 좆심 : 남자의 성 능력.

주는 씹도 못 한다
- 여자가 선심을 써도 받지 못하는 반병신이다.

중년(中年) 상처는 대들보가 썩는다
- 자식 여럿 둔 중년남자가 상처를 하게 되면 의지가지 할 데 없어 집안이 망할 지경에 이른다.

칠칠맞은* 놈이다
- 됨됨이 또는 차림새가 깔끔하지 않고 주접스럽다.
    * 칠칠맞다 : 채소 따위가 병 없이 잘 자란 모양을 이르는 '칠칠하다'에서 나온 말. 본디 '칠칠맞다'가 아니고 '칠칠치 않다' 또는 '칠칠치 못하다'가 맞는 말임.

코 크다고 얻은 서방이 자라 좆* 이다
- 크게 기대 걸었던 일이 빗나가서 낙심천만이다.
= 코 크다고 얻은 서방이 고자이다.
    * 자라 좆 : 보잘것없는 크기의 남근을 빗댄 말.

판 상놈이다
- 판에 박은 듯한 상놈이다. 떡이나 다식 같은 음식을 판에 박아 내면 모양이 똑같대서 생긴 말.

품안에 있을 때나 내 계집이다
- 정이 식어 돌아눕거나 딴 마음먹으면 남의 여자가 될 수도 있다.
= 이불 속에서나 내 서방이다. 품안에 적에나 내 자식이다.

하재도 못하는 놈이 잠방이부터 벗는다
- 능력도 없는 주제에 큰소리만 치고 있다. 성 능력도 없으면서 옷부터 벗고 설친다고 비아냥대는 말.

한 구멍* 동서지간이다
- 한 여자를 사이에 둔 본서방과 샛서방 또는 한 여자를 동시에 관계한 사이라는 뜻.
= 외 구멍 동서다.
  * 구멍 : 음문의 곁말.

한창 때는 치마만 봐도 꼴린다
- 새파란 나이 때는 발기 능력 또한 왕성하게 마련이다.

15. 시부모 · 며느리 · 시앗(첩) 관련

가는 년이 물 길어 놓고 가랴
 - 시집에서 소박맞아 가는 며느리가 무슨 덧정이 남아 물까지 길어다 놓겠느냐. 꿈도 꾸지 말라고 이르는 말.
 = 가는 년이 보리방아 찧어 놓고 가랴.

간다 간다면서 애새끼 셋 낳고 간다
 - 말만 앞 세워 미루기만 하고 있다고 핀잔주는 말.

강* 건너 시아비 좆이다
 - 나하고는 아무 상관도 없는 일이다.
  * 강 : '가람'이 변화한 것이고 '가람'은 '갈래진 것'이란 뜻으로 물줄기의 여러 갈래(지류)가 모여 흐르는 것을 나타낸 말. 따라서 강이란 '물이 갈래져 흐르는 것'이란 뜻이다.

거지 시앗도 제멋에 산다
 - 손가락질 받는 거지 첩 노릇도 저 좋으면 그만이니 왈가왈부하지 마라.

겉보리를 껍질째 먹을망정 시앗 하고는 한집에 못 산다
 - 지레 속이 뒤집혀서 남편의 첩과는 한집에서 살 수 없다.

고추당초* 맵다한들 시집살이보다 더 매울까
 - 그만큼 시집살이가 마음고생 몸 고생이 자심함을 이르는 말.
  * 고추당초 : 고추는 한자인 고초(苦草. 매운 풀)에서 나온 말이고 당초(唐椒)란 '당나라에서 들어온 고추'라는 뜻.

곰 씹에는 털도 많고 시집살이엔 탈도 많다
　- 잘하든 못하든 간에 시집살이는 말도 많고 탈도 많게 마련이다.

나갔던 며느리가 효도 한다
　- 살다 보면 의외의 덕을 보는 경우도 있다.
　= 병신자식이 효도한다. 의붓자식이 효도한다. 굽은 나무가 선산 지킨다.

나뭇잎이 푸른들 시어미만큼 푸르랴
　- 매서운 시어머니 성정을 에둘러 이르는 말.

딸은 부잣집으로 보내고 며느리는 가난한 집에서 데려와야 한다
　- 며느리는 가난한 집에서 데려와야 살림을 알뜰하게 잘 한다.

딸은 쥐 먹듯 하고 며느리는 소 먹듯 한다
　- 같은 양의 음식도 예쁜 딸은 적게 먹는데 미운 며느리는 많이 먹는 것처럼 보여 밉쌀 맞다.

딸 자랑하는 입이 며느리 험담도 잘 한다
　- 말질 일삼는 버릇은 어디서든 그대로 나타나게 마련이다

때리는 서방보다 말리는 시어미가 더 밉다
　- 위해주는 체하는 시어미가 실은 원인제공자라는 뜻.
　= 때리는 시어미보다 말리는 시누이가 더 밉다.

막내 며느리도 시어미 되는 날 있다
　- 세상만사 돌고 도는 것이니만큼 기죽지 말고 주눅도 들지 마라.
　= 쥐구멍에도 볕들 날 있다.

며느리 숨어 시어미 욕하듯
 - 불만 섞인 말을 저 혼자 중얼대는 경우 등에 빗댄 말.
 =비 맞은 중놈 중얼거리듯.

며느리 시집살이 한다
 - 시어머니가 되레 며느리한테 시집살이 하듯 구박을 받고 지낸다.

며느리 싸움이 형제싸움 된다
 - 여자 동서간 우애가 안 좋으면 베갯머리 송사로 나중엔 형제 사이도 틀어지게 된다.
 = 동서싸움이 형제싸움 된다.

며느리가 미우면 손자까지 밉다
 - 며느리가 밉다보니 그 며느리가 낳은 손자까지 한통속으로 밉살맞다.
 = 서방이 미우면 자식까지 밉다. 중이 미우면 가사* 까지 밉다.
   * 가사(袈裟) : 중이 입는 법의(法衣).

모진 년의 시어미 밥내 맡고 들어 온다
 - 미워하는 대상이 미운 짓만 골라서 한다는 비유의 말.

못난 놈 본처보다 잘난 놈의 첩이 낫다
 - 한평생 가난에 쪼들리느니 첩 노릇일망정 유족하게 사는 것이 더 낫다.

반보기 한다
 - 예전에 친정과 시댁이 먼 경우, 명절이나 대소사 때 미리 약조한 양가의 중간지점에서 만나 안부와 선물을 주고받으며 회포를 풀던 전통적인 만남 방식을 이르는 말.

반쪽 며느리다
 - 시부모의 인정은 못 받았어도 아들과 함께 사는 며느리를 빗댄 말.

발이 편하려면 버선을 크게 신고 집안이 편하려면 첩을 두지 마라
 - 집안이 편하려면 가장이 처신을 바르게 해야 한다.

범 못 잡는 시어미 없다
 - 범보다 더 사나운 게 시어미다. 그만큼 서슬 푸르고 모질게 군다는 뜻.

사람은 늙어지고 시집살이는 젊어진다
 - 나는 늙어 가는데 시어미 시집살이는 더 매워만 가니 죽을 맛이다.

사정 봐주다 동네 시아비가 아홉이다
 - 남자들 하자는 대로 했다가는 신세 망치게 되니 절대 그러지 마라.

살다보면 시어미 죽는 날도 있다
 - 시집살이 궂은일도 많지만 살다보면 시어미 죽는 기쁜 날도 있는 것이니 참고 살아라.

살림 못하는 며느리가 말만 많다
 - 살림은 엉망이면서 입이 싸서 말썽만 피운다. 설상가상이다.

세 끼 굶은 시어미 상판대기다
 - 섬뜩하리만큼 암상궂은 낯짝이다.

시앗 본 여자는 덤불 보고도 말하고 바람벽 보고도 얘기한다
 - 억울하고 답답한 마음이 응어리져서 실성한 듯 그런 행동을 한다.

시앗 시샘에 고사리 죽 쒀 먹인다
- 남편정력이 쇠해 시앗 년 제물에 떨어지라고 몰래 고사리 죽을 쒀 남편에게 먹인다는 뜻.

시앗 죽은 눈물이 눈 가장자리나 젖으랴
- 바라던 일이 이루어졌는데 눈물이 날 리 있겠느냐.

시앗* 사이에 고운 말 오가랴
- 원수지간에 욕지거리 안 나오면 대수지 무슨 좋은 말이 오가겠느냐.

　　* 시앗 : 남편의 첩. '시앗'의 '시'는 '시어미'에서 보듯 밖(外)이나 남(他)을 뜻하는 것이고 '앗'은 옛말 '갓'에서 ㄱ이 빠진 '가시'에 어원을 둔 말로서 '꽃' 즉 '여자'를 말한다. 따라서 '시앗'은 '바깥 꽃' '남편의 꽃' '남편의 여자'란 뜻이다.

시앗끼리는 하품도 옮지 않는다
- 하품은 옮기 마련인데 시앗끼리는 앙숙인지라 하품조차도 옮지 않는다.

시앗은 돈 떨어지는 날이 가는 날이다
- 첩은 돈으로 호강시켜 주지 않으면 가 버리게 마련이다.

시앗을 보면 길 아래 돌부처도 돌아 앉는다
- 부처같이 온순한 여자도 남편이 시앗을 보면 부아가 나서 변하게 된다.

시앗이 시앗 꼴 못 본다
- 자기도 첩이면서 남편의 다른 첩 꼴은 참지 못한다.

시어미 건기침에 임 떨어진다
- 밤에 부부가 정사를 할 무렵이면 꼭 시어미가 밖에서 건기침을 하는 통에 파흥이 된다. 참으로 고약한 일이다.

시어미 미워서 개 배때기 걷어찬다
 - 다른 데서 당하고 엉뚱한 데다 화풀이를 한다.
 = 종로에서 뺨 맞고 한강에 가서 눈 흘긴다.

사낙배기 시어미 아래 며느리가 사나운 시어미 된다
 - 장점이든 단점이든 학습효과로 윗사람을 닮게 되므로 항시 좋은 표양을 보여야 한다는 뜻.
 = 미워하면서 닮는다. 흉보면서 닮는다. 욕하면서 닮는다.

시어미 죽고서 처음이다
 - 시어머니 살아생전에 건기침을 하는 등 훼방을 놓아 마음 놓고 못했는데 시어미가 죽은 뒤 처음 마음 놓고 정사를 해 흐뭇하다. 또는 고대했던 일이 이루어져 기쁘기 그지없다.

시어미 죽으라고 축수했더니 보리방아 물 부어놓고 나니 생각난다
 - 몹시 미워한 대상도 막상 없으면 아쉬운 때가 있는 법이다.
 = 시어미 죽어 춤췄더니 보리방아 찧을 때 생각난다.

시어미 죽으라고 축수했더니 친정어미 부고가 먼저 오더라
 - 세상사는 뜻대로 안 되는 경우가 다반사이다.

시어미가 며느리 잡듯 한다
 - 일방적으로 약자를 심하게 구타하거나 닦달하는 경우 등에 빗댄 말.

시어미가 미우면 남편도 밉다
 - 시어미 탓에 생긴 불만이 옮아가 남편까지 미워하게 된다.
 = 며느리가 미우면 손자까지 밉다.

시집 열두 번 가 봐야 시어미 다른 데 없다
- 어딜 가나 시어미는 시집살이를 시키게 마련이다.

신부방귀는 복 방귀다
- 초례청에서 신부가 방귀를 뀌었는데 이를 덮어주고자 건넸다는 어진 시어미의 덕담 한 자락.

■ 관련 여담 1

갓 시집 온 며느리가 시부모 앞에 나붓이 절을 하니 곱고 조신하다 하여 칭찬해 마지않았다. 그런데 신부가 절을 하고 엉덩이를 쳐드는 순간 뿡하고 방귀를 뀌어 며느리 입장이 난처해지자 그 시어미가 큰소리로 "복 되도다 며느리여! 나 역시 초알(初謁. 상견례) 때에 이와 같더니 오늘날 자손이 만당(滿堂)하여 늙도록 다복하니 이게 다 복됨의 조짐이 아니고 무엇이랴." 하고 며느리의 허물을 덮어주었다. 이에 며느리가 입가에 미소를 지으면서 "어머님 아까 가마에서 내릴 때도 뀌었어요." 하였다. 그러자 시어미가 "그건 더욱 좋도다. 복 위에 복을 얹었으니 첩복(疊福)이로다."라고 하자 며느리가 다시 한 술 더 떠서 "가마에서 너무 자주 방귈 뀌었더니 이젠 속곳이 다 척척하옵니다." 하고 하니 시어미가 다시 "응, 이주 좋도다. 이를 첩첩복(疊疊福)이라 하느니라."라고 끝까지 철없는 며느리 허물을 덮어주자 모인 사람들이 마침내 웃음을 거두고 숙연한 표정을 지었다.

■ 관련 여담 2

다른 한편 이런 일도 있었다. 신부가 처음 시부모를 뵙는 날, 앞에 나아가 술잔을 받들어 올리다가 문득 방귀가 나오자 친척들이 모두 웃음을 참고 수군대 마지않았다. 이에 신부를 부축하던 유모가 그 허물을 대신 가리고자 "소인이 나이 많아 항문이 약해져서 방귀를 뀌었으니 황공하옵니다." 라고 아뢰니 시부모가 그 행실이 자못 착하다 하여 그 자리에서 비단 한필을 상으로 내렸다. 한데 그 며느리가 비단을 빼앗으면서 "아니 내가 뀐 방귀에 어찌 그대가 상을 받는단 말이냐" 하니 좌중이 모두 어이가 없어 입을 다물지 못하였다. [十大奇書]

씨내리 땜장이로 팔자땜한 놈이다
- 불시에 굴러든 복으로 팔자가 편 자이다.

■ 관련 여담

예전에 아기를 못 낳는 불임사유가 남자에게 있는 경우 집안 어른들이 은밀하게 떠돌이 사내를 매수하거나 납치해서 며느리와 합방을 시켜 자식을 얻는 이른바 '씨내리'* 풍속이 있었다. 이런 떠돌이 사내로는 당시 마을마다 행상처럼 돌아다니던 솥땜장이가 선호된 까닭에 이런 말이 생긴 듯. 떠돌이 땜장이가 씨내리 대상이 된 것은 첫째 비밀이 보장되고 둘째 후환이 없어야 한다는 조건에 잘 들어맞았던 까닭이다. 이런 연고로 씨내리 선택을 받으면 젊은 아낙과의 금침 이부자리 호강은 물론 입막음으로 벼 열 섬을 받게 되어 땜장이로서는 자못 횡재가 아닐 수 없었다. 다만 그 비밀을 누설한다거나 나중 제 자식임을 내세우거나 하면 쥐도 새도 모르게 죽여 없앤다는 내약(內約)이 있었다 한다.

* 씨내리 : '씨받이'의 대칭어. 자식을 점지해 주는 외간 남자를 이르는 말. 대리부(代理夫).

씨다* 고 시어머니다
- 시어머니란 말만 들어도 쓴 침이 나온다.

* 씨다 : '쓰다'에서 나온 말.

아무리 사나운 시어미도 남의 며느리 시집살이 시키진 못 한다
- 권력에는 한계가 있는 법이다.

아침 굶은 시어미 상판이다
- 화가 나서 일부러 아침을 굶은 시어미가 화풀이할 기회만 노리듯 암상이 다닥다닥 붙은 모습을 빗댄 말.
= 세끼 굶은 시어미 상판대기다.

이웃집 며느리 흉도 많다

- 가까이 있으면 자주 눈에 띄어 흉도 많이 퍼지게 마련이다.
= 근처 의원 용한 줄 모른다. 가까운 무당 영하지 않다.

쫓겨 가는 며느리 말대꾸질 하듯
- 말 대꾸질 잘하는 여자를 밉보아 이르는 말.

처와 첩은 물과 기름이다
- 처와 첩은 공존 융화가 불가능한 관계이다.

첩복도 없는 년이다
- 어미가 딸에게 본디 시앗은 욕먹는 자린데 그 복마저 없으리 만큼 지지리도 박복한 년이라고 쏘아주는 말.

첩살림은 시루에 물 붓기다
- 첩살림은 본래 정 치레, 돈 치레 살림이니만큼 그럴 수밖에 없는 것이다.

첩의 눈꼬리에는 강샘* 이 붙어 다닌다
- 시앗이 시앗 꼴 못 본다고 첩의 속에는 항시 빼앗은 사내를 다시는 빼앗기지 않으려는 강샘이 가득 차 있다.

　* 강샘 : 다른 동성(同性) 상대에 대한 질투. 투기.

첩정은 삼 년, 본처 정은 백 년이다
- 남자는 일시 첩에 빠졌다가도 세월이 지나면 본처에게 돌아가게 마련이다.
= 첩은 정에 살고 본처는 법에 산다.

한 집에 사는 시어미 성도 모른다
- 당연한 것을 모르고 있다니 한심한 일이다.
= 머슴살이 십 년에 주인 함자를 모른다. 평생을 살아도 시어미 성을 모른다.　평생

을 살아도 임의 속을 모른다.

회술레* 시어미가 죄 없는 며느리를 꾸짖다
- 못된 시어미가 망신을 자초한 이야기.

■ 관련 여담

며느리가 옆집의 총각과 실없는 농지거리 나누는 것을 본 시어미가 노하여 "내 마땅히 너의 남편에게 일러서 죄를 받게 하리라."하고는 이르지는 않고 하고한 날 꾸짖기만 하여 그 고통이 말이 아니었다. 만면에 수심이 가득한 것을 본 이웃집 노파가 딱하게 여겨 까닭을 물은즉 "이웃집 총각과 몇 마디 나눈 것을 시어머님이 보시고는 날이면 날마다 꾸짖는데 이젠 진절머리가 나서 가위 죽고 싶은 심정입니다."라고 하소연하였다. 이에 노파가 발연히 목청을 높여서는 "네 시어미가 무엇이 떳떳하다고 감히 너를 족친단 말이더냐. 지가 젊었을 때는 고개 넘어 김 풍헌과 주야로 미쳐서 간통한 일이 들통나 낯짝에다 회칠을 하고 큰북을 짊어지고 세 동네 조리를 돈 일(조리 : 죄지은 자를 끌고 다니며 망신을 주는 벌)마저 있었거늘 무슨 낯짝으로 널 꾸짖는단 말이냐. 만약 또 꾸짖거든 이 말로써 대적 하거라." 하고 방법을 일러주었다. 한데 이튿날 시어미가 여일하게 또 꾸짖는지라 며느리가 노파에게 들은대로 "김 풍헌과 주야로 상관하다 탄로가 나서 큰 북을 지고 세 동네나 조리돈 일을 생각해서라도 이제 그만 좀 하옵소서." 하고 대거리를 했다. 그러자 시어미가 "누가 공연한 말을 보태는구나. 내가 진 북은 큰 북이 아니고 작은 북이었느니라. 또 세 동네가 아니고 두 동네 반만 돌고 말았느니라." 고 발뺌하듯 그러더란다.

  * 회술레 : 간통죄가 드러나면 죄인 얼굴에 회칠을 하고 동네로 내돌려서 망신을 주던 벌. 얼굴에 회칠을 한 탓에 붙여진 이름이다. [十大奇書]

흉이 없으면 며느리 다리가 희단다
- 시어미는 생트집을 잡아서라도 며느리 흉을 본다.

16. 과부 · 홀아비 관련

갓장이 헌 갓 쓰고 과부 헌 서방 얻는다
 - 유유상종이다. 비슷한 팔자끼리 만나 살게 마련이라는 뜻.

같은 값이면 과부 집 머슴 산다
 - 같은 조건이면 마음이 더 가는 쪽을 택한다.
 = 같은 값이면 다홍치마다. 같은 값이면 처녀장가 든다. 같은 과부면 젊은 과부 얻는다. 같은 과부면 돈 있는 과부 얻는다. 같은 과부면 예쁜 과부 얻는다. 같은 열닷냥이면 과부 집 머슴 산다.

과부 몸에는 은이 서 말, 홀아비 몸에는 이가 서 말이다
 - 과부는 부지런하고 야무져서 돈 모아 잘 살지만 홀아비는 게을러서 제 한 몸 건사도 제대로 못한다.
 = 과부 3년에 은이 서 말, 홀아비 3년에 이가 서 말이다. 과부는 깨가 서 말이고 홀아비는 서캐(이의 알)가 서 말이다.

과부 방에 들었던 중 내빼듯
 - 행여 들켜서 혼줄이 날세라 정신없이 도망치는 모습에 빗댄 말.

과부 배 지나간 자리 없다
 - 여자가 혹 바람을 피워도 몸 어디에 흔적이 남는 것은 아니다.
 = 한강에 배 지나간 자리다. 죽 떠먹은 자리다. 좆 지나간 자리 없다.

과부 서방질 하듯 한다
 - 혹여 남이 눈치 챌라 몹시 서두르는 경우 등에 빗댄 말.
 = 과부 샛서방 보듯 한다.

과부 서방질은 삼이웃* 이 먼저 안다
 - 이성관계란 숨기려 해도 쥐도 새도 모르게 소문이 나게 마련이다.
  * 삼이웃 : 이쪽저쪽의 가까운 이웃.

과부 십년에 독사 안 되는 년 없다
 - 여자가 험한 세상 혼자 살려면 모질어지게 돼 있다.

과부 씹두덩은 과부가 씻는다
 - 자기 할 일은 제가 알아서 해야 하는 것이다.

과부 씹, 줄듯 말듯
 - 줄듯 말듯 애간장만 타게 만든다.

과부 씹한 자리 없애듯
 - 과부가 사내보는 건 소문나는 일이므로, 어떤 일을 순식간에 해치우는 경우 등에 빗댄 말.
 = 과부 아이 낳고 진자리* 없애듯.
  * 진자리 : 아이를 갓 낳은 자리.

과부 아이 밴 것 같다
 - 숨겨야 할 일이 소문나 처신이 매우 곤란하게 되었다.

과부 엉덩이는 궁하다고 궁둥이란다
 - 과부는 남자 보는 일이 궁한 까닭에 엉덩이를 궁둥이로 부른다는 곁말.

과부 입 찢어지게* 좋은 날씨다
- 쾌청한 날씨를 정사의 좋은 느낌에 비유한 말.
   * 과부 입 찢어진다 : 과부의 정사장면을 그린 말.

과부 좆 주무르듯, 떡 장수 떡 주무르듯 한다
- 물건을 사지는 않고 만지작거리기만 하는 이를 핀잔주거나 놀리는 말.
= 칠년 과부, 좆 주무르듯 한다.

과부 집 가지 밭에는 잔 가지가 안 남아 난다
- 남근 크기의 가지를 따서 자위행위를 하는 까닭에 그렇다는 곁말.
= 과부 텃밭에는 다 큰 가지가 없다.

과부 집 머슴 놈이 주인행세 한다
- 자기가 마치 과부서방이라도 되는 양 행세를 한다 함이니 주제 모르고 나대는 자를 비아냥대는 말.
= 정승 집 종놈이 정승 노릇 한다. 양반집 하인 놈이 양반행세 한다.

과부 집 문지방 넘듯
- 행여 들통이 날세라 조심스런 샛서방 걸음새를 묘사한 말.

과부 집 수캐마냥 일만 저지른다
- 과부는 사내보는 게 소문나는 일인지라 그 집 수캐가 바람만 피워도 구설수에 오르내리게 된다. 또는 오입 일삼는 자를 에둘러서 비아냥대는 말.

과부 집 요강노릇 한다
- 과부의 임시 서방, 샛서방 노릇을 한다.

과부 집에 가서 바깥양반 찾는다
- 상식 밖의 멍청한 짓거리를 하고 있다.

과부 처녀막 터지는 소리하고 자빠졌다
 - 같잖은 헛소리를 지절대고 있다.
 = 김밥 옆구리 터지는 소리한다. 콘돔 째지는 소리한다.

과부 촌이다
 - 과부만 떼 지어 사는 마을이라는 뜻.

■ 관련 여담

어촌에서 한 마을 어부들이 같은 배에 타고 고기잡이를 나갔다가 풍랑을 만나 떼죽음을 당하게 되면 여자만 남게 되어 그 마을을 과부촌 또는 과부 마을로 불러 내렸다. 그런 경우 같은 날 제사 지내는 집이 많을 수밖에 없게 된다. 또한 여느 때는 고기잡이 나갔던 남자들이 같은 날 돌아오는 까닭에 한날 한시에 정사가 이루어져 이곳에는 생일 같은 아이가 많단다. 그리고 이런 바닷가 마을에는 대낮임에도 사립문 앞에 세워 둔 장대 끝에 아낙의 속곳이 걸려 있는 경우 누구든 그 집 출입을 못하는 것이 불문율이었는데 이는 먼 바다에 나갔다가 오랜만에 돌아온 어부가 '현재 처와 정사 중'이라는 표시로 통하기 때문이란다. [울릉도에서 採錄]

과부, 홀아비 보는 데 예절 찾고 사주 보겠냐
 - 건성건성 넘겨도 별 흠이 되지 않는 일이다.

과부가 마음 좋으면 동네 시아비가 열둘이다
 - 여자가 마음이 헤프면 신세를 망치는 법이다.

과부가 말 씹하는 걸 보면 수절 못 한다
 - 말의 교미모습은 매우 도색적이라 과부가 보면 마음이 풀어져 수절하기 어렵게 된다.

과부가 애를 배도 할 말은 있다
 - 무슨 일이든 핑계는 있지만 그렇다고 허물이 덮어지는 것은 아니다.
 = 처녀가 애를 배도 핑계는 있다.

과부는 먼저 올라타는 놈이 임자다
- 혼자 사는 여자는 먼저 차지하는 자가 주인이 된다.
= 과부 보지에 임자 있더냐.

◼ 관련 여담

한 홀아비가 재색겸전의 썩 괜찮은 과부 하나를 낚아채고자 벗과 더불어 계교를 꾸민 후 어느 날 새벽, 과부가 부엌에 나간 틈을 타서 몰래 그집 안방에 들어가 누워 있으니 약조한대로 벗이 과부 집에 와서는 오늘 밭을 갈 일이 있다면서 소를 하루 빌려주기를 청했다. 이 때 홀아비가 갑자기 문을 열고는 "우리 집도 오늘 밭일이 있어 안 되니 다른 집에 가 알아보시오." 하고 소리치자 그 벗이 짐짓 깜짝 놀라면서 "아니 그대가 웬일로 이 집에 누워 있는고?"하고 물었다. 그러자 "내가 내 집에 누워 있는데 무엇이 괴상해서 묻느뇨?" 하자 벗이 다시 "이집엔 저 아주머니가 혼자 사는 것을 온 동네가 다 아는 터에 그게 무슨 해괴한 말인고?" 하고 뒤통수를 치며 나가서는 직방으로 온 동네에 소문을 퍼뜨렸다. 본래 이런 소문이란 불붙은 개꼬리 형국인지라 사실 확인 차 예닐곱이 득달같이 과부 집에 당도한즉 홀아비가 장죽을 물고 내다보면서 "웬 놈들이 주인이 기침(起寢)도 하기 전에 이리 소란들인고?"하고 큰소리로 꾸짖으니 여럿이 손뼉을 치면서 '과연 아무개 말이 옳다. 의심의 여지가 없도다.'하고는 흩어져 돌아갔다. 이에 과부가 새파랗게 질려서 말 한마디 못하고 떨고 있는 것을 홀아비가 일어나 과부의 손을 잡고는 "이제 일이 여기에 이르렀으니 비록 혀가 열이 있어도 도리가 없게 되었소. 송사를 한다 해도 봉욕(逢辱. 욕된 일을 당함)뿐일 터인즉 이제 나와 연을 맺음이 어떻겠소? 우리가 또한 서로 적막한 과부와 홀아비니 어찌 가합(可合)치 않으리까." 하고 따뜻한 말로 다독이니 과부가 기가 막혔지만 백번을 생각해도 발명(發明. 죄 없음을 밝힘) 할 길이 없는지라 도리 없이 그 홀아비를 받아들여 아들 낳고 딸 낳고 잘 살았다 한다. [十大奇書]

과부는 홀아비가 약이다
- 과부의 병은 속궁합 잘 맞는 홀아비를 붙여 주면 낫는다.

◼ 관련 여담

과부가 강릉기생 매월과 한 이웃에 살았는데 하루는 창틈으로 엿보니 매월이 사내와 통정을 하는 중이었다. 큼지막한 양물(남근)이 들락거림에 이어 교성(嬌聲)이 일면서 그 음탕함이 자못 목불인견이었다. 과부 또한 발연히 음심(淫心)이 일어 음문을 어루만지면서 감탕(甘湯)소리를 내던 중에 돌연 목구멍과 말문이 막혀 말을 하지 못하게 되었다. 이웃의 할미가 그 모습을 보고 딱하게 여겨 그 까닭을 글로 써 보라 하여 사연을 알고는 "옛 말에 널뛰다 삔 허리는 널을 뛰어야 낫는다 했으니 건장한 장부를 구해 붙여 숨이 가하리로다." 하고는 마침 이웃에 나이 삼십에 장가를 못간 노총각 우(禹)씨에게 가서 이르기를 "아무개 집에 이런 변고가 있으니 이를 허락한다면 그대는 처가 생기는 것이요 여인은 지아비가 생기는 셈이니 양인이 두루 좋은 일이 아니겠소?" 하니 전후좌우 아귀가 맞는 말이므로 허락하였다. 이에 우씨가 과부 방에 들어서자마자 옷을 벗어던지고는 여인의 양다리를 들고 음호를 정성껏 어루만진 다음 양물을 깊이 꽂고 넣었다 빼었다를 거듭하니 농수(濃水. 음수)가 샘처럼 솟아올라 이불과 요를 적시면서 돌연 막혔던 과부의 말문이 터져 거짓말처럼 낫게 되었다. 이에 할미와 과부가 기쁜 나머지 "그대야말로 명의로다. 진짜 의원이로다."하고 칭송해 마지않았다. 인하여 양인은 부부연을 맺고 환갑 진갑까지 잘 살았다 한다. [十大奇書]

과부 담배 맛이다
- 외로움을 달래주는 대상 또는 벗이라는 뜻.
= 홀아비 담배 맛이다.

과부더러 애 못 낳는다고 야단치는 격이다
- 경우에 안 맞는 억지소리를 하고 있다.

과부도 과부라면 싫어 한다
- 비록 바른 말이라도 분위기 따라서 가려 쓸 줄 알아야 하는 것이다.
= 소경도 눈멀었다면 싫어한다. 병신도 병신이라면 노여워한다.

과부도 과수댁이라면 좋아하고 장님도 봉사라면 좋아한다
- 대우받기를 좋아하는 건 인지상정이다.
= 같은 말도 '아' 다르고 '어' 다르다.

과부도 헌 과부 있고 새 과부 있다
- 헌 과부는 나이 든 과부, 새 과부는 젊은 과부를 이르는 말.

과부시집이 처녀 시집보다 더 어렵다
- 조건 맞추기 까다로워 재혼이 초혼보다 더 어렵다. 혹은 묵은 집수리가 새집 짓기보다 더 어렵다는 뉘앙스도 있다.

과부하고는 해도 유부녀하고는 하지 마라
- 유부녀와 정분이 나면 가정을 파탄내기 쉬우니 절대 그러지 마라.

과수(寡守)댁 빚을 내서라도
- 과부 집 높은 이자 돈을 내서라도 빚을 갚겠다는 다짐의 말.

까막 과부다
- 혼인은 했지만 유고(有故)로 첫날 밤 꽃잠을 자보지 못한 숫처녀 과부.

남의 집 과부, 시집을 가든 말든
- 공연한 말참견 하지 마라.
= 남의 집 과부 씹을 하든 말든. 남이야 전봇대로 이빨을 쑤시든 말든. 남이야 도포 입고 논을 갈든 말든. 남이야 갓 쓰고 자전거를 타든 말든.

남의 집 과부, 애를 낳든 말든
- 나서거나 참견할 일이 아니다.
= 이웃집 과부 씹을 하든 말든.

담배는 과부 친구다
- 담배는 외로운 사람들에게 친구가 된다는 뜻.

마당과부다
- 친정집 마당에서 혼례를 치른 다음 시가(媤家)로 가기 전에 신랑이 죽어 과부가 된 처녀과부.

마음이 슬프면 과부 된다
- 운도 마음먹기 나름이니만큼 항시 웃는 얼굴로 살아라.

말 많은 과부 집 종년이다
- 바깥소문은 안으로, 안 소문은 밖으로 내는 과부 집 종년처럼 입이 싸다.

맘씨 좋은 과부, 속곳 마를 새 없다
- 과부가 마음이 헤프면 몸 단속도 헤프게 된다.

머슴이 수절과부 버려놓는다
- 남녀관계란 가까이 있으면 귀신도 모르게 탈이 나게 마련이다.

몸은 홀아비라도 마음은 핫아비* 다
- 보매와 실상은 다를 수도 있다. 외양만 보고 판단해서는 안 된다는 뜻.
= (반) 핫어미. 유부녀.

  * 핫아비 : 아내가 있는 남자. 유부남.

못사는 과부 없고 잘사는 홀아비 없다
- 과부는 부지런해 잘 살지만 홀아비는 게을러서 못사는 경우가 대부분이다.
= 과부 몸에는 은이 서 말, 홀아비 몸에는 이가 서 말이다.

박복* 한 과부는 시집을 가도 고자** 를 만난다
- 운이 없다 보면 마음을 다잡고 나서도 되는 일이 없다.
= 십년과부가 고자영감을 만난다. 복 없는 년은 머슴방에 가서 자도 고자 옆에 눕는

다. 복 없는 놈은 곰을 잡아도 응담이 없다.
* 박복(薄福) : 복이 없음.
** 고자(鼓子) : 생식기가 불완전한 남자.

보지 좋은 과부다
- 능력은 있어도 쓸모가 없으니 안타까운 일이다.

보지에 길 나자 과부 된다
- 운수가 사나운 건지 일마다 빗가기만 해서 죽을 맛이다.
= 입맛 나자 양식 떨어진다. 씹맛 나자 과부 된다.

부잣집 업* 나가듯 과부 시집가듯
- 일이 소리 소문도 없이 이루어지는 경우 등에 빗댄 말.
* 업 : 한 집안의 복을 지키는 짐승 또는 구렁이.

생과부가 되었다
- 남자가 시앗을 보거나 바람을 피워 밖으로만 도는 탓에 과부나 진배없이 되었다.
= 생과부도 과부나 한가지다.

생때* 같은 서방 잡아먹은 년
- 시어미 또는 이웃들이 남편이 죽은 며느리나 과부에게 해대는 악담.
*생때 : 몸이 튼튼하여 통 병이 없음.

서방 해간 초년과부 뒷물* 할 새 없다
- 새 남자와 살림을 차린 초년 과부는 젊은 만큼 방사(房事)가 잦다는 뜻.
* 뒷물 : 음부나 항문을 씻는 일.

소리 소문 없이 과부 배 올라타는 놈이다
- 말 없이 오입질을 일삼는 의뭉한 자이다.

수절과부가 사내 불알 만지기 보다 더 어렵다
- 과부가 남자를 가까이할 리 없으니 불가능한 일이라는 뜻.

십년 과부도 시집갈 마음을 못 버린다
- 비록 혼자 몸이긴 해도 언젠가 좋은 사내 만나 살고픈 마음은 늘 품고 있다.

없는 과부는 수절 해도 있는 과부는 수절하고 못 산다
- 돈이 많은 과부는 유혹이 많아 수절하기가 어렵다.

여자가 말이 많으면 과부 된다
- 말이 많으면 신상에 해로우니 그러지 말라고 이르는 말.
= 여자목청이 담을 넘으면 과부 된다.

여자가 혼자 살면 천장 쥐새끼도 업신 여긴다
- 여자가 혼자 살면 문문하게 보고 집적대는 자들이 많다.

열아홉 과부는 수절을 해도 스물아홉 과부는 수절 못한다
- 잠시 살다 만 과부는 넘길 수 있어도 성생활을 해본 과부는 사내생각 때문에 수절하기가 어렵다.

오십 과부는 금 과부, 육십 과부는 은 과부, 칠십 과부는 구리 과부다
- 50대 과부는 자식들을 다 키워 분가시키고 건강도 좋기 때문에 재혼도 할 수 있어 그중 낫고 60대 과부는 중간쯤이고 70대 과부는 쇠약해지고 늙어 누구도 거들떠보지 않게 된다.

오줌발 보고 외상 준다
- 과부가 사내 오줌발 소리가 세차면 외상을 주지만 소리가 약하면 언제 죽을지 몰라 외상도 주지 않는다. 또는 사내 오줌발 소리에 색심(色心)이 일어 선뜻 돈을 변통해

준다는 뉘앙스도 묻어 있다.
= 오줌발 소리 듣고 외상 준다.

우는 과부는 시집을 가도 웃는 과부는 수절한다
- 희로애락을 참지 못하는 속이 깊지 않은 과부는 결국 정절을 지키지 못하고 개가 하게 된다.

의뭉한* 놈이 과부 집 먼저 찾는다
- 점잖은 체하는 자가 뒷구멍으로는 더 먼저 엉큼한 짓을 하는 법이다.

  * 의뭉하다 : 겉으로는 어리석은 것 같아도 속내는 엉큼하다.

이십 과부는 눈물 과부, 삼십 과부는 한숨 과부, 사십 과부는 씹 과부다
- 20대 과부는 눈물로 한세월 보내고 30대 과부는 한숨뿐이고 40대 과부는 더 이상 못 참고 시집을 간다는 뜻.

이웃집 과부 애 낳는데 미역국 걱정한다
- 주제 넘는 걱정을 하고 있다.

젊어 상부(喪夫)는 고생이고 젊어 상처(喪妻)는 복이다
- 여자가 젊은 나이에 과부가 되는 건 불행이지만 남자가 젊은 나이에 상처하는 것은 또 한번 장가들 수 있어 복이 된다.

좆 본 과부요 씹 본 벙어리다
- 반색을 한다. 또는 반색하는 태도가 도에 지나침을 비웃거나 놀리는 말.

첫배* 과부, 코고는 머슴방 엿보듯
- 출산경험이 있는 과부는 성애에 민감해서 밤이면 머슴방을 엿보곤 한다. 무엇을 간절하게 원하는 경우 등에 비유한 말.

  * 첫배 : 처음으로 난 아이나 새끼. 맏배.

청상* 은 살아도 홍상**은 못 산다
 - 혼인하고 얼마 안 되어 홀로 된 과부는 잊고 살 수 있어도 사내 맛에 길들여진 과부는 못 참고 재혼을 하게 된다.
   * 청상(青霜) : 어린 나이에 남편을 여읜 과부.
   ** 홍상(紅霜) : 한동안 살다가 홀로 된 중년 과부.

칠년 과부, 좆 맛 본듯
 - 오랜만의 일이라서 좋아 어쩔 줄 몰라하는 모습을 빗댄 말.

홀아비 불알 얼어 붙겠다
 - 매섭게 추운 날씨다.

홀아비 눈에는 미운 각시 없다
 - 굶주리다 보면 찬밥 더운 밥 안 가리듯 그렇다는 뜻.
 = 홀아비한테는 미운 여자 없다.

홀아비 사정 봐주다 과부 애 밴다
 - 남 사정이 딱하다고 헤픈 정으로 봐 주다가는 자신이 곤경에 빠지게 되니 조심할 일이다.
 = 사정 봐주다 동네 시아비가 열둘이다.

홀아비 자지 꼴려* 봤자다
 - 좋은 능력도 마땅한 용처(用處)가 없으면 소용없는 것이다.
 = 홀아비 좆 꼴려 봤자 용두질** 이나 칠까.
   * 꼴린다 : 남근이 흥분이 돼 발기한다.
   ** 용두질 : 남자의 수음(手淫)행위.

후살이 간다
 - 홀로 된 여자가 개가를 한다.

17. 처녀 · 총각 관련

꽃띠다
 - 한창 필 무렵의 처녀를 이르는 말.
 = 꽃 나이다.

꽃신이 짚신 짝 고른다
 - 참하고 예쁜 처녀가 못된 남자 만나 고생하는 경우 등에 빗댄 말.

나이 꽉 차 미운 계집 없다
 - 처녀 때는 누구든 활짝 피어 예쁘게 마련이다.

되모시* 가 처녀냐 숫처녀가 처녀지
 - 가짜는 아무리 교묘하게 숨겨도 진짜가 될 수 없다.
  * 되모시 : 이혼녀 임에도 처녀행세를 하는 여자. 거짓처녀.

떠꺼머리 처녀다
 - 시집을 못간 노처녀. 떠꺼머리는 혼인할 나이가 넘은 처녀 총각이 땋아 내린 긴 머리를 이르는 말.
 = (반) 떠꺼머리 총각.

말뚝* 총각이다
 - 기운 좋고 순박한 총각이다.
  * 말뚝 : 총각의 힘찬 성기를 비유한 말.

무명 저고리다
- 시골 출신의 무지렁이 처녀를 빗댄 말.

생 처녀 같다
- 유부녀 또는 노처녀가 숫처녀마냥 앳돼 보인다.

숫 내기다
- 성관계를 한 적 없는 처녀. 숫처녀.
= 숫 보지다. 숫색시다.

숫처녀 감별법 고담(古談)
- 예전에 숫처녀인지 여부를 떠보기 위해 써먹었다는 민담.

■ 관련 여담

신랑이 첫날밤을 맞아 신부가 아무래도 숫처녀가 아닌 것 같은지라 손으로 음호(陰戶. 여근)를 어루만지면서 "이 구멍이 이렇듯 심히 좁아 양물이 들어갈 거 같지 않으니 칼로 찢은 후에 집어넣어야겠다." 하고는 장도를 빼 짐짓 찌르는 시늉을 하자 신부가 크게 놀라고 두려워하여 "전번에 건넛집 김 좌수 막내둥이는 그렇게 찔러보지 않고도 능히 그것을 잘 들이밀면서 구멍이 작으니 뭐니 그런 말을 하지 않더이다." 그러더란다. [十大奇書]

숫처녀 훔친 죄 값을 내라
- 자리 보기할 때 신랑을 족치고 놀리면서 혼내던 전통의식.

■ 관련 여담

자리보기란 혼인한 이튿날 동네 남정네들이 신랑에게 색시 훔친 죄를 묻는다면서 신랑을 마루 대들보에 거꾸로 매달아 놓고 신발짝으로 발바닥을 때려 가면서 괴롭히거나 신랑신부의 등을 맞대 놓고 온갖 조롱과 농지거리를 하며 놀리고 무안을 주던 전래의 혼인 풍속을 가리키는 말이다.

숫처녀도 하룻밤이면 종치는 거다
- 첫날밤을 치르면 숫처녀도 헌 색시 된다. 세상만사는 돌고 도는 것이니 난 체 하지 마라.
= 숫색시도 하룻밤이다.

숫총각 봉지 뜯었다
- 첫 경험으로 숫총각 자격이 없어졌다.
= 총각 딱지를 뗐다.

쌀고치 처녀 되었다
- 속이 알찬 처녀가 되었다.

엄지머리 총각이다
- 평생을 총각으로 지내는 남자를 이르는 말.

연달래 처녀에 진달래 과부다
- 처녀 유두(乳頭)는 연분홍이지만 과부나 유부녀는 진홍빛이다.

옆집 처녀 믿다 노총각 된다
- 용기를 내야지 기다리기만 해서는 일을 그르치게 된다.

오동나무 보고 춤춘다
- 오동나무로 만드는 거문고를 연상해 나무를 보고 춤을 춘다 함이니 상식 밖의 조급한 언동을 비웃는 말. 처녀가 오동나무로 장롱을 만들어 시집갈 생각을 하고 좋아한다는 의미도 묻어 있다.

윗방 아기 효도한다
- 효도 중에 으뜸은 윗방 아기란 말이 있어 왔다.

■ 관련 여담

　　예전에 아들이, 양기가 없는 부친의 기(氣)를 보하고자 나어린 처자와 동침토록 하는 효도를 하곤 했는데 윗방아기란 그 앳된 처녀를 이르는 말이다. 양기를 보하고자 동침은 하되 접물(接物·성교)은 하지 않는 것이 불문율이었나 한다.

유리하고 처녀는 깨지기 쉽다
- 유혹이 많은 처녀 적에는 특히 몸단속을 잘해야 한다.

이왕이면 처녀장가 든다
- 같은 값이면 더 나은 쪽을 택하는 게 인지상정이다.
= 같은 값이면 젊은 과부 얻는다. 기왕이면 과부집 머슴 산다.

처녀 때 안 예쁜 여자 없다
- 처녀 적엔 활짝 피어올라 누구든 예쁘게 마련이다.

처녀 많은 동네, 보리 풍년 드는 해 없다
- 처녀가 많으면 이웃 총각들이 꾀어내 보리밭에 들어가 뒹구는 바람에 애먼 보리 농사만 망치게 된다는 뜻.

처녀 못난 건 젖통만 크다
- 예전에는 큰 유방을 음란과 연계해서 이런 말이 생긴 것으로 짐작된다.
= 계집 못난 건 엉덩짝만 크다.

처녀 보지는 먼저 꽂는 놈이 임자다
- 처녀는 대개 첫 경험을 나눈 사내와 혼인을 하게 된다는 뜻.

처녀 불알 빼고는 다 있다

- 무슨 물건이든 다 있으니 구경하고 가라는 장사꾼들의 곁말.
= 없는 거 빼놓고는 다 있다.

처녀 속은 깊어야 하고 총각 속은 얕아야 한다
- 처녀는 생각이 깊어야 하고 총각은 바로 풀어 주는 포용력이 있어야 한다.

처녀 시집 안 간다, 장사 밑지고 판다, 노인네 죽고 싶다
- 세상이 다 아는 3대 거짓말이다.

처녀 적에는 솔방울만 굴러가도 웃는다
- 사춘기 처녀들은 실없이 웃기를 잘 한다.
= 비바리는 말 방귀에도 웃는다. 처녀 때는 말똥만 굴러가도 웃는다.

처녀 젖가슴 만지듯
- 행여 놀라거나 뺨따귀라도 맞을세라 살며시 만지는 동작 또는 물건을 계속 만지작대고 놓지 않는 사람을 두고 놀리는 말.
= 큰 애기 젖꼭지 만지듯 한다.

처녀가 애라도 낳았다는 거냐
- 큰 잘못도 아닌데 책망이 지나치지 않느냐.

처녀가 애를 낳아도 할 말은 있다
- 무슨 잘못에도 이유를 갖다 붙일 수는 있는 것이다.

처녀는 밑구멍* 찢어지고 과부는 입* 찢어진다
- 판소리나 노랫가락 사물놀이 농악 따위의 신명나는 광경을, 농염한 정사 장면에 비유해서 나타낸 말.
= 뺨치고 볼기 치게 잘한다.

* 밑구멍, 입 : 음문을 빗댄 말.

처녀를 바쳤다
- 숫처녀의 정절을 주었다.

처녀막 터지는 소리하고 있다
- 같잖은 헛소리를 지껄이고 있다.
= 김밥 옆구리 터지는 소리 한다. 콘돔 째지는 소리 한다.

처녀면 다 처년 줄 아냐
- 처녀로 통할 뿐 숫처녀가 아닌 처녀도 많다.

처녀장가 두 번 들려면 과거할 팔자라야 한다
- 평생 두 번이나 처녀를 아내로 맞기는 과거급제만큼이나 어렵고 귀한 일이다.

처녀하고 말은 타봐야 안다
- 직접 체험을 해봐야만 진가를 알 수 있다.

처년지 과분지 유부년지 알 수가 없다
- 표시가 있는 게 아니라서 알 수 없다는 의미 외에 정조 관념이 희박해진 엽량 세태를 반영한 말.

천연 기념물이다
- 동정(童貞)의 숫총각 숫처녀를 놀림조로 이르는 말. 북한 속담.
= 숫처녀 보려면 탁아소 가야 한다.(북한 속담)

총각 눈에는 애꾸 처녀도 예뻐 보인다
- 그러기 십상이니 잘 보고 신중하게 판단해야 한다는 뜻.

코 큰 총각 먼저 엿 사 먹인다
- 코가 크면 남근도 크고 실할 것으로 믿어 아낙이 선심까지 써가면서 은밀히 유혹을

한다는 뜻.

풋 조개* 다
- 나 어린 숫처녀다.
= 풋 보지다. 숫 보지다. 햇 조개다.

  * 풋 조개 : 음문을 에둘러 이르는 말. 여기서 '풋'은 '풀'에서 나온 말로 '채 익지 않은' '싱싱한' 이라는 뜻.

풋 조개를 먹는다
- 나어린 처녀와 성교를 한다.

햇미나리처럼 야들야들하다
- 앳된 처녀의 자태를 그린 말.

18. 물 · 불 · 바람 관련

가는 배 순풍이면 오는 배는 역풍이다
 - 대저 인생이란 좋거나 궂은 일이 교차하는 법이다.
 = 세상만사 새옹지마(塞翁之馬)다.

가랑잎에 불붙듯 한다
 - 가랑잎에 불이 붙으면 무섭게 타들어가듯 성미가 매우 급한 자이다.

가만 바람이 대목(大木) 꺾고 모기 다리가 쇠 씹 한다*
 - 보잘것없어 뵈는 것도 일을 낼 때가 있으니까 업신여겨서는 안 된다.
    * 모기다리가 쇠 씹 한다. : 모기가 소와 교미한다 함이니 불가능한 일이라는 뜻.

강물이 차고 더운 건 오리가 먼저 안다
 - 어디든 그 분야의 전문가는 따로 있는 법이다.

굴뚝으로 불 땔 집구석이다
 - 한 집안 또는 직장 꼴이 엉망으로 돌아가는 양상을 비유한 말.

그 소문, 섶에 불이지
 - 남녀 간에 어쨌다더란 소문은 마치 섶에 불을 놓은 것처럼 삽시간에 동네방네 퍼져나가 누구든 알게 된다.

깊은 강물을 삿대로야 잴 수 있나
 - 큰 인물 됨됨이를 보통 사람이 알 수 있겠느냐.

깊은 물 속은 알아도 사람 속은 모른다
　- 사람의 심성은 가늠하기 어려운 것이다.

남의 불에 몸 녹이고 남의 불에 게 잡는다*
　- 남의 덕에 힘 안 들이고 득을 취하는 약아빠진 자이다.
　　　* 남의 불에 게 잡는다. : 밤중에 게펄에서 게를 잡을 때 남의 횃불 덕을 본다는 뜻.

냉수 먹고 주정한다
　- 같잖은 거짓말 또는 허세부리지 말라고 의기 지르는 말.

냉수 먹다 이빨 부러진다
　- 도무지 되는 일이 없다고 한숨 짓는 말.

눈물 바람 콧물 바람이다
　- 좀체 울음을 멈추지 못하고 오열한다.

눈썹에 불이 붙었다
　- 뜻밖의 큰 걱정거리가 생겼다.

덴 데 털 안 난다
　- 크게 낭패를 보면 다시 일어나기 어렵게 된다.

뜨물에 좆 담가 놓고 있다
　- 일을 하려거든 화끈하게 하고 말려거든 말지 뭐가 그리 흐리멍텅 하냐.

마른 논에 물 대는 격이다
　- 한도 끝도 없이 돈깨나 잡아먹는 일이다.

말 잘 타는 놈 떨어져 죽고 헤엄 잘 치는 놈 빠져죽는다
　- 일에 능수능란 할수록 더 조심해야 한다.

몸에 불났다
- 효도에 지극 정성을 다한다. 또는 일에 전념하고 있다.

물 건너갔다
- 죽었다. 또는 일이 끝났다. 이미 우리 손에서 떠난 일이다. 좋은 기회를 놓쳤다.

■ 관련 여담

여기서 '물'은 산 자의 이승과 사자(死者)의 저승 사이에 흐르는 강물을 말하는 것으로 동양에서는 삼도천(三途川), 서양에선 요단강이라 불렀다. '요단강 건너가 만나리'는 죽은 뒤 천국에서 만나자는 뜻. 죽었다 살아난 임사체험자(臨死體驗者)들의 공통된 이야기는 배를 타고 이 강을 건너다가 도중에 다시 돌아왔다는 것이다. 죽음의 땅 저승에 닿기 전 중도에 이승으로 돌아오게 되어 목숨을 건지게 되었다는 이야기다.

물 나는 아궁이* 에 불 때 준다
- 여자에게 정성껏 성적인 서비스를 한다.
  * 물 나는 아궁이 : '음문'을 둘러 이르는 말.

물도 깊을수록 소리가 없다
- 학덕이 높으면 인품도 점잖기 마련이다.
= 벼도 익을수록 머리를 숙인다.

물방아 찧는다
- 성행위를 빗댄 말.
= 가죽방아 찧는다. 밤 방아 찧는다. 자식농사 짓는다.

물 본 기러기, 어옹(漁翁)을 두려워할까
- 물 본 기러기가 어부를 두려워하겠느냐. 어떤 장애물도 남녀의 사랑을 막지는 못한다는 뜻.

물소리에 목을 축이란 말이냐
 - 쥐어 주는 게 있어야지 말로만 선심 쓴다고 될 일이냐.

물 속에서 불을 피우려 든다
 - 당치 않은 짓을 하려 든다고 혀 차는 말.

물에 빠진 건 건져도 계집에 빠진 건 못 건진다
 - 색정을 떨치기란 그만큼 어려우니 진작 자중해야 한다고 이르는 말.

물은 골로 빠지고 죄는 짓는 대로 간다
 - 물이 골짜기 따라 흐르듯 죄 또한 지은대로 벌을 받게 돼 있다.
 = 죄는 지은대로 가고 도는 닦은 대로 간다.

물이 와야 배가 가고 정이 와야 사랑도 가지
 - 세상만사는 모두가 상대적인 것이다.

물하고 사촌간이다
 - 싱겁기 짝이 없는 자이다.

바람만 불어도 넘어질 것 같다
 - 비쩍 마른데다 기운도 한 점 없어 보인다.
 = 건들바람에도 쓰러지겠다.

밤 자고나면 수가 나는 법이다
 - 깊이 생각하고 연구를 하면 해법이 생기게 된다.

벼락 맞은 소 뜯어 먹듯
 - 여럿이 벼락맞아 죽은 소에게 덤벼들어 욕심을 채우듯 뭇사람들의 속된 심성을 나타낸 말.

벼락 치는 하늘도 속일 놈이다
- 사악하고 담대하기 이를 데 없는 자이다.

별 튀고 불 튄다
- 매우 심한 몸싸움 또는 정염에 불타는 눈빛을 이르는 말.

불구경 싸움구경은 양반도 한다
- 볼거리를 즐기는 건 사람의 본성이다.

불난 데 키질 한다
- 불난 집에 부채질 한다.

불난 집 며느리 나대듯
- 어찌할 바를 몰라 허둥대는 모습을 그린 말.
= 호떡집에 불난 듯.

불내 놓고 불이야 한다
- 잘못을 저질러 놓고 되레 큰소리를 친다.
= 도둑이 도둑이야 한다. 적반하장(賊反荷杖)이다.

불면 날아갈까 쥐면 터질까
- 애지중지 키우는 아이 또는 애완동물 등을 빗댄 말.

불벼락을 맞아 싼 놈이다
- 불시 재앙에 죽어도 아까울 것 없는 자이다.

불에 놀란 놈은 부젓가락만 보고도 놀란다
- 무엇에 놀라면 그 비슷한 것만 봐도 놀라게 된다.
= 더위 먹은 소는 달만 봐도 헐떡거린다. 화살에 상한 새는 굽은 가지만 보아도 놀란다. 물에 덴 놈은 냉수도 불고 마신다.

불이 나게 맞았다
 - 눈에 불꽃이 튀리만큼 심하게 얻어맞았다.

불진 비바리* 에 얼음 진 머슴아 다
 - 적극적인 처녀에 미온적인 총각 즉 음양이 조화롭지 않은 남녀관계를 이르는 말.
 = 불진 처녀에 얼음 진 총각이다.
  * 비바리 : 제주도 처녀.

불탄 자리는 있어도 물 지난 자리는 없다
 - 화재보다 수재(水災)가 더 무서운 것이다.
 = 붙는 불은 꺼도 넘는 물은 막지 못한다.

비를 피한다고 물속에 뛰어들고 연기 피한다고 불속에 뛰어들랴
 - 경우 없고 사리에 안 맞는 어리석은 짓 좀 하지 마라.

빗물로 머리 감고 바람에 빗질하며
 - 구차한 떠돌이의 삶을 비유한 말.
 = 나무비녀 몽당치마로 살았다.

삼년 가뭄에는 살아도 석 달 장마엔 못 산다
 - 가뭄 피해보다 장마로 인한 피해가 훨씬 더 혹독하다.

성난 눈에 불 켜 달고서
 - 눈자위 치뜬 사나운 얼굴로.

세 살 난 아기, 물가에 노는 것 같다
 - 불안한 것이 영 마음이 놓이지 않는다.
 = 의붓자식, 소 팔러 보낸 것 같다.

쏘아버린 화살에 엎지른 물이다
 - 수습하기엔 때가 너무 늦었다.

약한 바람 불 붙이고 강한 바람 불을 끈다
 - 성품이 부드러우면 사람들이 도와줘 성공할 수 있는 반면 강하면 반감을 사서 실패하기 쉽다.

억수* 장마에도 빨래 말미는 있다
 - 어떤 일에든 조금의 여유는 있는 법이다.
 = 석 달 장마에도 푸나무 말릴 틈은 있다.

   * 억수 : 본디는 호우를 가리키는 악수(惡水)에서 나온 말. 많은 비는 이로움 보다 해가 크대서 악수(惡水)라고 부르다 모음조화 현상에 의해 '억수'가 되었다.

여자하고 논바닥은 물이 많을수록 좋다
 - 논에 물이 많으면 벼농사가 잘 되듯 여자 역시 음수가 흥건해야 성감이 좋다.

온몸에 비바람 묻히며 살았다
 - 마치 짐승처럼 한뎃잠도 자며 산 기구한 인생이었다.

용 가는데 구름 가고 범 가는데 바람 따른다
 - 만사는 유유상종(類類相從)하는 것이다.

장마* 는 늦장마가, 바람은 늦바람이 무섭다
 - 늦장마가 다 된 농사를 망쳐 놓듯 바람기 역시 젊어서는 한 줄금 지나면 그치지만 늦바람은 검질겨서 패가망신의 원인이 된다.

   * 장마 : '장(長)'자는 '긴', '오랜'이란 뜻이고 '마'는 '물'의 옛말로서 장마란 '큰물' 또는 '오랫동안 내리는 비'를 뜻한다.

저녁달에 못 꿴 바늘 귀, 새벽달에 꿰랴
 - 불가능한 것은 언제 해도 안 되게 마련이다.

접시 물에도 빠져 죽는다
 - 죽을 운명은 피할 수 없다.

정이 불이면 불길 일고 정이 물이면 물결이 일어야 정이지
 - 사랑이란 공명하는 뜨거운 정이 있어야 하는 것이다.

제 발등 불도 못 끄면서 남 걱정 한다
 - 제 할일도 못하면서 주제넘게 굴고 있다.
 = 머슴이 쥔마누라 속곳 걱정한다.

죄진 놈 옆에 있다 벼락 맞는다
 - 불량배들과 어울리면 한동아리로 몰려 변을 당하는 수가 있으니 삼가고 경계할 일이다.
 - 모진 년 옆에 있다가 벼락 맞는다. 도둑놈 미누리는 저절로 도둑년 된다.

찬물에 불알 오그라들듯 한다
 - 돈이나 재산 등이 눈에 띄게 줄어드는 모양에 빗댄 말.
 = 냉수에 좆 줄듯 한다. 냉수축신이다.

찬물에도 덴다
 - 운이 없으려니까 별게 다 걸리적 거린다.

풍년이 들려거든 임 풍년이 들고 바람이 불려거든 돈 바람이나 불어라
 - 민요의 한 구절. 임 풍년이 들어서 외로운 사람 없고 돈 풍년이 들어서 모두 잘 살게 해달라는 염원이 배어 있다.

화약을 지고 불 속에 들어간다
 - 위험한 짓을 자초하고 있다.
 = 섶을 지고 불에 든다.

흐르는 물도 떠 주면 공덕이다
 - 사소한 도움도 선행은 선행이다.

19. 기후 · 계절 · 시기(때) 관련

가는 방망이에 오는 홍두깨* 다
 - 남을 해하려다 더 큰 앙화를 입었다. 세상만사가 그러한즉 참는 게 미덕이라고 일러주는 말.
    * 홍두깨 : 옷감을 감아서 다듬이질 하는데 쓰는 길둥근 몽둥이.

가을 뻐꾸기 소리다
 - 가을에 뻐꾸기가 울 리 없으니 헛소문이라는 뜻.

가을 좆은 쇠판도 뚫는다
 - 가을은 남자의 양기가 절륜해 지는 때이다.

가을* 바람은 총각바림, 봄바람은 처녀바람이다
 - 가을철에는 총각이 봄철은 처녀가 바람나기 쉬운 때이다.
    * 가을 : 곡식을 거두어 차곡차곡 더미를 만든다는 뜻의 '가리다'에서 나온 말로서 '농작물을 거두어들이는 일'을 뜻한다. '노적가리'나 '낟가리' 등이 모두 같은 뜻.

갈 때는 한량, 올 때는 거지다
 - 돈 마구 쓰고 다니면서 뽐내더니 나중 보니까 거지에 진배 없더라.

개똥을 밟으면 쇠똥은 안 밟는다
 - 불행은 대개 겹쳐 오지는 않는 법이다.

겨울 부채* 꼴이다

- 연때가 맞지 않아 쓸모가 없이 되었다.
    * 부채 : '붗+애'의 합성어로 '붗'은 바람을 일으키는 '부치(다)'의 어근이 줄어든 것이고 '애'는 접미사다. 따라서 부채는 '부쳐서 바람을 일으키는 것'이란 뜻.

고기는 놓친 고기가 크고 자식은 죽은 자식이 잘 났다
- 지난 일은 대부분 좋게 기억되기 십상이다.

고생 끝에 병 든다, 젊어 고생은 늙어 신경통이다
- '고생 끝에 낙이 온다, 젊어 고생은 사서도 한다.'는 전래의 속담을 두고 빈정대는 신세대의 패러디.
= 티끌모아 티끌(태산)이다.

고운 계집은 첫눈에 예쁘고 못난 계집은 정들면 예쁘다
- 자기 처가 못났다고 불평하는 이웃을 다독이는 말.

굿 지난 뒤에 날장구 치고 있다
- 때가 지난 다음에 소용없는 짓거리를 하고 있다.
= 버스 지난 뒤 손 흔든다. 행차 뒤에 나팔 분다.

그 좋던 신색 다 개 물려 보내고
- 그 곱던 미색, 허망한 세월 속에 다 스러지고.

그믐에 안 된 것이 초승* 에 된다
- 꾸준히 노력하면 안 될 것 같던 일도 되는 수가 있다.
    * 초승 : 음력 매월 초의 얼마동안.

금년 새 다리가 명년 쇠다리* 보다 낫다
- 불확실한 큰 것보다 작아도 확실한 것이 더 낫다.

* 쇠다리 : 소의 다리.

급하다고 밑 씻고 똥 누겠냐
 - 아무리 급해도 일은 순리에 따라야 하는 것이다.
 = 바늘허리 매어 못 쓴다.

까치가 맨발로 다니니까 오뉴월인줄 아냐
 - 상황을 바로 보고 얼뜬 짓 좀 하지 마라.

꿈을 꿔야 임을 보고* 임을 봐야 애도 낳지
 - 모든 일에는 순서가 있고 조건이 갖춰져야 이뤄지는 것이다.
  * 임을 본다 : 정사를 한다는 뜻.

꿩 구워 먹은 자리* 없고 씹한 흔적 없다
 - 남녀 간 정사는 일단 지나면 흔적이 남지 않는다.
 = 죽 떠먹은 자리다. 배 지나간 자리다.
  * 꿩 구워먹은 자리 : 일을 치른 뒤 자취가 없음을 이르는 말.

날 샌 올빼미 신세다
 - 때를 놓쳐서 처지가 외롭게 되었다.
 = 날 샌 부엉이 꼴이다.

나무도 늙어 고목 되면 오던 새도 아니 온다
 - 사랑도 권세도 때가 지나면 찾는 이가 없게 된다.

나이 예순에는 한 해가 다르고 일흔에는 한 달이, 여든이면 하루가 다르다
 - 환갑 이후는 기력이 부쩍부쩍 주는 까닭에 각별히 건강에 유념해야 한다.

나이 이길 장사 없다

- 천하장사 절세미인 부귀공명도 세월이 가면 별수 없이 다 시들고 만다.
= 비상을 먹고는 살아도 나이를 먹고는 못 산다.

남자는 늙어도 짚 한 뭇 들 힘만 있으면 여자를 본다
- 남자는 운신할 기운만 있어도 성행위를 할 수 있다.
= 남자는 마른 짚 한 뭇만 들어도 애를 낳는다.

남자는 뻣뻣한 게 연해지고 연한 게 뻣뻣해지면 끝장이다
- 뻣뻣했던 남근이 고개 숙이고 유연해서 힘꼴깨나 썼던 근육이 뻣뻣해지면 남자구실은 끝장난 것이다.

남자는 어릴 때는 고추, 20대는 자지, 30대는 좆, 40대는 물건, 50대는 연장이라 한다

■ 관련 여담

어려서는 남근이 고추모양 같다 하여 고추로 부르고 20대는 장가를 들어 사내구실을 하게 되니까 자지, 30대에는 더러 바람 피우는 일도 있는 탓에 자지의 속어인 좆으로 부르다가 40대가 되면 그저 일상에 필요한 '물건' 정도로 대접 받고 50대에는 꼭 필요한 때가 아니면 꺼내 쓰지 않는 '연장' 정도로 밖에는 대우받지 못한다는 뜻.

낮 맷돌에 휜 허리, 밤 맷돌* 에 푼다
- 낮 동안 일에 지쳤던 몸이 밤에 나누는 육정(肉情)으로 해소가 된다.
  * 밤 맷돌 : 정사를 빗댄 말.

낮거리* 하다 들킨 놈(년)마냥
- 쑥스러워서 어쩔 줄 몰라 하는 모습을 나타낸 말.
  * 낮거리 : 한낮에 벌이는 정사.

낳을 때 알았으면 짚신짝으로 틀어 막았을 걸
  - 저런 망나닌 줄 알았으면 진작 낳지를 않았을 것이다.

내 배부르니 종 배고픈 줄 모른다
  - 내가 유족하면 남 어려운 사정을 헤아리지 못하게 된다.

노인 망령은 고기로 고치고 젊은이 망령은 몽둥이로 고친다
  - 노인은 음식으로 봉양해야 좋아하고 못된 행동을 하는 젊은 놈은 혼을 내야 버르장머리가 고쳐진다.

노인 부랑한 것 어린애 입 잰 것 처녀 발 잰 것
  - 하나같이 모두 웬 못된 버릇들이다.

눈 온 다음 날 샛서방 옷 빨래 한다
  - 샛서방은 보는 눈 때문에 오래 머물지 못하므로 눈 온 다음 날 포근할 때 빨래를 해 얼른 말려서 입혀 보낸다.

늙고 병들어도 씹할 힘은 있다
  - 비록 몸은 늙었어도 종족보존의 원력(原力)은 남아 있다.

늙으면 돈도 안 붙고 계집도 안 붙는다
  - 늙으면 일을 못해 돈도 안 생기고 밑심도 약해 여자가 따르지 않게 된다.
  = 수즉다욕(壽則多辱)이다.

늙으면 용마(龍馬)도 삯마* 보다 못하다
  - 사람이든 짐승이든 늙으면 쓸모가 없어진다.
    * 삯마 : 돈을 주고 빌려 쓰는 보통 말.

늙으면 자식 촌수보다 돈 촌수가 더 가깝다
 - 늙을수록 자식보다 돈이 더 긴요하게 된다.

늙은 보지다
 - 나이 많은 여자다.

늙은 서방 얻었다간 송장 두 번 치른다
 - 늙은 서방을 얻으면 두 번 과부가 될 수 있으니 노인한테는 개가하지 마라.

늙은 여우 같은 년
 - 요사스런 할망구이다.

늙은 우세* 하고 사람 치고 병(病) 우세하고 개 잡아 먹는다
 - 나이 많음을 빙자해서 함부로 사람을 치고 병든 것을 핑계 삼아서 개를 잡아먹듯 같잖은 핑계로 욕심을 채우는 못된 늙은이다.

　　* 우세 : 형세 따위가 남보다 나음.

늙은 총각 귀신은 있어도 늙은 처녀 죽은 귀신은 없다
 - 장가 못 가고 죽은 남자는 있어도 시집 못 가보고 죽은 여자는 없다.

늙을수록 욕심은 젊어진다
 - 늙으면 욕심은 되레 더 많아진다.

늦게 된서방* 만났다
 - 늘그막에 고약한 서방 만나 고생깨나 하게 생겼다.

　　* 된서방 : 성미 고약한 남편.

늦바람에 문전옥답 다 날린다
 - 늦 바람기는 잡기 힘들어서 패가망신하기 십상이다.

= 늦바람이 곱새등* 벗긴다. 늦바람은 제 아비도 못 말린다.
  * 곱새등 : 초가지붕 꼭대기를 덮는 용마름. 이것이 벗겨지면 빗물이 새들어아 집을 온통 못 쓰게 된다.

닫는 말* 에 채찍질 한다고 경상도까지 하루에 갈까
 - 제 아무리 용을 써도 불가능한 것은 불가능한 것이다. 하긴 당시야 고속버스도 KTX도 없었으니까.
  * 닫는 말 : 달리는 말.

대한(大旱) 칠 년에 비 바라듯 한다
 - 오랜 가뭄에 비 바라듯 학수고대하고 있다.

도망치는 년, 밤 봇짐 싸듯 한다
 - 다급하게 서두르는 모습을 그린 말.
 = 낮거리* 하다 들킨 년 마냥.
  * 낮거리 : 낮에 벌이는 정사.

드는 정은 몰라도 나는 정은 안다
 - 정이 드는 줄은 몰라도 헤어지면 금세 체감하게 된다.

든 거지에 난 부자다
 - 실은 거지사촌인데 나들이 때만 멋을 내는 맹랑한 자이다.

든 버릇이 난 버릇이다
 - 몸에 밴 버릇이 타고난 습관처럼 되었다. 술, 노름, 오입질 등 못된 버릇을 두고 이르는 말.

든 호걸에 난 병신이다
 - 집에서만 큰소리지 밖에서는 기를 못 펴는 반병신이다.

= 이불 속에서 호랑이 잡는다. 겁 많은 개가 집에서 짖는다.

들일까 말까 맘이 독해지다가 약해지다가
　- 마음을 잡지 못해 이러지도 저러지도 못하고 망설이는 모습.

맑은 하늘에 날 벼락 친다
　- 예상치 못한 변고이다.

망건 고쳐 쓰다 파장 된다
　- 공연한 짓을 하다 정작 할 일을 놓쳐 낭패를 본 경우 등에 빗댄 말.
　= 망건 쓰자 파장 된다. 사당치레하다 신주 개 물려 보낸다.

머슴 늙은 것하고 당나귀 늙은 것은 못 쓴다
　- 늙으면 꾀만 늘어서 부려먹기 힘드니 불러다 쓰지 마라.

묵은 원수 갚으려다 새 원수 만든다
　- 원수를 갚으면 연쇄 반응이 일어나게 되니 용서하고 잊는 것이 좋다.

밑* 질기게 퍼질러 앉아 있다
　- 주저앉으면 일어날 줄 모르는 자이다.
　　　* 밑 : 여기서는 '궁둥이'를 이르는 말.

바람 핑계, 구름 핑계 댄다
　- 당치 않은 이유를 갖다 대면서 모면하려 든다.

밤 잔 원수 없고 날 샌 은혜 없다
　- 원수나 은혜는 모두 오래 안 가서 잊게 마련이다.

밤이면 미운 사람은 더 밉고 그리운 사람은 더 그립다

- 밤에는 온갖 생각이 다 떠오르고 생각도 깊어지게 된다.

보릿고개 피고개 아리랑 고개란다
- 겨울 양식은 떨어지고 보리는 아직 여물지 않아서 곤궁한 때가 보릿고개라면 피고개는 아직 추수는 이르고 피* 도 패기 전이라 양식 대먹기 어려운 무렵을 이르는 말.
    * 피 : 볏과의 잡초인 구황식물.

봄볕에 그을리면 임도 못 알아본다
- 봄볕은 따가와서 피부를 금세 그을리게 한다는 뜻.

봄 보지는 쇠 젓가락도 끊는다
- 봄철은 여자의 성욕이 왕성해지는 때이다.
= 춘삼월 보지는 쇠줄도 끊는다.

봄 불은 여우 불이다
- 대기가 건조해 때없이 자주 나는 봄철의 불.

봄 사돈은 꿈에 볼까 두렵다
- 양식 귀한 봄철에는 사돈처럼 어려운 손님이 올까 지레 걱정된다.
= 봄 사돈은 범보다도 더 무섭다.

봄 씹 세 번 하다가는 초상 난다
- 봄철이 되면 여자는 성욕이 승하지만 남자는 농번기 일에 지치는 탓에 여자가 하자는 대로 했다가는 초주검이 되니 자중할 일이다.
= 봄 씹 세 번 하면 네 발로 긴다. 봄 씹은 세 번을 해도 물고 늘어진다.

봄 조개 가을 낙지다
- 봄에는 조개, 가을에는 낙지가 제 맛이다.
= 봄 도다리, 가을 전어다.

자료제공 : 소설가 정동수

봄* 계집에 가을 사내다
- 봄철에는 여자, 가을은 남자가 바람나기 쉬운 때이다.
= 봄바람은 처녀 바람, 가을바람은 총각 바람이다.
　　* 봄 : '봄'이 변한 말로서 '봄'은 '보지'또는 '보자기'에서 '봄'으로 변한 말. 봄은 또한 '씨의 입'을 뜻하는 '씹'처럼 '씨를 뿌리는 계절'이란 뜻이다.

봄바람에는 말 씹도 툭 터진다
- 봄철은 여자의 춘정이 승하는 때인지라 암말조차도 바람이 나서 걷잡지 못하게 된다는 비유의 말.
= 봄바람에는 말 좆도 터진다.

봄바람은 첩 죽은 귀신이다
- 봄바람은 마치 첩처럼 품안에 파고들어도 쌀쌀맞기 그지 없다는 뉘앙스가 묻어 있다.

봄에 깐 병아리* 가을에 가서 세어 본다
- 살림 건사가 앙바르지 못한 자이다.
　　* 병아리 : 병아리의 옛말은 '비육'인데 '비육비육'하는 울음소리에서 유래한 것이다. 뒤에 '비육'에 접미사 '아리'가 붙어 '비육+아리'가 되었다가 '병아리'로 변하였다.

봄이 되면 오십 먹은 씹도 툭 터진다
- 봄철이 되면 나이 든 여자도 춘정이 꿈틀거린다.

불알에 털도 안 난 놈이
- 아직 나어린 놈이 버릇없이 군다고 야단치는 말.
= 머리에 피도 안 마른 것이.

비 맞은 김에 머리 빗는다

- 마침 맞게 기회가 와서 별렀던 일을 해치운다.
= 엎어진 김에 쉬어간다.

사내는 꼴릴 때까지고 여자는 관 뚜껑 닫을 때까지다
- 남자의 원력은 발기될 때까지고 여자에게는 그 시한이 없다.

사내는 새벽 좆 안 꼴리면 볼짱 다 본 거다
- 새벽이면 남근이 발기하게 마련인데 축 처져 있으면 좋은 때는 다 가버린 것이다.

사람 팔자는 늦 팔자가 제 팔자다
- 젊어 고생을 해도 나이 들어 병 없고 가세 넉넉하면 그게 바로 좋은 팔자다.

사랑은 첫사랑, 바람은 늦바람이 제 맛이다
- 사랑은 첫사랑이 좋고 바람은 늘그막 바람이 더 맛이 좋다.

사랑은 첫사랑이 더 뜨겁고 추위는 첫추위가 더 춥다
- 무슨 일이든 처음 시작할 때 느낌이 더 강렬하게 체감된다.

사십 전 바람은 잡아도 사십 후 바람은 못 잡는다
- 젊어 바람기는 잡을 수 있어도 늦바람은 잡기 어렵다.

살림이 거덜나면 봄에도 소를 판다
- 농사철인 봄에 소를 판다 함이니 궁하다 보면 그런 딱한 경우도 생긴다는 뜻.
= 양식 떨어지면 종자씨도 내 먹고 땔감 떨어지면 울타리도 헐어 땐다.

삼 년 가는 흉 없고 석 달 가는 칭찬 없다
- 흉이나 칭찬 모두 세월 속에 잊혀지지만 칭찬보다는 흉이 더 오래 가는 법이다.
= 입방아에 오르 내리면 신상에 안좋으니 남 흉 보지 말라고 이르는 말.

삼밭 수수밭* 다 지나 놓고 잔디밭에서 조른다
- 좋은 기회 다 놓쳐 놓고 사방이 번다한 잔디밭에 와서 정사(情事)를 조르는 사내놈처럼 눈치코치 없이 멍텅구리 짓을 하고 있다고 나무라는 말.
  * 삼밭, 수수밭 : 키가 크고 이파리가 너울져서 정사하기 좋은 장소라는 뜻.

삼복에 개 목숨이다
- 언제 죽을지 또는 직장에서 떨려날지 모르는 위태위태한 상황이다.

삼일 안* 색시도 웃을 일이다
- 조심스러워 좀체 웃지 않는 갓 시집온 색시도 웃을 만큼 어이없는 일이다.
  * 삼일 안 : 시집온 지 3일 이내.

새벽 좆 안서는 놈은 외상도 주지 말랬다
- 자고 난 새벽에도 발기가 안 되면 언제 죽을지 몰라 못 받는 수가 있으니 외상주지 마라.
= 새벽 좆 안서는 놈은 저승이 문지방 밖이다.

새벽부터 암탉이 운다
- 아침부터 마누라가 바가지를 긁는다. 또는 예감이 좋지 않다.

색시* 그루는 다홍치마 적에 앉혀야 한다
- 아내를 길들이려면 새색시 적에 법도를 세워 가르쳐야 한다.
  * 색시 : '새로 들어온 젊은 여자'를 이르는 '새 각시'의 준 말.

샛서방은 진작 못 만난 게 한이고 본서방은 먼저 만난 게 한이다
- 뜻과 같지 않은 것이 인생만사이다.

서른이면 서운하고 마흔이면 매지근하고 쉰이면 쉬지근하고 육십이면 착 쉰다
- 남자 나이 삼십이면 청년기가 지났으니 서운하고 마흔이면 기가 약해지는 지라 맥

적지근하고 쉰이면 심신이 모두 쉰 듯 기운이 없고 육십이 되면 착 쉰다는, 나이를 인생살이 도정에 비유한 말.

서울 가려거든 눈썹 하나도 떼 놓고 가라
 - 먼 길을 갈 때는 행장을 가볍게 차리고 떠나라.

'세 살 때 못 만난 게 한이다
 - 금실 좋은 부부 또는 연인사이에 더 일찍 만나지 못 했음을 아쉬워하는 말.

세 살 먹은 아기도 제 손 안에 것은 안 내 놓는다
 - 남의 재물 탐할 생각일랑은 아예 하지 마라.

세월아 네월아 한다
 - 한정 없이 게으름을 피우고 있다고 꾸짖는 말.

소대한(小大寒) 지나 얼어 죽을 잡놈 있나
 - 소한 대한 지나면 큰 추위는 물러가게 마련이다. 큰 곤경을 치르고 나면 작은 시련은 그냥저냥 넘기게 된다는 뜻.
 = 소한 대한 넘긴 놈이 우수 경칩에 얼어 죽을까.

소한(小寒)얼음이 대한에 녹는다
 - 통상 소한이 대한보다 더 추운 경우가 많다는 뜻.
 = 대한이 소한집에 놀러왔다가 얼어 죽는다.

송곳 같은 세월이다
 - 가난 또는 근심 걱정에 싸여 힘들게 살고 있다.

솥 걸고 삼년, 손 씻고 삼 년이다

- 게을러 터져서 일을 미루기만 하는 자를 나무라는 말.
  = 망건 고쳐 쓰다가 파장한다. 사당치레에 신주 개 물려 보낸다.

쇠뿔은 단김 호박떡은 더운 김이다
  - 무슨 일이든 시의적절한 때가 있는 법이다.

식당 개 삼년이면 라면 끓인다
  - 오래 하다 보면 절로 문리가 트이게 된다.
  = 서당 개 삼년에 풍월한다.

싫은 일은 오뉴월에도 손이 시리다
  - 싫은 일은 여름에도 손 시리고 손가락이 곱으리만큼 내키지 않는 법이다.
  = 남의 일은 한여름에도 손가락이 곱고 시리다.

씹 맛 나자 과부 된다
  - 일이 좀 돼가나 싶더니 그예 어그러지고 말았다.
  = 입맛 나자 양식 떨어진다. 씹에 길나자 과부된다.

씹 흉년이 들었다
  - 성관계를 해본 지가 꽤 오래 되었다.

씹 하면서 딴전 본다*
  - 일에 몰두하지 않고 한눈을 팔고 있다고 나무라는 말.

      * 딴전 본다 : 자기 일은 하지 않고 다른 전(廛. 가게)을 보듯 엉뚱한 데 신경을 쓴다는 뜻.

아시 팔자 그른 년이 두 번 팔자도 그 타령이다
  - 애초의 팔자가 안 좋더니 나중 팔자도 별 수 없더라.

아침 안개는 중 대가리 깬다
 - 아침안개가 끼면 한나절 햇살이 따가운 법이다.

아흔아홉까지 살아도 한 살 더 살기를 바란다
 - 사람의 욕심은 한도 끝도 없는 것이다.

업은 손자 환갑 닥치겠다
 - 한정도 없이 일을 미루거나 게으름 피는 자를 책망하는 말.
 = 고손자 좆 패는* 꼴을 보겠다.
  * 좆이 팬다 : 덮였던 귀두가 벗겨진다. 결혼적령기가 된다는 뜻.

업은 아이 삼년 찾는다
 - 물건 등을 곁에 두고 찾아 헤매는 사람을 핀잔주거나 놀리는 말.
 = 업은 아기 옆집 가서 찾는다.

엎어진 김에 쉬어 가고 활 당긴 김에 콧물 닦는다
 - 한 번에 두 가지 일을 해치운다.
 = 떡본 김에 제사 지낸다. 일석이조(一石二鳥)다.

여드레 팔 십리* 가기 바쁘겠다
 - 그리 느려터지니 하루 십리 가기도 어렵겠다. 일을 서둘러서 하라고 다그치는 말.
  * 여드레 팔십리 : 8일에 팔십리. 하루 십리(4km) 를 간다는 뜻.

여드레에 피죽 한 그릇도 못 먹었냐
 - 힘아리 없어 보이는 자를 두고 핀잔주는 말.

여름* 에는 사공, 겨울에는 뱃놈이다
 - 배 다루는 일은 여름에는 신선 노름이지만 눈보라치는 겨울에는 상놈일보다 더 고된 일이래서 나온 말.

* 여름 : '열매', '열리다', '여물다'와 한 갈래 말로써 '열매가 열리는 철'이란 뜻.

여자 나이 이십에는 꿀같이 달고 삼십대엔 무장아찌마냥 짭짤하고 사십대엔 시금털털하고 오십대엔 매운맛 나고 육십대가 되면 쓴맛만 남는다
 - 남자입장에서 여자에 대한 느낌이나 성감을 연령대별로 회화한 곁말.

여자 삼십에는 꽃이 지지만 남자 삼십이면 꽃이 핀다
 - 여자나이 삼십이면 고운 티가 가시지만 남자는 활기가 넘친다.

여자는 십대는 호두알, 이십대는 알밤, 삼십대는 귤, 사십대는 석류, 오십대는 곶감이다

■ 관련 여담

10대 여자는 껍질 깨기만 힘들지 먹을 건 별로 없는 호두 같고 20대는 껍질은 딱딱해도 일단 벗겨 내면 그런대로 먹을 만한 알밤 같고 30대는 쉽게 벗겨지고 맛도 좋은 귤 같고 40대는 건드리기가 무섭게 절로 터지는 석류 같고 50대는 이따금 생각나야만 찾아 먹게 되는 곶감과 같다는 곁말.

열흘 굶은 군자 없다
 - 누구든 굶주리다 보면 체면도 지키기 어려운 법이다.

오뉴월 긴긴 날에 밥 안 먹고는 살아도 동지섣달 긴긴 밤에 임 없이는 못 사네
 - 한창 나이 때는 먹고사는 것보다 사랑이 더 절실한 것일 수 있다.

오뉴월 더위에는 암소 뿔도 물러빠진다
 - 한여름 극심한 무더위의 위력을 나타낸 말.

오뉴월 뱃놈이 좆 내놓듯 한다
 - 여름철 뱃사람이 뱃전 아무 데서나 남근을 내놓고 쉬를 하듯 거리낌 없이 남사스런

짓을 하고 있다.

오뉴월 보리밭에 파수꾼* 같은 놈
- 한여름 밤에 보리밭 둑에 숨어 있다가 보리밭에서 밀애를 즐기고 나오는 남녀를 을러대 돈을 갈취하는 자이다.
  * 보리밭의 파수꾼 : 치사스런 갈취범을 이르는 말로서 요즘의 러브호텔 주변 공갈범 같은 자들이 예전에도 있었다는 반증이기도.

오뉴월 수캐 좆 자랑하듯
- 감춰 마땅한 것을 자랑하다니, 제 밑 들어 남 보이는 못난 짓을 하고 있다.

오뉴월 염병에 땀 한 방울 못 낼 놈이다.
- 염병(장티푸스)은 땀을 내지 못하면 죽는 까닭에 죽어 싼 놈이라는 악담.

오뉴월에 마른벼락을 맞아 죽을 놈
- 죽어도 웬 못되게 죽어 마땅한 자이다.

오뉴월에 축 늘어진 말 좆 같다
- 게으르거나 느려 터진 자를 두고 머퉁이 주는 말.
= 오뉴월 쇠불알 늘어지듯. 씹한 놈 자지 처지듯.

오뉴월에도 얼어 죽겠다
- 지나치게 추위를 타거나 또는 허약한 자를 두고 이죽거리는 말.
= 오줌발에도 데어 죽겠다. 건들바람에도 쓰러지겠다.

오는 복은 몰라도 가는 복은 안다
- 궁하게 되면 그 당장 몸으로 느끼게 된다.

오다가다 만난 소매 끝동 인연이다

- 우연찮게 만나 살게 된 뜨내기 연분이다.

오십 상처(喪妻)는 망처다
  - 상처는 큰 불행이지만 특히 50대에 상처를 하면 집안에 망조가 들게 된다.

오입쟁이 낮거리* 안하는 놈 없다
  - 오입질 일삼는 자는 밤이든 낮이든 때와 장소를 가리지 않는다.
    * 낮거리 : 한낮에 벌이는 정사.

올바람은 잡아도 늦바람은 못 잡는다
  - 젊을 때 바람기는 잡을 수 있어도 늘그막의 바람기는 잡기 어렵다.

올챙이 적 생각은 못 하고 개구리 된 생각만 한다
  - 예전 미천하던 시절은 생각 않고 돈 좀 벌었다고 거드름을 떨고 있다.

이십 전 상처(喪妻)는 복처(福妻)요 사십 후 상처는 망처다
  - 이십 전 상처는 두 번 장가 들 수 있어 좋지만 사십 후에 상처를 하면 자식들 수발에다 살림도 망조가 들어 큰 재앙이 된다.

일흔부터는 남의 나이로 산다
  - 70까지만 자기 나이고 70 넘어 사는 것은 먼저 죽은 남의 나이 빌려서 사는 것이다. 무병장수가 그만큼 어렵고 귀한 일이라는 뜻.
  = 일흔이 넘으면 덤으로 산다.

자고 나면 수가 난다
  - 당장은 막막해도 기다리다 보면 해법이 생기는 법이다.

잘 나가다 삼천포로 빠진다
  - 마무리 과정에서 빗나가 일이 낭패가 되었다.

■ 관련 여담

　　예전 부산서 진주로 가는 열차는 진주~삼천포행 손님이 동승을 했는데 열차가 계양역에 닿으면 진주행과 삼천포행 객차가 분리돼 운행을 했다. 이 때 열차에선 승객들이 헷갈릴까봐 반드시 안내방송을 했는데 술 먹고 잠들었거나 무심하게 들어 넘긴 사람이 행선지인 진주 아닌 삼천포로 가 버리는 일이 빈번해서 이런 말이 생겼다 한다. 또는 옛날에 장사꾼이 장사가 잘되는 진주로 가려다 길을 잘못 들어 삼천포로 가는 바람에 낭패 본 일에서 유래되었다는 설도 있다.

잠 동무다
- 동무 삼아서 잠을 같이 자는 친구이다.

잦힌 밥이 멀랴 말 탄 서방이 멀랴
- 다 잘돼 가는 중이니 걱정하지 마라.

저렇게 급하면 외할미 씹으로 왜 못 나왔노
- 진작 어미 아닌 외할미한테서 태어났으면 저리 서두르지 않아도 될 것 아니냐는 뜻으로 어떤 일을 마치 불에라도 덴 듯 서두르는 자를 두고 빈정대는 말.

젊어 마누라 여럿이면 늙어 마누라는 하나도 못 거느린다
- 젊어서는 여러 계집을 거느려도 기운 좋고 재산 있어 여자들이 참고 살지만 늙으면 짐스럽기만 해서 버림받게 되니 바람 피우지 말고 착실하게 살아라.

젊어 싸움은 사랑싸움, 늙어 싸움은 돈 싸움이다
- 젊어서는 사랑이 우선이지만 늙으면 돈에 더 의지하게 된다.

젊어선 여우였다 늙으면 호랑이 된다
- 여자는 젊어서는 여우처럼 잘했다가도 자식이 크고 남편이 늙어 힘을 못 쓰게 되면 내주장이 되어 집안을 쥐고 흔드는 호랑이처럼 사납게 변한다.

젊은 계집은 가지 밭* 에 오줌만 싸도 애가 선다
  - 젊은 여자는 성교를 했다 하면 금세 임신이 된다.
  = 젊은 계집은 치마만 스쳐도 애가 든다. 젊은 아낙은 손만 잡아도 애가 선다.
  * 가지 밭 : 남근이 가지를 닮았대서 생긴 말.

젊은 여자는 익은 음식이다
  - 처녀든 유부녀든 젊은 여자는 남자라면 누구든 먼저 먹으려 드는 익은 음식같은 것이니 늘 몸단속을 잘해야 한다.

정승 날 때 강아지 난다
  - 세상사는 존비귀천이 돌고 도는 것이다.

젖비린내 나는 것이
  - 나 어린 놈이 건방지게 군다고 호통치는 말.
  = 젖내 나는 놈이. 귀때기도 새파란 것이. 대가리에 피도 안 마른 놈이.

진달래 지면 철쭉 꽃 보랬다
  - 상처(喪妻)를 한 이에게 상심하지 말고 새 아내를 얻어 살라고 권하는 말.

짐승도 해가 바뀌면 철이 든다
  - 하물며 너는 어째 말썽만 피고 하고헌날 그 모양 그 꼴이냐.

쪽박 쓰고 벼락을 피하려 든다
  - 준비도 없이 요행을 바라고 있다.
  = 호랑이 보고 놀라 문구멍 틀어막는다.

처가살이 삼 년에 등신 안 되는 놈 없다
  - 기를 못 펴고 살다 보면 사람 노릇도 못하게 되니 처가살이는 하지 마라.
  = 처가살이 삼 년에 아이들도 외탁* 한다.
    * 외탁 : 생김새나 성미 등이 외가를 닮는 것. (반) 친탁.

천둥 없는 날벼락이다
  - 느닷없이 당한 횡액이다.

천둥인지 지둥* 인지도 모르면서
  - 문제의 핵심도 모르면서 아는 체 한다고 비웃는 말.
  = 금도 모르면서 비싸단다.
    * 지둥 : 땅이 흔들리는 지진을 이르는 '지동(地動)'에서 나온 말.

철나자 망령 난다
  - 긴 것 같아도 인생이란 잠시 잠깐이다. 또는 나이 들어 사람 좀 되는가 싶더니 매양 한가지라고 혀 차는 말.
  = 철들자 노망든다. 지각나자 망령 난다.

첫 바람에는 반하고 늦바람에는 미친다
  - 젊어서의 바람은 오래잖아 잡히지만 늦바람은 여위는 불꽃처럼 타오르는 지라 여간해선 잠재우기 어렵다.

첫날밤에 내소박 맞는다
  - 내소박이란 아내가 남편을 구박해 내쫓는 소박을 이르는 말로서 첫날밤부터 그런 졸경을 치른다는 뜻.

첫새벽에 대문을 열면 오복이 들어 온다
  - 부지런하면 잘 살게 된다는 삶의 교훈을 일러주는 말.

추석 쇤 개장국집이다
  - 손님이 들지 않는 음식점을 비유해서 이르는 말.

칠년대한(大旱)에 비 안 오는 날 없고 구년장마에 볕 안 드는 날 없다

- 긴 가뭄과 장마에 대한 원망의 말. 또는 세상사가 궂은 일만 계속되는 것은 아니라는 뜻도.

칠석날 동침을 하면 효자동이 낳는다
 - 견우직녀가 일 년에 한번 만나는 길일이라서 효자를 낳게 된다는 속설.

칠월 손님은 범보다 더 무섭다
 - 춘궁기(春窮期)인지라 접대할 일이 난감해서 두렵다는 뜻.
 = 여름 사돈은 범보다 더 무섭다. 봄 사돈은 꿈에 볼까 두렵다.

코털이 셀 지경이다
 - 일이 뜻대로 되지 않아서 애가 타 죽을 지경이다.

하루 물림이 열흘 간다
 - 미뤄 버릇하면 되는 일이 없다.

하룻밤을 자도 헌 색시다
 - 한번 정조를 잃으면 되돌릴 수 없는 것이니 각별 유념할 일이다.

한여름 발등에 고기국물 한 방울만 떨어져도 그 힘으로 여름 난다
 - 지난 날 농사일은 힘든 반면 양식은 딸렸던 탓에 이런 말이 생겼을 터.

해오라기 나이 여든이라 머리 힐까
 - 나이에 안 어울리게 머리가 하얗게 센 사람을 놀리는 말.
 = 염소 새끼가 나이 먹어 수염 났다더냐.

환갑 전에 철들기는 다 틀렸다
 - 하는 짓거리를 봐 허니 사람 노릇하기는 진작 틀린 것 같다.

20. 말 관련

갈군다
- 상대방을 헐뜯어 화나게 만든다.

개고생 한다
- 아주 모진, 말 못할 고생을 하고 있다.

개올리는* 꼴을 보자니 닭살 돋아서 미치겠다
- 알랑방귀 뀌는 꼴을 차마 눈 뜨고는 못 봐 주겠다.
   * 개올린다 : 아첨을 한다.

거짓말 모르면 중매 못 한다
- 중매에는 거짓밀이 들러리 서게 마련이다.

거짓말도 잘만 하면 논 닷마지기 보다 낫다
- 그럴듯하게 말을 잘 하면 전화위복이 될 수도 있다.
= 거짓말이 외삼촌보다 낫다.

거짓말하면 똥구멍에 털 난다
- 거짓말을 해선 안 된다고 이르거나 또는 거짓말이 들통났을 때 놀리는 말.
= 주었다가 뺏으면 똥구멍에 털 난다.

걸레를 씹어 먹었냐
- 더러운 소리 좀 하지 마라.

견불견 청불청 하거라
- 부모가 시집가는 딸에게 '보아도(見) 못본 척, 들어도(聽) 못 들은 척해라. 그래야만 시집살이 잘 할 수 있다'고 이르는 말.

곰은 웅담에 죽고 사람은 혓바닥에 죽는다
- 가장 귀한 것 또는 재능이 앙화가 되는 수가 있으니 가슴에 새길 일이다.

공당문답에 감투 횡재를 하다
- 우연한 만남이 뜻밖의 좋은 결과로 돌아온 경우 등에 빗댄 말.

■ **관련 여담**

고불(古佛) 맹사성이 재상으로 있을 때 고향인 온양에 갔다가 상경하던 중 비를 만나 용인의 여사(旅舍)에 들었을 때 일이다. 종들을 거느리고 먼저 와 있던 영남의 한다하는 선비가 공에게 청해서 농도 하고 담론도 하던 중 공자 당자(公字堂字)로 운을 삼아 문답을 하기로 정하여 공이 먼저 "무슨 일로 서울에 가는 공?" 하고 운을 떼었다. 이에 그가 "녹사취재(綠事取才)하러 서울에 간당" 하였는데 이는 그 선비가 녹사 즉 조선시대 기록 문서 등의 일을 맡아 보던 서리(胥吏)과거시험을 보러 가는 길이란 뜻이었다. 이에 공이 다시 "그럼 내가 주선해 줄 공?" 하니 선비가, 비를 맞아 후줄근한 맹사성의 행색이 초라하고 하찮아 보여 "혁부당(工不當. 실없는 소리 마라)" 하고 귀 너머로도 듣지 않았다. 한데 며칠 뒤 과거장에서 맹사성이 그 선비를 다시 만나게 되어 "하여공(何如公. 어떠한가)?" 하고 물었다 한다. 이에 공을 알아본 선비의 낯빛이 창백해지면서도 여전히 "사거지당(死去之堂. 죽어 마땅합니다)" 하고 답하는 것이었다. 이에 일좌(一座)가 괴이하게 여기는지라 공이 내막을 들려주니 여러 재상들이 크게 웃고 이로써 맹사성이 녹사(錄事) 한자리를 주었는데 선비가 이후 일을 잘 봄으로 칭찬이 자자했다 한다. 이를 보면 당시 주막 또는 여사(旅舍)가 언로가 트인 열린 공간이었음을 미루어 짐작할 수 있다.

군말이 많으면 쓸 말이 적다
- 필요한 말만을 하라고 훈계조로 이르는 말.

귀는 보리동냥을 보냈냐
 - 말귀를 듣지 못하거나 또는 못 알아 먹을 때 핀잔주는 말. 귀동냥이란 남들이 하는 말을 곁에서 얻어 듣는 일.

귀썰미 있다
 - 들은 것을 잘 기억하는 재주가 있다.
 = 눈썰미 있다.

귓속말이 백리 가고 천리 간다
 - 비밀이란 없는 것이니 항시 입조심 하거라.

글귀야 몰라도 말귀조차 모를까
 - 무식해서 글귀야 모른다 쳐도 어째 말귀조차 못 알아듣는단 말이냐.

길 풍월 겉 풍류다
 - 귀동냥 눈동냥으로 얻어 듣고 익힌 설익은 풍류다.

깨 방정을 떨고 있다
 - 있는 대로 수다를 떨고 있다.

꿰진* 대꾸나 하려거든 일 없시다
 - 계속 엇가는 대답이나 할 양이면 걷어 치웁시다.
  * 꿰지다 : 미어지거나 터지다.

끌탕 좀 하지 마라
 - 공연히 애태우지 말고 속 좀 가라 앉혀라.

남 악담이 내 악담 된다
 - 악담을 하면 그게 결국 나한테 돌아오는 것이니 그러지 마라.

남 흉은 홍두깨* 요 제 흉은 바늘이다.
 - 남의 잘못은 커 보이지만 내 잘못은 안 보이는 것이니 이 점을 늘 경계해야 한다.
   * 홍두깨 : 옷감을 다듬이질 할 때 감아 쓰는 길둥근 몽둥이.

남의 말 석 달 가랴
 - 헛소문은 오래 못 가는 법이다.

남의 흉은 앞에 차고 제 흉은 뒤에 찬다
 - 자기 흉은 숨기고 남 흉은 드러내 까발리는 속물 인간이다.

남자는 거짓말 세 자루는 차고 다녀야 한다
 - 남자가 한세상 살려면 거짓말도 필요한 때가 있다.

남자는 풍을 치고 여자는 초를 친다
 - 남자는 허풍을 잘 치고 여자는 말질 잘하는 습성을 빗대 화투놀이 할 때 풍을 치거나 초를 치면서 주고 받는 곁말.

낮에는 눈 있고 밤에는 귀 있는 줄 알아라
 - 낮에는 눈으로 밤엔 귀로 들게 되는 것인즉 항시 말을 조심해라.

내미룩 네미룩 한다
 - 책임 따위를 지지 않으려고 서로 미루거나 민적거린다.

너하고 말하느니 벽에 대고 말하는 게 낫겠다
 - 말이 통하지 않는 답답한 자이다.

넉살 좋기는 강화 년이다
 - 화문석 또는 인조견을 팔러 다니던 강화 여자들이 너스레 잘 떨고 생활력이 질기대서 나온 말.

넉살이 남의 떡 모판에 가 엎어지겠다
 - 성미가 검질긴 게 넘어져도 미친 척 남의 떡 모판에 가 엎어져 남의 귀한 떡 다 처 먹겠다.

녹두방정* 을 떨고 있다.
 - 버릇없이 까불어 대고 있다.
    * 녹두방정 : 손만 대도 톡하고 쏟아지는 녹두 열매처럼 버릇없이 까부는 언동 등을 빗댄 말.

누구 목 매다는 꼴 보고 싶으냐
 - 속 터지는 짓 하지 마라. 계속 그러면 가만 있지 않겠다고 으름장 놓는 말.
 = 누구 잡을 일 있냐.

늙은 소 밤길 가듯 넘겨짚기는 잘 한다
 - 그럴듯하게 말허리 잘 둘러대는 자를 비아냥대는 말.

담벼락하고 말하는 게 차라리 낫겠다
 - 말귀를 못 알아듣는 답답한 자이다.

대답 쉽게 하는 놈 치고 일 제대로 하는 놈 못 보았다
 - 경솔한 인간 치고 일 잘하는 자 별로 없더라.

대답은 막둥이 마냥 잘도 한다
 - 일은 못 하는 주제에 대답 하나만은 잘 한다.
 = 대답은 엿 토막 자르듯 잘도 한다.

되질은 될 탓, 말질도 할 탓이다
 - 되질도 되는 솜씨에 따라 양에 솔찮게 차이가 나듯 말도 하기에 따라 달리 이해되고 전달되는 것이다.

들깨방정 참깨방정 다 떨고 있다
 - 온갖 수다를 다 떨고 있다.

들은 말 들은 데 버리고 본 말 본 데 버려라
 - 말이 화근이니 들은 말 옮기지 말고 항상 입조심 하거라.
 = 낮말은 새가 듣고 밤 말은 쥐가 듣는다.

따까리* 노릇 한다
 - 뒷바라지를 하거나 또는 아첨을 일삼는다.

   * 따까리 : 자질구레한 일을 맡아 하는 자를 속되게 이르는 말.

떠죽거리는 폼이
 - 잰 체하면서 지껄여대는 꼴이.

떡은 덜고 말은 보탠다
 - 떡은 옮길 적마다 떼먹어 줄어들지만 말은 옮겨질 때마다 보태져서 다툼의 원인이 된다.
 = 떡은 떼고 말은 보탠다.

똥닦개* 노릇 한다
 - 궂은 일 치다꺼리 또는 아첨을 일삼는 자이다.

   * 똥닦개 : 변을 본 다음 밑을 닦는 종이. 밑씻개.

말 다하고 죽은 귀신 없다
 - 말이란 참기도 하고 숨기기도 해야지 하고 싶은 말 다하다 보면 엉뚱한 실언, 망언도 하게 되니 조심할 일이다.

말 단 집 장 단 법 없다
 - 말 많은 집은 살림솜씨도 안 좋아서 된장, 고추장 등을 맛나게 담그지 못한다. 자고로 말이 많으면 되는 일이 없다는 뜻.

말 많은 잔치에 먹잘 거 없다
- 말로만 떠벌이는 일 또는 사람 치고 좋은 뒤끝을 못 보았다.
= 소문난 잔치에 먹잘 거 없다.

말 헤픈 년이 서방질도 헤프다
- 말이란 곧 마음의 표현인 까닭에 말버릇이 곧 여러 행동의 원인이 될 수 있다는 비유의 말.

말대꾸에 보리 카락* 들었다
- 말투에 가시가 박혀 있다. 말 버슴새가 고약하다.

   * 보리 카락 : 말버릇이 보리이삭처럼 까칠하다는 뜻.

말 뒤에 말이 있다
- 말 뒤에 드러내지 않은 속내가 숨겨져 있다.
= 말 속에 말이 있고 산 속에 산이 있다.

말은 속여도 눈은 속이지 못 한다
- 눈빛에는 속마음이 드러나기에 그렇다는 뜻.

말로 달래고 안아 달래도 소용없고
- 어떤 수를 써 봐도 통하지를 않아 애가 탄다.

말로 씹한다고 애새끼 생기나
- 말만 앞세우지 마라. 무슨 일이든 행동을 해야지 말만으로는 되는 일이 없다.

말로만 풍년에 말로만 진수성찬이다
- 쥐어 주는 실속은 없이 말만 번지르르 하다.
= 말잔치로 온 동네 다 겪는다. 말로는 상다리 부러지겠다.

말은 꾸밀 탓이요 일은 할 탓이다
- 말을 할 때는 상대방한테 오해가 생기지 않게끔 신경을 써야 한다.
= 말은 할 탓, 고기는 씹을 탓이다.

말은 넌지시 하는 말이 더 무섭다
- 낮은 음성으로 하는 말이 더 무게가 있다.

말은 비단인데 행동은 개차반* 이다
- 말은 그럴 싸 비단결인데 실제 행동은 딴 판이다. 겉 다르고 속 다른 자이다.
= 말은 부처 같고 마음은 뱀 같은 자이다.

  * 개차반 : 개가 먹는 차반 즉 똥이라는 뜻.

말이 세 입을 건너면 뱀한테도 발이 생긴다
- 말이 번지다보면 전혀 엉뚱한 내용으로 변하기도 한다.

말이 없다고 속 까지 없는 건 아니다
- 말이 없다고 얕보지 마라. 누구든 정중하게 대해야 한다는 뜻.

말한 입술에 침도 안 말랐겠다
- 그 새를 못 참아 말질을 하다니 어째 그리 입이 싸단 말이냐.

망신살이 무지개 살 뻗치듯 했다
- 톡톡히 창피를 당했다.
= 망신살이 부채* 살 퍼지듯 했다.

  * 부채 : '부채'는 바람을 일으킨다는 뜻의 '부치(다)' 어근에 명사를 만드는 접미사 '에'가 합성되어 '부쳐서 바람을 일으키는 것'이라는 뜻이 되었다.

매보다 더 아픈 말도 있다
- 육체적인 고통보다 말로 인한 마음상처가 더 아픈 경우도 있다.
= 한 말은 사흘 가고 들은 말은 삼년 간다.

먹을 게 없어서 귀까지 처 먹었냐
  - 말귀를 못 알아 듣는다고 꾸짖는 호통.

메기 잔등에 뱀장어 넘어가듯
  - 위기 또는 곤경을 얼버무려 넘기는 구변에 빗댄 말.

명 짧은 놈은 턱 떨어지겠다
  - 궁금해 죽겠으니 어서 말을 해라.
  = 명 짧은 놈은 다 못 듣고 죽겠다.

모기 보고 칼을 뺀다
  - 하찮은 일에 소란을 떠는 바보 멍청이다.

목소리에 옹이가 박혔다
  - 목소리에 앙칼이 들어 있다.
  = 말에 가시가 박혀 있다.

무식하면 척이나 말아야지
  - 아는 척하다 들통 난 자를 비웃는 말.

문동답서* 하고 자빠졌다
  - 묻는 말에 전혀 생게망게한 답변을 하고 있다.
      * 문동답서 : 동문서답(東問西答)을 농으로 이르는 말.

물에 빠져 죽으면 입만 동동 물 위에 뜨겠다
  - 수다스런 자를 두고 이죽거리는 말.

밑방아* 못 찧는 주제에 입방아** 만 찧고 있다

- 밤일도 못하는 주제에 쓸데없는 말만 지껄이고 있다.
    * 밑방아 : 남녀 간의 정사.
    ** 입방아 : 괜한 말질.

반글이다
- 예전 한문은 진서(眞書)라 칭한 반면 한글을 얕보아 이르던 말.
= 언문. 상말 글.

반 병이 더 촐랑거린다
- 반편이 되레 더 설치고 있다.
= 빈 수레가 더 요란하다.

받고 채기로 지껄여대는 꼴이라니
- 끝도 없이 주고받는 수다에 넌덜머리가 날 지경이다.
= 수다가 판소리 열두 마당이다.

발기집어* 서 산통* 다 깼다
- 비밀을 발설해서 일을 망쳐 놓았다.
    * 발기집다 : 들추어내다. 까발리다.
    ** 산통(算筒) : 소경이 점을 칠 때 쓰는 산가지를 넣은 조그만 통.

발명* 해 봤자 날 샌 일** 이다
- 변명을 늘어놔 보아야 소용없는 짓이다.
    * 발명(發明) : 말로 밝히는 일. 변명.
    ** 날 샌 일 : 때를 놓쳐서 글러버림.

발보다 발바닥이 더 크단 말이냐
- 말도 안 되는 거짓말하지 마라.

= 배보다 배꼽이 더 크다. 산보다 범이 더 크다.

뱃놈이 뱃머리 둘러대듯 한다
- 그럴싸하게 핑계 하나는 잘 둘러댄다.

뱉으면 다 말이냐
- 대체 그걸 말이라고 하는 것이냐.
= 그게 말이냐 막걸리냐.

버선이면 속이라도 뒤집어 보이지
- 사실대로 말해도 믿지 않으니 환장할 노릇이다.

보따리 내주면서 자고 가란다
- 싫은 기색이 역력함에도 말로는 안 그런 척, 속 보이는 짓을 하고 있다.
= 봇짐 내주면서 앉으란다. 봇짐 내 주면서 묵어가란다.

복대기 치지* 마라, 정신살 사납다
- 정신 없으니 그만 솜 떠들어라.

  * 복대기 친다 : 여럿이 정신 못 차리게 떠들어대는 모양.

불알 긁어 주는 데는 도가 텄다
- 비위 맞추고 아첨하는데 이력이 난 자이다.

불집을 낸다
- 일이 터지게끔 폭로를 한다.

비나리치는* 데야 당할 놈 없다
- 아첨하는 데는 도가 튼 자이다.

  * 비나리 친다 : 환심을 사고자 아부를 한다.

사공이 여럿이면 배가 뒤집힌다
 - 중구난방이면 일을 그르치기 십상이다.
 = 사공이 많으면 배가 산으로 간다.

사내놈이 길 떠날 때는 미투리* 하고 거짓말 하나는 차고 가야 한다
 - 남자가 객지에 나가 견디려면 질긴 신발과 세상살이 요령 하나는 지니고 있어야 한다. 여기서 거짓말은 삶의 요령을 둘러서 이른 말.
   * 미투리 : 삼이나 노 따위로 삼은 신. 짚신보다 훨씬 더 질긴 것이 특징이다.

사슴은 사향 때문에 잡혀 죽고 사람은 입 때문에 망한다
 - 장점 탓에 화를 당하는 수도 있으니 항시 입조심 하라고 일깨우는 말.

사정이 사촌보다 낫다
 - 사정을 해서 얻는 것이 사촌이 물에 물 탄 듯 도와주는 것보다 더 나을 수 있다.
 = 떼쓰는 게 사촌보다 낫다.

살*은 쏘고 주워도 말은 하고 못 줍는다
 - 말은 한번 잘못하면 수습할 수 없는 것이니 항상 말조심 하거라.
   * 살 : 화살.

삼 년 가는 거짓말 없다
 - 거짓으로 잠깐 속일 수는 있어도 끝까지 속일 수는 없다.

삼수갑산* 을 갈망정
 - 어떤 곤욕을 치를지언정 하고픈 건 해야겠다는 다짐의 말.
   * 삼수갑산 : 삼수는 함경남도 삼수군 군청 소재지. 갑산과 함께 교통이 매우 열악한 오지여서 유배지로 조명이 났던 곳이다.

손님 앞에선 개도 꾸짖지 않는다
 - 어떤 손님이든 정중히 대해야 한다는 교훈의 말.

솔랑솔랑한* 게 덜 미더운 놈이다
- 말과 행동거지가 가벼워 믿음이 덜 가는 자이다.

　*솔랑솔랑하다 : 언행이 경박하다.

송곳 말, 도끼 말, 작대기 말 하지마라
- 고 성수(性壽) 큰스님(1923-2012)이 출가하는 스님들께 이르던 말. 남의 속을 찌르는 송곳 말, 머리를 내려치는 도끼 말, 등을 때리는 작대기 말 하지 말라는 교훈의 말씀.

시시덕거리다 애 밴다
- 남녀가 실없는 농담을 주고받다가 눈이 맞아 일을 저지르듯 사소한 것이 빌미가 되어 낭패가 된 경우 등에 빗댄 말.
= 장난치다 애 밴다. 곁눈질에 정분 난다.

신문지 세 장은 맞창 낸다
- 정력이 좋아서 한번 사정(射精)에 신문지 세 겹은 뚫는다고 허풍떠는 말.

씹 본 벙어리마냥
- 말없이 혼자 히죽히죽 웃는 사람을 두고 놀리는 말.

씹 좆 빼면 욕할 말 있나
- 욕에는 으레 그런 상말이 들러리 서게 마련이다.

씹는* 놈은 씹어 버려야 한다
- 해를 끼치는 자는 앙갚음을 해줘야 한다.

　*씹는다 : 해친다 또는 밀고한다. 일러 바쳐서 해를 입힌다.

씹을 씹이라면 궂은 말이란다
 - 맞는 말이라도 귀에 역한 말은 가려 쓸 줄 알아야 한다.

악담 끝은 있어도 덕담 끝은 없다
 - 악담은 화근을 불리 오지만 덕담은 복을 받는 것이니 덕담을 많이 하도록 해라.

악담이 덕담 된다
 - 악담을 듣고 깨우쳐서 나쁜 행실을 고치는 계기가 되기도 한다.

애* 달 캐달한다
 - 안달을 하고 애를 태운다.
    * 애 : 근심에 싸인 마음.

양 귀청에 딱지가 앉겠다
 - 지겨우니까 같은 말 되풀이하지 마라.

어르고 등골 빼 먹는다
 - 봐주는 척하면서 뒤로는 해코지를 한다.
 = 어르고 뺨친다.

어벌쩡* 하지 마라
 - 거짓말로 적당히 넘기려 들지 마라.
    * 어벌쩡 한다 : 거짓 수작을 한다.

언문 뒷다리도 모른다
 - 낫 놓고 기역자도 모르는 판무식이다.
 = 문짝 세워놓고 입구(口)자도 모른다.

여편네 말 들었다가 남의 여편네 도둑년 만든다
 - 말은 곧이곧대로만 믿지 말고 스스로 잘 판단해야 한다.

열 놈이 백말을 해도 들을 이 짐작이다
 - 누가 무슨 말을 하든 결국은 자신의 판단에 달린 것이다.

염병 떨고 있다
 - 같잖은 말이나 행동을 하고 있다.

엿 먹인다
 - 계속 비꼬면서 말을 걸고 넘어진다. 곤경에 빠뜨린다.

오가리* 들었냐
 - 겁먹고 움츠러든 모습에 기운 내라고 용기를 돋우는 말.
   * 오가리 : 무나 배추 잎 따위에 병이 들어 오글쪼글하게 된 모양.

오도방정* 을 떤다
 - 채신머리없이 까불어대고 있다.
   * 오도방정 : 방정맞은 짓거리.

오입쟁이치고 거짓말쟁이 아닌 놈 없다
 - 여자 비위를 맞춰야 하는 까닭에 온갖 거짓말을 하게 마련이다.

옴니암니* 한다
 - 자질구레한 것을 갖고 좀스럽게 따진다.
   * 옴니암니 : 어금니와 앞니. 또는 어떤 일에 드는 비용.

왕거미 똥구멍에서 거미줄 나오듯 한다
 - 말을 청산유수로 썩 잘한다. 또는 일이 술술 잘 풀린다.

왼새끼를 꼰다
- 걱정스런 일이 생겨서 애를 태운다. 또는 비비꼬아서 말하거나 비아냥댄다.

요살* 을 떤다
- 살이라도 베어 먹일 듯 간살을 떤다.

  * 요살 : 물어서 죽임.

욕 맛이 꿀맛이다
- 오랜만에 만난 친구 사이에 '그동안 뒈지지 않고 살아 있었구나' 등 주고 받는 상소리에 되레 듬뿍 더 정감이 간다는 뜻.

욕 반 사랑 반이다
- 친한 사이에 만나면 욕으로 말문을 열 듯 욕은 친분과 사랑의 징표이기도 한 것이다.
= 욕이 반 사랑이다.

욕부터 배운다
- 아이들은 말을 배울 때 욕이나 또는 나쁜 버릇부터 먼저 배운다.

욕사발을 퍼 붓는다
- 원한이 맺혀 온갖 욕설을 퍼붓는다. 욕을 사발에 담아 퍼붓듯 한다는 뜻.

욕에 정 붙는다
- 욕을 주고받다 보면 마음이 통해서 정이 들기도 한다.
= 욕에서 정분난다. 욕에 정든다.

욕에도 맛있는 욕이 있다
- 욕은 혐오스런 거지만 개중엔 듬뿍 정이 가는 욕도 있다.
= 욕 맛이 꿀맛이다.

웃자고 한 말에 죽자고 덤빈다.
- 농으로 한 말에 천둥같이 화를 낸다. 어이없는 노릇이다.

웃자고 한 말에 초상 난다
- 말이란 항시 신중하게 생각한 다음 해야 하는 것이다.
= 농담 끝에 초상난다.

■ 관련 여담

옛날에 한 선비가 외출을 하는데 아내가 어디를 가느냐고 묻는 것이었다. 해서 선비는 그저 농담으로 "건넛마을 예쁜 과부가 하나 있는데 나 아니면 개가를 않겠다고 고집을 피워서 첩으로 데려다 앉히려고 가는 중이다." 라고 하였다. 그런 뒤 선비가 그 날 집에 돌아와 보니 아내가 그 말을 진담으로 듣고서 몰래 어둑한 광으로 들어가 광목으로 목을 매달아 죽고 말았다.

이 일로 하여 '웃자고 한 말에 초상 난다.' 는 말이 생겼다 한다.

일은 반 몫에 말썽은 열 몫이다
- 일은 못하면서 싸움질 등 말썽만 피우는 자이다.

입 걸기가 개골창* 같다
- 입을 벌렸다 하면 욕설에다 음담패설까지 온갖 더러운 소리만 해대는 자이다.
  * 개골창 : 수채물이 흐르는 작은 도랑.

입 두고 말 못하는 것도 벙어리 병신이나 한가지다
= 겁 먹고 말 못 하는 자 또한 병신이 아니냐.

입 속에는 꿀, 뱃속엔 칼 든 놈이다
- 말은 꿀처럼 달지만 속에는 해코지할 앙심을 품고 있다.
= 구밀복검(口蜜腹劍)이다.

입에서 나오는 건 하품 빼고는 다 거짓말이다.
 - 어느 무엇 한 가지도 믿지 못할 거짓말쟁이다.

자랑 끝에 쉬 든다
 - 자랑이 지나치면 액이 따르는 법이다.

잘나 터졌다
 - 너 잘났다고 빈정대는 말.

잘 되면 술이 석 잔, 못 되면 뺨이 세 대다
 - 중매를 서는 경우에 빗댄 말. 중매는 남의 평생을 좌우하는 일이므로 신중을 기해야 한다는 뜻.

장 단 집엔 가도 말 단 집* 엔 가지 마라
 - 말 많은 집은 장 맛도 쓰기 마련이니 갈 곳이 못 된다. 또는 아첨 일삼는 자는 경계를 해야 한다는 뜻.
   * 말 단 집 : 말이 많은 집.

장승하고 말하는 게 차라리 낫겠다
 - 동구 밖 장승처럼 도무지 말이 안 통하는 자이다.
 = 바람벽에 대고 말하는 게 차라리 낫겠다.

접시 밥도 담을 탓이요 같은 말도 할 탓이다
 - 무슨 일이든 당사자가 하기 나름이다.

정들어도 참말은 하지 말랬다
 - 아무리 가까워져도 안 할 말은 끝까지 말아야지 불연이면 나중 뜻밖의 곤욕을 치르게 된다.

= 정들어도 정말은 하지 마라.

정이 말 위에 넘치는 것이
- 정분을 말 속에 담뿍 담아서.

조명이 난* 놈(년)이다
- 널리 나쁜 소문이 나 있는 자이다.
   * 조명(嘲名)이 나다 : 좋지 않은 소문이 나다.

주둥이가 시궁창이다
- 하는 말이 하나같이 더럽기 짝이 없다.

지가 입으면 잠자리 날갠데 내가 입으면 풍뎅이 날개란 말이냐
- 어째 사람을 그리 괄시 하느냐고 들이대는 말.

질퍽한 육담* 에 입 찢어지게 웃고
- 걸쭉한 음담패설에 크게 웃어 제치고.
   * 육담(肉談) : 성 관련의 상스런 이야기.

쩍쩍 늘어 붙는다
- 말솜씨 또는 음식 맛이 매우 좋다.

찍자를 부린다
- 무턱대고 억지 떼를 쓴다.

찜부럭 낸다* 고 심화 가 낫겠냐**
- 짜증을 낸다고 울화병이 나을 리 있겠느냐.
   * 찜부럭 낸다 : 심신이 괴로울 때 내는 공연한 짜증.
   ** 심화(心火) : 마음속에서 끓어오르는 울화.

찢어진 아가리라고 말대꾸는 잘 한다
 - 반성하는 기색은 없이 변명만 늘어놓고 있다.

참깨가 길다거니 짧다거니 한다
 - 시빗거리도 안 되는 것을 두고 다툼질을 한다.
 = 도토리 키 재 보기다. 도낀 개낀이다. 오십보백보다.

참말은 할수록 줄고 거짓말은 할수록 른다
 - 정직한 자는 말수가 적고 거짓말쟁이는 말이 많은 법이다.

참새를 볶아 먹었냐
 - 참새마냥 몹시 재잘대는 자를 핀잔주는 말.

천하 벙어리가 다 떠들어대도 네 놈만은 입 닥쳐라
 - 변명의 여지 없는 명백한 사실이다.

초라니 열은 봐도 능구렁이 하나는 못 본다
 - 말 많고 가벼운 것이 음흉한 것보다는 그래도 낫다.
 = 여우하고는 살아도 곰하고는 못 산다.

칼 상처는 나아도 말 상처는 안 낫는다
 - 몸의 상처는 아물면 낫지만 마음 상처는 좀체 아물지 않는 것이니 항시 말조심을 해야 한다.
 = 매보다 더 아픈 말도 있다. 한 말은 사흘 가고 들은 말은 삼년 간다.

하겟말 한다
 - 벗이나 아랫사람에게 쓰는 낮춤 말씨.

한 치 혀가 역적을 만든다
- 말을 잘못해서 화를 자초하지 마라.

할 말이 많은 듯 없고 없는 듯 많아서
- 애증 많았던 과거사에 오랜만에 만나고 보니 그렇다는 뜻.

혀 밑에 도끼 있고 말 속에 뼈가 있다
- 말하는 투로 보아 해코지하려는 악의가 숨어 있다.

호랑이 입보다 사람 입이 더 무섭다
- 사람이 악심을 품으면 호랑이 보다 더 크게 해를 입힌다.

혼사 말하는데 상사* 말한다
- 혼사를 의논하는데 초상 얘기를 꺼내다니 분위기 파악을 못하는 팔푼이다.

　　*상사(喪事) : 사람이 죽는 일.

혼사에 거짓말은 찰떡에 팥고물이다
- 흔한 일이니만큼 크게 허물이 되는 것은 아니다.

흉은 없어야 아홉 가지다
- 남 흉을 보기에 앞서 내 흉부터 살피는 것이 옳다.

21. 소리 관련

개소리에는 똥이 약이다
　- 경우 없는 말을 하는 자에겐 쓴 맛을 보여줘야 한다.

개, 풀 뜯어 먹는 소리하고 있다
　- 되잖은 소리를 지껄여 대고 있다.

개방귀만도 안 여긴다
　- 남의 말을 하찮게 여긴다고 들이대는 말.

개입에서 개소리 나오고 소입에서 쇠 소리 나온다
　- 타고난 바탕은 어쩔 수 없는 것이다.

개코같은 소리 마라
　- 경우에 없는 같잖은 말 지껄이지 마라.
　= 개뿔같은 소리 마라.

곰삭은 소리다
　- 득음(得音)의 경지에 오른 농익은 목청이다.

구렁이 담 넘어가는데 기왓장 깨지는 소리 한다
　- 쓸데없는 소리 지껄인다고 머퉁이 주는 말.

구멍 없는 퉁소 작작 불어라

- 같잖은 말일랑은 집어 치워라.

까마귀 아래턱이 떨어질 소리다
- 어처구니없는 거짓말이다.

까마귀 열두 소리 중 한 가지도 곱지 않다
- 미운 놈은 고운 짓을 해도 밉게 보이는 법이다.

꼭두새벽에 까마귀소리 한다
- 이른 아침부터 재수 없는 말을 하고 있다.

나쁜 소문은 날아가고 좋은 소문은 기어 간다
- 나쁜 소문은 빠르게, 좋은 소문은 더디 퍼지게 마련이다.

난장* 판이다
- 여럿이 뒤엉켜 있거나 또는 풀기 어려운 상황을 이르는 말.

  * 난장(亂場) : 과거시험 치르는 장소를 이르는 말. 수많은 선비들이 모여 들끓고 떠든대서 생긴 말.

날장구 친다
- 일 없이 치는 장구. 또는 때 없이 수선 피우는 자를 나무라는 말.

나막신 신고 발바닥 긁는 소리 한다
- 씨가 안 먹히는 말을 지껄인다고 핀잔주는 말.

남이 말하는 것은 개방귀로 안다
- 자기 말을 귀담아듣지 않는다고 항의하는 말.
= 동네 개 짖는 소리만도 안 여긴다. 당나귀 방귀소리여 조랑말 투레질 소리여.

넷이 다 아는데 무슨 개소리냐
- 하늘과 땅 너와 내가 아는 일인데 무슨 헛소리를 하는 거냐.

노가리 까지* 마라
- 쓸데없는 소리 하지 마라.

  * 노가리 까다 : 노가리는 새끼명태를 이르는 말로서 '노가리 깐다'는 명태가 알을 많이 까듯 말이 많다는 뜻.

노래* 다칠라
- 노래가 상처를 입겠다 함이니 그 따위로 노래를 하느니 걷어치우라고 쏘아주는 말.

  * 노래 : 노래의 옛말은 '노는 것'을 뜻하는 '놀애'이다. 이것이 후에 '입을 놀리는 것' 즉 '노래'로 변하였다.

눈에 난 놈은 노랠 불러도 곡소리로 들리는 법이다
- '미운 놈 고운데 없다' 와 같은 뜻의 말.

더운 밥 먹고 식은 소리 한다
- 사리에 안 맞는 허튼소리를 하고 있다.

되술레* 잡는다
- 잘못을 저지른 놈이 되레 큰 소리를 치고 있다.

  = 적반하장(賊反荷杖)이다. 불낸 놈이 불이야 한다.

  * 되술레 : 되레 순라꾼(지금의 경찰)을 잡는다는 뜻.

두 말하면 긴소리 세 말 하면 잔소리다
- 말이란 짧고 명료한 것이 가장 좋은 것이다.

뒈진 새끼 불알 만지는 소리하고 있다
- 쓰잘 데 없는 말을 지껄여 댄다고 핀잔주는 말.

  = 김밥 옆구리 터지는 소리하고 있다.

듣기 좋은 육자배기* 도 한두 번이다
- 같은 말 되풀이하지 마라.
= 매화 타령도 두 번이면 신소리 된다.
* 육자배기 : 여섯 박자 진양조 장단의 남도 민요.

따발총* 을 쏘아댄다
- 정신살 헷갈리리만큼 따지고 덤빈다. 또는 수다를 떤다.
* 따발총: 소련제 기관 단총. 따발은 또아리의 사투리로서 기관 단총의 탄창이 또아리처럼 둥글게 생긴 데서 유래한 말이다.

딴따라 패다
- 예전 노래나 춤 연주 등을 업으로 하는, 오늘날의 연예인을 얕잡아 부르던 말. 소리쟁이 환쟁이 줄타기 광대 등이 이 계층이었다.

똥 밟은 나그네 구시렁거리듯
- 불만스레 혼자 투덜대는 모습을 나타낸 말.

똥 싸놓고 뭉개는 소리 한다
- 가당찮은 변명을 늘어놓고 있다.

뚝배기 깨지는 소리 한다
- 게걸대는 음성으로 떠들거나 노래 부르는 자를 핀잔주는 말.

말도 많고 탈도 많고 삼각산 돌도 많고 곰의 씹엔 털도 많다
- 남 일하는 데 와서 공연히 이래라 저래라 잔소리 늘어놓는 자를 쏘아주는 말.

모기 밑구멍에 당나귀 좆같은 소리다
- 모기의 작은 음문에 거대한 당나귀 좆이 맞을 리 없듯 사리에 안 맞는 억지소리를 하고 있다.

모기다리로 족탕 끓여먹는 소리 한다
- 가당찮은 거짓말 하지 마라.

무슨 개 코에 개나발* 이냐
- 대체 무슨 당찮은 말을 하는 거냐.

   * 개나발 : 사리에 맞지 않는 허튼 소리.

문지방에 좆 대가리 낑기는 소리 마라
- 같잖은 헛소리는 집어치워라.

'미인 치마끈 푸는 소리' 가 제일이다
- 가장 듣기 좋은 소리에 대한 담론 한자락.

■ 관련 여담

송강(松江)정철과 서애(西崖)유성룡이 친구를 떠나보내는 자리에 이백사 심일송 이월사도 동석을 했는데 술이 얼큰해지자 서로 소리에 대한 품격을 논하게 되었다. 먼저 송강이 "맑은 밤 밝은 달 아래 다락 위에서 구름 지나가는 소리가 제일 좋겠지." 하고 읊조리니 심일송이 "만산홍엽(滿山紅葉)인데 바람 앞에 원숭이 우는 소리가 제격일 거야." 하고 받았다. 이어 서애 유성룡이 "새벽 창가 졸음이 밀리는데 술독에 술 거르는 소리가 으뜸이 아닐꼬?" 하자 이월사가 이어 "산간서당(山間書堂)에 재자(才子)의 시 읊는 소리도 아름답겠지." 라고 화답하였다. 이백사가 끝으로 "여러분의 말씀이 다 그럴듯하나 그중 듣기 좋기로는 동방화촉 좋은 밤에 가인(佳人. 미인)의 치마끈 푸는 소리가 어떠할꼬?" 라고 하니 모두가 고개를 끄덕였다고 한다.

방귀 소리도 꾀꼬리 노래 같아서
- '물에 빠진 건 건져도 계집한테 빠진 것은 못 건진다' 와 같은 이야기.

■ 관련 여담

조관(朝官 조정의 신하)신씨가 한 기생한테 폭 빠져서 만사를 소홀히 하는지라 이웃들이 입을 모아 그 옳지 않음을 책망해 마지않았다.

한데 그의 말이, 그 아리따운 모습을 보면 그 허물이나 더러움은 눈곱만큼도 뵈지 않으니 자기로서도 도리가 없다는 것이었다. 이에 벗들이 "아니 그렇듯 더러움이 없다면 그가 뒤를 볼 때는 어떻던가, 실제로 뒤 볼 때에 가본 적이 있더냐?" 라고 물은 즉 신 씨의 답변이 이러했다.

"아암, 여부가 있겠는가. 처음에 뒷간에 오를 때는 마치 공작이 오색구름을 타고 산골짝에 드는 것과 같고 붉은 치마를 벗고 아랫도리를 드러낼 때는 얼음바퀴가 채운(彩雲) 사이를 구르는 것과 흡사하고 방귀 뀌는 형상을 논할진댄 꾀꼬리가 꽃나무에 앉아서 백가지 노래를 부르는 것과 같으며 오줌 누는데 이르러서는 노란 장미꽃이 바람결에 어지러이 떨어지는가 의심스럽도다. 뒤를 볼 적에 더러움이 보인다는 말은 오히려 경국지색 서시(西施)가 한번 찡그리면 찡그릴수록 임금의 총애가 더해졌다는 이치와 조금도 다를 바가 없으니 이를 어찌 하리오?" 하였다.

이에 마침내 벗이 크게 웃고 다음의 시 한수를 읊어 남겼다 한다. [十大奇書]

    美人生白眉　　미인이 백가지로 아름다우매
    遺臭是流芳　　더러운 냄새 또한 향기롭도다

배 씹는 소리로
- 사근사근 듣기 좋은 목소리로.

불알에 손톱도 안 들어갈 소리다
- 경우에 없는 거짓말 하지 마라.
= 여드레 삶은 호박에 이빨도 안 들어갈 소리다.

불알에서 요령소리가 난다
- 몹시 바쁜 와중이다.
= 쉬하고 털 새도 없다.

살을 에고* 소금치는 소리 한다
- 모진 꾸지람 또는 상처가 될 수 있는 끔찍한 악담을 한다.

  * 에다 : 칼로 도려내다.

삶아서 개나 줄 소리다
　- 아무 쓰잘데 없는 허튼 소리다.

새 씹 째지는 소리하고 있다
　- 말도 안 되는 소리를 한다고 쥐어박는 말.
　= 김밥 옆구리 터지는 소리 한다.

새 뒤집어 날아가는 소리하고 자빠졌다
　- 있을 수 없는 말을 뇌까리고 있다.
　= 귀신 젯밥 먹는 소리 한다. 귀신 씨나락 까먹는 소리 한다.

생청* 으로 잡아 떼지 마라
　- 사실이 빤한 데 억지소리 하지 말라고 쏘아주는 말.
　　* 생청 : 시치미 떼고 하는, 앞뒤가 맞지 않는 말.

소가 웃다가 꾸러미* 터질 소리다
　- 말도 안 되는 소릴 한다고 백안시하는 말.
　　* 꾸러미 : 뭉치거나 싼 물건. 여기선 오장육부의 곁말인 듯.

소갈머리 없는 소리 한다
　- 정나미 떨어지는 말을 하고 있다.
　= 소갈딱지 없는 말 한다.

송아지, 나무에 올라가는 소리하고 있다
　- 터무니없는 거짓말 하지 마라.

수다가 판소리 열두마당이다
　- 수다를 떨기 시작하면 한도 없고 끝도 없다.

식전 마수* 에 까마귀 소리 한다
- 신 새벽 첫 거래에 재수 없는 소리를 하고 있다.

　　* 마수 : 첫 번째로 물건을 파는 일. 마수걸이.

씨 받아서 가꿀 소리다
- 귀한 말이라서 두고두고 간직하고 역행하리만큼 가치 있는 말이다.

악머구리* 끓는 것 같다
- 여럿이 시끌벅적하게 떠들어 대고 있다.

　　* 악머구리 : '유난히 잘 우는 개구리'라는 뜻으로 참개구리를 가리킨다.

안 벽 치고 바깥 벽 친다
- 여기서는 이 소리, 저기 가서는 다른 말로 이간질하는 자이다.

앞 짧은 소리* 는 하는 게 아니다
- 낙관적으로 살아야지 희망 없는 소리를 하면 말이 씨가 되어 신상에 좋지 않다.

　　* 앞 짧은 소리 : '입 짧은 소리', '입찬 소리'와 같은 뜻.

어쌔고비쌔고* 하는 꼴이 밸 꼴려서
- 속내를 감추고 엉뚱한 짓 하는 꼴에 속이 뒤틀려서.

　　* 어쌔고 비쌘다 : 마음에 있으면서도 안 그런 척한다.

억탁의 말을 한다
- 경우에 안 맞는 억지소리를 한다.

여드레 삶은 호박에 이빨도 안 들어갈 소리다
- 사리에 안 맞고 경우에 없는 말 하지 마라.

염병 앓는데 까마귀 소리 한다
- 중병을 앓는데 위로는 못 할망정 불길한 말을 하고 있다.

영양가 없는 소리다
- 진히 도움이 안 되는 말이다.

왜가리* 가 보면 형님 하겠다
- 목소리가 구리 솥에 왕방울 굴리듯 시끄럽기 짝이 없다.

  * 왜가리 : 백로과의 철새로 '왝 왝', '왜갈 왜갈' 하고 수다스럽게 운다 하여 '왜가리'라 부른다.

씹질* 소리에 잠 한숨 못 잤다
- 정사 때 내지르는 교성에 잠을 몽땅 설쳤다.

  * 씹질 : 성교의 속어.

익은 밥 먹고 선소리* 한다
- 경우에 안 맞는 말을 한다고 지청구 주는 말.

  * 선소리 : 설은 소리. 덜 익은 소리라는 뜻.

입찬소리는 무덤에 가서나 해라
- 장차 어찌될는지 모르는 까닭에 함부로 큰소리를 쳐서는 안 된다.

있는 청승, 없는 청승 다 떤다
- 제 팔자타령에다 남의 팔자타령까지 있는대로 수다를 떨고 있다.

자다 말고 남의 다리 긁는다
- 생게망게한 엉뚱한 말을 하고 있다.

= 자다 말고 봉창 두드린다.

좁쌀방정을 떤다
 - 좀스럽고 잔망스런 짓을 하고 있다.

좆 까고 있다
 - 허튼 소리를 지껄인다.
 = 좆 나발 분다. 좆 까는 소리다. 좆 짜고 있다.

좋은 소리도 두 번 하면 잔소리 된다
 - 되작이지 말라고 지청구 주는 말.
 = 매화타령도 두 번 들으면 신소리 된다.

지렁이 갈비에 처녀 불알 같은 소리다
 - 터무니 없는 거짓말 하지 마라.

짖는 소리는 걷어치워라
 - 쓸데 없는 말은 집어치워라.

짜개 발리는 통에 종쳤다
 - 비밀을 탄로 내는 바람에 일이 틀어졌다.

짜는 소리 한다
 - 도움을 주었건만 계속 우는 소리로 도움을 청한다.

찬밥 먹고 된똥 싸는 소리하고 자빠졌다
 - 경우에 안 맞는 억지소리를 하고 있다.

척하면 무른 감 떨어지는 소리다
 - 좋은 소식이 연달아 이어지는 경우에 이르는 말.

소리 관련 355

척 하면 삼천리, 쿵 하면 도둑놈 담 넘어가는 소리 아니냐
 - 그런 정도야 한마디면 알 수 있는 일이 아니냐.

천이 천 소리, 만이 만 소릴 해도 소용없다
 - 생각이 따로 있는 터에 무슨 말을 한들 듣겠느냐. 누구 말도 듣지 않는 고집불통이다.
 = 마이동풍(馬耳東風)에 우이독경(牛耳讀經)이다.

콘돔 째지는 소리하고 있다
 - 허튼 소리를 지껄인다고 쏘아주는 말.
 = 과부, 처녀막 터지는 소리하고 자빠졌다. 김밥 옆구리 터지는 소리한다.

큰 소리는 문턱을 넘은 다음에 하랬다
 - 일을 끝내기 전까지는 장담을 해서는 안 된다.

한 마리 개가 헛 짖으면 온 동네 개가 다 헛 짖는다
 - 한 사람이 헛소문을 퍼뜨리면 순식간에 온 동네 사람이 다 알게 된다. 함부로 말질을 해서는 안 된다는 뜻.

희학질 소리가 낭자하다
 - 정사 때 내지르는 소리가 어지럽다.
 = 감창소리가 낭자하다.

22. 상소리 민요 · 타령 · 판소리 관련

각설이 타령 중에서

- 일반 거지와 달리 각설이패는 오랜 동안 익힌 각설이 타령이라는 연예를 제공하고 밥이나 돈을 구걸했다. 다음은 이들에 의해 전수돼 온 노래가사 가운데 대표적인 한 자락을 옮겨 적은 것이다.

　　얼씨구나 들어간다 절씨구나 들어간다
　　품바 품바 하구두 들어간다
　　작년에 왔던에 각설이
　　죽지두 않구나 또 왔네
　　이놈이 이래두 정승 판서의 자제로
　　팔도나 강산을 마다하고
　　동전 한 푼에 팔려서 장돌뱅이루 풀렸네

　각설이패는 대문에 들어서면서 이렇듯 먼저 각설이가 된 내력을 밝힌 다음 우스개 자화자찬의 타령을 늘어놓는다.

　　네 선상이 누구신지 날 보다가도 잘 한다
　　시전 서전을 읽었나 유식허게두 잘 하네
　　논어 맹자를 읽었나 대문대문이 잘 한다
　　예순 육갑을 배웠나 아는 거 많게두 잘 한다
　　뜨물 동이나 먹었나 걸쩍 걸쩍 잘 하네

냉수 동이나 먹었나 시원시원이 잘 하네
인삼 녹용을 먹었나 기운차게도 잘 하네
지름(기름) 동이나 먹었나 미끈미끈 잘 한다
대포 잔이나 먹었나 얼간하게두 잘 하네
소주 병이나 먹었나 비틀비틀 잘 한다
팔도 건달을 댕겼나 뱃심 좋게두 잘 하네
팔도 과객을 댕겼나 언변 좋게두 잘 하네
팔도 약장살 댕겼나 넉살 좋게두 잘 하네

각설이들은 무조건 동냥이 나올 때까지 노래를 계속해야 한다. 그래서 각설이 타령은 위 가사처럼 긴 것이 특징이다.

김삿갓(金笠)의 상소리 시편

- 본명은 김병연(1807~1863). 조선 25대 철종 때의 방랑시인. 경기도 양주 출신으로 삿갓에 죽장을 짚고 조선 팔도를 방랑하면서 엽량세태를 풍자 조롱하는 시들을 많이 남겼다. 다음은 그의 시편들 가운데 상소리로 점철된 서너 편을 가려 뽑은 것이다.

1. 강원도 원산 근처의 한 서당에서

선생은 없고 학동 놈들 서넛이 김삿갓의 초라한 행색을 보고는 거렁뱅이로 알고 놀려대는 것이었다. 이에 분심이 일어 써 갈겨 놓고 떠났다는 시 한 수.

書堂乃早知 서당은 내조지인데
房中皆尊物 방중은 개존물이다
서당은 내가 일찍이 알았는데
방안에는 잘난 척하는 놈들만 있더라
生徒諸未十 생도는 제미십이요

先生來不謁 선생은 내불알이라
생도는 모두 열 명도 안 되는데
선생은 와서 뵙지도 않는도다

그런데 기실 이는 끔찍한 욕설로서 소리대로 풀면 다음과 같다.

서당은 내 좆(乃早知)이고
방 안은 개 좆물(皆尊物)같다
생도는 제미 씹(諸未十)이고
선생은 내 불알(來不謁)이다

2. 함경도 단천에서 글 잘한다고 소문난 20세의 노처녀 가련과의 첫날 밤, 방사 후에 써 줬다는 시 한수.

毛深內闊 모심이 내활하니
必過他人 필과 타인이로다
털(陰毛)이 성하고 안으로 트였으니
필경은 누군가 지나간 자취로다

이에 가련이 그 자리에서 건네준 대귀는 다음과 같은 것이었다.

後園黃栗不蜂折 후원 황률은 불봉절 하고
溪邊楊柳不雨長 계변양류는 불우장이옵니다
뒷동산 누런 밤송이는 벌이 아니어도 절로 벌고
시냇가 수양버들은 비가 없어도 절로 큰 답니다

그러니까 '모르면 국으로 가만이나 있어라, 이 바보야!' 그런 뜻이 될 것이다. 여기서 밤송이는 남근, 수양버들은 여성 음모를 비유한 말.

3. 충청도 공주 읍에서―. 어느 집 사랑방에서 중늙은이들 얘기 중에 시아비가 며느리 유종(乳腫)난 것을 빨아 주었다는 이야기를 듣고 김삿갓이 낄낄대고 웃자 당사자인 그 자가 김삿갓에게 '어디서 아가리를 벌리고 웃느냐?' 라고 분풀이 욕을 해내는 것이었다. 이에 삿갓은 말대꾸조차 버거워 연유삼장(嚥乳三章)이란 다음의 글을 써서 던져 놓고 나왔다 한다.

夫嚥其上 부연기상 하고
婦嚥其下 부연기하 하니
上下不同 상하는 부동이나
其味則同 기미는 즉동이라
시아비는 그 위(젖)를 빨고 며느리는 그 아래(남근)를 빠니
위와 아래는 같지 않으나 그 맛은 아마도 같았으리라

夫嚥其二 부연기이 하고
婦嚥其一 부연기일 하니
一二不同 일이는 부동이나
其味則同 기미는 즉동이라
시아비는 그 둘(젖)을 빨고 며느리는 그 하나를 빠니
하나와 둘은 같지 않아도 그 맛은 아마 같았으리라

父嚥其甘 부연기감 하고
婦嚥其酸 부연기산 하니
甘酸不同 감과 산은 부동이나
其味則同 기미는 즉동이라
시아비는 그 단것(젖)을 빨고 며느리는 그 신 것(남근)을 빠니
달고 신 것은 같지 않아도 그 맛은 아마도 같았으리라

남도 민요에서

> 우리 낭군님은 나를
> 흑싸리 껍데기로 알지만
> 나는 우리 낭군님을
> 공산 명월로 안다오

자신을 괄시하는 남편에 대한 아낙의 원망버진 노래이다. 그런 와중에 남편이 조기 잡이를 나가자 아낙은 화풀이 분풀이로 이웃 남정네를 불러들인다.

> 우리 서방님은 칠성바다
> 조기 잡으러 갔다네
> 저 달이 지도록 놀다 가소
> 놀다 가는 게 정분인가
> 자고 가는 게 정분이지

남편이 나간 사이 이웃 사내를 불러들여 정사를 부추기는 아낙의 담대한 바람기가 자못 경이롭기까지 하다.

논다니* 의 호객 노래
- '몸과 웃음을 파는 계집'이 손을 유혹하는 노래가사.

> 한산 세모 잔주름 곱게 잡아 입고
> 안성 청룡으로 사당질 가세
> 이내 치마는 사공막의 거적문인가
> 이놈도 들춰보고 저놈도 들춰보네
> 이내 입술은 술잔인가
> 이놈도 빨아보고 저놈도 빨아보네

이내 배는 한강의 나룻배인가
이놈도 올라타고 저놈도 올라타네

농악 소리는 자식농사 짓는 소리다
- 농악기의 각종 소리를 정사(情事)에 빗대 해학적으로 풀이한 농요.

맨 처음 상쇠가 치는 꽹과리 소리는 '씹 덕 씹 덕' 하고 이어 부쇠가 치는 꽹과리는 '씹 줘라 씹 줘라'하면서 돌아간다. 그 뒤는 징이 따라가면서 '벌어졌다 쾌앵 벌어졌다 쾌앵 즈응증 줘라 즈응증 줘라' 하고 그 뒤를 이어 장구는 '탱탱 꼴려라 탱탱 꼴려라' 하고 돌아가고 그 뒤에 큰 북이 따라가면서 '퍽퍽 찔러라 퍽퍽 찔러라' 하는 거란다. 다시 그 뒤에 소고(小鼓)는 '엎어 놓고 한 번 제쳐 놓고 한 번' 하고 법고쟁이는 '팽팽 돌려라 팽팽 돌려라' 하면서 돌아간다. 그 뒤로는 무동(舞童)이 '아이고 좋아라 아이고 좋아라' 하고 춤을 추면서 따라가고 그 뒤에는 날라리가 '니나나 일러요 누구누구 일러요 니나나 일러요 누구누구 일러요.'하면서 따라간단다.

[口傳說話集]

둥당애 타령 중에서

- 물동이에 바가지를 엎어 놓고 치는 '물방구'가 둥당애 타령 반주에는 제격이다. 두 손으로 잘 조합하면 장구 못지않은 음향효과를 낸다. 이를 '물박 장단' 이라고도 하며 인천의 나나니타령이나 강원도 아라리 반주 등에도 두루 쓰였다. 다음은 전남지방 아녀자들이 즐겨 부르던 둥당애 타령 가사이다.

둥당애당 둥당애당
당기 둥당애 둥당애당
날씨가 좋아서 빨래를 갔다가
총각낭군 통사정에 돌베개 베었네
당기 둥당애 둥당애당
문밖에 섰는 이 파급(破伋)을 못해서

문고리 잡고서 아리발발 떤단다
당기 둥당애 둥당애당
어째 와 어째 와 캄캄한데 어째 와
캄캄할수록 내 사랑 좋단다
당기 둥당애 둥당애당
앞뜰에도 보리밭 뒤뜰에도 보리밭
어따야 저 보리 다 시들어간다
당기 둥당애 둥당애당

가사를 보면 노골적인 성애를 빗댄 '돌베개를 벤다.' 든가 '캄캄할수록 더 좋다.'든가 밀애장소로 통한 보리밭의 '보리가 다 시들어간다.' 등의 내용을 통해서 이 노래들이 성 에너지를 노동 에너지로 승화하는데 초점을 둔 농요이자 노동요임을 알 수 있다.

며느리 방귀 타령
- 고초당초 시집살이에 마음고생이 자심한 며느리가 해원(解寃) 또는 해학으로 읊은 방귀타령 가사이다.

시아버지 방구는 호령방구
시어머니 방구는 요망 방구
시누이 방구는 고자질 방구
머슴 방구는 마당 방구
남편 방구는 풍월 방구
아들 딸 방구는 사탕방구
요내 방구는 도적질 방구

시아버지는 호령만 하니 호령 방귀이고 시어머니는 밤낮 요망을 일삼으니 요망 방귀요 고자질 일삼는 시누이는 고자질 방귀, 남편은 늘 글 읽는 게 일이니 풍월 방귀요 며느리인 자신은 방귀조차 맘대로 뀔 수 없어 몰래 뀌는 도둑방귀란다. 당시의 생활 저변이 눈으로 보듯 묘사돼 있어 흥미롭다.

모시적삼 안섶 안에 분통같은 저 젖 보소
- 농요(農謠)에서 발췌.

총각아 총각아 너 볼라고 울타리 밑에 새 길이 났네
처녀야 처녀야 너 볼라고 상추 밭에 새 길이 났네
석류랑 유자랑 의논이 좋아 한 꼭지에 둘 열었네
처자랑 총각이랑 의논이 좋아 한 베개를 둘이 비네
모시야 적삼 안섶 안에 분통같은 저 젖 보소
많이 보면은 병이 되니 담배씨 만큼만 보고 가소

이 물꼬 저 물꼬 다 헐어 놓고 주인네 양반은 어디 갔노
문어야 대 전복 손에 들고 첩의 방에 놀러 갔네
오늘 해가 다 졌는가 까막까치 떼를 지어 잔솔밭을 후아드네
처녀 총각이 쌍을 지어 골방 안으로 자려 든다
오늘 해도 다 졌는지 골골마다 연기 나네
우리 임은 어디 가고 연기 낼 줄 모르는고

밤에 보아도 낫자루요 낮에 보아도 밤나무
- 재치와 유머가 넘치는 전래의 나무타령이다

입 맞췄다 쪽나무 달고 달아 꿀나무
십리 절반 오리나무 열의 갑절 스무나무
가자가자 감나무 오자마자 가래나무
춤이라도 추자나무 삐까번쩍 광나무

입었어도 벚나무 양반동네 상나무
반질반질 중대가리나무 배불뚝이 아그배나무
방구 뽕뽕 뽕나무 방구 살살 싸리나무
불 밝혀라 등나무 하느님께 비자나무
칼에 찔려 피나무 목에 걸려 가시나무
덜덜 떠는 사시나무 죽어도 살구나무
깔고 앉아 구기자나무 할 수 없이 가야나무
새로 지은 옻나무 우물가에 물푸레나무
거짓 없다 참나무 그렇다고 치자나무
꽃버즘 흰 버즘나무 쌀밥 고봉 이팝나무
가짜 중 가중(假僧)나무 늘어지는 국수나무
휘늘어진 말채나무 비스듬 누운 눈잣나무
용 발톱 닮아 용가시나무 사슴뿔인가 노가나무
쾅쾅 타는 꽝꽝나무 눈빛 초롱 야광나무
날개 퍼덕 박쥐나무 귀신 혼내는 자귀나무
밤에 보아도 낫자루 대낮에도 밤나무

변강쇠타령 중에서
- 변강쇠타령은 국내 정상급의 외설 판소리로서 다음은 그 일부만을 전재한 것이다.
    * 변강쇠 : 양기가 절륜한 자를 빗대 이르는 말.

옹가녀는 천하일색이나 미인박명인지 나이 열다섯에 첫 서방을 잃은 뒤로 스물 되기까지 해마다 하나씩 여섯 명의 지아비를 잃게 되는데 본서방 말고 기둥서방, 샛서방들은 모두 그녀의 음란한 짓거리만큼 흉측한 죽음을 맞고 있다. 다음은 그 판소리 사설 중 일부이다.

"이것은 남이 아는 기둥서방, 그남은 (나머지는) 간부, 애부(정부), 거드모리(옷 입은 채 하는 성행위), 새호루기(새가 흘레하듯 눈 깜짝 새 치르는 성행위), 입 한번 맞춘 놈, 젖 한번 쥔 놈, 눈 흘레한 놈, 손 만져 본 놈, 심지어 치맛귀에 치맛자락 얼른 한 놈까지 모두 대고 결딴을 내는데 한 달에 뭇(10), 일 년에 동(1천)반, 한 동 일곱 뭇, 윤삭 든 해면 두 동 뭇 수 대고 설그질 제(죽어나갈 때) 어떻게 (사내들을) 쓸었던지 삼십 리 안팎에 상투 올린 사나이는 고사하고 열다섯 넘는 총각도 없어 계집이 밭을 갈고 집을 이니(지붕이엉을 덮는 일) 황평(황해. 평양)양도 공론하되 이년을 두었다가는 우리 도내에 좆 단 놈 다시없고 여인국이 될 터이니 쫓을 수밖에 수가 없도다."

그야말로 옹가녀가 구렁이 개구리 잡아먹듯 두꺼비 파리 삼키듯 사내들을 결딴내자 마침내 양도가 합세해서 그녀를 추방하기에 이른다. 그럼에도 반성은커녕 쫓겨나는 순간에조차 쌍소리가 방자하다.

"어허, 인심 흉악하다. 황평 양서 아니면 살 데가 없겠느냐? 삼 남(三南. 충청도 전라도 경상도) 좆은 더 좋다더라." 이렇게 도둑고양이처럼 내 쫓김을 당한 옹가녀가 천하 거지에 잡놈 변강쇠를 만나는 장면 역시 목불인견이다.

"이때에 변강쇠라 하는 놈이 천하의 잡놈으로 삼남에서 빌어먹다 양서(황해 평양)로 가느라고 연놈이 오다가다 청석골 좁은 길에서 서로 만났거든, 간악한 계집년이 흘끗 보고 지나가니 의뭉한 강쇠 놈이 다정히 말을 물어 '여보시오 저 마누라, 어디로 가시나요?' 한즉 숫 계집(처녀) 같으면 핀잔을 하든지 못 들은 체 하련만은 이 자지간나회 (자지 갖고 놀아먹는 논다니 년)가 흘림목 곱게 써서 '삼남으로 가아' 이렇게 두 잡것이 눈이 맞아 날치기 궁합을 본 뒤 벼락치기로 가시버시 되기를 기약한 다음 손잡고 넓적한 바위 위로 올라가서 낮거리 합궁판을 벌이는 낭자한 대목 역시 썩 볼 만하다.

"천생 음골(陰骨) 강쇠 놈이 여인 두 다리 번쩍 들고 옥문관을 굽어보며 '이상히도 생겼다. 맹랑히도 생겼다. 늙은 중의 입일는지 털은 돋고 입은 없다. 소나기를 맞았던지 언덕 깊게 파이었다. 도끼날을 맞았던지 금 바르게 터져 있다. 생수 나는 곳인지 옥담인지 물이 항상 괴어 있다. 무슨 말 하려는지 옴질옴질하고 있노. (중략) 제 무엇이 즐거워서 반쯤 웃어 두었구나. 곶감 있고 으름 있고 조개 있고 연계 있고 제상(제사상)은 걱정 없도다."

강쇠의 이런 수작에 응하는 옹가녀의 대거리 역시 방자하기 그지없다.

저 여편네 반쯤 웃으며 갚음을 하노라고 강쇠 그 물건을 가리키며 "이상히도 생겼네, 맹랑히도 생겼네. 무슨 일 무슨 수작, 쌍걸랑(불알)을 느직하게 달고 냇물가의 물방안지 떨구덩 떨구덩

끄덕인다. 송아지 말뚝인지 털 고삐를 둘렀구나. 감기를 얻었던지 맑은 코는 무슨 일꼬. 성정도 혹독하다. 화 곧 나면 눈물 난다. 어린아이 병일는지 젖은 어찌 게웠으며 제사에 쓸 숭언지 꼬챙이 굼(구멍)이 그저 있다. 뒷 절 큰방 노승인지 맨대가리 둥글린다. 소년 인사 다 배웠나 꼬박꼬박 절을 하네. 물방아 절굿대며 쇠고삐 걸랑 등물 세간살이 걱정 없네."

보지도 자지도 못하고 씹도 못하는 양반은 모두
- 시장 통의 뱀 약장수들에 의해 두루 퍼지게 된 사설(辭說) 한 자락.

다음은 그 너스레 가운데 일부이다.

"예, 여어러분들 이 비암을 잡수세요. 새벽이 돼도 아랫심이 없어 텐트 못치고 거시기가 축 늘어져 있는 사람, 그래 밤낮없이 마누라한테 당신이 잘하는 게 뭐냐고 달달 볶이느라 세상살이 자체가 지겨운 사람, 돈 벌어서 뭐 합니까 출세해서 어따 씁니까? 이런 양반들, 꼭 비암을 잡수세요. 자고 나면 식은땀이 나는 사람, 낮에도 여기서 꾸뻑 저기서 꾸뻑 조는 사람, 금방 만난 사람도 잘 알아보지 못하는 사람, 눈이 침침하고 귀가 멍멍하니 잘 안 들리는 사람, 미인을 봐도 감동이 없는 사람, 반대로 여자만 보면 가슴이 울렁거리는 사람, 조금만 걸어도 가운뎃다리까지 다 후둘기리는 사람, 몇 계단만 올리기도 숨이 턱에 치는 사람, 서 있으면 앉고 싶고 앉으면 기대고 싶고 기대면 눕고 싶고 누우면 잠이 오는 사람, 그러다 정작 자려면 눈이 말똥말똥 쇠똥쇠똥 해지는 사람, 그래서 책을 들여다보면 또 잠이 오는 사람, 이런 사람은 다 이 비암을 잡수세요. 눈이 아파서 '보지 못하고' 졸린 데도 '자지 못하고' 이가 아파 '씹도 못하는' 양반은 모두 모두 다 이 비암을 잡숴 보세요. 남산 팔각정을 단숨에 뛰어 오르면 숨이 가쁜 사람, 해를 보면 눈이 부시고 사흘 굶으면 배가 고프고 물을 하루만 안 마셔도 목이 마른 사람, 이런 사람들도 다 이 비암을 잡수세요."

예전, 유랑 악극단 변사의 사설 중에서
- 당시 사회상이 변사의 유머러스한 말 속에 가감없이 녹아 있어 흥미롭다.

"친애하고 친애하는 읍민 여어러분, 마침내 바야흐로 계엄령이 해제되어 우리 읍네에 고대하고 고대하던 평화 자유가 찾아왔습니다. 계엄령 해제를 축하하고, 그 동안 읍민 여러분들께서 겪으신 고생과 불편을 위로하기 위하야 당 극장에서는 오늘밤 일곱시부터 「동방악극단」의 '이수일과 심순애'를 무대에 올려 여러분들을 모시기로 한거딥니다. 돈에 울고 사랑에 울고 아아, 사랑이란 그다지도 열매맺기 어려운 쓰라린 형벌이었더란 말이냐, 돈을 따르자니 사랑이 울고, 사랑을 따르자니 돈이 운다. 사랑만으로 살 수 없는 인생, 돈만으로도 살 수 없는 인생, 아아 어차피 인생은 쓰라린 고통이 아니더냐. 눈물 없이는 볼 수 없는 사랑의 거편, 삼 막 오장 '이수일과 심수운애'. 오세요, 오세요, 남녀노소 가릴 것 없이 손에 손을 잡고 오시어 이 청춘남녀의 기구하고도 한많은 사랑의 쌍곡선을 감상하시라. 두 번 다시는 볼 수 없는 눈물의 호화 무대, 미남 미녀 배우들의 애간장 녹이는 명연기, 백문이 불여일견이라, 이번 기회를 놓치면 일생일대의 대실수, 저승에 가서도 후회하고 또 후회할 거딥니다. 연극만 있느냐, 그렇지 않습니다. 만담도 있고, 노래도 있습니다. 눈물 없이는 볼 수 없는 삼 막 오장의 연극, 배꼽 빠지고 오줌 질금거리게 하는 만담, 가슴 사리살짝 녹여주는 노래로 이어지는 다채로운 무대의 입장료는 단 돈 백 원, 계엄령 해제 특별 할인 요금, 봉사가격 단돈 백원으로…"

상놈 팔자타령
- 상놈으로 태어난 기구한 운명을 푸념하는 넋두리 타령.

"쉰네 같은 상놈의 종자는 벼슬아치에 등 치이고 별배들에 차이고 장사꾼에 속아나고 아전놈한테 발리고 책상물림에 호통당하고 상전에겐 능멸이요 계집 등쌀에 여위고 환자(還子)를 못 갚으면 삼문 안에 끌려가서 주리나 틀리것다. 호반에 괄시받고 대갓집 하님들에 무안당하고 밤이면 물것들에 사추리 찌꺼기만 남은 피를 빨리니 이 티끌 같은 상것 한 몸, 죽자 한들 비상이 없고 살자 하니 비럭질이니 무슨 놈의 팔자가 이리도 기박한가."

새벽 좆이 꼴리네
- 1970년 대 유신 시절, 일부 반정부 인사들이 '새마을노래'를 다음과 같은 외설적인 가사로 개사해 부르곤 했다. 시대상을 반영하는 자료 가운데 하나일 터.

새벽종이 울렸네
새벽 좆이 꼴리네

너도나도 일어나
새벽 씹을 맞추세
박기 좋은 새벽 씹
어서 일어나 맞추세
(자료제공 : 소설가 이두영)

수절(守節)이 개절이다
- 남편 잃고 절개를 지키는 것이 무슨 의미가 있느냐는 항거의 말.
 조선시대 여인들에게서 나온 말로서 그 시절 전통윤리에 정면으로 반하는 외람된 가사가 경이롭다.

동편의 동 서방네 서편의 서 서방네
수절 개절 그만하고 신발일랑 돌려 놓소
수절개절 하고난들 임종 시에 죽을 적에
어느 누가 머리 풀고 염불할 이 누가 있나
다루닷동 금봉채와 연지분을 내어놓고
곱게 하고 다녀 봐도 어느 누가 예뻐하리
금단 닷동 열닷 동을 아무리 입어 봐도
좋아할 이 누가 있나
얽었거나 꺼멓거나 내 낭군이 첫째로다

열녀불경이부(烈女不更二夫)를 덕목으로 삼았던 조선시대에도 남편과 자식을 버리고 도망치는 아낙이 있었던 모양이다. 법전인 대전통편(大典通編)에 이를 엄벌하는 대목이 있었음에도 불구하고―. 다음은 그런 부정녀 관련의 노래가사이다.

죽일 년아 살릴 년아 어린 자식 잠들여 놓고
병든 가장(家長) 뉘어 놓고 활장같이 굽은 길로
살대같이 네가 가면 그 얼마나 잘 살꺼나
찢을 년아 밟길 년아 대전통편 목 벨 년아

야밤에도 오라 하면 병든 낭군 홀로 두고
어린 자식 재워두고 활통 같이 굽은 길로
쏜살 같이 달아 난다

안성 청룡 바우덕이 노래
- 안성지방 풍물 남사당패 바우덕이* 를 기리는 노래.

안성 청룡 바우덕이
소고(小鼓)만 들어도 돈 나온다
안성 청룡 바우덕이
치마만 들어도 돈 나온다
안성 청룡 바우덕이
줄에 오르니 돈 쏟아진다
안성 청룡 바우덕이
바람을 날리며 떠나가네

* 바우덕이 : 안성이 낳은 사당패 최초의 여자꼭두쇠. 경복궁 중건 공연에서 발군의 기량으로 공연 사상 처음 당삼관 정삼품 벼슬을 제수받기도 했다. 온갖 기예는 물론 인물도 뛰어나 큰 사랑을 받았으나 애석하게도 폐렴으로 23세 꽃나이에 요절하였다.

엿장수의 엿타령 중에서
- 커단 엿가위를 철그럭 대면서 걸쭉한 목소리로 잘도 주워 섬기던 엿장수의 전통적인 엿 타령 가사이다.

어허허엇! 엿들 사시오 엿들 사아!
아들밥 비벼주다가 숟가락 몽둥이 부러진 것.
부부 쌈 하다가 놋사발 내붙인 것.
누룽밥 긁어 먹다 양은 냄비 빵꾸낸 것.

재앙스런 외아들이 붕알시게 고장낸 것.
　　생과부 오줌발에 놋요강 찌그러진 것.
　　동서지간 싸우다가 솥뚜껑 깨먹은 것.
　　어허 쓰자니 못 쓰겠고 내뿔자니 아까운 것.
　　뭣이든지 갖고 와서 엿하고 바꿔 먹어.
　　달고 맛난 찹쌀 엿, 어허어 싸게 싸게 갖고 와.
　　늦어 뿔면 못 먹어.
　　어허어 찹쌀 엿, 달고 맛난 찹쌀 엿

양반타령인지 개타령인지
 - 상사람이 양반을 비웃고 조롱하던 말.

　　지 에미 붙을 양반인지 좆반인지
　　허리 꺾어 절반인지 개다리소반인지
　　꾸레미 전에 백반인지
　　양반타령인지 개타령인지

영감의 잡놈 죽거든 돌밭에다 끌어 묻고
 - 각설이 타령 가운데는 남편을 죽어라 미워하고 옆집 총각만을 좋아하는 아낙이 등장하는 노래도 있다. 이 또한 토박이 바닥정서 가운데 하나였기에 전수돼 내렸음직 하다. 다음은 관련의 각설이타령 가사이다.

　　영감의 잡놈 바지는 고쟁이(여자의 속옷)루 말르구
　　총각 아저씨 바지는 풍채바지(통이 넓은 바지)루 말러라
　　영감의 잡놈 밥은 촛대 밥으루 담구야
　　총각 아저씨 밥은 넉가래 밥으루 담어라
　　영감의 잡놈 짠지는 숭덩에 숭덩에 썰구요
　　총각 아저씨 짠지는 송당 송당 썰어서

기름에 장에 볶아 놔도 재채기 할까봐 근심일세
영감의 잡놈 죽거든 돌밭에다 끌어 묻구
총각 아저씨 죽거든 앞집에 가 앞 서방 뒤 집에 가 뒷서방
개미 제비 놀던 방 하룻밤을 재워서
요 채(상여) 조 채나 미다가 양지 짝에 파묻어두
여우가 팔까봐 근심일세

장타령 중에서
- 각설이들은 주로 장터를 따라 전국을 떠돌아 다녔으므로 이들에 의해 각 장의 특징을 풀이한 장타령이 보존될 수 있었다.

1. 서서본다 서울장 다리가 아파 못 보고
  아가리 크다 대구장 너무 넓어서 못 보고
  이 산 저 산 양산장 산이 많아 못 보고
  울울 적적 울산장 답답해서 못 보고
  코 풀었다 홍해장 미끄러워서 못 보고
  횡설수설 횡성장 시끄러워서 못 보고
  이 천 저 천 이천장 개천 많아 못 보고
  똥 쌌다 구례장 구린내 나서 못 보고
  춘천이라 샘밭장 짚신 젖어 못 보고
  홍천이라 구만리 장 길이 멀어 못 보고
  엉성 드뭇 고성장 심심해서 못 보고
  영 넘어라 영월장 담배 많아 못 보고
  어지지화 김화장 놀기 좋아 못 보고
  이강 저강 평강장 강물 없어 못 보고
  정들었다 정선장 울다 보니 못 보고
  어제 와도 인제장 다리 아파 못 보고

울퉁불퉁 울진장 울화터져 못 보고
안창 곱창 평창장 술국 좋아 못 봤네
어절씨구 잘한다
푸짐하게도 잘하다

2. 인심이 좋아 원주장 달이 떴다 영월장
색시가 많아 정선장 어물이 많아 강릉장
한 자 두 자나 삼척장 왔다 갔다 부산장
동태 놓고도 대구장 단둘이 싸워도 대전장
수판 놓고도 예산장 구슬이 많아서 공주장
막걸리 먹고도 청주장 목이 말라서 은성장
유기가 많아 안성장 복잡하구나 장호원장
물가장이라 여주장 사람이 많아 서울장

3. 비쩍에 마른 강릉장 강이나 말라 못 보고
양양읍장 볼라니 약이 없어 못 보고
물치(양양군 물치리)장을 볼라니 물이나 막혀 못 보고
대포(속초시 대포동)장을 볼라니 대포 터져 못보고
속초장을 볼라니 속상해서 못 보고
천진(고성군 천진리)장을 볼라니 천원도 없어서 못 보고
문암(고성군 문암리)장을 볼라니 문이 닫겨 못 보고
간성(고성군 간성읍)장을 볼라니 간도 말라 못 보고
아래 웃장 원산장 신발 처져서(해져서) 못 보고

잦힌 밥에 흙 퍼 붓는다
『흥부전』에서 놀부의 심술을 묘사한 내용.

초상난데 춤 추기 불 붙는데 부채질
우물 곁에 똥 누기 오려 논* 에 물 터놓기**
우는 아이 똥 먹이기 해산한 데 개 잡기
빚값에 계집 뺏기 아이 밴 년 배 차기
패는 곡식 이삭 빼기 애호박에 말뚝 박기
똥 누는 놈 주저앉히기 눈 앓는 놈 고춧가루 넣기
이 앓는 놈 뺨 치기 다 된 흥정 파의하기
행길에 허덩 파기 비오는 날 장독 열기

* 오려 논 : 올벼를 심은 논.
** 물 터놓기 : 물고를 터놓으면 벼가 말라 죽게 된다.

정선 아리랑

- 다음은 아리랑의 전승지역으로 대표성을 갖는 '정선 아라리' 중 일부를 전재한 것이다. '아라리'는 '누가 나를 알리요'라는 뜻.(정선 郡誌에서)

1. 앞산의 딱따구리는 생나무 등걸도 잘 뚫는데
우리 집 저 멍텅구리는 뚫어진 구멍도 왜 못 뚫나.
시어미 잡년아 잠이나 깊이 들어라
아리랑 보따리 쓰리랑 싸서 난질*을 가잔다
울타리 밑에다 임 세워두고
아랫목 홑이불이 고깔춤** 을 춘다
술 잘 먹고 돈 잘 쓸 때는 금수강산이더니
술 못 먹고 돈 못 쓰니 적막강산일세

* 난질 : 서방질. 화냥질.
** 고깔춤 : 정사 때 홑이불이 고깔 모양 같대서 생긴 말인 듯.

2. 우리 집 시어머니 날 삼베 길쌈 못 한다고
앞 남산 관솔쟁이에 놓고서 날만 쾅쾅 치더니

한 오백년 못 살고서 북망산천 가셨네
네 칠자나 내 팔자나 네모 반듯한 왕골 방에
샛별 같은 놋요강 발치만큼 던져 놓고
원앙 금침 잣 베개에 앵두 같은 젖을 빨며
잠자 보기는 오초 강산에 영 글렀으니
엉클멍틀 장석 자리에 깊은 정만 심어 두자

영감은 할멈 치고 할멈은 아 치고
아(이)는 개 치고 개는 꼬리치고
꼬리는 마당 치고 수양버들은 바람 받아 치는데
우리 집의 멍텅구리는 낮잠만 자느냐

3. 눈이 올라나 비가 올라나 억수 장마 질라나
만수산 검은 구름이 막 모여든다
아우라지* 뱃사공아 배 좀 건너 주게
싸리골 올동박이 다 떨어진다.
떨어진 동박은 낙엽에나 쌓이지
사시장철 임 그리워 나는 못 살겠네
명사십리가 아니면은 해당화는 왜 피며
모춘 삼월이 아니라면은 두견새는 왜 우나.
 * 아우라지 : 정선의 동쪽 골지천과 북의 송천이 합류하는 곳으로 '아우른다'에서 유래한 지명.

진도 아리랑 중에서
- 이는 전라남도 서남해안 일원에서 남녀불문하고 즐겨 부르던 노래이다. 곡도 곡이지만 노랫말에도 애정표현이 가감없이 그려져 있어 흥미롭다.

1. 오다가 가다가 만나는 임은

팔목이 끊어져도 나는 못 놓겠네
저 건너 저 가시나 앞가슴 보아라
넝쿨 없는 호박이 두통이나 열었네
저 건너 저 가시나 엎으러져라
일세나주는 데끼(일으켜수는 척하고) 보듬어나 보자
허리통 늘어지고 가느쪽쪽 큰 액아(큰 애기야)
앞동산 좁은 길로 날만 찾아 오너라
  아리아리랑 서리서리랑 아라리가 났네
  아리랑 응응응 아라리가 났네

2. 울타리 밑에서 깔(풀) 비는 총각
눈치만 채고서 떡 받어 먹게
떡은 받아서 망태에 담고
눈치만 채고서 날 따라 오게
신작로 복판 안에 솥 때는 저 사람
임 정 떨어진 데는 못 때 주요
  아리아리랑 서리서리랑 아라리가 났네
  아리랑 응응응 아라리가 났네

3. 담 넘어 들 때는 무슨 맘먹고
문고리 잡고서 발발 떤다
일년초 땅가시 쑤신둥 만둥
어린 서방 품에 품고 잠잔둥 만둥
시엄씨 잡년아 건기침 말아라
느그 아들 방불하면 내가 밤마실 돌까
  아리아리랑 서리서리랑 아라리가 났네
  아리랑 응응응 아라리가 났네

4. 세상에 핀 꽃은 울긋불긋
내 마음에 핀 꽃은 울렁울렁
바람이 불라면 돈바람이나 불고
풍년이 들라면 처녀풍년이나 들어라
봄볕이 좋아서 강변에 갔더니
총각낭군 통사정에 돌베개 베었네
앞 남산 실안개는 산허리에 돌고
정든 님 두 팔은 내 허리를 감는다
춥냐 더우냐 내 팔에 들어라
베개가 높거든 내 팔을 베어라
 아리아리랑 서리서리랑 아라리가 났네
 아리랑 응응응 아라리가 났네

'일년초 땅가시 쑤신둥 만둥, 어린 서방 품에 품고 잠잔둥 만둥' 등 노골적으로 성적인 불만을 토로한 뒤 '울타리 밑에서 깔(풀)베는 총각'을 유혹하는 젊은 아낙의 원초적 본능이 적나라하게 그려져 있다.

이야기꾼 유동수의 외설 판소리 한 자락
— 다음은 조정래의 대하소설 '태백산맥'에서 일부 전재한 것이다.

유동수가 두 손바닥으로 방바닥을 훔쳐댔다. 무엇을 치우는 것이 아니고 이야기 들을 준비가 되어 있다는 표시와 동시에 이야기하는 사람을 모신다는 예절인 셈이었다. 그런 예절은 판소리 마당을 차리는 데서 배워 몸에 익은 것이었다.
"술꺼정 얻어묵었응께 한 자리 허긴 허겄는디, 고눔에 음담이 좆대감지럴 간질간질허게 헐라는지, 귓구녕얼 간질간질허게 헐라는지, 배창시럴 간질간질허게 헐라는지, 워쨌거나 워디거나 간질간질허게 허기는 혈 것인디, 고눔에 음담이 워찌 풀릴란지 이 몸도 걱정이 태산이라, 기왕지사 간지럴라면 좆대감지 간지런 것이 음담패설의 왕도렷다. 그러허나 지아무리 좋고 존 음담이라도 귀먹쟁이헌테는 소양읎는 것, 보배귀 지녔음사 내 이약 들음시로 좆대감지만 간지런 것이 아니라 용두질도 칠 것이고, 먹통귀 달았음사 마이동풍에 우이독경일 것잉게, 간지럼 타고 안 타고는 내 탓이 아니라 다 즈그덜 귓구녕 생게묵은 탓일시 분명허니 날 원망 말렷다!"

입담이 좋은 김종연이 가락까지 넣어가며 즉흥적인 사설을 늘어놓았다.

"얼싸 쪼오타!"

유동수가 손바닥으로 방바닥을 한 번 치고, 누 손바닥을 맞때리며 박자를 맞추었다. 그대로 판소리 마당의 흉내로서, 김종연은 명창이요 유동수는 고수인 셈이었다. 서인출과 장칠복도 어느새 흥이 일어 자신들도 모르게 상체를 끄덕이고 있었다. 소년시절부터 귀동냥하고 눈동냥한 값이었다.

"장흥골에 길 장자 장가가 살았는디, 이 사람 성만 긴 것이 아니라 팔도 기라죽허고 다리도 기라죽허드라. 워디 그뿐인가, 팔다리가 기라죽허다본게 키 또한 아니 길 수가 읎는 이치렷다. 어허 이 사람 대밭에서 밤일 혀서 불거졌다냐, 긴 것이 많기도 허다. 근디, 요것 보소, 긴 것이 하도 많다본께로 또 한 가지 긴 것을 빼묵었네그랴. 고것이 무엇이냐, 좌중은 알아뿌렀겄제. 알았드락도 초치지 말고 입 닥치고 있드라고잉! 키 길고, 팔 길고, 두 다리가 긴디, 가운뎃다리라고 빠질 수가 있었어. 당연지사로 가운뎃다리도 기라죽허드라 그것이여. 옛말에 키 크고 싱겁지 않은 눔 읎고, 팔다리 긴 인종치고 게을르지 않은 인종 읎다고 혔는디, 그 말언 바로 이 길 장자 장가럴 두고 이른 말이겄다. 이 장가 게을르기가 오뉴월에 추욱 늘어진 말좆 꼴새였는지라, 남정네 일꺼정 도매금으로 떠맡은 예펜네 찍 소리 한분 내덜 않고 그 고상 다 참고 견뎌내는디, 하 고것 참 알다가도 몰를 일이라. 허나, 자고로 음양의 조화란 인간만사 형통이라 혔으니, 장가의 사대육신 게을르기가 늘어진 말좆이라 혔지만도, 그중에 부지런헌 것이 딱 한 가지 있었겄다. 고것은 물을 것도 읎이 가운뎃다리였당께로. 고것이 부지런허기가 장닭이 무색허고, 기운이 씨기가 개좆이 성님! 헐 판이라. 고 눈도 코도 읎는 것이 밤마동 구녕얼 찾니라고 사죽을 못 써대니 밝은 날 사지가 축 늘어지는 것이사 당연지사 아니겄는감. 그 예펜네 찍소리 않고 고상 참아내는 것도 다 그런 야로였는디, 하 요것 봐라, 하늘이 무너질 크나큰 변고고 터졌겄다. 고것이 무엇이냐, 장가의 길고 실헌 물건이 구녕 속에서 뚝 뿌라져뿌러? 사람 물건이 뼉다구 든 개좆이간디 뚝 뿌라지고 말고 혀? 고것이 아니라먼, 글먼 고 부지런허던 물건이 팔다리맹키로 축 늘어져 게을러져 뿌렀으까? 음질얼 앓은 것도, 늦은 홍역얼 앓은 것도 아닌디 무담시 물건이 게을러져? 고것이 무엇인고 허니, 장가가 읍내 기생 설매허고 구녕얼 맞춰뿐 것이었어. 음기가 승헌 설매가 장가 물건이 좋다는 소문 듣고 살살 꼬디긴 것인디, 지까진 것이 좋으먼 을매나 좋을라고, 반 믿고 반 못 믿는 마음으로 이부자리 깔고 구녕얼 맞춰본 설매년, 눈에서 불이 번쩍, 입에서 쎄가 낼름, 워야워야 내 서방님 워디 있다 인자 왔소, 설매년이 코울음을 울어대는디, 장가눔 정신이 지 정신이 아니더라. 배라고 다 똑같은 배가 아니고 구녕이라고 다 똑겉은 구녕이 아니라, 호시가 좋기럴 춘풍에 흔들리는 나룻배요 구녕이 요술을 부려대는디 사대육신 육천 마디가 저릿저릿 녹아내리는 판이라, 천국이 여그다냐 용궁이 여그다냐, 장가는 정신얼 채릴 수가 읎었더라 이것이여. 형국이 이리 되니 장가 예펜네는 독수공방이라, 사지에 맥이 탁 풀리는 것이 일헐 기운얼 잃었고, 성질대로 허자먼 읍내로 발통 달고 쫓아가서 설매년 대갱이럴 와드득 잡아뜯고, 속곳 발기발기 찢어 그년이 구녕얼 다시는 못 쓰게 참나무 말둑을 박았으먼 쓰겄는디, 넘새시런 시앗 다툼은 칠거지악 중의 하나라, 가심에 불화로럴 안고 남정네 맘 돌리기만 기둘림스로 독수공방만 지켰니라. 헌디, 아무리 기둘려도 남정네가 맘 돌릴 기색은 보이덜 않고, 슬쩍슬쩍 곡식얼 퍼 내 들고 읍내걸음을 허는 것이 아니었는가. 사람 뺏기는 것도 분허고 원통헌디, 읎는 살림에 곡식꺼정 뺏기다니, 더 참고 있다가는 설매 그년 밑구녕에 집안살림꺼정 쓸어널 판세라, 맘 독허게 묵고 남정네헌테 눈 치뜨고 대들었겄다. 근디, 남정네 허는 말이, 구녕이라고 다 똑겉은 구녕인지 아는갑구만? 내 참 깝깝혀서. 이러고는 사정없이 떠다밀고 방문을 차고 나가뿔었겄다. 방 구석에 처백혀 울다본께 남정네가 내뱉은 말이 귓속에서 앵앵이는디, 다 똑같은 구녕이 아니먼 그년 구녕은 워치께 생겼을꼬? 아무리 생긱히도 워치께 딜븐지 알 수가 읎어 고개만 자웃자웃 허고 있는디, 서방이 그년헌테 넋얼 빼는 것은 그년 낯짝이 아니라 구녕이라는 것만은 똑똑허니 알 수 있는지라, 서방 맘얼 돌리자먼 내 것도 그년 것만치 돼야 쓰겄다는 생각이 번쩍 떠올랐겄다. 근디, 그년 것이 워쩐지 알 방도가 있어야제. 그 방도는 딱 하나, 그년얼 찾아가는 길밖에 읎드라 이것이여. 그년얼 찾아가자니, 챙피시럽고 천불이 끓어오르는 일이었제만 서방얼 찾고 집안 망허는 것얼 막자먼 그만헌 일 못헐 것도 아니었다. 그리하여 설매럴 찾아가게 되얏는디, 설매년 머리끄뎅이럴 휘어잡아 패대기럴 치고 잡은 속마음 꾹꾹 눌러감스로, 서방 뺏기고 집안꺼정 망허게 생겼으니 이년 신세 불쌍허니 생각혀서 우리 서방 홀긴 고것이 나 것허고 워찌 달븐지 갤차주라고 눈물 흘려감스로 사정얼 혔겄다. 설매가 보자 허니 같은 여자 입장에서 딱허기도 허고, 남 서방 홀겨 재미본 것이 미안허기도 허고 혀서 그 여자의 청을 들어주기로 혔겄다. 설매가 묻되, 밤일얼 헐 때 워처께 허느냐. 여자가 대답하되, 워처께 허긴 멀 워처께 혀라, 그냥 누웠으먼 남정네가 다 알아서 허제라. 허먼, 장작개비맹키로 뻣뻣허니 눠만 있단 말이요? 여자가 그래야제 멀 워쩔 것이요. 설매가 기가 찬 얼굴로 쎄가 끊어지도록 쎄럴 차등마는, 참말로 답답허요이, 나가 허는 것 보고 배우씨요, 치마럴 홀렁 걷어올리고 속곳 바람으로 방바닥에 누웠겄다. 여자가 남정네럴 받자먼 먼첨 몸을 깨끔허니 씻어야 허고, 속적삼이라도 옷이란 것은 몸에 걸치시 말 것이고, 눠서 말얼 허는 실매는 임헌 신상님이고 야, 야, 대답 찰방기게 잘허는 장가 마누래넌 착헌 생도라. 남정네 물건이 편히 들게 두 다리럴 요리 벌리고 있다가, 물건이 지대로 자리럴 잡았다 싶으면 그때부텀 여자 헐 일이 시작되는 것이요. 요리 궁뎅이럴 살살 돌리는디, 좌로 몇 분 허다가 우로 몇 분 허고, 번차례로 돌리는디, 요것얼 소꼬리뱅뱅이라고 허는 것이요. 소꼬리가 이쪽으로 빙글 돌아 포리럴 쫓고 저쪽으로 빙글 돌아 포리럴 쫓는 격이나 같으다 그런 말이요. 그 다음이 궁뎅이럴 좌우가 아니라 상하로 움직기리는디 요렇게, 소꼬리뱅뱅이 때보담 싸게싸게 흔들어야 쓰요. 요것얼 조리질뱅뱅이라고 허는 것이요. 쌀일 적에 조리질허디끼 허란 것이요. 인자 끝막음으로 물명태뱅뱅인디, 물통에 갇힌 명태가 지멋대로 정신읎이 튀고 돌고 박치고 허디끼 상하좌우 가릴 것 읎이 미친 거맹키로 궁뎅이럴 흔들고 돌리고, 봇씨요, 똑똑허니 봇씨요, 요렇게 요렇게 허는 것이요. 장가 마누래넌 실습꺼정 혀서 설매의 기술을 배와갖고 집으로 돌아왔겄다. 날이 어둡기럴 꼬박꼬박 기둘려 몸얼 깨끔허니 씻고, 마실 나갈라는 서방얼 붙들고 살살 음기럴 풍겨대기 시작혔겄다. 허나 설매헌테 빠져 있는 장가가 마음이 동헐 리 만무라, 서방이 꿈쩍도 안헌께 맘이 급해진 장가 마누래넌 옷얼 홀랑홀랑 벗어대기 시작혔겄다. 아니, 저년이 미쳤다냐? 생판 안허든 짓거리럴 해대는 마누래럴 보고 장가는 첨에 놀랬고, 옷얼 홀랑 다 벗어뿐 마누래 맨몸얼 오랜만에 보니께 장가 맘에도 불이 붙기 시작혔는디, 장가의 그 크고 실헌 물건이 구녕을 파고들기 시작허자, 장가 마누래는 하도 오랜만에 그 기맥히 맛얼 보는디다가 궁뎅이 운전허는 기술도 새로 배왔겄다, 절로 신바람이 나는 것이었다. 그리하야, 소꼬리뱅뱅이! 장가 마누래넌 느닷없이 소리질르고는 궁뎅이럴 살살 돌리기 시작혔다. 얼랴, 요것이 워쩐 일이다냐! 요 멍텅구리가 워찌 요런 재주럴 알았을꼬? 장가는 마누래가 변헌 것이 놀랍고도 재미진 바람에 새 기운이 솟고, 새로 이뻐보여 용얼 써대는디, 인자 조리질뱅뱅이! 마누래가 또 소리질름스로 궁뎅이럴 위아래로 추슬러대기 시작혔겄다. 워따메, 요것이 참말로 지대로 허네? 장가는 더 신바람이 나서 숨얼 헐덕이는디, 담은 물명태뱅뱅이! 마누래가 더 크게 소리질름시로 궁뎅이가 상하좌우 읎이 요동질을 쳐대니 장가의 기분은 안개에 싸였는 듯 구름에 실렸는

듯 그 호시가 너무 좋아 정신이 오락가락허는 판인디, 장가 마누래사 물명태뱅뱅이럴 너무 심허게 허는 바람에 장가 물건이 쑥 빠지고 말았겄다. 헌디도, 장가 마누래넌 물건이 빠진지도 모르고 정신읎이 물명태뱅뱅이만 해대고 있드라. 마누래 허는 꼬라지럴 내레다보고 있자니 장가는 하도 기가 맥혀서 소리럴 뻐럭 질렀는디, 그 소리가 워떠했는고 허니, 야 이년아, 헛뱅뱅이다!"

김종연은 반 남짓 타다가 꺼진 꽁초를 입에 물더니 성냥을 그었다. 그의 표정은 언제 음담패설을 했더냐 싶게 천연덕스러웠다. 그런데 이야기를 듣고 있던 세 사람은 웃음을 걷잡지 못하고 있었다.

"옛끼 순, 저눔에 주딩이 농사 지어묵고 살기 서럽겄다."

장칠복이 헛주먹질을 했다.

"참말로 은제 들어도 우리 종연이 입심 하나는 아깝다. 그 존 입담 돈버는 디 쓸 수는 읎을끄나?"

유동수가 진정 아깝다는 듯 말했다.

"다 일 읎소. 나가 바래는 것은 내 논 열 마지기 정도 갖고 농새짐스로 요런 자리서 음담 헐 적에 막걸리 석 되썩만 비울 수 있었으면 더 바랠 것이 읎소."

"참말로 꿈도 오지다. 고런 시상이 우리헌테 원제 오겄냐. 통금이 다 되얏을 것잉께 그만덜 가드라고."

할아범의 노래
- 할아버지가 죽은 할머니를 위해 불렀다는 애절한 노래가사.

■ 관련 여담

할아버지가 자식도 없이 할머니와 단둘이 정답게 살았는데 어느 날 할머니가 할아버지만 남겨 두고 세상을 떠나고 말았다. 이에 할아버지가 애가 끊어지는 슬픔으로 할머니 시신을 붙잡고 통곡을 했는데 그 소리가 흉금에 절실해서 후세 사람들 입에 오르내리게 되었다 한다.

에이구 할마이야 할마이야
초저녁에 감은 다리이

날이 새면 푸는 다리이
아이고 아이고 할마이야

형수씨 제수씨 씹도 내 좆만 믿으소
- 시골 어느 삼형제의 보리타작 노래 이야기.

■ 관련 여담

어느 시골농촌에서 삼형제가 보리타작을 하는 가운데 불거진 이야기다.

그중 둘째가 혀 짧은 소리를 하는 꼽추였는데 술을 한잔 먹고는 취해서 혀 짧은 소리로 형수와 제수씨에게 타작을 위해 '보리 짚을 추어내 달라'는 뜻의 말을 다음과 같이 해 댔다 한다.

제수씨요 씹 주소(제수씨 짚 주세요)
형수씨 씹도 내 주소(형수씨 짚도 나 주세요)
제수씨 씹도 내 주소(제수씨 짚도 나 주고요)
형수씨요 씹도 내 좆만 믿고(형수씨 짚도 내 손만 믿고)
제수씨요 씹도 내 좆만 믿으소(제수씨 짚도 내 손만 믿으세요)

그런데 이 소리가 하도 요상하게 들려서 다른 이들도 흉내내 부르다가 이 보리타작 노래가 근동에 두루 퍼지게 되었다 한다.

23. 빈부 · 이해 득실 관련

가난과 사랑과 재채기는 감추기 어렵다
 - 가난한 것과 사랑의 감정, 재채기는 드러나게 마련이다.

가죽이 있어야만 털도 날 것 아니냐
 - 돈벌이든 뭐든 간에 먼저 밑천이 있어야 하는 것이다.

가진 놈이 더 무섭다
 - 부자가 더 인색하게 군다.

감기 고뿔* 도 남 안 준다
 - 병조차도 남 안주리만큼 인색한 자이다.

　* 고뿔 : '코와 불'이 합성된 말로서 감기가 들면 코에 불이 나는 듯 하대서 생긴 밀.

갖다 줘도 미운 놈 있고 가져가도 고운 놈 있다
 - 정서적인 계산이 경제적인 계산에 앞서는 경우도 있다는 뜻.

개 오줌이나 맞는 장승 신세다
 - 천대나 받으며 사는 구차한 인생이다.

개고생* 하고 있다
 - 신역(身役)이 고된 나날을 보내고 있다.

　* 개고생 : 개를 빗대 고생이 자심함을 이르는 말.

개만도 못하게 살았다
 - 한 세상 모질게도 살았다.

개성, 수원, 안성사람은 빨가벗겨 놔도 팔십리 뛴다
 - 예로부터 이 고장 사람들은 이재에 밝고 생활력이 강하데서 나온 말.

거지가 밥술이나 먹게 되면 다른 거지 밥 한술 안 준다
 - 가난했던 자가 부자가 되면 더 인색하게 구는 일이 많대서 나온 말.
 = 거지가 부자 되면 동냥쪽박을 깬다. 거지가 부자 되면 문 닫아 걸고 산다.

거친 나물, 한뎃잠으로 살았다
 - 가진 것 없이 산, 풍진의 인생살이였다.
 = 나무비녀 몽당치마로 살았다. 빗물에 목욕하고 바람에 빗질 했다. 날비* 다 맞아가며 살았다. 부뚜막 밥으로 살았다. 등걸잠** 으로 세월 보냈다. 들면 박대, 나면 천대 팔자로.

  * 날비 : 맨몸으로 맞는, 노드리듯 하는 빗줄기.
  ** 등걸잠 : 옷을 입은 채로 아무데서나 쓰러져 자는 잠.

건깡깡이다
 - 목표도 하는 일도 없이 막사는 인생이다.
 = 날 탕이다.

게도 구럭* 도 다 잃었다
 - 이득은커녕 본전마저도 다 날렸다.
  * 구럭 : 조개나 게 등 해산물을 넣는 망태기.

게으름하고 거지는 사촌간이다
 - 게으르면 거지 되기 십상이다.

경상도 문둥이 좆 잘라 먹듯 한다*
- 남의 돈을 잘라먹고 시치미 떼는 사기꾼을 빗댄 말.

　　* 좆 잘라 먹듯 한다 : 옛날에 문둥이들이 '문둥병에는 인육(人肉)이 약'이라 하여 아이들을 잡아먹었는데 맨 먼저 정력제로 자지를 잘라 먹었다는 속설에서 나온 말.

곗돈 타고 집안 망한다
- 좋은 일이 도리어 화근이 된 경우 등에 빗댄 말.

고생이라고 생긴 건 다 해보았다
- 안 해본 고생이 없으리만큼 힘겹게 살았다.
= 물 고생, 불 고생 다 해 보았다.

곰 굴 보고 웅담* 돈 내어 쓴다
- 노력도 안 해 보고 결과부터 챙기려 드는 맹랑한 자이다.
= 너구리 굴 보고 피물* 돈 내어 쓴다.

　　* 웅담 : 곰 쓸개.
　　** 피물 : 짐승가죽.

공짜가 망짜다
- 공짜를 좋아하면 망하게 된다. 노력을 해서 먹고살라는 교훈의 말.

공짜 좋아하는 놈이 제 건 더 아낀다
- 공것 좋아하는 자들 중에는 구두쇠가 많다.

공짜라면 비상도 먹을 놈이다
- 먹으면 죽는 비상도 마다지 않으리만큼 공것을 밝히는 자이다.
= 공짜라면 양잿물도 큰 걸로 골라서 먹는다.

공짜라면 소금을 먹고도 달단다
- 공짜라면 사죽을 못 쓰는 자이다. 또는 소금도 짜지 않으리만큼 공짜의 맛은 달디 달다.

금도 모르면서 비싸단다
- 내용도 모르면서 허튼 소리를 하는 멍청이다.

기름 먹인 가죽이 더 부드럽다
- 뇌물을 먹이면 일이 잘 풀리게끔 돼 있다.

길 잠* 잔다
- 거렁뱅이 신세이다.
= 등걸잠 잔다.

  * 길 잠 : 아무데나 쓰러져 자는 잠.

꿈에 준 빚을 갚으란다
- 경우에 없는 구실을 내세워 억지를 쓰고 있다.

꿩 먹고 알 먹고 털 뽑아 부채 만들고 둥지 헐어 불 때고
- 몇 가지 이득을 한꺼번에 취하게 된 행운을 이르는 말. 또는 반대로 알거지가 될 때까지 착취하는 모진 성정을 나타낸 말이기도.
= 도랑 치고 가재 잡고. 누이 좋고 매부 좋고.

꿩도 잃고 매도 잃었다
- 앞뒤로 손해만 보았다.

나그네* 보내고 점심 먹는다
- 배고픈 나그네를 보낸 다음 밥을 먹는다 함이니 인정머리 없음을 탓하는 말.

  * 나그네 : '나간 사람'이란 뜻. 집을 떠난 사람 말고 다른 데서 내 집을 찾아온 사람을 이르기

도 한다.

나사 죄듯 기름 짜듯 한다
- 보기만 하면 달달 볶는 못된 상전 또는 못된 시어미 같은 자이다.

낙엽을 집어 밑 닦는 신세다
- 몹시 궁하고 딱하게 사는 처지다.

남의 눈물 짜 모은 재산, 오래가나 봐라
- 남을 해코지하여 모은 재산은 벌 받아 오래 못 가는 법이다.

남의 돈 천 냥이 내 돈 한 냥만 못하다
- 돈이든 무엇이든 맘대로 할 수 있는 내 것만이 귀한 것이다.
= 남의 집 금송아지, 내 집 보통송아지만 못하다. 남의 더운밥 내 집 찬밥만 못하다.

내 것 주고 뺨 맞는다
- 분한 일을 당했다. 또는 이중 삼중으로 손해를 보았다.

내 물건 나쁘다는 놈 없다
- 장사치가 제 물건은 다 좋다고 외치듯 자기 것은 다들 좋게 여긴다.
= 내 자식 밉다는 어미 없다.

냉수에 좆 줄듯 한다
- 돈이나 재산 등이 눈에 띄게 줄어드는 모양에 빗댄 말.
= 찬물에 좆 줄듯 한다. 냉수축신(冷水縮腎)이다.

너울* 쓴 거지다
- 걸친 옷만 그럴 싸 하지 실은 거지나 한가지다.
　* 너울 : 검은 천으로 만든, 여자가 외출 때 머리에 쓰는 쓰개 옷.

네 발 달린 짐승이 차라리 낫겠다
　- 짐승보다도 못하게 헐벗고 굶주리며 살고 있다.

노랭이 중에도 상 노랭이다
　- 인색하기 짝이 없는 구두쇠다.
　= 왕소금이다. 찔러도 피 한 방울 안 나온다.

노루 잡은 눈에 토끼가 보이겠냐
　- 큰 돈에 맛들이면 작은 벌이는 하찮게 보이는 법이다.

농투성이 빚 투성이다
　- 농사를 지으면 빚만 남는대서 농민들이 자조적으로 이르는 말.

눈덩이하고 갈보는 구를수록 살이 찐다
　- 눈덩이는 구를수록 커지고 갈보도 누울수록 돈을 많이 벌게 된다.

다 된 농사에 낫 들고 덤빈다
　- 거들지도 아니한 주제에 몫을 챙기려 든다. 염치를 모르는 자이다.

닷 돈 보고 보리밭에 갔다가 명주 속곳만 다 버렸다
　- 닷 돈 받기로 하고 보리밭에 몸 팔러 갔다가 귀한 명주 속곳만 버렸다. 작은 이득을 취하려다 큰 낭패를 보았다.

덤받이 한다
　- 어떤 목적 외에 덤으로 얻게 된 소득을 이르는 말. 원래는 홀아비가 과부 장가를 들면 그 과부에 딸린 자식을 덤으로 얻게 된대서 유래한 말.

동냥도 안 주면서 쪽박만 깬다
　- 도와주기는커녕 해꼬지만 하고 있다.

동냥자루도 없이 거지노릇 한다
- 아무 준비도 없이 무슨 일을 하겠다는 것이냐.

동냥질하다 추수 못 본 격이다
- 작은 이득에 신경을 쓰다 큰 손해를 보았다. 소탐대실(小貪大失)했다.

됫박* 재주라도 말 재주로 팔아먹어라
- 보잘것없는 재주라도 써먹을 수 있는 데까지 시도해 봐라. 거기서 또 새 길이 열리게 된다고 격려하는 말.

　　* 됫박 : '됫박'의 옛말은 표주박이다. '되'는 '들이' 즉 '들어가는 것'이란 뜻으로 곡식 따위를 헤아리는 그릇을 이르는데 옛적에는 '되'를 박으로 만들어 썼기 때문에 '됫박'으로 불러 내렸다.

두길 보기 한다
- 양쪽을 두고 유리한 쪽을 살피는 일. '두 길마보기'의 준말.

뒷집 짓고 앞집 뜯어 내란다
- 제 이득만을 내세우는 파렴치한 자이다.

들면 박대* 요 나면 천대 팔자로
- 문전박대나 받는 천덕꾸러기 신세로.

　　* 박대(薄待) : 성의 없는 푸대접.

들어 죽 쑨 놈 나가도 죽 쑨다
- 복 없는 자는 어딜 가나 천대받고 고생을 하게 마련이다.
= 경상도에서 죽 쑨 놈 전라도 가도 죽 쑨다. 부엌에서 새던 바가지 들에 가도 샌다.

들어오는 복도 문 닫아 건다
- 사람이 변변찮다 보니까 득 되는 일도 그르친다.
= 제 복도 턴다.

등으로 먹고 배로 먹고
- 무엇이든 체면불구하고 먹어 치우는 먹보다. 또는 이중으로 득을 본다는 뜻.

떡고물인지 돈고물인지 금고물인지 땅고물인지 모른다만
- 돈과 관련된 자리에 있으면 돈이 생기게 마련이다.
= 떡 만지면 떡고물 떨어지고 떡장수가 떡 하나 더 먹게 돼 있다.

떼쓰는 게 사촌보다 낫다
- 사촌의 유야무야한 도움보다 떼를 써서 얻는 이득이 더 나은 경우도 있다.

똥 누면 분칠해서 말려 둘 놈이다
- 흰 개똥을 찾는 사람이 있으면 팔아먹으려고 똥에 분칠을 해서 말려 둔다 함이니 돈에 지독한 자라고 탓하는 말.

뜸도 안 들이고 먹으려 든다
- 노력도 없이 결실만 챙기려 드는 자이다.
= 털도 안 뜯고 먹으려 든다. 손도 안 대고 코 푼다.

막담배는 기생첩도 안 준다
- 마지막 담배는 누구든 그만큼 귀하게 여긴다는 뜻.

막벌이야 거지 사촌 아니냐
- 막벌이는 언제 벌이가 떨어질지 몰라 자칫 거지되기 십상이다.

먹자는 놈하고 하자는 놈은 못 당한다
- 뇌물 채근하는 자 하고 끈질기게 달라붙는 사내놈은 당해내기 어렵다.

명주옷* 은 사촌까지 덥다
- 한 사람이 벼슬을 하거나 부자가 되면 친척들까지도 덕을 보게 된다.
   * 명주옷 : 누에고치를 원료로 지은 비단 옷.

몰라 못사는 것이다
　- 돈벌이 될 만한 것을 안다면 못살 리가 없다.

몸에서 쇳물 내가 난다
　- 지독하게 인색한 자이다.
　= 소금 중에도 왕소금이다.

물건 잃고 병신 된다
　- 물건을 잃으면 공연히 주변을 의심하다 망신까지 당하게 되니 조심할 일이다.
　= 돈 잃고 병신 되고.

밤낮 안고만 넘어진다
　- 하는 일마다 손해만 본다.

배때기에 기름깨나 낀 모양이다
　- 거드름 피우는 꼴이 돈깨나 번 모양이다.

버린 몸 구겨진 인생이 올시다
　- 돈도 연줄도 없는 남루한 인생이다.

벌려 주고 뺨 맞는다
　- 좋은 일 해주고도 당한 억울한 경우이다.
　= 씹 대주고 뺨 맞는다.

벼룩의 간 빼 먹고 모기 눈알 빼 먹는다
　- 인색하고 모질기 짝이 없는 자이다.

보채는 아이 젖 더 준다
　- 성가시게 조르는 자가 더 득을 보게 마련이다.
　= 억지가 사촌보다 낫다. 우는 애 젖 더 준다.

빈부 · 이해득실 관련

부자가 더 무섭다
- 쌀독에서 인심나기는커녕 부자가 더 노랑이짓하는 경우도 많다.
= 가진 놈이 궁상은 더 떤다. 있는 놈이 더 무섭다.

부자가 인색하면 백수건달만도 못하다
- 남 도울 줄 모르는 부자는 세상 쓸모없는 존재이다.

부잣집 마님, 머슴 배고픈 줄 모른다
- 무릇 인간이란 이기적인 존재이다. 없는 이웃을 살피는 덕목이 필요함을 강조한 말.

부잣집 외상보다 비렁뱅이 맞돈이 낫다
- 외상 거래 그만 두고 현금 거래로 하자고 퉁기는 말. 또는 외상으로 많이 파는 것보다 적게 팔아도 현금 거래가 더 실속이 있다는 뜻.

불에 탄 개 가죽 오그라들듯
- 돈 또는 재산 등이 눈에 띄게 줄어드는 모습에 빗댄 말.
= 찬물에 좆 줄듯 한다. 냉수축신(冷水縮腎)이다.

붕어 새낀 줄 아냐
- 일을 했으면 돈을 줘야지 붕어처럼 물만 먹고 살란 말이냐.
= 흙 파먹고 사는 줄 아냐.

비상 사먹고 죽을 돈 한 푼도 없다
- 돈 한 푼 없는 거렁뱅이 신세이다.

비싼 게 싼 것이고 싼 게 비싼 것이다
- 비싼 물건은 그만큼 더 품질이 좋아 오래 쓰는 까닭에 싼 것이나 한가지다.

빌어먹는 것 보다 인색이 낫다
 - 돈 헤프게 쓰다 궁해져서 손 벌리는 것보다 인색이 차라리 낫다.
 = 인색이 거지 노릇보다 낫다.
   자료 제공 : 소설가 정동수.

빌어먹는 데서 배라 먹는다*
 - 빌어먹는 음식을 다시 구걸해서 먹는다 함이니 몹시 구차한 삶을 비유한 말.
   * 배라먹다 : 남에게서 거저 얻어먹다.

빌어먹어도 정승 집에서 빌어 먹으랬다
 - 빌어 먹거나 더부살이를 해도 지체 높은 집에서 해야 덕을 보게 된다.
 = 뺨을 맞아도 은가락지 낀 손에 맞으랬다.

빨간 상놈 푸른 양반이다
 - 헐벗고 힘없는 상놈과 돈 많고 세도 당당한 양반을 견주어 이르는 말.

삥땅* 이 회사 말아 먹는다
   조그만 부정이 쌓여서 개미굴에 주춧돌 내려앉듯 회사를 망치는 것이다.
   * 삥땅 : 건네줘야 할 돈의 일부를 슬그머니 가로채는 짓.

사람은 재물 탐에 죽고 새는 먹이 탐에 죽는다
 - 사람은 무엇보다도 물욕을 경계해야 한다.

상갓집 개 같다
 - 얻어먹을 곳만 찾아다니는 천박한 모습을 빗댄 말. 상갓집 개란 경황에 개밥 주는 이가 없다 보니 굶주려서 여기저기 기웃거린다는 뜻.

생쥐 볼가심 할 것도 없다
 - 수중에 가진 거라고는 아무것도 없다.

서발 장대 거칠 것 없다
 - 세 발이나 되는 장대를 휘둘러도 걸릴 게 없으리만큼 궁색한 살림이다.

성인 군자도 가난은 싫어 한다
 - 가난은 누구든 싫어하는 것이니 잘 살도록 해라.

셈이 질긴 놈이다
 - 줄 돈을 안 주고 질질 끄는 웬 못된 인간이다.

소금 장수보다 더 짠 놈이다
 - 말도 못하게 지독한 구두쇠다.
 = 소금 중에도 왕소금이다. 왕소금이 형님 하겠다.

소금 짐 지고 물로 가고 화약 짐 지고 불로 간다
 - 저 죽을 짓거리만 하고 다니는 황당한 자이다. 자화자초(自禍自招)한다.

쇠똥에 미끄러지고 개똥에 코 박는다
 - 안 좋은 일이 겹쳐서 일어나는 경우에 빗댄 말. 설상가상이다.

시룻번* 뜯어 먹고 떡값 물어 준다
 - 상식에 없는 억울한 손해를 본 경우이다.
  * 시룻번 : 떡을 찔 때 김이 새지 않도록 시루와 솥 사이에 따라 붙인 밀가루 반죽.

십 년 묵은 환자*도 지고 들어가면 그만이다
 - 빚이란 건 일단 갚아 버리면 그만이다.
  * 환자(還子) : 예전에 관에서 봄에 빌린 곡식을 이자 쳐서 가을에 갚던 일.

아주 뽕이 빠졌다
 - 크게 낭패를 보았다.

앉은 자리 풀도 안 나겠다
- 지독하게 인색한 자라고 혀 차는 말.
= 눈 속 시금치도 돌아앉겠다.

애들 자지에 붙은 밥풀도 떼어 먹겠다
- 뇌물이라면 크든 작든 가리지 않고 탐하는 자이다.
= 좁쌀 영감이다.

어물전 털어 먹고 꼴뚜기 장사한다
- 돈 잘 벌다가 돌연 미친바람이 들어 도박이나 오입질 등으로 몰락한 경우 등에 빗댄 말.
= 노적가리 태우고 싸라기 주워 먹는다. 집 태워 먹고 못을 줍는다.

얻어 먹고 훔쳐 먹으며
- 모질게도 가난하고 험하게 살았다.

엎어지면 궁둥이, 자빠지면 보지 밖에 없다
- 가진 거라고는 없는 알거지 신세이다.
= 가진 건 불알 두 쪽뿐이다. 알건달이다. 홀딱 벗겨봤자 똥 묻은 볼기짝 밖에 나올 거 없다.

오 리 보고 십 리도 간다
- 장사꾼들은 작은 이득을 위해 더 많은 투자도 마다지 않는다. 또는 밑지고 파는 때도 있다는 뜻.

외상 주면 돈 잃고 사람도 잃는다
- 돈을 못 받는 건 고사하고 사람마저 잃게 되니 외상거래는 하지 마라.

외할미 보리개떡도 싸야 사먹는다
 - 아무리 가까운 사이라도 잇속을 따지게 마련이라는 뜻.

욕심 많은 놈은 재물 탐에 죽는다.
 - 욕심이 많으면 각종 추재사건에 연루되어 화를 당하거나 또는 과로로 병을 얻어 죽기도 한다.

욕을 먹어도 감투 쓴 놈한테 먹으랬다
 - 어떤 경우든 높은 사람과 알고 지내는 것이 신상에 이롭다.
 = 매를 맞아도 은가락지 낀 손에 맞으랬다.

의붓아비 떡치는 데는 가도 친아비 도끼질하는 데는 가지 마라
 - 어느 때든지 득 되는 방향으로 약게 살라고 이르는 말.

이끗에는 형제도 친구도 없다
 - 잇속 챙기는 일에는 누구든 체면 돌보지 않고 덤벼든다.

인정도 품앗이다
 - 남에게 잘해 주어야 남도 나한테 잘해 주게 마련이다.
 = 사랑도 품앗이다.

입은 거지는 얻어먹어도 벗은 거지는 못 얻어 먹는다
 - 무슨 일이든 기본은 갖추고 있어야 목적을 달성할 수 있다.

있는 놈이 궁상은 더 떤다
 - 돈푼깨나 있는 자가 죽는 소리는 더한다. 건구역질 나는 일이다.
 = 있는 놈이 더 무섭다.

장사꾼은 마누라는 빌려줘도 돈은 안 빌려 준다
 - 장사치는 그만큼 돈을 소중히 여긴다.

장사꾼은 밑진다면서도 땅 산다
 - 장사치들의 말은 믿을 것이 못 된다.

정은 정이고 셈은 셈이다
 - 아는 건 아는 것이고 계산만은 분명히 해두자.

제 것 잃고 병신 된다
 - 제 것 잃은 건 제쳐 두고 망신까지 당한 경우이다.
 = 제 썹 주고 뺨 맞는다. 제 것 잃고 제 함박 깬다. 제 썹 주고 인심 잃는다.

족제비 잡아 꼬리는 남 준 택이다
 - 족제비는 꼬리털 때문에 잡는데 공들인 결과가 허사가 되고 말았다.
 = 죽 쒀서 개 좋은 일만 시켰다.

좆 되었다
 - 망쳤다. 손해를 보았다. 패했다.

좋은 일엔 남이고 궂은 일엔 일가란다
 - 저만 아는, 상종을 못할 이기적인 자이다.

쥐 잡으려다 장독 깬다
 - 긴치 않은 일을 벌였다가 큰 손해를 보게 된 경우 등에 빗댄 말.
 = 쥐 잡으려다 쌀독 깬다.

쥘 줄만 알지 펼 줄은 모르는 노랭이다
 - 돈을 긁어모을 줄만 알지 쓸 줄은 모르는 구두쇠이다.

짠 걸로 치면 소금이 형님 하겠다
 - 인색하기 짝이 없는 자이다.

찰거머리* 피 빨아먹듯 한다
 - 남의 재물을 잔인하게 갈취해 먹는 자이다.

　　* 찰거머리 : 몸에 붙으면 떨어지지 않는, 흡반이 잘 발달된 거머리 종류.

천석꾼은 천 가지 근심, 만석꾼은 만 가지 걱정 있다
 - 재산이 많다고 다 그만큼 행복한 것은 아니다.

청기와 장수 심보* 다
 - 저 혼자밖에 모르는 옹고집쟁이다.

　　* 옛날에 청기와 장수가 청기와 굽는 기술 노하우를 자기만 알고 남에게는 물론 자식한테조차 안 가르쳐 주고 죽었다는 고사에서 나온 말.

큰 굿한 집에 저녁거리가 없다
 - 무모하게 일을 벌이면 살림이 망조 들게 되니 조심할 일이다.

파장 엿 값이다
 - 파장떨이 싸구려 헐값이다.

포도청 뒷문에서도 그렇게 싸지는 않겠다
 - 장물도 그렇게 헐하지는 않겠다. 물건이 비싸다고 우길 때 대거리 하는 말.

풍년거지가 더 섧다
 - 상대적인 박탈감 때문에 더 서글프게 느낀다.

피는커녕 물 한 방울도 안 나오겠다

- 지독한 노랭이니까 말 붙일 생념도 마라.
 = 왕 노랭이다. 왕소금이다.

하루 굶는 건 몰라도 헐벗은 건 안다
 - 비록 가난해도 입성까지 궁상맞게 보이진 마라.

한 있는 재물은 줄고 한 없는 씀씀이는 늘어서
 - 정신 못 차리고 허랑방탕하다 보니 거지꼴이 되었다는 넋두리.

한 푼 아끼려다 백 냥을 잃는다
 - 적은 돈을 아끼다가 큰 이득을 놓친 경우이다.
 = 기왓장 하나 아끼려다 대들보 썩힌다. 소탐대실이다.

한 푼을 우습게 알면 한 푼에 울게 된다
 - 작은 돈도 중하게 여겨야 한다는 교훈의 말.

해웃값* 준다
 - 기생이나 창녀와 얼린 대가로 주는 화대를 이르는 말.
 = 해웃돈. 화대(花代). 놀음차.

  * 해웃값 : 해의(解衣)값 즉 옷을 벗는 대가라는 뜻.

헙헙하면* 살림 망조 드는 거다
 - 돈을 함부로 쓰면 나중 망조 들게 되니 새겨둘 일이다.

  * 헙헙하다 : 가진 것을 함부로 쓰는 버릇이 있다.

호랑이 보면 무섭고 호랑이 가죽 보면 탐나고
 - 물려 죽을까 두려워도 호피(虎皮)만은 탐내는 속물근성을 비웃는 말.

혼사빚은 떼먹어도 초상 빛은 안 떼먹는다.
 - 혼사빚은 경사니까 그렇다 쳐도 초상 때 상주한테 빌린 노름빚을 떼먹으면 죽은 귀신한테 저주를 받아 해로우니 그러지 마라.

후무리는 데야 당할 놈 없다
 - 몰래 훔치고 감추는 데는 당할 자가 없다.

흉년거지 동냥 주듯 한다
 - 마지 못해서 인색하게 주는 경우에 비유한 말.

흙 파먹고 사는 줄 아냐
 - 일한 품삯을 줘야 먹고 살 거 아니냐고 들이대는 말.
 = 땅 파먹고 사는 줄 아냐. 붕어새끼ㄴ 줄 아냐.

흥청망청* 이다
 - 돈이나 물건 따위를 함부로 써 버리는 행태를 타박하는 말.

■ 관련 여담

　　조선시대 군왕 연산군은 신하 임사홍을 시켜 전국에서 미녀 1만명을 강제징집해 '운평'이라 부르고 그중 예쁘고 노래 잘하고 춤 잘 추는 여인을 가려 뽑아 '흥청'이라 부르면서 매일 어울려 놀았는데 그 주지육림(酒池肉林)의 와중에서 훈구파 세력에 의해 권좌에서 쫓겨나게 된다. 하여 연산군이 '흥청'들하고 놀다가 망했다고 해서 '흥청망청'이란 말이 생겼다 한다.

24. 절도 · 강도 관련

가난하면 마음에 도둑 든다
  - 가진 게 없으면 별 생각이 다 들고 심지어 도둑질까지도 마음먹게 된다.
  = 가난하면 마음병신 된다.

강도 집에 절도 들었다
  - 약자가 멋모르고 강자에게 덤벼들었다. 또는 강자도 약자에게 당하는 수가 있다는 뜻.

게도 제 새끼더러는 바로 가랜다
  - 도둑놈도 제 자식한테는 도둑질하지 말라고 가르치듯 사람 사는 이치가 그렇다는 뜻.

고개 임자노릇 한다
  - 고개 목에서 행인을 터는 강도짓을 한다.

눈뜨고 도둑맞았다
  - 번연히 알면서도 속수무책으로 당한 일이다.

눈 큰 황소에 발 큰 도둑놈이다
  - 눈이나 발이 유난히 큰 사람을 놀리는 말.

늦 배운 도둑이 날 새는 줄 모른다
  - 늦게 배운 도둑질 또는 주색잡기에 빠져 헤어날 줄 모른다. 또는 늦바람기가 더 무섭다는 뜻도.

다른 도둑질은 해도 씨 도둑질은 못 한다
 - 대개 도둑질은 흔적이 안 남지만 바람피워 낳은 아이는 자라면서 닮게 되어 들통이 나게 된다.
 = 훔쳐 낳은 자식, 닮아서 들통 난다.

닷새 굶어 도둑질 안 하는 놈 없다
 - 막다른 궁지에 몰리면 나쁜 짓도 서슴지 않게 된다.
 = 궁하면 마음에 도둑 든다.

도둑고양이 담 넘어 오듯
 - 소리 소문 없이 숨어드는 모습을 그린 말.

도둑놈도 나갈 구멍을 보고 쫓아라
 - 궁지에 몰리면 돌아서서 해코지를 할 수 있으니 신중하게 대처해야 한다.

도둑놈도 의리가 있고 갈보도 절개가 있다
 - 그럼에도 너는 어째서 그 모양 그 꼴이냐고 나무라는 말.

도둑놈도 제 집 문단속은 한다
 - 도둑놈도 행여 자기 집에 도둑이 들세라 경계하고 조심하듯 제 앞가림은 자기가 해야 하는 것이다.

도둑놈 먼저 지나갔거든 소리나 질러라
 - 첫날밤 신부를 두고 입이 건 동네 남정네들이 주고받는 우스갯말. 지난날 어떤 놈과 한두 번 관계를 했어도 강에 배 지나간 자린데 누가 알겠느냐, 신랑 기분이나 좋게 비명이나 한번 질러 주라고 이르는 말.

도둑놈 심보다
 - 공짜 밝히는 자를 비하해서 이르는 말.

도둑놈은 한 죄, 잃은 놈은 열 죄이다
- 도둑은 훔친 죄 하나지만 잃은 자는 이 사람 저 사람 의심하게 되니 죄가 더 크다는 뜻.

도둑놈 집에 강도 든 격이다
- 망나니짓을 일삼다가 임자를 만나 크게 혼난 경우 등에 잘 된 일이라고 고소해 하는 말.

도둑맞으면 제 어미 치마 속도 들춰 본다
- 뭘 잃어버리면 근처의 누구든 의심을 하게 된다. 그래 '돈 잃고 병신 된다'는 말도 생겼을 터.

도둑 씹에 날 새는 줄 모른다
- 배우자 아닌 상대와의 정사가 그만큼 더 성감이 좋대서 나온 말.
= 선 도둑이 날 새는 줄 모른다. 음식하고 계집은 훔쳐 먹어야 더 맛있다.

도둑은 도둑을 시켜 잡아야 한다
- 일은 그 방면에 능숙한 전문가를 써야만 좋은 성과를 거둘 수 있다.
= 오랑캐를 써서 오랑캐를 잡는다(以夷制夷).

도둑은 앞으로 잡아야 한다
- 도둑은 물적 증거로 잡아야지 의심이나 추측으로 생사람 잡듯 해서는 안 된다.

도둑놈아, 감자나 먹어라
- 속으로는 좋으면서 겉으론 안 그런 척 내숭을 떠는 말.

■ 관련 여담

옛날에 한 여인네가 산골 감자밭에서 감자를 캐고 있었는데 비탈 밭인지라 터진 속곳 밑으로 음모가 보일 듯 말듯 하는 것이었다. 그때 마침 지나던 나그네가 이를 보고 불끈 음욕이 일어 몰래 뒤쪽으로 다가가서는 그 여인네를 덮쳤다. 이에 여자가 놀라서 "도둑놈이 날 죽인다!"고 소리를 쳤지만 첩첩산중인지라 듣는 사람이 없어 허사였다. 그러던 중 점차 여자가 흥분이 되니까 나그네에게 눈을 흘기면서 "이 도둑놈아 감자나 먹어라, 감자나 먹어!"라고 짐짓 발뺌을 하듯 그러더란다.

도둑 눈이다
- 밤새 남모르게 내린 눈. 밤새 내려 누구도 밟지 않은 눈을 '숫눈'이라는데 이는 숫처녀 숫총각처럼 '아직 손닿지 않은 본디 그대로' 라는 뜻이다.

도둑 때는 벗어도 화냥 때는 못 벗는다
- 한두 번 도둑질한 건 점차 잊혀져도 여자가 서방질한 것은 두고두고 입방아에 오르내리게 되니 조심할 일이다.

도둑을 맞으려면 개도 안 짖는다
- 일이 꼬이려니까 될 일도 안 된다는 볼멘소리.

도둑 방귀 뀐다
- 통상 새 며느리가 시부모님께 혼날세라 몰래 뀌는 방귀.

도둑 씹이 더 맛있다
- 배우자 아닌 상대와의 정사가 훨씬 더 성감이 좋다.
= 군것질이 더 맛 있다. 음식하고 계집은 훔쳐 먹어야 제 맛이다.

도둑개 살 안 찐다
- 도둑질해서 잘 살지 못 한다.
= 도둑고양이 살 안 찐다.

도둑장가 든다
- 알리지 않거나 또는 부모 허락 없이 몰래 드는 장가를 이르는 말.

도둑놈도 의리가 있고 갈보도 절개가 있다
- 하물며 사지 멀쩡한 놈이 어찌 그리도 못돼 먹었단 말이냐.

도둑놈이 개 꾸짖듯 한다
- 도둑놈이 큰 소리로 개를 꾸짖을 수 없음이니 꿀 먹은 벙어리처럼 웅얼웅얼, 우물쭈물하는 모습을 그린 말.

도둑맞고 죄 돌아간다
- 도둑맞은 사람이 되레 누명을 쓴 경우에 빗댄 말.

도둑이 도둑이야 한다
- 죄지은 자가 되레 큰소리를 치고 있다.
= 불 낸 놈이 불이야 한다. 되술레 잡는다.

도둑잠 잔다
- 남의 눈을 피해서 몰래 자는 쪽잠.

도둑질도 홀딱 벗고는 못한다
- 무슨 일이든 투자 없이는 성과를 거둘 수 없다.

도둑질은 내가 하고 오라* 는 네가 져라
- 도둑질해 득 본 놈 따로 있고 도둑 누명 쓰고 옥살이하는 자 따로 있다. 가슴 치고 땅을 칠 노릇이라는 뜻.
= 재주는 곰이 넘고 돈은 되놈이 먹는다. 먹기는 파발이 먹고 뛰기는 역마가 뛴다.

  * 오라 : 도둑이나 죄인을 묶던 붉은 밧줄. 포승(捕繩).

도둑질해 부자 된 놈 없다
 - 쉽게 번 돈은 헤프게 써버리는 탓에 부자가 될 수 없다. 또는 죗값을 받아 부자가 될 수 없다는 뉘앙스도.
 = 노름질해 잘 사는 놈 없다.

돈궤하고 보지는 남 보이면 도둑 맞는다
 - 여자는 특히 몸단속을 잘해야 한다.

똥 싼 놈은 다 토끼고* 방귀 뀐 놈만 잡혔다
 - 주범은 진작 도망쳐 버리고 송사리들만 걸려들었다.
   * 토끼다 : '도망을 치다'의 은어.

먹은 개는 짖지 않는 법이다
 - 뇌물을 먹으면 입을 다물게끔 되어 있다.

몸 도둑놈이다
 - 오입쟁이, 간통이나 강간범 등을 통틀어 이르는 말. 정조를 도둑질한다는 뜻.
 = 씹 도둑놈이다.

몸 도둑년이다
 - 남의 사내와 간통을 일삼는 여자를 빗댄 말.

문 열어 도둑놈 불러 들였다
 - 화를 자초한 경우이다.

물 봐 놓았다
 - 도둑질 할 물건이나 대상을 정했다.

물총 강도다
- 강간범. 은어.
= 물총 사범이다.

미꾸라지* 가 용 되고 도적이 성인 되랴
- 타고난 바탕은 변할 수 없는 것이다.
= 닭이 천 년이면 봉이 될까. 미꾸라지 천 년에 용이 되랴. 사슴이 오래 산다고 기린 될까.

  * 미꾸라지 : '미꿀+아지'의 합성어로 '미끌미끌한 물고기'란 뜻이다. '미꾸리'라고도 부른다.

밖 도둑놈이 더 많다
- 잡혀 들어와서 징역살이하는 자보다 감옥 바깥에서 도둑질을 일삼는 자들이 훨씬 더 많다.

발 씻었다
- 범죄 등 나쁜 짓에서 손을 뗐다.
= 손 씻었다.

밤 똥 싸는 놈이다
- 도둑을 에둘러 이르는 말.
= 밤손님이다.

밤이슬 맞고 비 맞았다 우긴다
- 도둑질 하느라 밤이슬에 젖은 옷을 비 맞아 젖었다고 턱 없는 거짓말을 하고 있다.
= 닭 잡아먹고 오리발 내민다.

밤티 본다
- 밤 도둑질을 한다. 은어.
= (반) 낮티 본다.

밥 도둑이다
- 가난하던 시절 밥을 많이 먹게 만드는 찬을 이르던 말. 참기름 발라 구은 김, 토하(土蝦)젓, 서산 어리굴젓, 돌산 갓김치 등이 밥도둑 금은메달 감이었다.

밥을 치면 떡이 되고 사람을 치면 도둑이 된다
- 누구에게든 함부로 대해서는 안 된다는 교훈의 말.

배부르고 등 따시면 씹 생각이 나고 춥고 배고프면 도둑질 생각이 나는 법이다
- 대저 사내들이란 족하면 족한 대로 궁하면 궁한 대로 잡스런 마음이 생기는 법이니 항시 이를 경계해야 한다.

배운 도둑질이다
- 평소 잘 알거나 익혀 둔 일이다.

버티고개 앉을 놈이다
- '도둑놈'을 비유해 놀리거나 비하하는 말.
    * 버티고개 : 예전 서울 한남동과 약수동 사이, 좁고 험해서 도둑이 많이 출몰했다는 고개 이름.

범 아가리에 날고기 집어넣은 격이다
- 사기꾼한테 돈을 빌려 주다니 갖다 바친 거나 한 가지가 아니냐.
= 고양이한테 생선 가게 맡긴 택이다.

본 놈이 도둑질도 한다
- 무슨 일이든 알아야만 할 수 있는 것이다.

뻔뻔하기는 낮 도둑놈 뺨 친다
- 잘못을 저지르고도 부끄러운 줄 모르는 파렴치한 자이다.

사내는 도둑질 빼고 다 배워야 한다
  - 남자가 세상 살려면 돈벌이 기술 한두 가지는 지니고 있어야 한다.

산 속 열 놈의 도둑은 잡아도 마음속 한 놈의 도둑은 못 잡는다
  - 드러난 잘못은 고칠 수 있어도 잘못먹은 생각은 바로잡기 어렵다.

서방이 도둑이면 마누라는 저절로 도둑년 된다
  - 사람을 잘못 사귀면 공범으로 엮이기 십상이니 조심할 일이다.
  = 동무 사나워 뺨따귀 맞는다. 모진 년 옆에 있다가 벼락맞는다.

선 도둑이 날 새는 줄 모른다
  - 통상 초보 도둑이 멋 모르고 욕심을 내다 잡혀서 혼나는 일이 많다는 뜻.

세상 물건 자리만 좀 바꿔 놓았다
  - 도둑질을 에둘러 이르는 말.
  = 세상물건 좀 헤프게 써 먹었다.

소도둑놈 상판이다
  - 험악하게도 생겨 먹었다.

손발이 맞으면 포도청 들보* 도 빼 온다
  - 의견이 맞으면 세상 못할 일이 없다는 뜻.
     * 들보 : 지붕의 칸과 칸 사이 두 기둥을 가로질러 댄 굵은 나무.

손을 탔다
  - 좀도둑질을 당했다.

시집간 딸년치고 도둑 아닌 년 없다
  - 시집간 딸은 친정집에 오기만 하면 뭐든 좋은 것만 골라 가져간대서 나온 말.
  = 딸년은 평생 도둑년이다.

씹 도둑놈이다
- 강간범 또는 간통을 일삼는 자이다.

아는 도둑놈 묶듯 한다
- 사정 봐서 살살 묶듯이 일을 히슬하게 힌다고 나무라는 말.

아리랑치기 한다
- 쓰러져 잠든 취객의 호주머니를 털어가는 도둑질.

알면 장난이요 모르면 그만이다
- 도둑질을 하되 들키면 장난으로 둘러댈 수 있게 속임수를 쓴다.

양반* 도둑이 호랑이보다 더 무섭다
- 양반의 가렴주구가 어떤 무엇보다 더 혹독한 것이다.

  * 양반 : 조정(朝廷)에서 문관은 동쪽, 무관들은 서쪽에 앉는 까닭에 이를 통틀어 반열이라 하고 이 두 반열을 일러 양반이라 하였다.

양의 탈 쓴 늑대보다 늑대 탈 쓴 늑대가 차라리 낫다
- 교활한 사기꾼보다 정직한 도둑놈이 차라리 낫다.

어찌 삼대가 이렇듯 도둑놈 집구석이란 말이냐

■ 관련 여담

옛날에 장모되는 사람이 사위와 함께 사돈집에 가던 길에 개천을 건너게 되었다. 그래서 할 수 없이 사위가 장모를 업고 개천을 건너는데 장모가 자꾸 잔등에서 미끄러지자 사위가 팔을 둘러내려 장모의 음문에 손가락을 꽂아 부추긴 것까지는 참았으나 녀석이 거기서 그치지 않고 손가락을 돌리기도 하고 쑤시기도 하는 등 온갖 장난질을 치는 것이었다. 장모가 그러지 말라고 타일러도 사위는 개천을 다 건널 때까지 그런 장난을 그치지 않았다.

화가 머리꼭지까지 난 장모가 사돈집에 이르러 사위놈의 아비인 바깥사돈한테 그 사실을 이르고는 못돼먹은 아들놈 단단히 혼을 좀 내주라고 일러바쳤다. 그랬더니만 사돈 말인즉 "에이, 그런 말 자꾸 하지 마슈. 말만 들어도 좆 꼴려서 환장하겠시다." 그러는 거였다. 장모는 하도 기가 막혀서 마침 집에 있는 노사돈 영감한테 다시 모든 사실을 낱낱이 고해 바쳤다. 노사돈 영감은 그 말을 다 듣고 나더니만 느닷없이 주르르 눈물을 흘리는 것이었다. 장모는 속으로 쾌재를 부르며 '이제야 이놈들 부자 모두 혼구멍이 나리라' 하고 회심의 미소를 짓고 있는데, 그 노사돈 입에서 나온 말이 황당하기 그지없었다.
　　"내가 젊었을 때는 근동 십 리 안팎 여자들이 다 내 것이었는데, 이젠 제 발로 걸어 들어온 여자 하나도 맘대로 못할 정도로 팍 늙었으니 그게 원통해서 눈물을 흘리는 거올시다." 그러는 거였다. 이 말을 듣자 부아가 치민 장모가 노발대발하며 "에잇! 그 애비에 그 아들이란 말은 들었어도 어떻게 손자 놈까지 삼대가 모두 이렇듯 도둑놈의 집구석이란 말이냐?"라고 들입다 욕설을 퍼부었다 한다.

오이씨는 있어도 도둑의 씨는 없다
- 도둑놈의 아들이 또 도둑질을 하게 되는 것은 아니다. 도둑놈도 자식한테는 나쁜 짓하지 말라고 가르치니까 그렇다는 뜻.

엎드려 잔 죄 밖에 없소이다
- 어느 도둑놈들의 해괴한 대화법 한 자락.

■ 관련 여담

　　갑과 을 두 사람이 감옥에서 만나 서로 묻고 답하되 "대장부가 한 번 이런데 들어온 것이 원래 별날 것도 아니지만서도 대체 그대는 무슨 일로 이렇게 오게 되었소?" 하니 "나로 말하면 엎드려 잔 죄 밖에 없소이다." 하는 것이었다. "엎드려 잔 것이 무슨 죄가 되겠소?" 하고 물으니 "배 밑에 여자가 있었던 까닭이지요." 라고 했다. "나는 그렇다 치고 그대는 어떤 연고로 여길 들어왔소이까?" 하고 묻자 "고삐 줄 하나를 취한 탓이지요." 하였다. 고삐 줄 한 개가 무슨 죄가 되느냐고 하자 "고삐 줄 끝에 물건이 하나 달려 있었던 까닭이지요." 라고 답하였다. 풀건대 을은 남의 마누라를 간통하다 잡혀서 들어온 것이고 갑은 남의 소를 훔쳐 고삐 줄을 잡고 나오다 들켜서 잡혀 들어 왔다는 뜻이었다. [十大奇書]

여편네 말 들었다가 남의 여편네 도둑년 만든다
- 여자 말은 곧이곧대로 믿지 말고 잘 들은 다음 사려 깊게 판단해야 한다.

열 명이 지켜도 도둑 하나를 못 당한다
- 그만큼 도둑을 사로 잡기는 어렵다는 뜻.

우환이 도둑이다
- 집에 앓는 사람이 있으면 마치 도둑이 든 것처럼 재산을 크게 축낸 대서 나온 말.

울타리가 허니까 이웃집 개가 드나든다
- 약점이 보이니까 도둑이 드는 것이다.

월급 도둑놈이다
- 하는 일 없이 꼬박꼬박 월급을 타먹는 무위도식 월급쟁이를 빗댄 말.

의사하고 변호사는 허가 낸 도둑놈들이다
- 송사와 우환은 집안 재산을 들어먹는 재앙이 된다.

입씨름 끝에 싸움 나고 노름 끝에 도둑 난다
- 노름을 하다 돈이 떨어지면 도둑질도 서슴지 않게 된다.

입에 맞는 떡 얻기 어렵고 배운 도둑질은 하기 쉬워서
- 일은 하기 싫고 쉽게 사는 맛에 도둑질을 일삼다 보니 이 모양 이 꼴이 되고 말았다는 도둑놈의 넋두리.

자루 벌린 놈이나 퍼 넣는 놈이나
 - 죄다 한통속의 도둑놈들이다.

저녁 때 꺼리는 없어도 도둑맞을 물건은 있다
 - 가난해도 도둑이 가져갈 물건은 있는 것이니 항시 문단속을 잘 해야 한다.
 = 엿장수 줄 건 없어도 도둑놈 줄 것은 있다.

제 계집 도둑맞고 이웃 친구 의심한다
 - 아내가 바람이 나서 도망치면 제 잘못인 줄은 모르고 애먼 사람을 의심한다.

제 계집 도둑맞는 줄은 모르고 남의 계집 도둑질 한다
 - 제 앞가림도 못 하는 주제에 남우세스런 짓을 하고 있다.

제 소 몰고 가도 소도둑놈이라 겠다
 - 얼굴하며 허우대가 도둑놈처럼 험상궂게도 생겨먹었다.

주인이 도둑이면 개도 짖지 않는다
 - 상사가 부정을 저지르면 부하들은 입을 다물게 돼 있다.

치도곤(治盜棍)*을 맞는다
 - 몹시 혼이 난다. 심한 매질을 당한다.
   * 치도곤 : 조선시대, 도둑의 볼기를 치던 곤장의 한 종류.

큰 도둑놈이 좀도둑 잡는 시늉 한다
 - 도둑질로 치부한 벼슬아치들이 자신의 허물을 덮고자 '부정을 뿌리 뽑겠다'고 설쳐대는 역겨운 행티 등을 비아냥대는 말.

포도청 문고리도 뺄 놈이다
 - 죄를 지어 잡혀 가서도 포도청(지금의 경찰서) 문고리를 빼 도둑질을 하리만큼 담대한 자이다.

피* 다 잡은 논 없고 도둑 다 잡은 나라 없다
 - 무엇이든 완벽하긴 어려운 법이다. 어디든 장단점이 혼재하기 마련이라는 뜻.
   * 피 : 밭이나 논에 나는 잡초. 열매를 새 모이나 구황 작물로 쓰기도 한다.

허울 좋은 도둑놈이다
 - 치레는 멀쩡해도 실은 못된 짓을 일삼는 자이다.

홀태질* 해 처먹고 잘사나 봐라
 - 가렴주구해서 잘사나 보자고 해대는 악담.
   * 홀태질 : 곡식을 훑어서 터는 일. 본디 '홀태'는 홀쭉한 생선 또는 좁은 물건을 이르는 말로서 홀태바지 홀태버선 등이 있다.

훔쳐 낳은 자식, 닮아서 들통 난다
 - 몰래 계집질 또는 서방질해서 낳은 자식은 자라면서 그 어미 아비를 닮게 되어 저절로 탄로나게 된다.
 = 씨도둑은 못 속인다.

훔쳐 먹은 음식, 살로 가지 않는다
 - 도둑질로는 좋은 결과를 얻을 수 없다.

25. 원망 · 분노 관련

가방끈 짧은 게 한이다
 - 못 배운 것이 한이 된다.

개 같이 벌어서 개같이 산다
 - 개같이 벌었어도 정승같이 품위 있게 남 도와주기도 하면서 살아야 하는데 되레 가진 것을 기화로 더욱 남을 갈취하고 나쁜 짓을 일삼는 자이다.

개꼴이 되었다
 - 망신을 당해 체면이 엉망이 되었다.

개개지 마라
 - 성가시게 굴지 좀 마라. '개갠다' 는 본래, 물건 등이 맞닿아 해지거나 닳는 모양을 이르는 말.

개만도 못한 놈, 똥만도 못한 놈이다
 - 아무짝에도 못 쓸 인간망종이다.

개 망종 같은 섬나라 종자들
 - 임진왜란, 일제강점 및 관동지진 조선인 대학살, 정신대 등 예로부터 우리 겨레에게 온갖 만행을 저질러온 일인들에 대한 저주의 악담. 자료에 의하면 위안부는 군수품과 같은 일본군의 보급물자였다 한다.

개 새끼는 도둑을 지키고 닭의 새끼는 홰를 친다
 - 짐승들도 다 제 밥값을 하는데 어째 너는 사람의 새끼가 빈둥빈둥 놀기만 하느냐.

개 씹에 보리알 끼듯 한다
　- 공연히 끼어들어 헤살 놓는 자를 면박 주는 말.
= 개보지에 보리알 끼듯 한다.

개 좆을 잘 되냐
　- 일이 안 풀려서 죽을 지경이다.
= 좆을 잘 되냐.

개새끼 좆 자랑하듯 한다
　- 감춰 마땅한 것을 되레 자랑한다 함이니 못난 짓만 골라서 하는 멍청이라고 폄하는 말.

개도 안 뜯어먹을 놈이다
　- 아무짝에도 쓸모없는 성미 더러운 자이다.

개욕 쇠욕 다 퍼 붓는다
　- 욕이라고 이름 지어진 것은 죄다 퍼부어 대며 분풀이를 한다.

개 잡아먹은 자리 가서 곡을 하고 재배(再拜)할 놈이다
　- 인간 이하의 짐승 같은 자이다.
　　자료제공 : 소설가 고 이문구

거미* 줄로 방귀 동이듯 한다
　- 일을 건성으로 한다고 나무라는 말.
= 거미줄로 좆 동이듯 한다.
　　* 거미 : 색깔이 검다는 뜻의 '검은 것'에서 유래한 말.

검거든 얽지나 말고 얽었거든 검지나 말지
　- 어디 한 군데 쓸 만한 데라고는 없는 자이다.
= 짜거든 맵지나 말고 맵거든 시지나 말든가.

검댕* 을 검댕으로 지우려 든다
- 지은 죄를 다른 죄로 덮어 없애려고 든다.

　　* 검댕 : 연기 그을음 따위가 뭉쳐서 된 검은 물질.

게으른 년 치고 일 못한다는 년 없다
- 펀둥펀둥 놀면서도 일은 도맡아 하는 양 큰소리를 친다.
= 게으른 년이 뒤늦게 부지런 떤다.

게으른 놈이 일에는 등신* 먹는 데는 귀신이다
- 일은 안 하는 주제에 먹는 것만 탐하는 자이다.

　　* 등신 : '어리석은 사람'을 비유한 말.

경기도 까투리다
- 경기도 사람들은 예로부터 약아 빠졌대서 나온 말.

고래 심줄은 저리 가라다
- 고집에는 당할 사람이 없는 자이다.

고비에 인삼* 계란에 유골(有骨)이요 기침에 재채기에다 하품에 딸꾹질 엎친데 덮치기에 잦힌 데 뒤치는** 격이다.
- 마(魔)가 끼었는지 하는 일마다 걸리적대는 것 많아서 죽을 맛이다.

　　* 고비에 인삼 : 죽을 고비에 인삼을 먹으면 제 때 죽지도 못하고 생고생만 더 하게 된다는 뜻.
　　** 잦힌 데 뒤친다 : 자빠진 자를 다시 뒤엎어 고통을 준다.

고손자* 좆 패는 꼴** 을 보겠다
- 두 손 놓고 게으름 피우는 자를 꾸짖는 말. 고손자가 자라서 자지가 팬 것(귀두가 벗겨진 상태 즉 결혼 연령이 됨)을 볼 정도로 오래오래 살 것 같다는 뜻.

　　* 고손자 : 현손(玄孫). 손자의 손자.
　　** 좆이 팬다 : 자지가 자라서 귀두가 벗겨진다. 성년이 된다는 뜻.

곤장* 짊어지고 관가에 간다
- 가만 있으면 그만인 것을 공연한 빌미를 만들어 화를 자초하고 있다.
= 자중지란. 평지풍파. 자승자박. 자화자초. 긁어 부스럼.
　* 곤장(棍杖) : 죄인의 볼기를 치던 형구.

구들장 꺼질까 봐 씹도 못하겠다
- 당치도 않은 걱정을 하고 있다고 핀잔주는 말.
= 자지 무서워서 시집도 못가겠다. 구더기 무서워 장도 못 담그겠다.

굴비 뭇* 으로 새끼들만 처질러 놓고
- 애들만 낳아 놓고 먹여 키울 생각은 않는다고 남편에게 해대는 막말.
　* 뭇 : 생선 등의 열개 단위 명칭.

굽은 못은 때려서 잡아야 한다
- 행실 못된 놈은 체벌을 해서라도 버르장머리를 고쳐 놓아야 한다.

귓구멍 콧구멍이 다 막혀 죽겠다
- 어이없고 경우에 없는 일이라서 말이 안 나온다.

귓구멍에다 당나귀 좆을 처박았냐
- 큰소리에도 듣지 못하거나 설명을 해도 알아 먹지 못하는 자에게 해대는 욕설.
= 귓구멍에다 말뚝을 처박았냐.

글 못하는 놈이 붓만 고르고 자빠졌다
- 실력도 없는 자가 허세를 부리고 있다.
= 글 못 하는 놈이 필묵 타령한다. 선무당이 마당 기울댄다.

깨지럭거리지 좀 마라
 - 음식을 먹는 둥 마는 둥 또는 일을 하는 둥 마는 둥 한다고 꾸짖는 말.

꼴리는* 대로 해라
 - 막무가내로 고집을 피우는 자에게 멋대로 하라고 호통치는 말.
  * 꼴리는 : 성질나는 대로. 본디는 남근이 성욕을 느껴 발기한다는 뜻.

꼴이 명대로는 못 살겠다
 - 천방지축으로 나대는 꼴이 무슨 일을 당해도 당해 제명에 죽지 못하겠다.

꼴통* 은 꼴통이다
 - 타협을 모르는 고집쟁이 또는 걸핏하면 사고만 치는 말썽꾸러기다.
  * 꼴통 : 머리의 속어인 '골통'의 센소리로 여기서는 '골칫거리'라는 뜻.

난봉자식, 마음잡아 사흘이다
 - 몸에 밴 습관은 좀체 고치기 어려운 법이다.

난쟁이 좆만한 게 까불고 있다
 - 함부로 굴면 가만두지 않겠다고 엄포 놓는 말.

남 흉보는 놈, 제 흉은 열둘이다
 - 본디 흉보는 자체가 흉이 되는 까닭에 그렇다는 뜻.

남의 싸움에 칼 빼든다
 - 저와는 아무 상관없는 일에 참견을 하고 나서는 맹랑한 자이다.

남의 씹은 부지깽이* 로 쑤신다
 - 제 것은 소중히 알면서도 남의 귀물은 하찮게 여기는 고약한 자이다.
  * 부지깽이 : 불을 땔 때 쓰는 막대기

네 눈앞에서 양잿물 먹고 죽는 꼴 보려고 그러냐
- 작심하고 왔으니까 가타부타 딱 부러지게 말을 해라.

네 담 아니면 내 쇠뿔이 부러지랴
- 자초한 불행을 남 탓으로 돌려 시비를 거는 못된 자이다.

네 떡 내 먹었더냐 한다
- 잘못을 저질러 놓고도 내가 언제 그랬느냐고 시치미를 뗀다.

네 똥 굵다
- '너 잘난 놈이다'라고 빈정대는 말.

달린 값이나 해라
- 부자지* 달린 값이나 해라. 사내답게 굴라고 쏘아 주는 말.

  * 부자지 : 불알+자지의 합성어.

똥덩어리 굴리듯 한다
- 함부로 다룬다. 또는 하찮게 대한다고 치받는 말.

똥 싼 놈이 성 낸다
- 잘못을 저지른 자가 되레 큰소리를 치고 있다.
= 방귀 뀐 놈이 성낸다. 똥 묻은 개가 겨 묻은 개 나무란다.

똥 싼 주제에 매화타령 한다
- 잘못을 저질러 놓고도 되레 큰소리를 치고 있다.
= 병신이 육갑 떤다. 앉은뱅이 주제에 좆 자랑한다.

똥 폼 잡아 봤자 별 볼일 없다
- 거들먹대 보았자 알아줄 놈 하나 없다.

똥을 싸서는 뭉개고 있다
 - 끊임없이 어리석은 짓만 하고 있다.

뜯어먹는* 놈들 많아서 못 살겠다
 - 불량배, 관공서 등 등쳐먹는 자들 많아서 죽을 맛이다.

　　* 뜯어 먹는다 : 조르거나 힘으로 위협해서 빼앗는다.

덧들이지 마라
 - 감정 건드려서 성나게 만들지 마라.

독사 아가리에서 독밖에 더 나오겠냐
 - 바탕이 악한 자한테는 기대할 것이 없다.
 = 개입에서 개소리 나오는 법이다.

돌봐 줄 힘은 없어도 훼방 놀 힘은 있다
 - 도와주진 못 해도 훼방을 놓을 수는 있다.

뒤 마려운 년 국거리 썰듯 한다
 - 일을 그리 건성으로 하면 되겠느냐고 나무라는 말.
 = 의붓아비 산소 벌초하듯 한다. 똥마려운 년 무 썰 듯 한다.

만만한 게 김 서방이라고
 - 함부로 대한다는 불만의 말. 또는 흔하면 응분의 대우를 못 받게 된다는 뜻.

말괄량이 년 설거지 하듯
 - 무슨 일을 그리 요란하고 엉터리로 하느냐고 꾸짖는 말.

망녕* 나기 전엔 지각 안 날 위인이다

- 죽기 전에 맑은 정신 차리기는 글러먹은 자이다.
　　* 망녕 : 늙거나 정신이 흐려져서 언동이 비정상적인 상태. 노인성 치매가 이에 해당되는 병이다. '망령'이 맞는 말임.

머리에 배내똥도 덜 마른 놈이
　- 나이도 어린 놈이 버릇없이 군다고 호통치는 말.
　= 대가리에 피도 안 마른 것이. 머리에 쇠똥도 덜 떨어진 놈이.

먹다보니까 개떡 수제비다
　- 사귀다 보니까 성미 고약한 놈(년)이더라.

멀미* 나는 놈(년)이다
　- 눈에 띄었다 하면 치근덕대고 못살게 굴어 속을 뒤집어 놓는 자이다.
　　* 멀미 : 흔들림 때문에 생기는 메스꺼운 증세.

모르는 놈이 아는 체, 못난 놈이 잘난 체, 없는 놈이 있는 체 한다
　- 실력도 없으면서 겉으로만 난 체하는 맹랑한 자이다.

못난 계집이 바람맞이에서 방귀 뀐다
　- 여느 때 가뜩이나 미운 계집이 미움 받을 짓만 골라서 하고 있다.

몽둥이를 삶아서 처먹었냐
　- 타일러도 곧이 안 듣고 계속 고집을 피우는 경우 성깔이 나서 꾸짖는 말. 고집스런 성미가 딱딱한 몽둥이와 다를 바 없다는 뜻.

무딘 도끼는 벼려 쓰지만 사람 무딘 건 벼려 못 쓴다
　- 사람 미련한 것은 약으로도 고칠 수 없으니 그야말로 아무짝에도 못 쓰는 애물 덩어리다.

묵새기는* 데는 질려 버렸다
- 하는 일 없이 빈둥빈둥 놀고 먹는데 넌덜머리가 났다.

   * 묵새긴다 : 일 없이 한곳에 머물러 시간을 보낸다.

물동이 인 아낙 귀 잡고 입 맞춘다
- 남의 약점을 이용해 몹쓸 짓을 하는 망종이다.

미운 년이 벌리고 덤빈다*
- 미운 계집이 미운 짓만 골라서 하고 있다.

= 설상가상(雪上加霜)이다. 싫은 년이 속곳 벗고 덤빈다.

   * 벌리고 덤빈다 : '가랑이를 벌린다.'는 말로서 성교를 요구한다는 뜻.

미친 척하고 떡판에 가 엎어진다
- 아닌 척하면서 실은 제 잇속만 챙기는 자이다.

밑돌 빼서 아랫돌 괸다
- 일을 앙바라지게 못하고 대충대충 눈비음으로 한다고 꾸짖는 말.

밑절미* 부터 글러먹었다
- 바탕에서부터 잘못된 것이다.

   * 밑절미 : 사물의 기초. 바탕.

밥술이나 먹게 되니까 눈깔에 뵈는 게 없다
= 올챙이 적 생각 못하는 자이다.

방정맞거든 급하지나 말아야지
- 검거든 얽지나 말고 시거든 떫지나 말지.

방정맞기는 초라니* 새끼다

- 사람이 진중하지 못하고 경솔하다.
    * 초라니 : 하회 별신굿 탈놀이에 나오는 언행이 방정맞은 등장인물.

빨랫* 감만 걸어 다닌다
- 빨랫감이나 보태는 한낱 쓸모없는 자이다.
    * 빨래 : 더러운 것을 없앤다는 뜻의 '빨다'와 '것'이라는 뜻의 접미사 '애'가 합성되어 '빨래'가 되었다.

뻣뻣하기는 말뚝을 삶아서 처먹었냐
- 오만 불손하거나 제고집만 내세우는 자를 꾸짖는 말.

뻣뻣하기는 서서 씹 하겠다
- 고집불통의 위인에게 쏘아주는 말.
= 뻣뻣하기는 서서 똥 싸겠다. 뻣뻣하기는 서서 잠자겠다.

뻥긋 하면 거짓말, 나섰다 하면 싸움박질이다
- 말이든 행동이든 단 한군데도 쓸모없는 자이다.

서서 오줌 싼다고 다 남자냐
- 남자면 남자 구실 똑바로 해라.
= 불알만 찼다고 다 남자냐.

설분(雪憤)을 한다
- 한 맺힌 분풀이를 한다.

소금 좀 뿌려야겠다
- 재수 없는 일이나 우환 예방을 위해 드나드는 문지방 등에 소금을 뿌리라는 뜻. '날 도둑놈 나간다. 왕소금 뿌려라' 등 못마땅한 인사가 나갈 때 예방하는 의미의 민속이 전해져 왔다.

손방이다
 - 능력 없는 어중뜨기다.

송편* 으로 목을 따고 죽어라
 - 하찮은 일에 화를 잘 내는 자를 비웃고 놀리는 말.
 = 거미줄에 목을 매거라.
   * 송편 : 솔잎을 깔고 찌는 떡이라는 뜻의 송병(松餅)에서 나온 말.

시거든 떫지나 말고 얽었거든 검지나 말지
 - 엎친 데 덮친 격이다. 설상가상이다.
 = 맵거든 짜지나 말든가.

시끌 덤벙* 하게 까질러만 놓고
 - 능력도 없이 애들만 많이 낳아 놓고 벌어 먹일 생각은 않는다고 아내가 무능한 남편에게 해대는 막말.
   * 시끌덤벙하다 : 시끄러워 정신을 못 차릴 정도이다.

시답잖은* 놈이다
 - 마음에 안 드는 변변찮은 자이다.
   * 시답잖다 : 보잘것 없어 마음에 차지 않는다.

싫어 싫어하면서 손 내민다
 - 사양하는 체하면서도 챙길 건 다 챙긴다.

심술이 똬리를 틀고 있다
 - 남을 해하려는 심사가 가득 차 있다.

싸가지* 라곤 띠알머리** 도 없다

- 잘될 싹수라고는 눈곱만큼도 없다.
= 싸가지라곤 반푼 어치도 없다.
  * 싸가지 : 싹수머리. 앞으로 잘될 낌새나 징조.
  ** 띠알머리 : 형제나 자매 사이의 정의(情誼). '띠앗머리'가 맞는 말임.

쌍놈 좆이 양반 년 보지를 못 뚫을 줄 아냐
- 천출의 사내가 양반집 규수를 겁간하겠다고 얼러대는 말.

쑥떡을 먹인다
- 한쪽 주먹을 다른 손으로 감쌌다가 내밀면서 성행위에 빗대 욕으로 하는 짓.

쑥으로 본다
- 하찮게 여긴다.
= 물로 본다.

씹에 가랑니 꾀듯 한다
- 음문의 거웃(털)에 가랑니(사면발이)가 생기면 가렵고 성가시듯 쓸데없는 것들이 꾀어들어 귀찮기만 하다고 내뱉는 말.
= 오뉴월에 똥파리 꾀듯 한다.

악증* 풀이 좀 하지 마라
- 역겨운 화풀이 좀 그만 해라.
  * 악증(惡症) : 못난 짓거리.

안다미* 씌운다
- 맡겨진 책무를 남에게 덮어씌우거나 슬쩍 넘겨 버리는 경우 등에 빗댄 말.
  * 안다미 : 남의 책임을 맡아 짐. 안담.

안팎 곱사등이* 꼴이다
- 위에서 내리누르고 밑에서는 치받고 해서 이러지도 저러지도 못할 지경이다. 또는 하는 일마다 되는 게 없어 죽을 맛이다.
   * 안팎 곱사등이 : 가슴과 등뼈가 비정상으로 튀어나온 사람.

암상* 맞다
- 암상스런 성미다.
   * 암상 : 남을 시기하고 샘을 잘 내는 잔망스런 마음.

어린 중한테 젓국 먹인다
- 어려도 중인데 비린 음식을 먹이다니, 아이에게 못된 짓하는 자를 꾸짖는 말.

어중이떠중이 다 모였다
- 잘난 놈 못난 놈 구별 없이 다 모여 어수선한 와중이다.

언 빨래만도 못한 놈이다
- 아무짝에도 쓸모없는 자이다.

육갑(六甲)* 도 모르고서 산통(算筒)** 흔든다
- 기본도 모르면서 아는 체를 하고 있다.
= 말똥도 모르고 마의(馬醫)노릇한다. 맥도 모르면서 침통 흔든다.
   * 육갑 : 육십갑자의 준말. 12간지로 나타낸 연월일로 길흉화복을 헤아리는 일.
   ** 산통 : 점을 칠 때 산가지(수효를 셀 때 쓰던 나뭇가지)를 넣는 조그만 통.

인왕산 호랑이는 뭘 먹고 산다냐
- 어째 저런 나쁜놈 안 잡아먹는지 모르겠다.

일을 부르트게 만든다

- 내버려두면 될 일을 공연히 덧들여서 어렵고 힘들게 한다.
= 긁어 부스럼이다. 평지풍파다.

장님도 제 집은 찾아 간다
- 누구든 제 집은 아는데 하고한 날 한 데로 곁돌기만 하는 네놈은 대체 어인 일이냐.

저 잘 되기보다 남 망하는 것을 더 좋아 한다
- 심성이 배배 틀어진 성미 고약한 자이다.

정신은 빼다가 엿 사먹었냐
- 건망증으로 물건을 잃거나 일을 그르친 경우 등에 탓을 하거나 놀리는 말.
= 정신은 빼서 꽁무니에 차고 다니냐.

제사 안 지낸 건 남이 몰라도 벌초 안 한 건 남이 안다
- 남의 이목 때문에도 조상님 산소 벌초는 꼭 해야 한다는 교훈의 말.

제삿밥 얻어먹은 놈이 소 몰고 간다
- 제삿밥을 얻어먹은 놈이 되레 소를 훔쳐 가듯 은혜를 원수로 갚는 배은망덕한 자이다.
= 호미 빌려 간 놈이 감자 캐간다.

제 흉은 열 가진데 남의 흉 한 가지 본다
- 자기 큰 흉은 감추고 남의 작은 흉은 들춰 내 까발리는 못된 자이다.

젠장* 맞을 일이 있나
- 일이 더럽게 되었다고 내뱉는 말.
  * 젠장 : 네 난장(亂杖)→ 넨장→ 젠장으로 변화한 말로서 난장이란 닥치는 대로 마구 때리는 형벌을 이르는 말.

좆 되었다
- 엉망이 되었다. 크게 실패했다.

진대* 붙는 데는 환장할 노릇이다
- 떼쓰고 신물이 나게 엉겨 붙는, 넌덜머리나는 자이다.

   * 진대 : 남에게 의지해 떼를 쓰고 괴롭히는 짓.

질컥거린다
- 일 따위가 잘 안 되고 자꾸 애를 먹인다.
= 질퍽댄다.

짜가 판이다
- 가짜가 판치는 세상이다.

초풍* 을 하겠다
- 대체 이게 무슨 날벼락이냐 말이냐.

   * 초풍 : 경풍(驚風)을 일으킬 정도로 깜짝 놀랄만한 일.

칼* 을 물고서 뜀뛰기 한다
- 위태위태한 짓을 하고 있다.

   * 칼 : '칼'은 '칼을 갈다'라고 할 때 '갈다'에서 나온 말이다. '돌을 갈다'처럼 무엇을 갈아 뾰족하게 '간 것'이 바로 '갈'인데 이것이 센소리로 되면서 '칼'로 변하였다. 지금도 길고 뾰족하게 생긴 물고기를 '갈치'라고 하는데 이것은 옛말이 그대로 살아남아 쓰이고 있는 예이다.

칼을 물고서 피를 토할 일이다
- 너무 원통해서 죽어도 분이 풀리지 않을 지경이다.

통반장 다해 처먹어라

- 다 네 입맛대로 해먹으라고 쏘아주는 말.

하느님이 눈 멀었든가 귀 먹었든가
- 정성을 들였건만 어찌 이런 끔찍한 일이 생긴단 말이냐.

터진 꽈리 보듯 한다
- 하찮게 여긴다고 투덜대는 말.

천둥벌거숭이* 놈이다
- 두려움을 모르고 날뛰는 자이다.

    * 천둥벌거숭이 : 붉은 잠자리를 이르는 말. 본래 잠자리는 청력이 없어 천둥을 쳐도 놀라지 않고 유유히 날아 다닌다고 한다.

천장 보고 삿대질 한다
- 분이 삭지 않아서 허공에다 대고 삿대질을 한다

홧김에 화냥질 한다
- 화가 나면 이성을 잃고 서슴없이 못된 짓까지도 하게 된다.
= 홧김에 서방질 한다. 홧김에 씹질 한다.

횃대* 밑에서 호랑이 잡고 나가서 쥐구멍 찾는다
- 집안에선 큰소리치지만 나가서는 찍소리도 못하는 소인배다.
= 겁 많은 개가 제 집에서 짖는다. 든 호걸에 난 병신이다.

    * 횃대 : 옷을 걸 수 있도록 방안에 매달아둔 막대.

혼인에 재물치레는 오랑캐 짓이다
- 혼인은 물 한 그릇 떠 놓고 해도 예만 갖추면 되는 것이다. 혼수치레는 오랑캐들이나 하는 짓인즉 필요 없다고 손사레 치는 말.

혼인에 트레바리 놓는 놈
 - 남 좋은 일에 공연히 끼어들어 훼방을 놓는 자이다.

흙 토(土) 선비 사(士)를 바로 못 읽고 날 일(日) 가로 왈(曰)을 분별 못한다
 - 무식하기 짝이 없는 자이다.
 = 문짝 세워 놓고 입구(口)자를 모른다. 고무래 놓고 고무래 정(丁)자를 모른다. 땅에 앉아 따지(地)자도 모른다.

26. 악담 · 저주 관련

가위로 좆을 잘라 버려 싼 놈이다
 - 하고한 날 오입질을 일삼는 날파람둥이다.

간을 내어 장을 찍어 먹어도 션찮을 놈
 - 죽여서 간을 내 먹어도 분이 풀리지 않을 원수 놈이다.
 = 간을 내어 젓을 담을 놈이다.

갈가리 찢어 죽여도 성에 안 찬다
 - 잔인하게 죽여 없애도 한이 남는다.

개가 뜯어 먹을 놈(년)이다
 - 인간 망종이다.

개 가죽을 쓴 놈이다
 - 사람 축에 못 드는 망나니다.
 = 개백정 놈이다. 개불상놈이다. 개가죽으로 싸서 파묻을 놈이다.

개새끼와 흘레 붙어서 내지른 놈이다
 - 행실이 개돼지와 다름없는 인간망종이다.

개 아들놈에 개딸년이다
 - 됨됨이가 막돼먹은 자들이다.

개 씹으로 내질러도 네놈보다는 낫겠다
 - 사람은커녕 짐승의 새끼라도 네 놈보다는 낫겠다.
 = 개씹으로 나온 놈 아니고서야. 늑대나 살모사 종자지 사람종자는 아니다.

개 좆에 덧게비* 같은 놈이다
 - 공연한 일에 참견을 하고 시비를 거는 맹랑한 자이다.
   * 덧게비 : 어떤 것에 덧씌우는 물건.

개나발* 불었다간 초상** 날 줄 알아라
 - 말을 함부로 했다가는 혼구멍 날 줄 알아라.
   * 개나발 : 사리에 맞지 않는 허튼 소리.
   ** 초상 : 사람이 죽는 일.

거꾸러져 뒈졌다
 - 바라던 일인데 참 잘 죽었다고 고소해 하는 말.

거적송장도 과만한 놈이다
 - 죽으면 관은커녕 거적에 둘둘 말아 내다 버려도 싼, 사람 축에 못 드는 자이다.

거지 깡통* 같은 새끼다
 - 하잘것없는 자이다.
   * 깡통 : 영어의 '캔(can)'과 한자 통(桶)의 합성어.

결창* 을 내버려라
 - 마음을 사려 먹고 끝장을 내 버려라.
   * 결창 : 내장(內臟)을 상스럽게 이르는 말로서 '결창을 낸다' 함은 '죽여라' 또는 '끝을 내라'는 뜻.

곡소리 좀 나게 해 주랴
 - 한번 혼 구멍이 나고 싶으냐.

골* 로 가고 싶으냐
 - 죽고 싶어서 그러느냐고 의기 지르는 말.
   * 골 : 시체를 넣는 관의 옛말. 또는 옛날 화장터가 있던 '고택골'이란 지명에서 나온 말이란 설도 있다.

공 씹하고* 비녀 빼 갈 놈이다
 - 인정머리라곤 씨알머리도 없는 자이다.
   * 공 씹한다 : 화대 없이 성관계를 한다.

관(棺) 옆에 두고 싸움질 한다
 - 고인의 유산을 두고 다투는 유족들에게 예를 모르는 상것들이라고 욕하는 말.

구와증(口蝸症)* 으로 입이나 비뚤어져라
 - 예사로 말을 바꾸거나 거짓말을 일삼는 자에게 해대는 악담.
   * 구와증 : 한방에서 입과 눈이 비뚤어지는 병명.

국으로* 처먹어라
 - 불평하지 말고 먹기나 해라.
   * 국으로 : 알아서. 분수에 맞게

그 깔치에 그 덮치* 다
 - 한 통속의 천한 계집과 사내놈이다.
   * 깔치, 덮치 : 여자와 남자의 속어.

그런 놈은 좆 대가릴 뽑아 버려야 한다
 - 그런 자는 다시는 같은 종자가 못 나오게끔 거세를 해야 한다.

급살* 을 맞아 뒈져 싼 놈
 - 벼락같은 재앙을 만나 죽어도 싼 자이다.

　*급살(急煞) : 갑자기 닥치는 재액.

급하기는 서서 똥 싸겠다
 - 성미가 병적으로 급한 자를 두고 비아냥대는 말.
 = 급하기는 서서 씹 하겠다. 콩밭에 가서 두부 찾겠다. 싸전에 가서 밥 달래겠다.

기광을 부린다
 - 말릴 수 없을 만큼 극성스레 마구 날뛴다.

기분 좋으면 아저씨, 기분 나쁘면 개새끼 한다
 - 기분에 따라 멋대로 하는 성미 고약한 자이다.

기차 화통을 삶아서 처먹었냐
 - 경우 없이 악만 써대는 자에게 해대는 막말.

길송장이나 되어라
 - 객사나 해라. 버림받아 객지에서 비참하게 죽어 마땅한 자이나.

까라면 까고* 뽑으라면 뽑아라*
 - 군대나 경찰 같은 상명하달의 조직사회에서 쓰는 명령어.

　*까라면 까고 : 귀두로 밤송이를 까라면 까고
　*뽑으라면 뽑아라 : 음문의 조이는 힘으로 못을 뽑으라면 뽑아라.

까질러 다니지 좀 말고
 - 공연히 나돌아 다니지 말고 할 일이나 착실히 해라.

깎아 죽여도 시원찮을 놈이다
 - 잔인하게 죽여도 성이 안 풀릴 만큼 한 맺힌 자이다.
 = 갈기갈기 찢어 죽여도 시원찮다.

깡다구* 부린다
- 악에 받쳐서 대들거나 농성을 한다.
   * 깡다구 : 억센 성미.

깽판* 놓는다
- 판을 망가뜨린다.
   * 깽판 : '판을 깬다'는 뜻의 '깬 판'에서 나온 말.

껍데기를 벗겨서 삼발이에 데쳐 먹을 놈(년)
- 인피(人皮)를 벗겨서 화로 삼발이에 데쳐 먹어야 할 자이다.

꽃밭에 불 지르고 남을 놈이다
- 정이라고는 없는 잔악무도한 자이다.

나가 뒈져서 객귀나 돼라
- 꼴 보기 싫으니까 객지 귀신이나 되어라.

날건달* 놈에 날 각시 년이다
- 부부가 하나 같이 막돼먹은 연놈들이다.
   * 날건달 : 주색잡기나 싸움판에 얼려 다니는 자.

날 적에 봤더라면 도로 몰아 넣었겠다
- 아무짝에도 쓸모 없는 자이다.
= 나올 적에 봤으면 짚신짝으로 틀어 막았겠다.

남의 치질이나 핥아먹을 놈
- 남 비위나 맞추고 사는 천박한 자이다.

낯가죽이 땅 가죽* 같은 놈이다
 - 염치없고 뻔뻔스럽기 짝 없는 자이다.
    * 땅 가죽 : '땅거죽'이 맞는 말임.

낯짝에다 물찌똥을 내갈길 년
 - 상종을 못할 성미 더러운 여자다.

내 좆이나 빨아라
 - 쓸데없는 말 나불대지 말고 입 닥쳐라.

넘어진 놈 덜미 차는 놈이다
 - 곤경에 빠진 사람을 돕기는커녕 되레 더 괴롭히는 자이다.
 = 생채기에 고춧가루 뿌리는 놈이다.

네 에미하고 붙어먹다 좆 대가리나 부러져 뒈져라
 - 원한 맺힌 상대에게 퍼붓는 저주의 악담.
 = 네 딸네미하고 붙어먹다 좆이나 부러져라.
    자료제공 : 소설가 고 이문구.

넨장* 맞을 일이 있나
 - 어째서 이런 당찮은 일이 생긴단 말이냐.
    * 넨장 : 사람을 묶어 놓고 마구 때리는 '난장(亂杖)'에서 나온 말.

니글니글 징글징글하다
 - 상종을 못할 인간 망종이다.

눈깔에다 명태 껍질을 붙였냐
 - 눈앞의 물건도 못 찾거나 사랑에 눈이 먼 경우 등에 빗댄 욕말.
 = 눈깔이 삐었나 보다.

단칼에 목을 쳐 죽일 놈
 - 단숨에 목을 쳐 죽여 마땅한 자이다.

달고 치는 데야 안 불 놈 없다
 - 심한 고문에는 누구든 당해 낼 재간이 없다.
 = 매에 장사 없다.

달래 놓고 눈깔 빼 간다
 - 말은 달콤해도 끝내는 해를 끼치는 자이다.

당나귀 좆 보고도 오줌 지릴 년
 - 음란하기 짝 없는 여자이다.

대매* 에 쳐 죽일 놈
 - 모진 매로 때려 죽여 마땅한 망종이다.

   * 대매 : 딱 한 번의 모진 매.

동네마다 후레 아들놈 한둘은 있다
 - 어딜 가든지 성미 나쁜 놈 하나둘은 있는 법이다.

두 계집 둔 놈의 똥은 개도 안 먹는다
 - 두 집 살림을 하면 속이 있는 대로 썩는 탓에 똥도 써서 안 먹는다는 뜻.

뒈져 제삿밥도 못 얻어먹을 놈
 - 부모도 조상도 모르는 불상놈이다.

뒤 사리는* 놈은 찍어 버려라
 - 몸 사리는 자는 애진작 없애 후환이 없게 해라.

   * 뒤 사린다 : 몸을 사린다.

등때기에서 노린내가 나도록 맞아야 쓰겠다
- 보통으로는 안 되고 독하게 혼이 나야만 정신 차릴 자이다.

똥 가래로 쳐 죽일 놈이다
- 더럽게 죽여도 시원찮을 망종이다.
= 똥물에 튀겨 죽이려도 똥이 아까워 못 죽이겠다. 똥물에 모가지를 처박아 죽일 놈. 똥물에 튀겨서 수채구멍에 쑤셔 박을 놈이다.

망나니* 새끼다
- 예절도 배움도 없는 막돼먹은 자이다.

  * 망나니 : 옛날 죄인의 목을 베던 자를 이르는 말로서 흔히 포악무도한 중죄인에게 이 일을 맡겼다 함. '망나니'의 어원은 '막+낳은+이' → '막난이' → '망난이' → '망나니'로 변한 말로서 '되는대로 막 낳은 사람', '못된 사람'을 이르는 말이다.

매 타작을 당했다
- 크게 잘못을 저질러 몸 아래위 싸다듬이로 얻어맞았다.

매에 장사 없다
- 심한 매질을 당하면 누구든 몸을 상하게 된다. 또는 숨긴 사실을 말하게 된다.

몰매* 맞아 죽어 싼 놈이다
- 매를 맞아 죽어 마땅한 자이다.

  * 몰매 : 여럿이 작당해서 때리는 매.

무슨 개 코에 개나발* 이냐
- 대체 무슨 가당치도 않은 소릴 하고 있는 거냐.

  * 개나발 : 사리에 맞지 않는 허튼 소리.

무슨 징한* 꼴을 보려고
- 험한 꼴 안 당하려면 조심하라고 의기 지르는 말.

   * 징한 : '징그러운'의 줄임말.

미쳐도 곱게 미쳐라
- 망나니짓을 해도 피해를 주지는 마라.

밑구멍 팔아먹고 사는 년이다
- 몸을 파는 창녀이다.

밑구멍으로 호박씨 까는 놈이다
- 속내가 의뭉한 자이다.

박아 죽일 년이다
- 표나게 음란한 여자 또는 제 남편을 가로챈 여자에게 해 대는 악담. 자기 남편과 관계한 상대의 가랑이에 말뚝을 박아 죽일 년이라는 뜻.

박쥐 노릇하는 놈이다
- 잇속 따라서 오가는 지조 없는 자이다.

반편* 이 육갑 떨고 있다
- 바보로 조명난 자가 다시 엉뚱한 짓을 저질렀을 때 내 뱉는 욕설.

   * 반편 : 모자라는 사람. 반실이.

발가락으로 쑤셔서 만들어도 네놈보다는 낫겠다
- 한 가지도 쓸모없는 개망나니라고 내치는 말.

발바닥이나 핥아먹고 살아라
- 천박한 짓이나 해먹고 살라는 악담.

백번 뒈져서 싼 놈이다
 - 그런 망종은 진작 잘 죽었다고 고소해 하는 말. 또는 크게 혼이 나야 마땅한 놈이라는 욕설.
 = 만 번 죽어도 아깝지 않다.

백사장에다 혀를 박고 죽을 일이다
 - 억울하기 짝 없는 일이다.

범한테 날고기 달라는 격이다
 - 터무니없는 말 또는 자화자초하는 위험천만한 짓을 하고 있다.

법무부 자식들이다
 - 수형자가 자신들을 자조적으로 이르는 말. 사법판결에 의해서 수형생활을 하는 까닭에 생긴 말.

벼락을 쫓아가서 나이대로 맞고 뒈져라
 - 원한 맺힌 자에게 퍼붓는 악담.

보짱* 이 더러운 놈이다
 - 속에 품은 생각이 흉악한 자이다.
   * 보짱 : 꿋꿋한 생각. 품은 요량.

부자지를 훑어 버려라
 - 성추행 또는 성폭력범에게 해대는 엽기적인 욕설.

부지깽이로 씹구멍을 후빌 년이다
 - 자기 남편과 성관계를 한 여자의 음문을 박살내겠다는 뜻.

북 치고 장구 치고 혼자 다해 처먹어라
 - 욕심을 부리는 상대에게, 나는 관심 없으니까 혼자 다해 먹으라고 해대는 말.

분대질* 하는 년이다
 - 공연히 남을 괴롭히고 분란을 일으키는 여자이다.

   * 분대질 : 공연히 말썽을 일으키는 짓.

불* 을 발라서** 종자를 없앨 놈이다
 - 다시는 같은 새끼가 못 나오게끔 거세를 해야 마땅한 자이다.
 = 불을 발라서 구워먹을 놈이다.

   * 불 : '불알'의 준말.
   ** 발라내다 : 속의 것을 끄집어내다.

불뚝성이 살인 낸다
 - 잘 참다가도 불시 화가 나면 큰 사고를 치는 자를 빗댄 말.

불상놈* 에 불상년이다
 - 불학무식하고 경우도 없는 상것들이다.

   * 불상놈 : 상놈 중에서도 아주 못된 자.

불여우* 같은 년
 - 간사하고 변덕스런 여자이다.
 = 백여우 간 내 먹을 년이다.

   * 불여우 : 한반도 및 만주지역에 사는 붉은 털빛의 여우.

빌어먹다 급살* 이나 맞아 뒈져라
 - 한 맺힌 상대에게 퍼붓는 악담.
 = 벼락을 따라가면서 나이대로 맞아 뒈져라.

   * 급살(急煞) : 갑자기 닥치는 재액.

뼈다귈 갈아 마셔도 시원치 않다
- 당장 죽여 없애도 한이 남을 잡놈이다.

뼈물어서* 해치워라
- 마음 사려 먹고서 일을 성공시켜라.

  * 뼈물다 : 마음속에 단단히 벼르다.

사기꾼 사기 치고도 남을 놈이다
- 사기꾼도 속여 먹을 만큼 교활한 자이다.

사람 세워 놓고 입관(入棺) 하겠다
- 잔혹하기 이를 데 없는 자이다.

사람* 값에 못 드는 놈이다
- 사람 노릇 못하는 반편 또는 막돼먹은 자이다.

  * '사람'은 '살(다)+암'으로 이루어진 낱말인데 '암'은 '마감(막+암)'에서 보듯 명사를 만드는 접미사다. 따라서 '사람'이란 '살아 있는 것' 곧 생명체를 이르는 말이다.

사색 잡놈이다
- 술, 계집, 노름에서 도둑질까지 온갖 나쁜 짓만 맡아 놓고 하는 자이다.

사잣밥* 을 목에 매달고 다닌다
- 어느 때 죽을지 모를 위험천만한 짓을 하고 있다.

  * 사잣(使者)밥 : 초상집에서 죽은 사람 넋을 데려가는 염라부의 사자를 대접하고자 지붕 밑이나 담 모퉁이에 떠놓는 밥 세 그릇.

사추리* 를 뽑아 버려도 시원찮다
- 아내가 바람을 피운 남편에게 해대는 악다구니.

  * 사추리 : 샅. 성기(性器).

사타구니* 쌍 불알 불 나겠다
- 그만 좀 설치고 다녀라.

  * 사타구니 : 샅(배와 허벅다리 사이 어름)의 속된 말.

살기(殺氣)를 감고 다니는 놈이다
- 누군가를 해코지하는 악심을 품고 있는 자이다.

살* 이 끼었다
- 좋지 않은 일이 생길 조짐이 있다.

  * 살(煞) : 사람을 해치거나 물건을 깨뜨릴 모진 귀신의 독기. 여기서 '살'은 동티와 같은 공간 개념이고 액(厄)은 시간 개념임.

살점을 씹어 먹고 싶다
- 한 맺힌 상대에 대한 살기어린 악담.

삼재* 맞을 놈이다
- 재앙을 받아 마땅한 자이다.

  * 삼재(三災) : 수재(水災) 화재(火災) 풍재(風災).

상승* 을 한 자이다
- 반 미친놈이다.

  * 상승 : 본성을 잃고 딴사람 같이 변했다는 뜻의 상성(喪性)에서 나온 말.

상추에 모레 쌈이나 처먹고 뒈져라
- 천하 쓸모없는 잡놈이라고 저주로 퍼붓는 악담.

쇠가 쇠를 먹고 살이 살을 먹는다
- 화목해야 할 피붙이 끼리 아귀다툼을 하는 경우 등에 이르는 말.

수전증* 에 숟갈도 못 들 년
 - 원한 맺힌 자에게 해 대는 욕설.

   * 수전증(手顫症) : 물건을 들 때 손이 떨리는 병.

썩은 씹구멍에다 말뚝을 처박아 찢어 죽일 년
 - 자기 남편과 정을 통한 여자에게 해대는 악담.
 = 씹 가랑이를 찢어 죽일 년.

쏘가리 같은 년
 - 건드리면 쏘아대는 쏘가리처럼 몰인정하기 짝 없는 여자다.

씨팔 놈(년)
 - 욕설 '씹을 할'의 준말. 네 어미와 씹할 놈 → 네미 씹할 놈 → 씨팔 놈으로 변형됨.

씨팔 좆팔* 찾지 마라
 - 말을 함부로 하지 말라고 엄포 놓는 말.

   * 씨팔 좆팔 : 상소리 '씹을 할'에서 나온 말.

씹 대주고 뺨 맞는다
 - 베풀고도 되레 봉변을 당한 억울한 경우이다.

씹 창 날 줄 알아라
 - 혼날 줄 알라고 으름장 놓는 말.

씹구멍으로 안 빠지고 똥구멍으로 빠진 놈 같다
 - 행실 못된 자나 얼뜬 자를 두고 비하하는 말. 비정상으로 태어난 놈 같다는 뜻.

씹어 먹어도 시원찮다
 - 철천지 원수라서 잔인하게 죽여도 한이 남겠다.

씹을 준대도 못하는 병신 놈
 - 조건이 주어졌는데도 엄두를 못 내는 반편이다.

아가리만 벌리면 욕이오 주먹만 쥐면 싸움질이다
 - 언동이 모두 막돼 먹은 개망나니다.
 = 뺑긋 하면 거짓말에 나섰다 하면 싸움질이다.

아이 낳는 데 와서 씹하자는 격이다
 - 남 급한 사정 아랑곳 없이 당찮은 청을 하는 미욱한 자이다.
 = 아기 낳는 데 와서 속곳 벗어 달란다.

아작아작 씹어 먹어도 시원찮다
 - 골수까지 한이 맺힌 상대에게 퍼붓는 악담.
 = 잡아서 찢어 먹어도 성에 안 찬다.

악다구니 쓴다
 - 욕설을 퍼부으면서 거칠게 대든다.
 = 악살을 먹인다. 악장을 죽인다.

애새끼 내질렀다
 - 결혼 안 한 상태에서 아기를 낳은 경우 등에 내뱉는 막말.

얌전한 똥구멍이 비역질* 한다.
 - 겉으로는 얌전한 체하면서 뒤로는 추잡한 짓을 일삼는다.
   * 비역질 : 남색질. 남자끼리의 항문 성교.

양가죽을 쓴 늑대 놈
 - 배알까지 내줄 것 같다가 종래는 해를 끼치는 이중 인간이다.

양놈 좆 빠는 년이다
- 미군 상대로 몸을 파는 창녀이다.

애비 나이까지 모개로* 처먹었냐
- 연장자를 몰라보고 버릇없이 구는 자에게 쏘아 주는 말.

　　* 모개로 : 한꺼번에.

어디서 굴러먹던 말 뼈다귀냐
- 어디서 뭘 해 먹던 잡놈이냐. 어디서 굴러다니던 개뼈다귀냐.

얼러* 좆 먹인다
- 잘해 주는 척 하다가 나중에 골탕을 먹인다.
= 어르고 등골 빼 먹는다. 어르고 엿 먹인다.

　　* 얼러 : 어르거나 달래는 '어르다'에서 나온 말.

열 달 만에 애새끼 낳는 줄 몰랐더냐
- 세상이 다 아는 사실을 몰랐다니 말이 되느냐.
= 개도 알고 소도 아는 일이다.

염병 앓다가 피똥이나 싸고 뒈져라
- 한 맺힌 상대에게 퍼붓는 악담.

염병* 삼 년에 땀 못 내고 뒈질 놈이다
- 염병은 땀을 내야 낫는데 땀도 못 내고 죽어 싼 자이다.

　　* 염병 : 전염병. 장티푸스.

염치는커녕 똥치도 없다
- 염치라고는 없는 뻔뻔한 자이다.

오대(五代)에 걸쳐서 빌어먹어라
- 불상놈인지라 대대로 빌어 먹으라는 악담.

오라* 질 놈이다
- 죄를 지어 감옥에 가야 마땅한 자이다.

  * 오라 : 조선시대, 죄인을 결박하던 붉고 굵은 밧줄. '오라 진다'는 그 밧줄로 묶는다는 뜻.

오입쟁이 제 욕심 채우듯 한다
- 남 사정은 아랑곳없이 제 욕심 챙기는 데만 급급한 자이다.

오줌발에 씻겨 나온 놈 같다
- 사정(射精)이 아닌 오줌발에 생겨 나왔는가, 많이 모자라는 자이다.

오줌에 절였다가 똥물에 튀겨죽일 놈이다
- 대거리 못할 인간망종이다.

욕심이 놀부 찜 쪄 먹겠다
- 욕심이 도에 지나친 자를 두고 비아냥대는 말.

욕가마리* 다
- 욕먹어서 싼 놈 또는 늘 욕먹을 짓을 일삼는 자이다.
= 욕감태기다.

  * 욕가마리 : 욕을 먹어 마땅한 자.

용 못 된 이무기* 같은 놈이다
- 음흉하고 이물스런 자이다.

  * 이무기 : 용이 되려다 못 된 전설속의 큰 구렁이.

용을 잡아서 날 회로 쳐 먹을 놈이다

- 담대하고 포악하기 이를 데 없는 자이다.

웃는 아가리에다 똥바가질 퍼부을라
- 말싸움 도중에 성미가 뒤틀려서 내뱉는 욕설.

육시랄* 놈 같으니
- 참혹하게 죽여도 시원찮을 불상놈이다.

    * 육시(戮屍)랄 : '육시를 할'의 준말. 육시는 죽은 사람의 목을 다시 베던 형벌.

육시를 해서 팔도* 에 전(廛 가게)을 벌일 년
- 참혹하게 죽여 마땅한 여자라는 저주의 욕설.

    * 팔도 : 전국을 달리 이르는 말.

음충맞은 놈이다
- 속이 검고 성미가 불량한 자이다.

인두겁* 을 벗겨서 산적** 을 꿸 놈이다
- 잔인하게 가죽을 벗겨서 죽여 마땅한 자이다.

    * 인두겁 : 사람의 탈이나 겉모양.
    ** 산적(散炙) : 쇠고기 따위를 꼬챙이에 꿰어서 구운 적.

인두겁을 썼으니 사람이다
- 사람의 탈만 썼지 짐승이나 한가지다.
= 짐승이지 사람은 아니다.

자손 대대로 해 처먹어라
- 상대방의 못된 행티에 대한 욕설.
= 조상 대대로 해 처먹어라.

'자시오' 할 때는 안 먹고 '처먹어라' 해야만 먹는다
- 꼭 욕을 얻어먹어야만 말을 듣는 별난 놈이다.

잡아먹어도 시원치 않다
- 포한이 져서 잡아먹어도 성이 다 안 풀리겠다.

잡아서 내장으로 창란젓을 담을 놈
- 죽여도 잔인하게 죽여 마땅한 자이다.

젖가슴에 손 넣고 치마 들추는 짐승 놈
- 행실이 불량 천박한 인간망종이다.

제 명에 못 죽어서 환장한 놈이다
- 저러다가는 극형에 처해 지거나 비명횡사하게 될 것이다.

제미(제어미)가 똥개 붙어먹어 낳은 놈이다
- 개와 상관해 낳은 개자식 놈이라는 악담.

제 밑 가리고 남 밑 들추는 놈
- 제 잘못은 감추고 남 흉은 들춰내는 자이다.

제미* 붙고 대명(代命)**갈 놈이다
- 객지생활 도중 자기도 모르게 상피를 붙게 된 이야기에서 나온 말.

  * 제미 : 제 어미.
  ** 대명 간다 : 횡액에 걸려서 억울하게 죽거나 죄를 받게 된 경우 등에 이르는 말.

■ 관련 여담

  예전에 소금장수가 한겨울에 강원도 심심 산골로 소금을 팔러 갔다가 눈에 갇혀서 홀어미 주막집에서 지내던 중 주모와 정이 들어 부부의 연을 맺고 살다가 병이 들어 죽었다. 이에 그 아들이 아버지를 찾고자 물어물어 강원도를 가게 됐는데 또다시 큰 눈에 갇힌 바 되어 바로 그 주막집에서 묵는 동안 그 술집 어미와 부부의 연을 맺게 되어 아들까지 낳은 연후에 이 사실이 드러나 '제미 붙은 죄'로 벌을 받게 되었다 한다.

제미 붙어* 아수 볼 놈**
- 세상에 다시없는 인간 망종이다.
    * 제미 붙는다 : 자기 어미와 관계한다.
    ** 아수 본다 : '아우 본다'의 방언
    자료제공 : 소설가 고 이문구

제미* 밑구멍에다 좆 박을 놈
- 어미와 성관계를 하리만큼 개돼지만도 못한 자이다.
= 제미 떡을 치다 고꾸라질 놈.
    * 제미 : '자기 어미'의 준말.

조상도 없고 자손도 없는 놈이다
- 세상 제멋대로 사는 막돼먹은 자이다.

조직의 쓴 맛을 보여 주겠다
- 군대나 경찰 또는 교도소 등 조직생활을 하는 부서에서 흔히 쓰는 말. 조직사회의 엄정하고 매서운 맛 즉 체벌을 가하겠다는 으름장.

족대기는 데야 재간이 없다
- 못 살게 들볶는 데야 견뎌내는 수가 없다.

종갓나 새끼* 다
- 천출 놈의 자식이다.
    * 종갓나 새끼 : '종갓나'란 '종년 가시내'라는 말로서 종년의 새끼라는 뜻.

좆 까고 댓진* 바를 놈 같으니
- 못돼먹은 자인지라 예민한 음경의 귀두에 댓진을 발라 펄펄 뛰는 고통을 줘야만 버릇이 고쳐지겠다는 악담.

  * 댓진 : 담뱃대 속의 진액.

좆 나게* 패버려라
- 흠씬 두들겨 패줘라.

  * 좆 나게 : '좆나게 맞았다', '좆나게 힘들다' 처럼 군대같은 조직사회에서 매우, 아주, 무척 등의 의미로 쓰던 말인데 요즘 아이들은 이를 '졸라'로 바꿔 '졸라 반갑다, 졸라 웃긴다' 등으로 쓰는데 이로써 '졸라'가 '좆나게'에서 나온 변형어 임을 알 수 있다.

좆 대가리 뽑아서 주둥이를 틀어막을까 보다
- 말질 일삼은 못된 입버릇을 고쳐 놓겠다는 으름장.

좆 대가리를 잘라 버릴까 보다
- 오입질의 근본 원인을 없애버려야 한다고 엄포 놓는 말.

좆 뜨물* 로 뒷물** 할 년이다
- 음란하기 짝이 없는 여자이다.

  * 좆 뜨물 : 정액.
  ** 뒷물 : 음부나 항문을 씻는 물 또는 일.

좆 뽑고 불알 발라버릴 테다
- 말을 안 들으면 성불구를 만들어 버리겠다는 으름장.

주둥이가 개 밑구멍이다
- 입만 벌렸다 하면 더러운 욕설을 퍼붓는 자이다.

주리* 를 틀 놈이다
- 혹독한 고문을 당해봐야 정신 차릴 인간이다.
= 주리를 틀어 네 토막을 낼 놈이다.

   * 주리 : 양쪽 발을 묶은 상태에서 다리 사이에 막대를 꽂고 비틀어 다리뼈가 으스러지는 고통을 주는 고문의 한 가지.

죽사발을 만든다
- 사정없이 때린다. 또는 꼼짝 못하게 기를 죽인다.

쥐 고기를 처먹었나
- 깜빡 잊는 바람에 일을 그르친 자를 꾸짖는 말. 또는 입술을 너무 빨갛게 칠한 여자에게 해대는 놀림말.
= 쥐 잡아 먹었냐.

지 아비* 메치고 힘 자랑할 놈이다
- 힘만 세었지 불학무식한 자이다.

   * 지 아비 : 여기서 지 아비는 '제 아비'의 방언이다. 남편을 이르는 '지아비'는 본래 '집의 아버지'란 뜻인데 이제는 남편을 이르는 말이 되었다.

지 어미 씹에도 좆 박을 놈이다
- 세상에 다시없는 불상놈이다.

째진 밑구멍마저 찢어 놓을 년
- 음란한 상대방에 대한 저주의 욕설.

찐따 붙지* 마라
- 떼를 쓰고 괴롭게 하지 마라.

   * 찐따 붙는다 : '진대(남에게 기대 괴롭히는 짓)붙는다'의 속어.

찢어 죽일 년(놈)이다
 - 잔인하게 죽여도 한이 남을 자이다.

찢어서 젓을 담가 먹어도 시원찮다
 - 원한 맺힌 자에게 퍼붓는 악담.

천하잡놈에 지하 잡년이다
 - 부부가 포개서 천하에 몹쓸 연놈들이다.

칼을 물고 칵 엎어져 뒈져라
 - 한 맺힌 자에게 퍼붓는 악담.

키 쓰고 물에 빠져 죽을 년 같으니
 - 원한 맺힌 상대에게 키를 쓰고 물에 빠져 죽으라는 저주의 욕설.

톱으로 썰다 낫으로 깎아 죽일 놈
 - 잔인한 방법으로 죽여 없애야만 마땅한 자이다.

포를 떠서 죽일 놈이다
 - 죽여도 잔혹하게 죽여없애야 할 자이다.

하늘하고 땅이 딱 붙어 맷돌질이나 해라, 다 뒈져 버리게
 - 악에 받쳐서 세상에 대고 퍼붓는 저주의 악담.

하늘과 땅이 맷돌질이나 해라
 - 지겨운 세상살이에 대한 울분과 저주의 말.

한 품은 귀신 눈빛이 되어
 - 미치광이처럼 충혈된 눈으로.

행사 뒤에 비녀 빼 갈 놈이다
- 정사 뒤 해웃돈*을 주기는커녕 비녀까지 빼가리만큼 흉악한 자이다.
　* 해웃돈 : 기생이나 창녀 등과 정사 후 주는 돈. 화대(花代).

호강에 겨워 요강에다 똥 싼다
- 체통도 없이 민망한 짓을 하고 있다.

호적 파가라 이 못된 놈아
- 집안 망신을 시킨 자식한테 가문이 창피하니까 족보에서 빼겠다고 호통치는 말.

화냥년 씹구멍으로 빠진 놈이다
- 못된 짓거리를 일삼는 천출의 자식이다.

화적* 떼 봇짐도 털어먹을 놈이다
- 화적 놈들 보다 더 흉악한 자이다.
= 벼락치는 하늘도 속일 놈이다. 용을 잡아 날 회를 쳐 먹을 놈이다. 꽃밭에 불 지르고도 남을 놈이다.
　* 화적(火賊) : 불한당. 도적.

회초리로 맞으면 장작개비로 패는 놈이다
- 사소한 일에도 열 배, 백배로 앙갚음을 하는 독한 자이다.
= 되로 주고 말로 받는다.

악담·저주 관련　455

27. 체념 · 달관 관련

가면서 안 온다는 임 없고 오마하고 오는 임 없다
 - 정이 들면 떠날 때는 꼭 다시 오마 말은 하지만 이런 약속은 뜬구름 같아서 믿을 수 없는 것이다.

갈 데 없고 돌아갈 데 없는 몸이다
 - 바람에 빗질하고 빗물에 목욕하는 거렁뱅이 신세다.

강물에 돌 던지기다
 - 해봤자 소용없는 짓이니 헛고생, 헛 궁리 하지 마라. 또는 몸 헤픈 음녀를 두고 비아냥대는 말.
 = 배 지나간 자리다. 죽 떠먹은 자리다. 좆 지나간 자리 없다.

개 물려 보냈다
 - 돈을 잃거나 또는 좋은 기회를 놓쳐버렸다.

개 이빨에서 상아* 나오랴
 - 불가능한 일이니 기대하지 마라.
   * 상아(象牙) : 코끼리의 이빨. 도장 등 고급세공품 재료로 쓰인다.

개 팔자가 상팔자다
 - 개는 먹을 것과 잠자리 등을 주인이 마련해 주고 밤낮 놀고 지내니 일에 매어 사는 우리네들보다 더 팔자가 좋다는 비유의 말.

개꿈* 꾸지 마라
- 이루어질 수 없는 헛된 생각이니 단념해라.

  * 개꿈 : 대중없이 꾸는 어수선한 꿈.

걸레는 빨아도 걸레다
- 노름꾼 또는 오입쟁이가 개과천선 다짐을 해도 작심삼일로 허사가 된 경우 등에 빗댄 말.

게 새끼는 집고 고양이 새끼는 할퀸다
- 타고난 본성은 인위적인 작심이나 노력으로 고쳐지지 않는다.

계란으로 백운대* 치기다
- 도저히 대적 안 되는 상대이니 단념해라.
= 계란으로 바위치기다.

  * 백운대 : 북한산 정상의 바위 봉우리.

계집 보기를 흙 보듯 한다
- 여자와는 본래 인연이 없다는 생각으로 거들떠보지 않는다. 또는 여자한테 혼이 난 다음 여자를 외면한다는 뜻.

고양이가 낙태한 상이다
- 눈살을 찌푸리고 의기소침해 있는 모습을 그린 말.

고자(鼓子)* 씹하나 마나
- 해 봐야 아무 성과도 없는 일이다.
= 검둥이 세수하나 마나. 앉은뱅이 앉으나 마나. 뻗정다리 서나마나. 귀머거리 들으나마나. 소경 보나마나.

  * 고자 : 생식기가 불완전한 남자.

고자 처갓집 나다니듯
  - 목적을 이루지도 못하면서 싱겁게 오가는 경우를 빗댄 말.

관 짜 놓고 죽을 날 기다린다
  - 미리 준비할 필요가 있겠느냐. 또는 죽을 때가 다 되었다는 뜻.

구겨진 인생이다
  - 하는 일마다 실패해서 남루하게 살고 있다.

구들장 신세 지고 있다
  - 빈둥빈둥 놀고 있다. 또는 병 치레로 운신을 못하고 있다.

구름* 을 잡겠다는 거냐
  - 불가능한 일이니 단념해라.
    * 구름 : '검은 것'이란 뜻. '검은' 빛을 이르던 '구루'에서 ㅁ이 붙어서 '구름'이 되었다.

구름하고 남남이 아니다
  - 마음을 못 잡고 떠도는 부평초 인생이다.

깜냥* 없는 놈이다
  - 분수를 모르는 자 또는 능력이 없는 자이다.
    * 깜냥 : 일을 해낼 만한 능력.

꿀 먹은 벙어리요 침 먹은 지네다
  - 잘못을 저질러 놓고도 시치미 뚝 떼고 있다.

끓는 피 다 식어 버리고
  - 정인(情人)이 떠나자 열정도 다 꺼져 버리고.

끕끕수 받아 못 살겠다
 - 괄시받고 천대받아 서러워서 못 살겠다.

끝 동네 살다 왔시다
 - 감옥살이 끝내고 출감을 했다. 은어.

나 난 뒤에야 어미 씹이 기울든 바르든 무슨 상관이냐
 - 나와 관련된 일은 끝났으니까 후사야 어찌 되든 알 바 없다.

나무 뚝배기, 쇠양푼 될까
 - 천성은 변하지 않는 것이다.
 = 참새 천년에 봉이 되랴. 나무접시가 놋접시 될까.

낙동강 오리알* 이다
 - 의지할 데라고는 없는 적막한 신세이다.

 ■ 관련 어딤

　낙동강 갈대숲에 사는 야생오리가 낳은 오리알은 장마철이 되면 갑자기 불어난 강물에 대책 없이 떠내려가는 일이 많은데 그처럼 무리에서 소외되어 처량하게 된 신세를 두고 '낙동강 오리알'이란 말이 생겼다 한다. 또한 6.25 전쟁 때 월남한 북녘 동포들이 의지할 데 없는 자신들의 적막한 처지를 '낙동강 오리알'로 폄하 비유하기도 했다.

남의 서방 보듯 한다

 - 무덤덤하게 소 닭 보듯 한다.
 = 남의 계집 보듯 한다. 남의 씹 보듯 한다.

내 다 건너간 놈 지팡이* 내던지듯
 - 냇물 건널 때는 깊이를 가늠하는 지팡이를 요긴하게 썼지만 건넌 다음엔 내버리듯 일이 끝나니까 연을 끊는다는 뜻.
 = 토사구팽(兎死狗烹)이다 : 토끼사냥이 끝나니까 사냥개를 삶아 먹는다.
   * 지팡이 : 봄을 의지하고자 무엇으로 땅을 짚는 행동의 '짚'과 접미사 '앙'+'이'의 합성어이다. 따라서 '지팡이'란 '땅을 짚는 것'이란 뜻.

내 팔자가 남의 칠자만도 못하다 보니
 - 팔자가 엔간히도 기구하다는 넋두리.

내 팔자나 네 칠자나
 - 나나 너나 한가지로 딱한 팔자라는 동병상련의 말.

   ■ 관련 여담

　　열일곱 살의 초산(楚山) 기생이 사또와 흠뻑 사랑에 빠져 지내던 중 사또가 새 부임지로 떠나게 되매 사또 또한 섭섭하여 집물과 쓸 돈까지 넉넉하게 주면서 "내가 돌아간 후에 너도 곧 뒤따라 올라와서 함께 백년을 해로하자" 하였다. 그런데 어인 일로 떠난 뒤 소식이 없자 기생이 정분을 못 잊어 주고 간 것들을 모두 팔아 패물로 바꾸고 동자 한 놈만을 데리고 훌훌히 길을 나섰는데 생각지도 못한 대설(大雪)을 만나 길을 잃고 헤매다 동자가 그만 눈구덩이에 빠져 죽고 말았다. 여인 역시 사경을 헤매던 중 문득 깜빡이는 불빛을 보고 찾아 들어가 쓰러졌는데 거기는 스님 한 분이 부처님을 모시고 있는 암자였다. 스님은 십여세에 소년 출가하여 계행이 높았으되 여인의 자색에 홀려 억제치 못하고 간통하니 첩첩산중인지라 여인 또한 어찌해 볼 도리가 없었다. 그럭저럭 거기서 겨울을 나면서 없던 정분도 생긴 때에 스님이 말하기를 "나도 그대를 구하지 않았고 그대 또한 나를 찾지 않았거늘 어찌어찌 이렇게 만나게 되어 나의 계행은 그대로 인해 훼손되고 그대의 정절은 나로 말미암아 이지러졌으니 이는 하늘이 인연을 정해줌이라. 가서 사또의 첩 노릇을 하느니 여기서 나와 더불어 해로하는 것이 또한 아름답지 않으랴" 하였다. 이에 여인도 생각하기를 "말에 '내 팔자나 네 칠자나' 하였으되 이는 참으로 팔자땜이 아니랴?" 하고 동의하여 더불어 아들 낳고 딸 낳고 잘 살았다 한다.

녹초* 가 됐다
- 기운이 쭉 빠진 상태이다.

    * 녹초 : '녹은 초'에서 나온 말.

돌을 갈아본들 옥이 되랴
- 바탕이 범속한 자는 가르치거나 타일러 봤자 소용없다.

뒈졌는가 살았는가 꿩 구워 먹은 소식* 이다
- 죽었는지 살아 있는지 아무 소식이 없어 답답하기 짝이 없다.

    * 꿩 구워 먹은 소식 : 아무 흔적이 없다는 뜻의 '꿩 구워 먹은 자리'와 같은 말.

드러난 상놈이 울 막고 살랴
- 세상이 다 아는 일인데 굳이 감추고 말고 할 필요도 없다. 욕을 하려거든 하고 말려거든 말라고 체념 또는 항의조로 내뱉는 말.

= 죽는 년이 보지 감추랴.

들머리판이다
- 있는 대로 다 들어먹고 끝장내는 판이다.

= 이판사판이다.

따라지* 신세다
- 매이거나 얹혀사는 구차한 처지이다. 또는 6.25 전쟁 때 38선을 넘어 월남한 피난민들이 자신들의 딱한 처지를 자조적으로 이르던 말.

= 삼팔 따라지다. 이팔, 삼칠 망통이다.

    * 따라지 : 흔히 노름판에서 끗발이 3.8 등 합이 끝발 없는 한 끗인 경우를 '따라지'라 하고 2.8, 3.7은 합이 제로여서 '망통'이라 부른다.

땅 밟고 살다 땅에 묻힐 주제에
- 흙 밟고 살다 흙에 묻힐 초로(草露)인생인데 난 척하지 마라.

떨어져도 범 아가리에 떨어졌다
 - 피할 수 없는 재앙을 만났다.

또라이* 다
 - 모자라는 자이다.
　　　　* 또라이 : '돌아이'에서 나온 말.

뜬구름하고 사는 게 낫다
 - 믿지 못할 남편이라고 한숨짓는 말.

뜬벌이 신세다
 - 닥치는 대로 벌어먹고 사는 뜬 구름 인생이다.

띠 되기는 마찬가지다
 - 먹으면 똥(띠 모양 같대서) 되기는 한가지다. 결과는 같은 것이다.

라이트 끄고 해골 쉬어라
 - 눈 감고서 편히 쉬어라. 은어.

마음 병신 된다
 - 몸은 성한데 마음에 병이 들어 바른 행동을 하지 못한다.

마음 부려 놓았다
 - 마음을 그쪽으로 정했다.

만년 뒷북치기만 한다
 - 남 뒷설거지나 해주는 처지다. 또는 손대는 일마다 손해만 보고 있다.

말도 잊고 정도 잊었다
 - 혼자 외롭게 살아 세상 물정 모두 관심 밖에 나 버렸다.

말짱 황이다*
- 크게 낭패를 보았다. 또는 계획한 일이 모두 수포로 돌아가 버렸다.

　* 황이다 : 노름판에서 안 맞는 골패 짝을 '황'이라고 부른 데서 나온 말. 짝을 잘못 잡아서 허사가 되었다는 뜻.

무말랭이 비틀어지고 꽈배기 사대육신* 꼬이듯
- 일이나 관계가 틀어져 버린 상태를 비유한 말.

　* 사대육신(四大六身) : 두 팔과 두 다리 머리 몸통이란 뜻으로 온몸을 이르는 말.

무슨 기쁜 일 설 미쳐서 찾아올까
- 허망한 바람일 뿐이다.

물 싼 것들이다
- 하나같이 쓸데없는 자들 뿐이다.

물에 기름 돌 듯, 기름에 물 돌 듯
- 어울릴 수 없는 관계이다.

미움도 잊고 정도 잊었다.
- 다 지나 버린 일을 되작여 본들 무엇 하겠느냐.

바닷물이 쉬나 세월이 좀 먹나
- 바닷물이 쉬고 세월이 좀 먹을 리 없으니 만사를 느긋이 하라고 이르는 말.

박한 세월, 정으로 살았다
- 힘든 세월이었지만 풋풋한 정이 있어 살만했다.

발바닥 밑에는 땅바닥뿐이다
- 돈도 배경도 없고 가진 건 맨몸뚱이 뿐이다. 신입 사원이나 신참 졸병 등이 자신의 처지를 비하하는 말.

밤비 맞고 다니는 나그네 신세다
　- 뜬구름처럼 사는 부평초 인생이다.

벌여 놓은 쌈판에 벗겨 놓은 계집이다
　- 이미 벌어진 일이니만큼 최선을 다하는 수밖에 도리 없다.

벗으라면 벗고 입으라면 입어 주마
　- 희망을 버린 자의 입에서 나오는 체념의 말.

복 없는 계집 팔자 타령하듯
　- 신세타령 또는 푸념을 늘어놓고 있다.

불 없는 화로에 딸 죽은 사위다
　- 인연이 끊기어 적막한 처지가 되고 말았다.

비 가릴 지붕이 있나 바람 막을 울이 있나
　- 오갈 데 없는 거렁뱅이 신세다.

사흘은 바람 잡고 나흘은 구름 잡는 허풍선이다
　- 줏대 없고 실속 없는 허랑한 인간이다.
　= 구름하고 남남이 아니다.

살아 득 될 것도 죽어 손해날 것도 없다
　- 풍진의 세상살이 지금 죽어도 아무 여한 없다.

살아 쓸 데 없고 죽어 쓸 데 없는 것들
　- 어디 한군데도 쓸모 없는 인간쓰레기들이다.

세월 없어 죽겠다
　- 벌이가 없어서 큰 걱정이다.

솜씨는 관 바깥에 두고 가라
- 솜씨 없고 재간 없는 사람을 두고 놀리는 말.

수렁에 던져진 바위다
- 희망이 보이지 않는다.

십 년 갈보 짓에 눈치밖에 안 남았다
- 궂은 일에 돈 번 것도 없이 남은 거라곤 안 좋은 버릇뿐이다.

아래위로 굶는 신세다
- 먹고 살기 힘들고 배우자도 죽어 잠자리도 고적하다는 탄식의 말.

안개 낀 날 꽃구경 간다
- 작심한 일이 허사가 되고 말았다.

앞길이 구만리 같은 생때같던* 놈이
- 촉망 받던 사람이 사고사 같은 변을 당한 경우, 탄식조로 뇌는 말.

  * 생때같다 : 몸이 튼튼하여 통 병이 없다.

억장이 무너진다
- 극심한 슬픔이나 절망으로 낙담을 한다. 억장은 억장지성(億丈之城)의 준말로 매우 높게 쌓은 성이라는 뜻.

억지 춘향* 이다
- 내키지 않은 일을 억지로 해야 하는 경우 등에 빗댄 말.

  * 억지 춘향이다. : 춘향전에서 변 사또가 춘향에게 억지 살수청을 들라고 억압을 한 데서 나온 말.

언문 뒷다리도 모른다
- 낫 놓고 기역자도 모르는 판무식이다.
= 문짝 세워 놓고 ㅁ자도 모른다.

여우같은 계집이 있나 토끼 같은 새끼가 있나 죽어 묻힐 무덤이 있나
- 평생 혼자 몸으로 사는 스님을 비유한 말. 또는 홀아비가 자신의 적막한 신세를 탄식하는 넋두리.
= 계집이 있나 자식이 있나 죽어 묻힐 산소가 있나.

염천교 아래 가서 돼지 흘레* 를 붙이는 게 낫겠다
- 싫은 일을 마지못해서 해야 하는 경우. 부아가 나서 뇌는 말.

   * 흘레 : 암 수컷 짐승이 교미하는 짓.

엽전들은 할 수 없다
- 외국인이 한국인을 또는 한국인이 스스로를 비하하는 말.

용빼는 재주* 라도 있냐
- 뾰족한 해결 방법이라도 있느냐? 이젠 글렀으니까 단념하라고 이르는 말.

   * 용빼는 재주 : '용빼는 수' 또는 '재주'란 사슴의 새로 돋는 연한 뿔인 녹용을 뽑는 날랜 솜씨 또는 묘한 방법을 이르는 말이다.

울도 없고 담도 없다
- 부모도 자식도 없는 외톨이 신세 또는 가진 거라고는 없는 몸이다.

이골* 이 났다
- 익숙해진 습관이다.

   * 이골 : 많이 겪어 몸에 밴 버릇.

이름* 이 좋아 하눌타리* 다
- 허울만 좋았지 실속은 없다.

　　* 이름 : '일흐다'가 '이르다'로 변한 것처럼 '일훔'이 '이름'으로 변한 것이다. '이르다'에 ㅁ이 붙어 '이르는 것', '부르는 것'을 뜻하는 '이름'이 되었다.

　　** 하눌타리 : 박과의 다년생 식물. 씨와 뿌리를 약재로 쓴다.

이판사판 공사판이다
- 일이 엉망으로 틀어졌을 때 체념 또는 원망조로 뇌는 말.
= 이판사판 합이 여섯 판이다.

이판사판이다
- 어찌해 볼 도리가 없는 절망적인 상태이다.

　■ 관련여담

　　이판(理判)은 본디 절에서 수도에 정진하는 스님을, 사판(事判)은 절 살림을 맡아 하는 스님을 이르는 칭호였는데 조선 시대에는 이판이 되었든 사판이 되었든 중은 최하위 신분이어서 '끝장'이라는 의미로 통한 까닭에 유래한 말이라 한다.

인생 막차 탔다
- 바닥 인생을 살고 있다.

입맛도 잊고 씹 맛도 잊었다
- 세상살이가 다 허망해져 버렸다.

잉걸불* 에 구워먹든 끓는 물에 튀겨먹든 맘대로 해라
- 극심한 곤경에 처한 경우 네 맘대로 하라고 내뻗는 말.
= 쥐어짜 봤자 물찌 똥* 밖에 나올 거 없다. 배 째라.

　　* 잉걸불 : 이글거리는 숯불.

　　* 물찌 똥 : 죽죽 내쏘듯이 누는 묽은 똥.

저게 뜬구름인지 사람인지
 - 마음 못 잡고 떠도는 남편 등을 에둘러 이르는 말.
 = 저게 서방인지 남방인지.

저미고 오려도 나올 건 피 밖에 없다
 - 아무리 갚으라고 성화를 해도 고련 한푼 없는 데야 어쩔 것이냐.
 = 쥐어짜 봤자 물 한 방울 나올 거 없다.

종점 인생이다
 - 창녀 도둑놈 수형자 거지 등 막장 인생을 이르는 말.

죽은 놈의 콧김만도 못하다
 - 따뜻한 기운이라곤 눈곱만큼도 없다.
 = 죽은 놈 발바닥 같다.

죽은 새끼 자지 만져 보기다
 - 못내 아쉽고 안타까운 일이다.

중놈 좆 치레 하듯
 - 스님이 정사를 할리 없으니 능력은 있어도 쓸모없이 된 경우 등에 빗댄 말.

집* 구석이 객지 같다 보니
 - 집은 내 집이어도 도무지 정이 안 가는 까닭에.
   * 집 : 집의 어원은 '짓다'이다. 따라서 집은 '지은 것'이란 뜻.

집구석에 있으면 숨차 답답한지
 - 기러기 넋이 씌었나 눈만 뜨면 밖으로 떠도는 남편을 두고 한숨짓는 말.
 = 오거리 같은 서방이다.

찰찰이 불찰찰이다
- 잘 살펴본다는 것이 무위가 되고 말았다.

천 서방 만 서방이라도 저 싫으면 그만이다
- 제아무리 잘났어도 싫은 남자하고는 살지 못한다.

천생 버릇은 임을 보아도 못 고친다
- 몸에 밴 습관은 그만큼 바꾸거나 고치기 어려운 것이다.

청승은 늘고 팔자는 오그라들고
- 나이 들어 궁상을 떨기 시작하면 좋은 시절은 물 건너간 것이다.

체면 같은 건 개밥 그릇에 던져 버렸다
- 남의 눈 아랑곳없이 제 잇속만 챙기는 자이다.
= 체면하고는 담을 쌓았다. 체면이고 나발이고 다 작파하고.

하늘이 두 조각나도 안 될 일이다
- 도저히 될 수 없는 일이니 포기해라.

헛 친구 하나 없다
- 사람이 용렬해서 건성 친구 하나도 없다.

호로 자식* 마음잡아 봤자 사흘이다
- 본디 악한 성품은 마음잡는 척해 보아야 며칠 가지 못한다. 못된 습관은 그처럼 고치기 어렵다는 뜻.

   * 호로 자식 : 배움 없이 제풀로 자라 예절을 모르는 자. 호래(胡來)아들, 후래 자식과 같은 뜻의 말. 글자대로 풀면 오랑캐 자식이라는 뜻.

희망이 허망이다
- 도무지 희망이 없다.

28. 기쁨 · 자랑 · 상찬 관련

간질간질하게 재미있다
 - 오밀조밀 재미가 넘쳐난다.
 = 간질간질 요글요글 하다.

갓 잡은 생선마냥 핑핑하다
 - 젊은 여자의 팔등신 몸매 또는 발랄한 행동 등을 기리는 말. '핑핑하다'는 '팽팽하다'의 속된 표현.
 = 회를 쳐 먹어도 비린내 하나 안 나겠다.

개똥밭에서 인물 났다
 - 보잘것없는 가문에서 큰 인물이 났다.
 = 개천에서 용 났다.

거지도 손 볼 날 있다
 - 거지도 손님 맞을 때가 있듯 살다보면 좋은 날도 있는 법이다.
 = 살다보면 시어미 죽는 날도 있다.

경(黥)* 을 치게도 잘 한다
 - 말이나 노래 춤 등을 썩 잘한다.
 = 지랄 맞게도 잘 한다. 뒤집어지게 잘 한다.
   * 경(黥)은 조선시대, 죄인의 얼굴이나 팔뚝에 먹물로 죄명을 새겨 넣어 지워지지 않도록 한 형벌의 하나. 여기서는 반어법을 써서 강조한 것.

고추 달린 놈 하나 청무우 뽑듯 쑥 뽑아 놓아라
- 아들놈 하나 보란 듯이 쑤욱 낳아 보거라. 폐백 시에 시부모가 며느리에게 던지는 덕담 한마디.

공자 발뒤꿈치는 가겠다
- 글공부 또는 문장에 면치레 정도는 하겠다.

공자님 댁 곁방살이는 한 모양이다
- 어깨너머로 배우기는 좀 배운 것 같다.

공자 맹자 뺨따귀 치겠다
- 아는 것이 많고 똑똑하다. 또는 과유불급(過猶不及)아니냐고 빈정대는 말.

구 땅에 장땡이다
- 더 이상 바랄 것이 없다.

구렁이집에서 용 났다
- 여느 보통 집안에서 큰 인물이 났다.
= 개천에서 용 났다. 개똥밭에서 인물 났다.

그 집 딸년 젖통 한번 분통이고 새끼 한 죽* 은 실컷 먹이고 남을 젖통이고
- 중매쟁이가 며느릿감으로서 아기 잘 낳고 젖 잘 먹여 키울 튼실한 처녀라고 치켜세우는 말.
= 살결이 분결이고 젖통이 분통이다.
  * 새끼 한 죽 : 아기 열 명.

그런 흐벅진 년 처음 보았다
- 몸매가 썩 좋은 처자이다.

까치처럼 얌전, 음전하다
- 아녀자의 음전한 자태를 기리는 말.

깨물어 먹고 싶다
- 예쁘고 앙증맞은 아기 또는 앳된 처녀를 그린 말.

꽃이 울고 달이 숨겠다
- 절세미인을 비유한 말.
= 꽃이 부끄럼 타고 달이 섧겠다. 한번 웃어 사내 눈 다 먼다. 한번 웃으면 꽃이 울겠다. 떠오르는 달이다.

남새밭* 의 벌처럼 장다리 밭 나비처럼
- 예쁘고 바지런한 처녀나 아낙을 빗댄 말.
   * 남새밭 : 무 배추 등을 가꿔먹는 채소밭. 푸성귀 밭. 채전(菜田).

냉수 먹고 된 똥 싼 격이다
- 들인 자본 없이 좋은 성과를 얻었다.

너울가지* 하나는 좋다
- 남과 쉽게 사귀는 붙임성 하나는 그만이다.
   * 너울가지 : 남과 사귀는 솜씨.

노난다
- 기쁜 일이나 돈벌이가 잘되고 있다는 환성.

눈 시려서 못 보겠다
- 눈 부시게 예쁜 여자 또는 밉살스런 언동 등을 빗댄 말.
= 눈 버렸다.

도깨비한테 혹 뗀 폭이나 된다
- 늘 신경 쓰였던 일 또는 병집이 해결되어 앓던 이 빠진 것 같다.

되 글 배워 말글로 팔아 먹는다
- 배움은 적어도 요긴하게 잘 써먹는 영리한 자이다.
= 되 글을 말글로 써 먹는다.

되는 집에는 가지나무에 수박 열린다
- 운 좋은 집에는 경사가 이어진다.

뒤집어지게 잘 한다
- 아주 재미있다. 웃다가 나동그라질 정도로 썩 잘 한다.

드물게 해도 애만 잘 선다
- 이따금 합방을 해도 임신이 잘 된다. 힘 안 들이고 한 일이 성과가 좋은 경우 등에 이르는 말.

들었다 보았다 하면서
- 반가워 어쩔 줄 모르는 모습을 그린 말.
= 칠색 반색을 한다.

등 따숩고 배부르면 그만이다
- 보통사람들은 의식주가 족하면 행복한 법이다.

땅 절 한다
- 아무것도 깔지 않은 맨땅에 엎드려 절을 올린다. 마음에서 우러난 존경심을 온 몸으로 표한다.

땡* 잡았다
 - 뜻밖의 횡재를 했다.
     * 땡 : 노름판에서 같은 패를 잡은 경우 '땡'이라 부른 데서 나온 말.

띠 중에도 낙지 띠다
 - 착착 감기는 낙지처럼 색정이 강한 여자다.
 = 낙지 띠에 문어 띠다.

마른 나무가 타면 생나무도 탄다
 - 활황이 되면 지지부진했던 다른 일도 덩달아서 잘 풀린다.

매 끝에 정 든다
 - 벌을 받고 깨달아 나쁜 버릇을 고친 다음 매를 든 이를 좋아하게 된 경우 등에 빗댄 말.

먹개구리 같은 아들놈
 - 경사스런 일의 상징으로 두루 쓰이는 말.
 = 떡두꺼비 같은 아들 놈.

묵기다
 - 어떤 일에 안성맞춤이다. 솜씨가 능수능란한 자이다.

물건* 하나는 끝내 준다
 - 정력 한가지만은 최고이다.
 = 밑천 하나는 끝내 준다. 물건 하나는 일품이다.
     * 물건 : 여기서는 남근을 속되게 이르는 말.

물고 빤다
 - 예뻐서 또는 반가워서 어쩔 줄을 모른다.

물고 뽑은 것 같다
- 쭉 뺀 팔등신 미인이다.

물색 잘 났다
- 신수가 훤하니 인물이 썩 잘 생겼다.

미인은 멱* 을 씌워도 곱다
- 옥중 춘향이가 그렇듯 큰 장점이 있으면 작은 허물은 절로 가려지게 마련이다.
= 살결이 희면 열 허물을 가린다.

* 멱 : 죄인의 목둘레에 씌우던 널 형구의 일종.

바람* 결에 실려 왔나 떼구름에 싸여 왔나
- 없어졌던 사람이 홀연히 나타난 경우 놀랍고 반가워서 외치는 말.
= 신이야 넋이야 한다. 칠색반색을 한다.

* 바람 : 바람의 옛말인 '봂'은 '불다'의 어근이고 '옴'은 사람, 가람과 같이 명사를 만드는 접미사이다. 따라서 바람은 'ㅂ 룸(볼+옴)'의 합성어로 '부는 것'이라는 뜻.

바윗돌 위에도 농사지을 놈이다
- 어떤 곤경도 이기고 살아남을 검질긴 자이다.
= 다기진 놈이다. (반)몰랑한 자이다.

반분은 풀었다
- 맺힌 한의 절반은 푼 것만큼 속이 후련하다.

반죽이 좋은* 놈이다
- 노여움이나 부끄러움을 안 타는 유들유들한 성품이다.

* 반죽이 좋다 : 본디는 밀가루를 물로 이겨놓은 게 반죽인데 반죽이 잘되면 음식 만들기에 편하듯 성품 역시 모가 나지 않아 좋다는 뜻.

반지빠른 놈이다
- 말에 빈틈이 없고 행동이 잽싼, 쓸 만한 자이다.

발장구 치고 지낸다
- 누워 발장구나 치면서 지내는 신수 편한 자이다.

뱁새* 가 수리를 낳았다
- 못난 부모한테서 훌륭한 자식이 태어났다.
= 개천에서 용 났다. 개똥밭에서 인물 났다.

 * 뱁새 : 박새과의 날개 길이 5㎝ 가량 되는 작은 새.

보리밥 먹고 쌀 방귀 뀐다
- 배운 건 없어도 아는 것을 잘 써 먹는 영리한 자이다.

복 덩어리 떡 덩어리다
- 일 잘하고 말 잘 듣는 아이나 처녀 등을 기리는 말.

봉사도 장님이라면 좋아한다
- 누구든 존칭을 쓰면 좋아한다. 말은 꾸미기 나름이라는 뜻.
= '아' 다르고 '어' 다르다. 과부도 과수댁이라면 좋아한다.

봉이 봉의 새끼를 낳는다
- 부모가 훌륭하면 자식도 걸출하기 마련이다.
= 범이 범을 낳는다. 왕대밭에 왕대 난다.

불감청이언정 깨소금이다
- 불감청 고소원(不敢請 固所願)* 에서 나온 말로 남이 안 된 것을 고소해하는 말.

 * 불감청 고소원 : 감히 청하지는 못했지만 본디 바라던 일이었다.

비 틈으로도 빠져 나가겠다
 - 동작이 아주 가볍고 재빠르다.

빈 집에 소 들어왔다
 - 가난한 집에 재물이나 복덩이가 굴러 들었다.

뺨치고 볼기 치게 잘 한다
 - 판소리 노래가락 등을 신명나게, 온갖 청승 다 떨어가며 썩 잘한다는 상찬을 반어법으로 강조한 말.
 = 뒤집어지게 잘한다. 경을 치게도 잘한다.

사내 뺨치는 계집이다
 - 지모가 출중한 여자이다.

산 호랑이 눈썹도 그리울 게 없다
 - 안 갖춘 거 없이 떵떵거리며 잘 살고 있다.

산(山) 재주 있어 나무 잘하고 논 재주 있어 우렁 잘 캐고
 - 누구든 한두 가지, 남보다 나은 재주는 타고나는 법이다.

석양에 물 찬 제비 같다
 - 빼어난 미인을 비유한 말.

성깔 있는 놈이 일은 잘 한다
 - 성미 급한 사람은 일거리를 보면 참지 못하므로 느긋한 자보다 일을 더 많이 하고 더 잘하기도 한다.

숫티가 난다
 - 순수한 태도와 모양이 그대로 배어 있다.

신명 떨음 한다
 - 한바탕 신명나게 논다.

신이야 넋이야 한다
 - 반가워서 어찔 줄 몰라 하는 모습.
 = 들었다 보았다 하면서.

썼다 벗었다 한다
 - 돈이든 물건이든 무슨 일을 하기에 충분하고도 넘친다.

씻은 듯 부신 듯하다
 - 아주 정갈한 모습이다.

아닌 밤중에 이게 웬 떡이냐
 - 뜻하지 않은 횡재 등에 환호하는 말.
 = 겉보리 흉년에 웬 떡이냐.

약방기생* 볼쥐어지르게 생겼다
 - 빼어난 용모를 '볼 쥐어지르게' 등 반어법으로 강조한 말.
   * 약방기생 : 조선시대 내의원에 속해 있던 의녀. 대장금도 내의원 의녀였다.

여자나이 이팔이면 환갑 상도 차린다
 - 처녀나이 열여섯이면 생각이 트이고 안목도 생겨서 대사 중의 대사인 부모의 환갑 잔치상도 차릴 수 있다.

여자는 서울 말씨, 평양 인물, 강원도 살결이라야 미인이다
 - 서울 말씨를 써야 듣기 좋고 평양 인물이라야 예쁘고 강원도 여자처럼 살결이 고와야 이상적인 미인이다.

영감 죽고 처음이다
- 오랜만의 썩 기분 좋은 일이다. 본디는 영감 죽고 오랜만에 뜻 깊은 정사를 했다는 뜻.

오 리를 십 리로 건너 뛰겠다
- 걸음걸이가 매우 경쾌하다. 또는 생각이 트여 하나 가르치면 열을 알고 한 가지 일을 맡기면 열 가지도 해내겠다.

외 넝쿨에 가지가 열렸다
- 오이 넝쿨에 가지가 열렸다. 부모 안 닮은 훌륭한 자식이 났다는 뜻.
= 개천에서 용 났다.

육장* 소춘풍(笑春風)이다
- 언제 봐도 웃는, 보기 좋은 얼굴이다.
  * 육장 : 늘. 항상. 시골에서 6일마다 장이 서곤 한데서 유래한 말.

의붓자식에도 효자 난다
- 살다보면 뜻밖의 반갑고 놀라운 경우도 있다.
= 굽은 나무가 선산 지킨다. 병신자식이 효도한다. 나갔던 며느리가 효도한다.

장날은 촌놈들 생일날이다
- 시골사람들은 흔히 장날에 잘 먹고 즐기기도 한다는 뜻.

장님 문고리 잡은 격이다
- 일이 우연찮게 잘된 경우이다.
= 소가 뒷걸음치다 쥐 잡은 택이다.

장사 나는 골에 용마(龍馬) 난다
- '장사가 나면 용마 나고 문장 나면 명필이 난다' 와 같은 말.

재* 들은 중에 굿 들은 무당이다
- 바라던 일이 이루어져 신명이 났다.

    * 재(齋) : 명복을 비는 불공.

재수가 불붙었다
- 운이 트였나 일이 썩 잘 되어가고 있다.

= (반)재수가 옴 붙었다. 재수 털었다.

제 것 아니면 남의 밭머리 개똥도 줍지 않는다
- 남의 것에는 곁눈질도 하지 않는 청렴한 자이다.

질동이* 깨고 놋동이** 를 얻었다
- 상처(喪妻) 또는 이혼 후에 후처를 잘 얻었다.

(반) 참외 버리고 호박 먹는다.

    * 질동이 : 질흙으로 만든 동이그릇.
    ** 놋동이 : 놋쇠로 만든 동이.

질색반색을 한다
- 반가워 어쩔 줄 모르는 모양. 여기서 몹시 싫다는 뜻의 '질색'은 '반색'을 더욱 강조하는 반어법 추임새 기능을 하고 있다. '칠색반색을 한다.'와 같이 쓰기도 한다. '뺨치고 볼기 치게 잘 한다' 등이 이 같은 반어법 표현방식 가운데 하나다.

짐작이 팔십리다
- 짐작으로 알 만한 일이다.

= 척하면 삼척이요 쿵하면 도둑놈 담 넘어가는 소리 아니냐.

징그럽게도 예쁘다
- 아주 예쁜 얼굴이다. '징그럽게'란 반어법으로 예쁜 모습을 극대화 했다.

참새 굴레를 씌우겠다
- 약삭빠른 참새에 굴레를 씌우리만큼 약아빠진 자이다.
= 귀신도 속이겠다.

처쟁여 준다
- 자루 또는 보자기가 넘치리만큼 인정으로 싸매준다.

청산에 매 팔자다
- 매인데 없이 활개 치면서 자유롭게 살고 있다.

책망은 몰래 하고 칭찬은 알게 하랬다
- 그래야 함에도 망신을 주다니 될 일이냐고 들이대는 말.

춘향이가 낳은들 이렇게 예쁘겠냐
- 춘향이가 낳은 아기도 이만큼 예쁘진 않을 것이다.

칠 년 과부 좆 맛 본 듯
- 오랜만에 만나 좋아서 어쩔 줄 모르는 모습을 그린 곁말.

통밥을 잘 굴리는* 놈이다
- 머리가 잘 돌아가는 자이다.

  * 통밥을 굴린다. : 재주를 부린다. 머리를 쓴다. 은어.

통째 씹어 먹어도 비린내 하나 안 나겠다
- 미모의 나어린 처녀를 반어법으로 강조한 말.
= 회를 쳐 먹어도 비린내 하나 안 나겠다. 눈에 넣어도 아프지 않겠다.

파뿌리 해로* 해서 열두 아들에 여덟 딸만 낳거라
- 혼인 초례청에서 양가 어르신들이 신랑신부에게 건네는 덕담.

  * 해로(偕老) : 평생을 더불어 함께 늙음.

기쁨 · 자랑 · 상찬 관련 481

팔자땜* 했다
  - 큰 액운을 미리 작은 고난으로 대신했다.
    * 땜 : 어떤 액운을 넘기거나 또는 다른 고생으로 대신 겪는 일.

푸접* 하나는 좋은 놈이다
  - 붙임성이 좋아서 부담이 안가는 자이다.
    * 푸접 : 인정이나 붙임성.

하늘이 내리고 땅이 받아 냈다
  - 하늘이 낸 훌륭한 인물이다.

함양 보성 가서 벼슬 자랑하지 말고 여수 통영 가서 돈 자랑하지 말고 남원 고흥 가서 소리자랑 말고 벌교 가서 힘 자랑 말고 순천 가서 인물자랑하지 말랬다

■ 관련 여담

예로부터 함양 보성엔 인물이 많이 나고 여수 통영에는 해산물이 풍부해 부자들이 많고 남원 고흥에는 명창이 많이 나고 벌교에는 힘 좋은 장사가 많이 나고 순천에는 미인이 많이 난다 해서 회자된 말. 여수 통영에는 멸치 철이 되면 개도 만원짜리를 물고 다닌단다.

허허 소춘풍이다
  - 좋은 일이든 궂은 일이든 웃어넘기는 호인이다.
  = 육장 소춘풍이다.

헤엄이라면 개구리 볼기 치게 잘 한다
  - 수영 한 가지만은 남달리 잘함을 반어법(볼기 치게)으로 강조한 말.

혀를 빼물었다
  - 심혈을 기울여 일에 집중하고 있다.

29. 해학 · 풍자 관련

값도 모르면서 비싸단다
  - 물정도 모르면서 아는 체를 한다고 핀잔주는 말.

갓 쓰고 박치기를 해도 제멋이다
  - 남이야 무슨 짓을 하든 참견하지 마라.
  = 갓 쓰고 자전거를 타도 제멋이다. 도포 입고 논을 갈아도 제멋이다.

개구리보지에 털 난 걸 봤냐
  - 일 없이 싱겁게 희죽거리는 자를 놀리는 말.

개구리에게 헤엄 가르칠 걱정한다
  - 쓸데없는 걱정을 하고 있나.
  = 오리가 물에 빠져 죽을까봐 걱정한다.

개명창이다
  - 노래는 엉망인 데도 제멋에 취해 소리만 내지르는 자를 비웃는 말.

검둥이가 보면 형님 하겠다
  - 얼굴이나 살색이 별나게 검은 사람을 놀리는 말.

경상도 문둥이 전라도 개똥쇠 경기도 깍쟁이 충청도 더듬수 강원도 감자바우
  - 예전 군대 같은 조직사회에서 각도 출신들을 부르던 우스개 호칭.

고무신 표다
 - 촌놈이다. 시골 뜨기다.

고바우 만든다
 - 바보 만든다. 허수아비로 만든다.

고자* 가 계집 밝히듯 한다
 - 분수도 모르고 볼썽사나운 짓을 하고 있다.
   * 고자 : 생식기가 불완전한 남자.

고자가 하루에 열두 번 올라 탄다
 - 고자들이 더 색을 밝힌다지만 허망한 노릇 아니냐. 쓸데없는 짓 그만두라는 충고의 말.

곰보만 아니면 일색이다
 - 누구든 한두 가지 흠은 있게 마련이다. 또는 매우 안타까운 일이다.
 = 째보* 만 아니면 일색이다.
   * 째보 : 언청이.

곰 창날 받듯 한다
 - 미련해서 저 손해나는 짓만 일삼는 자이다.

■ 관련 여담

  곰이 굴 안에 있을 때 창을 굴 안으로 불쑥 들이밀면 곰은 창을 잔뜩 움켜쥐고 자기 쪽으로 잡아당긴다는 것이다. 이때 사람이 더 세게 당기면 곰은 창을 뺏기지 않으려고 더 힘차게 잡아당긴다. 서너 번 이렇게 수작을 되풀이 하다가 사람이 별안간 창을 놓으면 곰은 당기던 힘에 몰려서 그 창으로 제 가슴을 찌르고 죽는다고 해서 생긴 말이란다.

곱다고 안아준 아기, 바지에 똥 싼다
- 고마워 하기는커녕 해만 입히다니 고약한 일이다.

공자 똘마니다
- 아는 체 잘하는 자를 비웃는 말.

공자 앞에서 문자 쓴다
- 전문가 앞에서 아는 체하지 마라.
= 물개 앞에서 좆 자랑 한다. 똥차 앞에서 방귀 뀐다. 식모 앞에서 행주 흔든다. 포클레인 앞에서 삽질한다.

구경이 욕경이다
- 구경 다니는 것은 또한 엔간히 힘든 일이다.

국에 덴 놈은 김칫국도 불고 먹는다
- 무엇에 놀라면 그 비슷한 것만 봐도 놀라서 움츠리게 된다.
= 불에 덴 소는 달 보고도 헐떡거린다. 물에 덴 놈은 냉수도 불고 마신다. 고슴도치에 놀란 호랑이, 밤송이 보고도 절한다. 자라 보고 놀란 가슴 솥뚜껑 보고도 놀란다. 활에 상한 새는 굽은 가지만 봐도 놀랜다.

궁(窮)하대서 궁둥이고 향기롭대서 방(芳)댕이 응한대서 응(應)덩이다
- 과부 등 혼자 사는 여자엉덩이는 사내 맛에 궁기가 들었대서 궁둥이고 처녀 엉덩이는 향기롭대서 방뎅이 유부녀는 사내요구에 응한대서 응뎅이로 부른다는 곁말.

귀뚜라미 풍류한다
- 김을 매 주지 않아 잡초가 우거져서 귀뚜라미가 제 세상 만난 듯 굿을 한다 함이니 게으른 농사꾼을 뒷전에서 손가락질하는 말.

그 좋던 몸 구보에 다 조지고 그 좋던 목소리 군가에 다 조지고
- 군 생활 훈련과정에서의 고달픔을 풍자한 말.

글 못하는 놈이 붓만 고른다
- 실력도 없는 주제에 난 체를 하고 있다.
= 선무당이 장구 탓한다. 쟁기질 못하는 놈이 소 탓만 한다.

글* 못하는 선비에 활 못 쏘는 한량이다
- 허우대와 말재간만 그럴싸했지 실전능력이 없는 무능한 자이다.
  * 글 : '글'은 '긋(귿)다'에서 나온 말이다. 묻고 → 물으니 에서처럼 ㄷ이 ㄹ로 바뀐 것이다.

글은 개 좆 글이라야 잘 는다
- 내놓기 잘하는 개 자지처럼 글 또한 두루 보여주고 욕을 먹기도 해야 쑥쑥 실력이 느는 법이다.

기둥* 뿌리 썩는 줄 모른다
- 바둑 장기 노름질 등 잡기에 빠져서 집안식구는 먹든 굶든 아랑곳없는 자이다.
= 도끼자루 썩는 줄 모른다.
  * 기둥 : 기둥의 옛말은 '긷'인데 접미사 '웅'과 어울려 '긷+웅 → 기둥'이 되었다. '길이'의 '길'과 같은 어원으로 '긴 것'이란 뜻.

■ 관련 여담

어떤 사람이 바둑을 즐겨 이웃집에서 대국(對局)이 붙었는데 한창 열기가 고조되어 갈 즈음에 여종이 헐레벌떡 달려와 "집에 불이 났습니다."라고 아뢰었다. 그러자 주인이 "불이 났다구, 무슨 불인고? 끄면 되지 뭔 걱정인고?" 그러더란다.

또한 어떤 이가 바둑을 두는데 고향집의 노복(老僕. 늙은 사내종)이 숨 가쁘게 달려와서 고하기를 "노 영감님께서 돌아 가셨습니다." 라고 아뢨음에도 손을 들어 바둑알을 내리면서 "아버님이 돌아 가셨다구? 안 된 일이로다, 참으로 안 된 일이로다." 하고 여전 바둑을 물리지 않으니 좌중이 어이가 없어 웃지 않는 자가 없었다. [十大奇書]

기생오라비 같다
- 겉모습만 번지르르한 남자를 얕보아 이르는 말.

기인(奇人) 정수동 이야기
- 정수동의 기행(奇行) 다섯 자락.

■ 관련 여담

조선조 철종 때의 시인이자 술과 방랑 그리고 호협한 언동으로 세상을 조롱하고 풍자한 기인 정수동(1808~1858) 관련 이야기.

1. 정수동은 어려서부터 타고난 문재(文才)를 인정받아 추사(秋史) 김정희가 그를 자신의 집에 불러서 소장본을 다 내주고 읽게 했는데 수동이 그 책들을 다 읽어 치우고는 어디론가 자취를 감추고 말았다. 방랑벽 탓이었다. 추사가 사람을 시켜 그를 겨우 찾아내 의관을 마련해 주고 자기 집 작은 방에 머물도록 해 주었으나 여전히 수동의 방랑벽은 고쳐지지 않았다. 어느 틈엔가 도망쳐 나가서는 다시는 그 집에 돌아오지 않았다.

2. 정수동이 어느 날 동대문 밖에서 술을 마시고 수표교에서 그리 멀지 않은 자기 집으로 향했는데 밤이 너무 늦어 야경꾼에게 걸리고 말았다. 당시는 밤중에 다니는 수상한 자들을 감시하고 도둑을 예방하기 위해 통행금지시간에 야간순찰을 도는 제도가 있었다. 야경꾼이 "누구요?"라고 소리치자 정수동이 다급한 나머지 담벼락에 두 팔을 벌리고 서서는 "빨래요!"라고 대답을 했다.

"빨래가 어떻게 말을 하느냐?"고 다그치자 "옷이 한 벌 밖에 없어 입은 채로 빨았는데 아직 덜 말라서 이러고 서 있는 것이오."라고 하니 야경 순라꾼이 기가 막혀서 껄껄 웃고 가 버렸다 한다.

3. 어느 해 설날, 주머니는 비었으되 술 생각이 간절하여 주막을 갔으나 주모 말이 밀린 외상 술값을 갚지 않으면 술을 한잔도 줄 수 없다는 것이었다. 별 수 없이 주막 평상에 앉아 마침 돼지 한 마리가 울타리를 비집고 들어와 마당에 널어놓은 술밥 먹는 것을 우두커니 바라보고 있었다. 이를 본 주모가 달려 나와 돼지를 쫓아낸 다음 정수동에게 어째 술밥 먹는 돼지를 번연히 보고도 쫓아내지 않았느냐고 나무랬다. 이에 정수동이 "난 돼지가 맞돈 내고 먹는 술만 알았지."라고 능치니 주모가 알아듣고 도리 없이 외상술을 주었다 한다.

4. 하루는 정수동이 목이 컬컬하여 친구를 찾아갔는데 내놓는 술상에 안주가 영 변변치 않았다. 이에 정수동이 "안주 없이 어떻게 술을 먹나? 내가 타고 온 저 나귀를 잡게나!" 하였다. 이에 친구가 놀라서

"아니 그럼 자넨 갈 적엔 뭘 타고 가려고 그러는가?" 라고 되묻자 정수동이

"저 뜰에 노니는 닭을 타고 가면 될 거 아닌가?" 라고 했단다.

이후 친구가 술안주로 그 닭을 잡았는지 여부는 기록에 나와 있지 않다.

5. 어느 날 정수동이 아는 집에 들렀는데 내온 술상이 그 집 사는 형편에 비해 너무 초라한 건 고사하고 술잔도 꼭 도토리 껍질만 하였다. 그 술상을 보자마자 수동이 별안간 통곡을 하는 것이었다. 그러자 주인이 놀라서 '무슨 변고가 있느냐?'고 묻자 수동이 눈물을 그치고 말하기를

"우리 형님이 지금 나처럼 친구의 집에 가서 술을 마시다가 술잔이 작아서 그만 목구멍에 걸려 돌아가시어 그 생각에 눈물이 난 것이오." 라고 하였다.

이에 주인이 눈치를 채고는 사발을 내온 즉 수동이 껄껄 웃으면서

"진작 그래야지. 술잔만이라도 커야겠지" 라고 무안을 주었다 한다.

이렇듯 없어도 당당하게 살던 정수동은 문득 병을 얻어 그의 나이 51세에 세상을 떴는데 장사비용은 안동 김씨 김흥근이 대고 대감 조두순이 그의 전기를 썼다 한다.

기저귓감 마련한다
- 처녀가 중매쟁이 보고 나중 아기 낳으면 쓰게 될 기저귓감을 마련한다 함이니 성미 급한 자를 비웃거나 놀리는 말.

길 닦아 놓으니까 미친년이 먼저 지나간다
 - 기껏 정성들인 일이 보람 없이 되고 말았다.
 = 길 닦아 놓으니 거지가 먼저 지나간다. 길 닦아 놓으니까 문둥이가 먼저 지나간다. 죽 쒀서 개 좋은 일만 시켰다.

꼿꼿하기는 서서 씹 하겠다
 - 유난히 고집이 세거나 거만 떠는 자를 비아냥대는 말.
 = 꼿꼿하기는 서서 똥 누겠다.

꽈배기 근이나 먹었나 보다
 - 비꼬는 상대방 말투를 조롱하는 말.

꿈도 안 꿨는데 해몽부터 한다
 - 성미 급한 자를 두고 머퉁이 주는 말.

남의 소 들고 뛰는 거야 구경거리다
 = 남의 불행도 자기와 무관할 때는 한낱 구경거리에 지나지 않는다.

남의 싸움에 칼 빼든다
 - 상관없는 남의 일에 참견을 하는 멍청이다.

남의 집 제삿날도 우기겠다
 - 우길 걸 우기라고 쏘아주는 말.
 = 남의 친기(親忌)* 도 우기겠다.
  * 친기 : 친부모의 제사.

남이 장에 가니까 거름통 지고 따라 간다
 - 줏대 없는 행동거지를 비웃는 말.
 = 남이 은장도 차니까 나도 식칼을 찬다.

해학·풍자 관련 489

남이야 서방질을 하든 남방질을 하든
 - 참견 말고 네 할 일이나 해라.
 = 남이야 씹을 하든 말든. 남이야 갓 쓰고 자전거를 타든 말든. 남이야 전봇대로 이빨을 쑤시든 말든. 남이야 작두로 수염을 깎든 말든. 남이야 지게 지고 제사를 지내든 말든. 남의 집 과부 씹을 하든 말든.

남자 머리가 좋은 건 대가리가 둘인 까닭이요 여자가 말이 많은 건 입이 둘인 탓이다
 - 남근의 귀두를 머리로 여자 음문을 입으로 둘러 희화한 말.

남자가 여자보다 잘 뛰는 건 다리가 셋인 까닭이다
 - 양쪽 다리와 남근도 가운뎃다리로 쳐서 셋이라는 곁말.

낮에는 고기 맛, 밤에는 계집 맛에 산다
 - 서민 대중의 속세살이 양상을 반영, 풍자한 말.

노루도 잡기 전 골뭇감부터 마련한다
 - 노루는 잡지도 않았는데 노루 가죽으로 골무 만들 궁리부터 하듯 성미 급한 사람을 비웃고 놀리는 말.
 = 중매쟁이 보자 기저귓감 마련한다.

노처녀 시집가는 날 등창 난다
 - 노처녀가 시집가는 날 하필이면 등창이 나서 첫날밤을 헛되이 보내게 되었다 함이니 좋은 일에는 마가 끼는 일이 많다는 뜻.
 = 가는 날이 장날이다. 호사다마(好事多魔)다.

눈먼 놈이 앞장 선다
 - 알지도 못하는 주제에 나선다고 비웃는 말.

눈치가 안는 암탉 잡아 먹겠다
 - 병아리를 내려고 알을 품고 있는 암탉을 잡아먹을 만큼 아둔한 자이다.

능청이 열두 발이다
 - 능청이 지나쳐 실소가 나올 지경이다.

닭 잡는데 소백정을 불러 온다
 - 소소한 일에 큰일이나 치르듯 볼썽사납게 굴고 있다.
 = 모기 보고 칼 빼드는 격이다.

돌로 치나 메*로 치나
 - 방법만 다를 뿐 본질적으로는 같은 것이다.
 = 엎어지나 메어치나.
   * 메 : 나무나 쇠로 만든 몽둥이.

동네북이다
 - 밤낮 얻어맞고만 다니는 못난이다.

돼지 팔아 한 냥, 개 팔아 닷 돈이 양반인가
 - 개, 돼지를 판 돈이 한 냥반(양반)이란 뜻으로 양반을 조롱하는 말.

두 사람 꼬아서 만들었나 보다
 - 뚱뚱한 사람을 에둘러 놀리는 말.

뒷집 개새끼 덕 볼 때도 있다
 - 뒷집 개가 짖는 덕분에 도둑질을 면했다는 뜻.

■ 관련 여담
 옛날 의주 땅에 조계달이란 재간 많고 남 곯려 먹기 좋아하는 건달이 있었다. 어느 날 그가 의주 거리를 걷고 있는데 앞에 가는 여인네의 치맛자락이 벌어져 있기에 놀려 주려고 "아주머니, 뒷문이 열려 있는데 들어가도 괜찮겠소?" 하고 넌지시 물었단다. 그러자 그 여자가 뒤를 한 번 힐끗 돌아보더니 흠칫 놀라는 시늉을 하면서 "아이고, 뒷집 개새끼 아니었으면 도둑맞을 뻔 했네." 하더라는 것이다. 천하의 조계달이 이때만큼 흠씬 망신을 당한 적이 없었다 한다.

둘러치나 메어치나 때리고 맞기는 매한가지다
- 방법은 달라도 결과는 한 가지다.

땅거죽 꺼질까 봐 씹도 못하겠다
- 겁이 많거나 쓸데없는 걱정 일삼는 자를 놀려주는 말.
= 자지 무서워 시집도 못 가겠다.

때리는 시늉 하면 우는 시늉하랬다
- 무슨 일이든 손발이 맞아야만 잘되는 법이다.

똥통 학교 출신이다
- 이름없는 삼류학교를 나온 자이다.

루마* 패션이다
- 길거리나 장터에서 파는 싸구려 옷이다.

    * 구루마 : 리어카. 차를 이르는 일본어.

마음이 흔들비쭉이다
- 줏대 없이 이리저리 흔들리는 성품이다.

망신당하려니까 제 아비 함자도 생각 안 난다
- 창피 당하려니까 별 일을 다 본다고 혀 차는 말.

머시매청 가시내청 속곳 밑에 손 넣고 아야지야 보지야
　- 사내 계집아이가 눈에 나게 얼릴 때 놀려대는 말.

먹기는 파발* 이 먹고 뛰기는 역마가 뛴다
　- 고생하는 자와 득을 보는 자가 따로 있다.
　= 재주는 곰이 넘고 돈은 되놈이 먹는다. 병은 귀신이 고치고 돈은 무당이 먹는다.
　　　* 파발 : 조선시대 때 말을 타고 급한 공무를 전하기 위해 지방으로 다니던 사람. '파발꾼' 이 맞는 말임.

목수 제 집 못 짓고 산다
　- 남의 일은 잘해도 정작 자기 일은 제대로 못 한다.
　= 대장간의 칼자루가 논다. 점쟁이 저 죽는 날 모른다.

목수가 많으면 집을 무너뜨린다
　- 의견이 갈려서 일을 그르친 경우 등에 빗댄 말.
　= 사공이 많으면 배가 산으로 간다.

무말랭이 비틀어지고 꽈배기 사대육신 꼬이듯
　= 일이나 관계가 배배 비틀어진 상황이다.

물에 비친 달을 그물로 건지려든다
　- 가당치도 않은 짓을 하고 있다.

바람 먹고 구름 똥 싼다
　- 허황된 짓거리를 일삼는 자이다.

바보 천치도 잠자코 있으면 중간은 간다
　- 모르면 국으로 가만이나 있으라고 핀잔주는 말.

박기만 했지 뺄 줄은 모른다
- 사진을 찍기만 했지 뽑아줄 줄은 모른다고 해대는 말. 성행위를 빗댄 곁말이기도.

밤새 울고 나서 누가 죽었느냔다
- 문상을 한 다음 누가 죽었는지 묻는다 함이니 엉문도 모르고 덤벙대는 자를 비웃는 말.

방귀가 자라서 똥 된다
- 작은 잘못도 제때 고치지 않으면 나중 걷잡을 수 없게 된다.
= 방귀가 모여서 똥 된다. 바늘 도둑이 소 도둑 된다. 방귀가 잦으면 똥 싼다.

■ 관련 여담

호색하는 사령(使令. 옛 관아의 하급관리)놈 하나가 시골길을 가다보니 밭에서 김을 매는 여인이 곱상한지라 문득 음욕이 동해 여인을 향해서 "어째 아무데서나 함부로 방귀를 뀌느냐?"고 호통을 치니 여인이 냉소하면서 "보리밥 먹고 김매는 사람이 어찌 방귀를 뀌지 않으리오?"라고 되받았다. 이에 사령이 짐짓 눈을 부릅뜨고는 "예를 모르는 자는 모두 잡아들이라는 관의 분부가 있었느니라." 하면서 짐짓 거칠게 소매를 잡아끄니 여인이 겁을 집어먹고는 "다른 데 또한 방귀 뀐 사람이 있을 터이니 나를 버리고 다른 이를 잡아가면 은혜를 잊지 않으리다." 라고 읍소(泣訴. 울면서 하소연)했다. 이에 사령이 "그럼 내가 그대의 말을 들어줄 터이니 그대 또한 내 말을 들어주겠는가?" 하니 그러겠다고 하여 근처 보리밭으로 끌고 들어가 정사를 잘 치른 다음 "또 함부로 방귀를 뀌면 다시 잡으러 올 것이니 그리 알렸다!"하고 재차 으름장을 놓았다. 그러고는 돌아서 가는 중인데 여인이 문득 밭 한가운데서 그를 불러 세우는 것이었다. 자기가 또 방귀를 뀌었다는 것이다.

하지만 이미 진이 다 빠져 버린 사령이 "네가 그리 자주 방귀를 뀌면 방귀가 자라서 똥이 되는 것이니 사뭇 조심할 일이로다." 하고는 도망치듯 내빼 버렸다 한다. [十大奇書]

벗고 들어 갈까요, 입고 들어 갈까요
- 딸 셋이 줄줄이 소박을 당한 이야기.

■ 관련 여담

시골 어느 집에 딸 셋을 두어 순서대로 시집을 가게 되었는데 첫째가 첫날밤에 신랑이 옷을 벗기려하자 신부가 부끄러워 막무가내로 뿌리치는 바람에 신랑은 '필경은 내가 싫어 그런가 보다'고 기분이 상해 날이 새자마자 자기 집으로 돌아가 버렸다. 이 일을 거울삼아서 둘째는 시집가는 첫날밤에 아예 속곳까지 벗어 머리에 이고 홀랑 벗은 몸으로 신방에 들어가자 신랑은 놀랍고 정나미가 뚝 떨어져 그 길로 줄행랑을 놓고 말았다. 두 언니의 실패담을 교훈삼아 셋째 딸은 조심에 조심을 하기로 마음먹고 첫날밤이 되자 방문 앞에 이르러 신랑에게 "옷을 벗고 들어갈까요, 입고 들어갈까요?" 하고 조심스레 물었다. 이에 신랑은 그 언동이 해괴하기 짝이 없는지라 기가 막혀서 슬그머니 옆문으로 빠져 나가더니 다시는 돌아오지 않아 그 신부는 이날 입때껏 그 신방에서 신랑 돌아오기만을 학수고대하고 있다 한다.

벙어리 웃는 뜻은 양반 욕하자는 뜻이다
- 무슨 짓이든 다 나름의 생각이 있어 그러는 것이다.

보리밭에 가서 숭늉 찾겠다
- 숭늉은 보리 숭늉이 제격이지만 밥 짓는 부엌이 아닌 보리밭에 가서 찾는다 함이니 성미 조급한 자를 비웃는 말.

봉사가 기름 값 물어주고 중이 회(膾)값 물어준다
- 장님은 불빛이 필요 없음에도 등잔에 쓰는 기름 값을 물고 고기 안 먹는 중이 회 값을 물어준다 함이니 억울하게 덤터기를 쓴 경우 등에 빗댄 말.
= 놀기는 산지기가 놀고 추렴은 중이 낸다.

부아* 돋는 날 의붓아비 온다
- 연거푸 안 좋은 일이 생기는 경우 등에 비유한 말.
= 계집 팬 날 장모 온다.

* 부아 : '폐'를 이르는 순수한 우리말. 화가 치밀면 가슴이 부풀어 오르는 듯 하대서 생긴 말.

부황* 난 놈더러 요기 시키란다
- 못 먹어 부황이 난 자한테 다른 사람 밥을 사 먹이라니, 당찮은 말을 하고 있다.

　*부황 : 오래 굶어서 살가죽이 누렇게 부어오르는 병.

비단옷 입고 밤길 간다
- 물정을 모르는 한심한 자이다.

비를 드니까 마당을 쓸란다
- 마음먹고 하려던 일이 공 없이 되고 말았다.

비장(裨將)이나 할 일이로다
- 정사(情事)같은 천한 짓은 아랫것들에게나 시켜서 할 일이다.

■ 관련 여담

　　영남감사가 순시 차 산골 읍촌의 한가운데를 지나가는데 그 위용이 자못 으리으리하였다. 그 행렬의 성대함을 보고 있던 백성 가운데 하나가 이웃사람에게 은근히 묻기를 "저와 같이 귀하고 높으신 어른도 부부상합(相合)같은 것을 할까?" 한즉 옆에 있던 이웃의 백성이 "어찌 저렇듯 만금귀중(萬金貴重)하신 몸으로 그런 천한 일을 하겠는가? 반드시 비장(裨將)을 시켜서 대신케 하시리라." 하고 눈을 부릅떠 꾸짖으니 듣는 자가 하나같이 배꼽을 잡았다 한다. [十大奇書]

빈 뒤주에 주석* 장식한다
- 짚신에 국화 그리듯 남우세스런 짓을 한다고 비웃는 말.

　*주석(朱錫) : 은백색 광택이 나고 녹슬지 않아 장식용으로 선호되는 금속.

뺨 맞아 가며 장기 훈수 둔다
- 욕을 먹어 가면서도 참견을 일삼는다.

뺨 맞을 놈이 여기 때려라 저기 때려라 한다
 - 죄지은 자가 되레 큰 소리를 치고 있다.

뽕나무 가리키면서 느티나무란다
 - 알지도 못하면서 우기는 자를 비웃는 말.

사내 청 기집애 청 닭의 밑씻개 보지 청
 - 남녀 아이 둘이 어울려 놀 때 다른 아이들이 놀려대는 말.

산 김가 셋이 죽은 최가 하나를 못 당한다
 - 최씨 성 중에는 성미 독한 이가 많대서 나온 말. 검증된 바는 없음.
 = 최가 앉은 자리엔 귀신도 비켜 앉고 눈 속 시금치도 돌아 앉는다.

최가 열이 해주사람 하나 못 당하고 해주사람 열이 개성사람 하나 못 당하고 개성사람 열이 강화사람 하나 못 당하고 강화사람 열이 수원사람 하나 못 당하고 수원사람 열이 화성 발안*사람 하나를 못 당한다.
 - 각 지방사람들의 독특한 기질 또는 심성을 해학적으로 나타낸 말.
    * 발안 : 뻘안 즉 '갯벌 안'이란 지명이 '발안'으로 변한 것이라 한다.

상놈도 꿈에서는 양반 볼기를 친다
 - 생각으로야 무슨 짓인들 못 하겠느냐.
 = 가난뱅이도 꿈에선 기와집 짓고 산다.

새끼 선생이다
 - 큰 선생을 도와 보좌하는 자리에 있는 나어린 선생을 이르는 말.
 = 새끼의사(인턴. 레지던트). 새끼검사(신참검사). 새끼무당(아기무당). 새끼 조개 (나어린 계집아이) 등등.

서당 개 삼 년에 풍월한다
- 무학자라도 학식이 높은 사람과 지내다 보면 배운 티가 나는 법이다.
= 식당 개 삼년에 라면 끓인다.

서울 경기 놈들 때문에 빳다가 생기고 충청도 놈들 때문에 구보가 생기고 전라도 놈들 때문에 철조망이 생기고 경상도 놈들 때문에 취침이 생기고 강원도 놈들 때문에 국민학교가 생겼다
- 1960, 70년 대 군대나 경찰같은 조직사회에서 회자되던 곁말.

■ 관련 여담

　　서울, 경기 사람들은 말 안 듣는 뺀질이들이 많아서 빳다로 얻어 맞아야만 말을 듣고 충청도 출신은 동작이 느려 터져서 구보가 생기고 전라도 사람은 도망을 잘 쳐서 철조망이 경상도 출신은 하도 말이 많아 시끄러워서 입 좀 다물라고 취침이, 강원도는 오지라서 무식쟁이가 많아 국민학교(초등학교)가 생겼다는 우스갯말. [군복무 시 採錄한 자료]

서울* 놈 못난 건 고창 놈 좆만도 못하다
- 서울에는 못난 자들도 많이 있다.
  * 서울 : 본디 신라의 수도인 경주를 서라벌, 서벌로 부른 데서 비롯되었다는 설이 있다. '서'는 수리, 솔과 통하는 말로서 '높다', '신령스럽다'는 뜻이고, '울'은 '벌' '벌판'이 변음된 것. 따라서 서울은 '큰 벌판', '큰 마을'을 이르는 것이다.

서울이 무섭다니까 무악재부터 긴다
- 말만 듣고도 벌벌 떠는 겁쟁이를 놀려 주는 말.
= 서울이 무섭다니까 과천부터 긴다. 서울이 무섭다니까 남태령 부터 긴다.

성균관* 개구리다
- 공부벌레 또는 다른 일 없이 글공부만 하는 이를 빗댄 말. 개구리란 책 읽는 소리가 마치 개구리 우는 소리 같대서 나온 말.
  * 성균관 : 고려, 조선조 시대 최고의 교육 기관.

소나기는 쏟아지고 똥은 마렵고 허리띠는 옹치고 꼴짐은 넘어가고 소는 콩밭으로 뛰고
　- 다급한 일이 한꺼번에 몰아닥친 경우를 해학적으로 그린 말.

속에 늙은이가 서넛은 들어앉았다
　= 어리숙해 보여도 속내는 다부진 자이다.

쇠똥에 미끄러져 개똥에다 코방아 찧는다
　- 일이 연거푸 꼬이기만 해서 죽을 지경이다.

술꾼 술 끊는다, 노름꾼 노름 끊는다는 건 다 아는 거짓말이다
　- 번번히 다짐을 해도 끊지 못하니 알만한 거짓말이 아니겠느냐.

안 본 용은 그려도 본 뱀은 못 그린다
　- 눈 앞에서 본 것이라도 자상하게 그리거나 설명하기는 어렵다는 뜻.

양반의 새끼는 고양이 새끼, 상놈의 새끼는 돼지 새끼다
　- 고양이 새끼는 크면서 예뻐지고 사랑받지만 상놈은 돼지새끼처럼 커갈수록 추물이 되고 천대를 받는다는 자조(自嘲)의 말.

양반인지 두 반인지 개다리소반인지
　- 백성들이 양반을 밉보아 조롱하던 말.
　= 개 값은 두 냥, 양반은 한냥 반이다. 속 다르고 겉 달라서 양반이다.

어 춥다, 문 들어온다 바람 닫아라
　- 본말이 전도된 무례한 언행을 두고 놀려대는 말.

어이없어 웃으니 저 좋아 웃는 줄 안다
　- 상황 파악을 못하는 얼뜬 자이다.

엿을 열 섬 버려도 방(榜) 붙지 못할 놈이다
- 공부에 게으르거나 머리가 아둔한 자라고 비웃는 말.

■ 관련 여담

요즘에도 입시 때면 부모들이 자식이 시험에 붙기를 기원해 학교 문전에 엿을 갖다 붙이는 시속(時俗)이 있지만 이는 예전부터 있어 온 주술적인 것이었다. 이 시속에 따라서 엿을 열 섬이나 붙였는 데도 공부에 게을렀거나 머리가 아둔해서 낙방을 하는, 그런 안쓰러운 상황을 빗대 이런 속담이 생긴 듯. 그런데 현대 의학에서도 머리를 많이 쓰면 혈당이 많이 소모되어 단 음식이 공부같은 정신노동에 좋다는 사실이 증명되었다니 우리 조상님들의 지혜가 이처럼 과학적이었나 새삼 놀랍기 그지없다.

오리가 물에 빠져 죽을까봐 걱정한다
- 쓸데없는 염려를 하고 있다.

욕 많이 먹어야 오래 산다
- 미움 받는 사람이 더 오래 산다는 우스갯말. 명줄이 질긴 탓에 욕먹을 짓도 서슴지 않아서 장수한다는 함의도 있을 법.

용에서 개천 난 꼴이다
- 훌륭한 아비 얼굴에 먹칠이나 하고 다니는 못난 자식이다. '개천에서 용 났다'의 대칭 표현.

우물에 가서 숭늉* 찾는다
- 터무니없는 짓을 하고 있다.

  * 숭늉 : 한자말 숙랭(熟冷)이 변한 것으로 밥을 지은 솥에 '찬물을 넣어 익힌 것'을 뜻하는 말이다.

운 좋은 놈은 넘어져도 떡함지에 엎어진다
　- 운이 좋으면 위기조차도 전화위복이 될 수 있다.

유엔 사모님이다
　- 미군 상대의 창녀를 이르는 곁말.
　= 양색시다. 양갈보다.

육갑(六甲)*도 모르고서 산통(算筒)** 흔든다
　- 기본도 모르면서 아는 체하고 있다고 핀잔주는 말.
　= 맥도 모르고 침통 흔든다. 눈금도 모르면서 자막대 흔든다. 말똥도 모르고 마의(馬醫) 노릇 한다.

　　　*육갑 : 육십갑자의 준말. 12간지로 나타낸 연월일로 길흉화복을 헤아리는 일.
　　　** 산통 : 점을 칠 때 쓰는, 산가지(수효를 셀 때 쓰던 나뭇가지)를 넣은 조그만 통.

이십 상처(喪妻)는 돌아서서 웃는다
　- 젊어서의 상처는 또 한번 장가 들 생각에 돌아서서 웃는다.
　= 젊어 상처는 정승할 팔자라야 한다. 이십 상처는 과거할 신수라야 한다.

익은 밥 먹고 선(설은)소리 한다
　- 경우에 안 닿는 말을 지껄여대고 있다.

장대 들고 뜬구름을 꿰려 든다
　- 터무니없는 짓 하지 말라고 지청구 주는 말.

장부일언이 풍선껌이다
　- '장부일언중천금(丈夫一言重千金)'에 빗대 남자의 언동이 경박함을 비웃는 말.

장항선이다
　- 장항선은 단선이라서 교행 시 마다 한쪽은 역에서 대기를 해야 하므로 속도가 더딜

수밖에 없어 '느려 터지다'는 놀림조로 쓰였던 말이다.

재랄 한다
- 귀엽게 방정을 떤다.

재수 없는 놈은 곰을 잡아도 웅담이 없고 복 없는 장님은 점을 배워도 고뿔 앓는 놈조차 없다
- 운 때가 안 맞는지 손대는 일마다 꼬이기만 해서 죽을 맛이다.
= 복 없는 과부는 시집을 가도 고자영감을 만난다.

절구통이 보면 형님(언니)하겠다
- 아래위 구별할 수 없게 뚱뚱한 이를 놀리는 말.
= 호박이 보면 형님(언니) 하겠다.

제 똥 구리다는 놈 없다
- 제 허물은 스스로 깨닫기 어렵다.

제 색시가 예쁘면 곰보도 보조개로 보인다
- 반하게 되면 어떤 허물도 보이지 않는 법이다.

제 짐 안 무겁다는 놈 없다
- 맡은 일에는 누구든 스트레스를 받게 돼 있다.

족제비 초상(初喪)에 생쥐마냥 웃는다
- 속으로는 좋아도 내색을 못하는 경우 등에 하는 말. 족제비는 생쥐의 천적이다.
= 시어미 죽은 데 큰 며느리 눈물만큼. 시앗 죽은 눈물만큼이나.

좆더러 송이래고 탱자보고 불알* 이란다

- 알지도 못하는 주제에 아는 체하고 있다고 비웃는 말.
    * 좆더러 송이란다 : 남근이 송이버섯, 불알이 탱자 모양 같대서 나온 말.

주색잡기(酒色雜技)는 선생이 따로 없다
- 주색(酒色)에 노름질 따위는 가르쳐 주지 않아도 용케 잘들 알아서 한다.

중국 놈하고 겸상을 처먹었나 보다
- 의심 많은 상대방을 두고 비아냥대는 말.

중신어미 잔등에 좆 박겠다
- 장가드는 날까지 못 참고 중신어미를 겁간 하겠다 함이니 병적으로 성미 급한 자를 조롱하는 말.

집 바뀐 건 모르고 젓가락 바뀐 것만 안다
- 정작 큰일이 터진 건 모르고 사소한 것에만 신경을 쓰고 있다.

집에 금송아지 없다는 놈 없다
- 누구든 제 자랑하기를 좋아하는 법이다.

찌개 쏟고 보지 데고 영감한테 매 맞고
- 재수가 옴 붙은 건지 언짢은 일들이 줄줄이 엮여 죽을 맛이다.
= 국 쏟고 보지 데고 뚝배기 깨고 아침밥 굶고.

찬물도 상으로 준다면 좋아한다
- 별거 아닌 것도 상이라는 이름을 걸면 좋아한다.

참는 자에겐 복이 없나니
- 본래 참을 인(忍)자 셋이면 살인도 면한다지만 경우에 따라서는 암 같은 지병처럼

참는 게 원인이 되어 낭패를 보는 수도 있다는 뜻.

참깨 들깨 노는데 아주까리 못 놀까
- 어울려 놀아도 별 허물이 되지 않는다는 뜻.

참새구이를 처먹었냐
- 깜빡하는 바람에 긴한 용건을 그르친 자를 꾸짖는 말.
= 참새 대가리다.

청보(靑褓)* 에 개똥이다
- 포장만 그럴싸 했지 내용물은 볼 것이 없다.
= 청자 접시에 보리 개떡이다.

  * 청보 : 푸른 빛깔의 좋은 보자기.

촌사람은 장날이 생일날이다
- 장날이 되면 오랜만에 잘 먹기도 하고 장터구경 등 놀기도 한다는 비유의 말.

춘향이 찜 쪄먹을 열녀 났다
- '아무개 아니면 절대 시집 안간다' 는 옹고집 처녀를 비웃고 놀리는 말.

코끼리* 앞에서 힘자랑 한다
- 터무니없는 행동을 하고 있다.
= 물개 앞에서 좆 자랑한다. 똥차 앞에서 방귀 뀐다.

  * 코끼리 : '코+길(다)+이'의 합성어이다. '가마귀'가 '까마귀'로 된 것처럼 '길(다)'의 '길'이 '낄'로 변하고 '이'가 보태졌다. 따라서 코끼리는 '코가 긴 것'이라는 뜻.

코쟁이다
- 코 큰 서양인을 얕잡아서 이르는 말.

푸세식 변소다
- 전래 퍼내는 변소를 첨단의 수세식 화장실에 빗대 이르는 말.

풍을 떤다 또는 풍을 친다
- 없으면서도 있는 척 나쁜 것도 좋은 척 허황되게 과장을 한다.

하늘 똥구멍 찌르겠다
- 유난히 키가 장대같이 큰 사람을 놀리는 말.

해장거리도 안 된다
- 술 한잔 할 동안 해치워 버릴 일거리도 안 된다. 수월한 일이다.

형틀지고 와서 볼기 맞는다
- 가만있으면 그만인 것을 공연히 자화자초(自禍自招)하고 있다.
= 곤장 짊어지고 관가에 간다. 긁어 부스럼이다. 평지풍파다.

호강에 겨워 요강에 똥 싼다
- 분수에 없는 짓을 하고 있다고 조롱하는 말.

호로상놈이 된 신부(神父)이야기
- 성직자인 신부가 호로상놈이 된 이야기 한 자락.

■ 관련 여담

　이름보다 '임실치즈의 대부'로 더 잘 알려진 벨기에 출신의 지정환 신부 관련 이야기. 1959년 천주교 전주교구에서 임실로 부임해 국내최초로 산양치즈를 만들어 잘사는 농촌의 꿈을 실현한 분이다. 한번은 그가 버스를 타고 가는 중인데 한 노인이 호기심에선가 이 외국인 신부에게 몇 살이나 먹었느냐고 물었단다. 그래 서른살이라고 하자 '장개는 갔어?'라고 다시 물었는데 이 때 노인장이 '장계'를 지방 사투리인 '장개'로 발음한 것이 사건을 꼬이게 만든 빌미가 되었다. 해서 지 신부는, 전북 장수군 장계라는 이름의 마을에 뒤번 다녀온 적이 있는 터라 "네에, 뒤 번 갔습니다." 라고 답변을 했다 한다. 그러자 어르신이 버럭 역정을 내면서 대뜸 욕사발을 퍼부었단다.

"나이 서른에 상개(상가)를 두 번이나 가다니, 저런 호로*상놈이 있나!"

* 호로(胡虜) : 중국 북방의 오랑캐. 외국인을 얕잡아 이르던 말.

흔들 비쭉이다
- 걸핏하면 잘 삐치는 변덕스런 자이다.

30. 종교 · 무교(巫敎) 관련

갓장이 헌 갓 쓰고 무당 남 빌어 굿한다
- 누구든 스스로 제 앞가림하기는 어려운 법이다.
= 중 제 머리 못 깎는다. 점쟁이 저 죽는 날 모른다. 의사 제 병 못 고친다.

아낙을 껴안고, 강제로 입을 맞춘 스님 이야기

■ 관련 여담 1

만공은 한국의 근대불교를 개창했다고 알려진 대선사 경허스님의 수제자였다. 어느 날 두 스님이 길을 가던 중 조그만 냇물을 건너게 되었다. 그런데 웬 처자 하나가 그 냇물을 건너지 못해 안절부절못하고 있었다. 이를 본 경허스님이 대뜸 그 아낙을 번쩍 안아서는 단숨에 냇물을 건네주었다. 처자가 가고 난 뒤 만공이 스승인 경허스님께 불만을 토로했다. 여색을 독사 보듯 해야 하는 불자로서 어찌 처자를 업지도 않고 가슴에 안아서 건네줄 수 있느냐는 거였다. 이에 경허가 껄껄 웃으면서 한마디 했다 한다. "나는 그 여인을 진작 개울 건너편에 내려놓았는데 너는 아직도 안고 있느냐?"

■ 관련 여담 2

다른 이야기 하나 더. 만공스님이 어느 날 사미를 데리고 고갯길을 오르는 중인데 나어린 사미놈이 다리가 아파서 더는 못 가겠다고 주저앉아 버렸다. 예나 지금이나 아이들 고집은 못 말리는 법. 이에 산밭에서 김을 매는 부부를 본 만공스님이 느닷없이 일하는 아낙을 끌어안고 쪽 소리 나게 입을 맞추었다. 이를 본 그 남편이 쇠스랑을 치켜들고 '이 중놈들, 찍어 죽인다.'고 달려오자 둘이는 '걸음아 날 살려라'고 내달려 엉겁결에 훌쩍 고개를 넘게 되었다. 한숨 돌리는 가운데 사미가 기가 막혀, 스님이 어째 그런 망나니 짓을 했느냐고 따지고 들었다. 이에 만공이 점잖게 한마디 했단다. "고연 놈. 네가 다리가 아파서 못 가겠다고 한 것을 그 덕분에 예까지 다리 아픈 줄 모르고 오지 않았더냐?" 만공은 세수(世壽. 중의 세속나이) 75세 되는 1946년, 거울에 비친 자신을 보고 껄껄 웃으면서 "자네와 내가 이제 인연이 다해 이별하게 되었네 그려." 한마디 하고는 입적했다.

고기 한 점이 귀신 천 마리를 쫓는다
 - 못 먹으면 온갖 헛것들이 보이지만 잘 먹으면 그런 헛것이 사라진다. 고기 먹고 기운 내 건강해지는 것이 제일이라는 뜻.

공것 바라기는 무당서방 놈 같다
 - 무당 마누라는 굿만 하면 돈과 음식을 가져오는 까닭에 무당서방은 공짜를 바라게 마련인데 그처럼 일은 않고 공것만 바라는 자를 비아냥대는 말.

굿 해먹은 집구석 같다
 - 치우지를 않아 마구 어지럽게 흐트러져 있는 모습. 또는 한창 법석을 떨다가 갑자기 고요해진 상태 등을 비유한 말.

귀살쩍다* 가만 좀 있거라
 - 정신 사나우니까 조용히 좀 하거라.

   * 귀살쩍다 : 일이 뒤엉켜서 정신이 산란하다.

귀신도 빌면 듣는다
 - 무슨 일이든 지성이면 이루어진다. 또는 귀신도 듣는다는데 어쩌면 그리도 야박하게 구느냐고 들이대는 말.

귀신도 속일 놈이다
 - 맘만 먹으면 무슨 짓이든 하리만큼 영악하고 담대한 자이다.

귀신 방귀에 쌈 싸먹는 소리마라
　- 경우에 없는 당찮은 말 집어 치워라.

귀신 씨나락 까먹는 소리하고 있다
　- 알아듣지도 못할 말을 구시렁대고 있다.

귀신 씹이다
　- 낮거리를 일삼는 오입쟁이들이 정상적으로 밤에 하는 정사를 되레 귀신 씹이라고 빈정댄 데서 나온 말.

귀신은 경* 에 지고 사람은 경우에 진다
　- 귀신은 경을 외면 물러나고 사람은 경우에 눌리면 지는 법이다.
　= 귀신은 경문** 에 막히고 사람은 인정에 막힌다. 귀신은 경으로 떼고 도깨비는 방망이로 뗀다.
　　* 경(經) : 경서 또는 불경의 준말. 기도문이나 주문.
　　** 경문(經文) : 푸닥거리할 때 외는 주문.

귀신은 속여도 핏줄은 못 속인다
　- 핏줄은 눈 앞에 보이는 거라서 속일 수 없다.

귀신이 팔짝 뛰다 자빠져서 뇌진탕으로 죽을 소리다
　- 터무니없는 거짓말 좀 하지 마라.

귀신이 하품 하겠다
　- 너무 신통방통한 일이라서 귀신도 자리 걷고 물러나겠다.

기생 환갑은 스물다섯이다
　- 스물다섯이면 기생으로서의 수명은 다한 거나 다름없다는 뜻.

기천불(基天佛) 종합 신자다
- 기독교 천주교 불교를 합친 엉터리 신자라는 뜻. 군대 또는 옥살이에서 위문품이나 떡 등이 나오는 집회라면 종교를 가리지 않고 참석하는 자들을 싸잡아서 이르는 말.

남의 굿 보듯 한다
- 남의 일인 양 모르쇠 한다.
= 남의 씹 보듯 한다. 남의 서방 보듯 한다.

내가 중 되고 보니 고기가 천하더라
- 고기처럼 귀한 음식도 내가 중 되어 거들떠보지 않게 되니까 천하게 되더라. 모든 것이 맘 먹기 나름이란 깨달음의 말.

노는 입에 염불 한다
- 노느니 무엇이든 하는 게 낫다.

늙고 병들면 귀신밖에 안 찾아 온다
- 늙은 데다 병까지 들면 죽는 일밖에 없다.

늙어도 소승 젊어도 소승이다
- 중이 젊으나 늙으나 자신을 소승이라 부르듯 변함없이 겸손한 사람 또는 언제 봐도 한결같은 성품이라는 뜻.

늦깎이다
- 나이가 들어서 중이 된 사람 또는 늦게 깨친 사람을 이르는 말.

다급하면 부처다리 껴안는다
- 평소에는 무심하다가도 급하면 달려들어 애걸복걸하는 염량세태를 비웃는 말.
= 급하면 관세음보살 왼다. 급하면 하느님 아버지 찾는다.

단속곳 밟아 준다
- 시집 못 가고 죽은 처녀귀신의 한을 대리만족시켜 풀어 준다는 뜻.

■ 관련 여담

　예전에 한 동네의 내왕 잦은 길목에 여자 옷이 버려져 있으면 그 동네에 시집 못 간 처녀가 죽었다는 통신이 되었다. 이런 경우, 그 마을 사내들은 예외 없이 그 처녀의 옷을 밟아 줄 의무가 주어졌는데 이는 처녀가 사내들한테 짓밟힘으로써 못 다한 춘정을 흠씬 받아서 한을 풀어 마침내 '원한 머금고 죽은 처녀귀신'을 면할 수 있다는 민속신앙에서 비롯된 것이었다.

도깨비는 쳐다볼수록 커 보인다
- 무서워하면 할수록 더 무서워지는 법이니 담대하라고 이르는 말.

도깨비 물 건너가는 소리하고 있다
- 알아듣지 못할 말을 혼자서 구시렁대고 있다.

도깨비 방망이다
- 도깨비 방망이를 두드리면 뭣이든 가질 수 있대서 돈벌이가 잘 되는 대상 또는 일감을 비유한 말.

도깨비 살림이다
- 기복이 심한 불안정한 살림살이다.

도깨비는 방망이로 떼고 귀신은 경으로 뗀다
- 무슨 일이든 궁합이 맞는 방법을 써야만 효과가 있다.

도로 아미타불이다
- 애쓰고 공들인 보람이 허사가 된 경우 등에 빗댄 말.

돌부처 똥구멍이나 빨아 먹어라
- 척진 불교 신자에게 해대는 악담.

동네 귀신 마을 귀신들이다
- 시집을 오면 그 동네 그 집에서 살다 그 집 울타리 밑에서 죽어야 할 운명의 아낙네 팔자를 자조적으로 이르는 말.

동티* 가 났다
- 건드려선 안 될 것을 건드려서 불상사가 생긴 것이다.

  * 동티 : 재앙을 입는 일. 흙이나 나무를 건드렸다는 뜻의 '동토(動土)'에서 나온 말.

돼지* 는 돼지 알아보고 부처는 부처 알아본다.
- 미욱한 자들이 작당을 해서 일을 그르친 경우 등에 비하하는 말.
= 유유상종(類類相從)이다.

  * 돼지 : '돼지'란 말은 돼지가 내는 소리 '도도' 또는 '돌돌'에서 유래한 것이다. 돋 → 돗아지 → 도야지 → 돼지로 변해 온 말.

두억시니* 같은 년이다
- 사나운 귀신같은 여자이다.

  * 두억시니 : 추악한 모습으로 하늘을 날아다니며 사람을 해한다는 귀신.

둥둥만 하면 굿인 줄 안다
- 공연히 좋아서 나대는 아이들 또는 별쭝맞은 자를 비웃고 놀리는 말.

딱따구리 노래는 청정법어니라
- 딱따구리 노래에 담긴 이야기 한 자락.

■ 관련 여담

원담이 덕숭산 수덕사 만공스님의 사미(沙彌. 20세 미만의 어린 수행자)노릇하던 시절. 산중 나무꾼들이 파적(破寂. 심심풀이)삼아서 어린 사미 원담에게 딱따구리 노래를 가르쳤다.

앞산의 딱따구리는
생나무 등걸도 잘 뚫는데
우리 집 저 멍텅구리는
뚫린 구멍도 못 뚫누나

나 어린 사미 원담은 이게 무슨 뜻인 줄도 모르고 땔나무 할 때나 빨래를 할 때나 이 노래를 불러댔다. 어느 날 지나던 주지 만공스님이 문득 이 노래를 듣고는 과시 불호령이 떨어질 법한 일임에도 되레 '너 이놈, 노래 한 번 좋구나!' 하고 칭찬해마지 않았다. 그런데 어느 날 궁궐의 상궁과 나인들이 만공의 법문을 듣고자 수덕사를 찾아오자 만공이 원담을 불러 그 딱따구리 노래를 부르게 했다. 근엄한 설법의 자리에 딱따구리 노래라니, 상궁 나인들이 기겁을 한 건 당연지사였다. 만공의 일갈이 터져 나왔다.
"이 노래는 청정법어니라. 청정한 마음으로 들으면 청정한 노래이고 음탕한 마음으로 들으면 음탕한 노래로다. 대도(大道)는 본래 막힘이 없음이로다. 이 막힘없는 대도의 구멍을 그대들이 못 뚫으면 누가 뚫으리오."
상궁들이 이 딱따구리 노래법어를 듣고 한양으로 돌아가서 고종의 후비 윤비에게 사실대로 아뢰었다. 윤비가 가로되 '내가 들어볼만한 노래로다' 하고는 사미 원담을 궁궐로 초대해 어린 원담이 어전에까지 불려나가 딱따구리 노래를 부르게 되었다. 마침내 왕비가 그 노래를 듣고는 "과연 대도의 노래로다." 하고 상찬해마지 않았다 한다.
이후 원담 스님은 용맹 정진해 덕수총림 3대방장을 거쳐 세수 83세 되는 2008년, 수덕사에서 다음의 임종게(臨終偈. 임종 시의 말이나 글)를 남기고 입적(入寂. 수도승의 죽음.) 했다.

올 때 한 물건 없이 왔고 / 갈 때 한 물건 없이 가는 것 / 가고 오는 것이 원래 없는 일인 것을 / 청산과 풀은 스스로 푸름이로다.

땡추 중 치고 과부 한둘 안 감춰둔 놈 없다
 - 예로부터 불법을 백안시하는 엉터리 중들이 꽤 있어 왔다는 반증일 터.

떡 신자다
 - 염불엔 마음 없고 샛밥에만 마음이 있는, 신앙심은 넛전이고 뭔가를 준다고 해야 나오는 엉터리 신자.
 = 기천불(基天佛) 종합신자다.

뜬것* 의 짓이지 사람의 짓은 아니다
 - 귀신이나 도깨비 농간이다.

  * 뜬것 : 떠돌아다니는 못된 귀신. 뜬 귀.

마음을 잘 써야 옳은 귀신 된다
 - 나쁜 짓 그만하고 바르게 살라는 충고의 말.

만수받이* 다
 - 온갖 성가신 일을 받아주는 일 또는 그런 수더분한 사람을 이르는 말.

  * 만수받이 : 굿을 할 때 큰 무당의 소리를 새끼무당이 받아주는 일.

만신
 - 무당의 높임 말.

말 귓구멍에다 염불하고 있다
 - 아무 소용없는 짓을 하고 있다. 마이독경(馬耳讀經)이다.

말 다하고 죽은 귀신 없다
 - 말이란 참기도 하고 감추기도 해야 한다. 불연이면 오해나 말썽을 빚게 되니 명심할 일이다.

말끝마다 향내 나고 발끝마다 재수 나서 영감 몸에 무탈하고 자식들 잔병 모르게
- 고사 지낼 때 아낙이 집안 잘 되고 식구들 무병하라고 비는 비난수의 한 구절.

말로만 부처님이다
- 인정 많은 척 해도 실은 제 잇속만 챙기는 자이다.

말은 부처 같고 마음은 뱀 같은 놈
- 말만 비단결이지 속내는 흉악한 자이다. 구밀복검(口蜜腹劍)이다.

먼 데 무당이 영하다
- 늘 보는 것보다 이따금 보는 대상이 더 신기하고 좋아 보이는 법이다.
= 근처 의원 용한 줄 모른다. 먼데 냉이가 더 달다. 성인도 고향서는 환영받지 못한다.

면벽 삼십 년* 이 도로아미타불이다
- 오래 들인 정성이 허사가 되고 말았다.

■ 관련 여담

- 황진이와 지족선사 간의 고사(故事)에서 유래된 말.

　고려시대 때 개성의 고승 지족(知足)선사는 30년 면벽 정진으로 생불(生佛)이 났다고 소문나서 재를 올릴 적마다 시주 쌀이 많이 들어와 만석(萬石)중이라고까지 불렸다. 그런데 이 지족선사를 기생 황진이가 유혹을 해서 하루아침에 파계를 시킨 고사에서 유래된 말이다.

명년(明年) 얘기하면 귀신도 웃는다
- 앞날은 귀신도 모르는 건데 황당한 소리하지 마라.

목사 아들 부랑자 아닌 놈 없고 전도사 남편 난봉꾼 아닌 놈 없다
- 일부 신앙인의 비도덕적인 행실을 꼬집는 말.

몽달귀신* 이 되었다
 - 총각 신분으로 죽었다.
 = 몽달귀. 도령귀신.
   * 몽달귀신 : 총각이 죽어서 된다는 귀신.

무거운 절 말고 가벼운 중이 떠나랬다
 - 있는 데가 맘에 안 들면 싫은 자가 떠나는 게 순리다.
 = 절이 싫으면 중이 떠나야지 절더러 가라마랄 수 없다.

무당 탐하면 급살 맞는다
 - 무당은 신적 존재이므로 절대 범해서는 안된다는 속설이 전해져 왔다.

무슨 귀신이 씌워 저 지랄인지
 - 왜 저러는지 도무지 이유를 모르겠다.

물 도깨비* 같은 놈이다
 - 약점이 잡혔다 하면 찰거머리처럼 물고 늘어지는 자이다.
   * 물 도깨비 : 물귀신과 같은 뜻으로 쓰는 말.

물귀신 자지러지는 소리한다
 - 여자들이 수다를 떨면서 호들갑스럽게 웃는 모습을 빗댄 말.

물귀신처럼 끌고 들어 간다
 - 자신의 잘못을 덮으려고 꼭 남을 물고 들어가는 못된 성미다.

반 무당 선무당이다
 - 일솜씨가 깔끔하지 않고 어설프다.

반풍수* 집안 망치고 선무당** 사람 잡는다
- 서툰 재주로 일을 하다가는 망신당하고 일도 그르치니 명심할 일이다. 또는 일을 할 때는 사람을 잘 골라 써야 한다고 일러주는 말.
    * 반풍수 : 지술(地術)에 익숙하지 못한 지관(地官). 지관이란 풍수설에 따라 집터나 묏자리 등을 가려 잡아주는 사람.
    ** 선무당 : 능숙하지 못한 무당.

뱀이면 풀 만나고 용이면 구름 만나서
- 부디 좋은 시절, 좋은 사람 만나서 온몸 무탈하고 복 많이 받게 해 달라고 기원하는 비난수의 한 구절.

법석* 떨지 마라
- 소란 피우지 말고 조용히 좀 해라.

■ 관련 여담

고려시대 초기, 집에 초상이 나면 스님들을 청해서 경을 읽게 했는데 그런 자리를 법석(法席)이라고 불렀다. 이런 자리는 스님과 속인들이 뒤섞여 시끄럽기 짝이 없었는데 이런 수선스런 자리 또는 정경을 '법석 벌인다.' 또는 '법석을 떤다.' 고 불러 내린 데서 유래한 말이다.

병은 귀신이 고치고 돈은 무당이 먹는다
- 일하는 자 따로 있고 생색내고 돈 챙기는 자 따로 있다.
= 비는 하늘이 주고 절은 부처가 받는다. 먹기는 파발이 먹고 뛰기는 역마가 뛴다.

보살* 도 첩 노릇을 하면 별 수 없다
- 얌전한 여자도 첩이 되면 간사해지듯 누구든 환경의 지배를 받게 마련이다.
    * 보살 : 위로 부처를 따르고 아래로 중생을 제도하는 부처에 버금되는 성인. 또는 나이 많은 여신도를 대접해서 이르는 말.

복숭아 회초리로 미친놈 때리듯
 - 미친병은 복숭아나무 회초리로 때려야만 귀신이 도망쳐 낫는대서, 함부로 모질게 구타하는 모습을 그린 말.

부처 밑을 기울이면 삼거웃* 이 드러난다
 - 훌륭한 사람도 이면을 들춰 보면 흠이 있게 마련이다.
    * 삼거웃 : 삼 껍질을 다듬을 때 긁혀 떨어진 검불.

부처님 가운데 토막 같다
 - 남달리 너그러운 성품이다.

부처님 공양 말고 배고픈 사람 밥 먹이랬다
 - 안 뵈는 부처님보다 눈앞의 불쌍한 이웃 돕는 것이 참된 공양이다.

부처님 손바닥의 손오공 신세다
 - 권세의 손아귀에 매어 사는 고달픈 신세다.

부처님 앞에서 설법 한다
 - 주제넘게 가르치려 든다고 비웃는 말.
 = 공자 앞에서 문자 쓴다. 똥차 앞에서 방귀 뀐다. 식모 앞에서 행주 흔든다.

부처님 위해 불공하나 저 위해 불공하지
 - 기실은 다 제 잇속 바라고 하는 것이다.

부처님더러 생선 토막을 먹었단다
 - 죄 없는 사람한테 누명 씌우지 마라.

부처님도 돈 있어야 영험 있다
 - 복도 가진 게 있어야 받게 되는 것이다.

불벌(佛罰)이 두렵도다
- 죄를 지음에 부처님의 벌이 두렵기 그지없다는 뜻.

■ 관련 여담

한 스님이 있었는데 절이 마을에서 멀지 않아 박씨 김씨 이씨 등 세 명의 천호(千戶. 벼슬 이름)들과도 허물없이 지내는 중에 하루는 스님이 그 세 명 천호의 처자들에게 절 음식 맛보기를 권하였다. 이에 절에 온 아낙들이 먼저 부처님 전에 절을 올리자 스님이 "모름지기 절 음식은 남모르게 숨겨둔 비밀을 불전에 고한 다음 먹어야지 안 그러면 반드시 불벌(佛罰)을 받게 된다."는 것이었다. 이에 모두 고하기를 주저하고 있을 때 미리 짠 사미승이 불탁 뒤에서 짐짓 부처님 말씀인양 "너희가 행한 음탕한 짓을 내가 다 알고 있으니 사실대로 토로하여 숨김이 없게 하라." 명하니 모두 놀라 황겁한 중에 먼저 박 천호의 처가 말하되 "내가 처녀 적에 춘흥(春興)을 이기지 못해 집에 왕래하는 총각과 숲속에 들어가 간통을 일삼다가 들켜서 부모님이 어마 뜨거라고 박 천호에게 시집보냈습니다." 라고 하였다. 이어 김 천호의 처가 고하기를 "저는 처녀 시절에 한 사내가 꾀어 '시집을 잘 살려면 먼저 첫날밤 예절을 익히고 가야 하는 즉 가르쳐 주겠다.'면서 방으로 끌고 들어가 간통하고 이어서 연일 연습을 하매 아이가 생긴 것을 부모가 알게 되어 몰래 낳아 파묻은 다음에 김 천호에게 시집와 살게 되었습니다." 하였다. 이어 이 천호의 처는 "남편 이 천호의 벗과 눈이 맞아 잉태하여 생남하였으나 남편은 그 친구의 아이를 자기 아들로 알고 있는바 이는 저의 잘못이 아니고 남편이 벗을 워낙 좋아한 것이 폐단이올시다." 라고 변명하였다. 묵묵히 얘기 전말을 다 듣고 난 스님이 이르기를 "내가 세 명 천호들과도 절친한바 의리상으로도 너희들의 음탕한 짓을 남편들에게 말하지 않을 수 없도다." 하니 세 여인이 모두 기절하리만큼 놀라 손이 발이 되도록 용서를 빌었다. 이에 죄업을 눈감아주는 조건으로 세 여인을 방으로 데리고 들어가 차례로 통간한 다음 나중 공양미까지 푸짐하게 얻어 사미승 놈과 더불어 호식(好食)하였다 한다. [十大奇書]

비는 데는 귀신도 물러간다
- 잘못을 했으면 무조건 용서를 비는 게 최선의 방법이다.

사람은 정으로 사귀고 귀신은 떡으로 사귄다
　- 귀신은 고사떡을 올려야 잘 듣고 사람은 인정으로 대해야 정이 두텁게 된다.

살 보살* 이다
　- 의기(義妓) 논개를 이르는 말. 임진왜란 때 왜장을 껴안고 진주 남강에 투신해 죽은 고사에서 나온 말.
　　　* 살 보살 : 살 보살의 '살'은 음문의 곁말.

새남터 귀신 될라
　- 여차하면 비명에 죽게 될지도 모른다. 한강변인 용산 새남터에 사형장이 있었던 까닭에 생긴 말. 우리나라 최초의 신부 김대건도 여기서 참수되었다.

살풀이* 라도 해야 겠다
　- 살이 끼었는지 도무지 되는 일이 없어 굿이라도 해서 풀든가 해야겠다.
　　　* 살풀이 : 흉살(兇煞)을 피하려고 하는 굿. 남도 살풀이에서 파생된 무속무용의 한 가지.

색시귀신에 붙들리면 발 못 뺀다
　- 한번 여색에 빠지면 헤어나기 어렵다.

선무당이 마당 기울 댄다
　- 능력도 없으면서 공연한 핑계를 대고 있다.
　= 글 못 하는 놈이 필묵 타령한다. 국수 못하는 년이 안반 나무란다. 선무당이 장구 탓한다.

선무당이 사람 잡는다
　- 능력도 없으면서 아는 체하다간 낭패를 보는 수가 있으니 조심할 일이다.

성주* 에 놓고 조왕** 에 놓고 터주*** 에 놓다 보니 남는 게 없다

- 여기저기 뜯기는 데가 많다 보니 장사랍시고 하나마나라는 볼멘소리. 본디는 고사 지낼 때 고사떡을 여기저기 놓다 보니 여유가 없다는 뜻.

    * 성주 : 집을 지키고 보호한다는 신령. 상량신.
    ** 조왕 : 부엌일을 관장하는 귀신.
    *** 터주 : 집터를 지킨다는 지신(地神).

소경 제 점 못 치고 무당 제 굿 못 한다
- 남의 일은 잘 해도 정작 자신의 일은 못하는 경우가 많은 법이다.
= 점쟁이도 저 죽을 날 모른다. 중 제 머리 못 깎는다.

손 없는 날 잡는다
- 날에 따라서 사람을 따라다니며 해코지하는 귀신을 '손'이라고 하는데 요즘도 결혼이나 이사날짜를 정할 때 '손 없는 날'을 찾는 일이 흔하다.

■ 관련 여담

음력은 양력과 달리 한 달이 29일, 1년이 355일이다. 1년이면 양력과 30일 정도의 차이가 생긴다. 결과 음력을 고수할 경우 날짜상의 계절과 실제의 계절이 어긋나게 돼 큰 혼란이 야기된다. 이를 막기 위해서 3년에 한번 꼴로 한 달을 추가하여 1년을 13달로 하게 되었는데 이 추가되는 한 달이 바로 윤달이다. 덤으로 주는 달이라 하여 '덤 달'이라고도 부른다. 음력에는 으레 그 달을 관장하는 귀신이 있는데 이런 연고로 덤달인 윤달에는 귀신이 없다고 한다. 귀신을 흔히 '손님' 줄여서 '손' 이라고 하는데 윤달에는 귀신이 없기에 '손 없는 달'이 된다. '손 없는 날'도 같은 논리이다. 따라서 해코지하는 '손'이 없는 날이기에 사람들은 이 날을 가려서 이사나 결혼 등 대소사를 치르게 된 것이다.

쇠귀신* 같다
- 말도 못하게 고집이 센 자이다.

    * 쇠귀신 : 소가 죽어서 된다는 귀신. 성미가 검질기고 미련한 자를 빗댄 말.

시원찮은 귀신이 사람 잡아 간다
- 평범한 자가 살인 같은 끔찍한 일을 저지른 경우 등에 빗댄 말.

씹 얘기하면 부처님도 돌아 앉아 웃는다
- 남녀 간 은밀한 이야기는 누구든 좋아하는 법이다.
= 중도 씹은 알아본다. 색시 말하면 부처님도 고개 돌리고 웃는다

씹한 뒤나 점 본 뒤나 싱겁기는 매한가지다
- 대개 남자입장에서, 정사 뒤의 느낌이 그렇다는 뜻.

아귀* 처럼 처먹는다
- 지나친 식탐을 비웃는 말.

  * 아귀(餓鬼) : 굶어 죽은 귀신.

아닌 보살 차리고 자빠졌다
- 거짓으로 아닌 척 시치미를 떼고 있다.

아차산의 작명(作名) 뒷이야기
- 아차산 작명의 동기가 된 족집게 점쟁이 홍계관 관련이야기.

■ 관련 여담

명종 임금 때 일이다. 장안에 홍계관이란 용한 점쟁이가 있다는 말을 전해 들은 임금이 이 자가 과연 신통력이 있는지 아니면 혹세무민(惑世誣民)하는 자인지 알아보고자 그를 궁으로 불러 들여 미리 준비한 나무궤짝을 가져오게 하여 그 안에 무엇이 들어 있는지 맞춰 보라고 명했다. 맞히면 무엇이든 소원을 들어줄 것이요 맞히지 못하면 백성과 임금을 속인 죄로 죽임을 당한다는 게 조건이었다. 그러자 홍계관은 마치 돌부처처럼 한참을 뚫어져라 그 궤짝을 바라보더니만 마침내 그 안에는 쥐가 들어 있다는 것이었다. 임금이 그거 참 신통하다면서 그럼 마지막으로

쥐가 몇 마리 있는가를 맞추라고 하자 세 마리가 있다는 답변이었다. 한데 궤짝을 열어 본즉 상자 안에는 쥐가 두 마리 뿐이었다. 결국 다 와서 문지방을 못 넘는다고 임금의 마지막 물음을 맞히지 못한 홍계관은 죄인이 되어 광나루에 있는 처형대로 끌려가게 되었다.

이곳은 동쪽으론 장안이 한 눈에 보이고 동남쪽으로는 한강이 유유히 흐르는데 강을 끼고 산(지금의 아차산)에 오르면 정상에 봉화대가 있고 바로 그 아래쪽에 처형대가 있었다. 그 뒤 임금이 문득 번개처럼 생각이 스쳐 궤 속의 쥐를 검사토록 한 결과 암 수 두 마리 중 암컷의 뱃속에 새끼 한 마리가 들어 있는지라 서둘러 처형장으로 간 계관을 빨리 불러들이고 큰 상을 내리도록 하명했다. 이에 선전관이 말을 타고 처형장으로 달려갔는데 시퍼런 칼을 들고 날뛰던 망나니가 멀리서 선전관이 달려오는 모습을 보고는 "내가 이 자의 목을 잘랐나 확인하러 오는 모양이다"라고 오해를 한 나머지 단칼에 계관의 목을 베고 말았다. 이어 헐레벌떡 도착한 선전관이 "아차!" 하고 외쳤을 때는 애석하게도 이미 사형이 집행된 뒤였다. 그 뒤부터 홍계관이 처형된 이 산을 아차산으로 불러 내리게 되었다 한다.

어혈* 진 도깨비 개천물 마시듯 한다
 - 술 따위를 마구 들이키는 모습을 그린 말.

   * 어혈(瘀血) : 구타 등으로 피가 제대로 안돌아 퍼렇게 몰려 있는 증세.

연애당이다
 - 외인들이 예배당(교회)을 비하해서 부르던 말.

염불한다고 극락 가나 맘이 착해야 극락 가지
 - 마음씀씀이가 그래서야 어디 극락 근처엔들 가겠느냐.

예수나 믿었으면 천당에나 갈 것을
 - 엉뚱한 사람 믿었다가 손해만 봤다고 가슴치는 말.

예수만 믿으면 천당 가나 마음이 고와야 천당 가지
 - 일부 되먹지 않은 신앙인들을 성토하는 말.

외 보살에 내 야차(夜叉)* 다
- 겉으로는 군자연하지만 기실은 마귀 같은 자이다.
  * 야차 : 두억시니. 불교에서 생김새가 괴상하고 사나운 귀신.

육이오 때 죽은 귀신은 다 뭘 먹고 산다냐
- 6.25 전쟁 때 죽은 수많은 귀신은 저런 못된 놈 안 잡아먹고 뭘 하는지 모르겠다는 악담.
= 귀신은 대체 뭘 먹고 사는지 모르겠다. 저승사자 눈깔이 삐었나 보다.

의뭉한 중놈 계집질하듯
- 금욕을 신조로 삼아야 할 중이 오입질을 하듯 속 다르고 겉 다른 자이다.

이스라엘 삼국지다
- 성경책. 은어.

입바른 말* 하다 어느 귀신이 잡아갈지 모른다
- 주위들은 소문을 마치 본 듯이 말했다가는 누구한테 화를 당할지 모르니 삼가고 조심할 일이다.
= 바른 말하면 부처님도 돌아앉는다.
  * 입바른 말 : 거침없이 내뱉는 바른 소리.

자발없는* 귀신은 무랍** 도 못 얻어먹는다
- 참을성이 없으면 제 몫도 못 찾아먹는다.
  * 자발없다 : 참을성이 없고 경솔하다.
  ** 무랍 : 물에 만 밥.

장마도깨비 여울물 건너가는 소리하고 있다
- 터놓고 말을 못하고 입 속으로만 웅얼대는 자를 두고 놀리는 말.

절 싫으면 중이 떠나야지 절더러 가라 마랄 수 없다
 - 직장이든 어디든 간에 싫은 자가 물러나는 게 순리다.

절도 모르고 시주한다
 - 남의 말에 속아서 돈이나 재산을 날린 경우 실상도 모르면서 덤벙대다가 일을 그르쳤다고 나무라는 말.
 = 밤새 울고 나서 누가 죽었느냐다.

절에 가면 중 되고 싶고 마을에 가면 속한(俗漢)되고 싶다
 - 백성들 마음이란 늘 변덕스럽기 이를 데 없다.

절에 가서 젓국 찾는다
 - 당치 않은 짓을 하고 있다.

족집게다
 - 운수를 잘 맞추는 영험한 점쟁이다.
 = 족집게 무당이다.

죄는 도깨비가 짓고 벼락은 고목(古木)이 맞는다
 - 죄지은 놈은 도망치고 엉뚱한 자가 붙들려서 곤욕을 치른다.
 = 죄는 막둥이가 짓고 벼락은 샌님이 맞는다.

죽어 귀신 노릇도 못 하겠다
 - 위인이 못돼 먹어 죽어서 제사 음식도 못 받아 먹겠다.

죽어서도 무당 빌어 말하는데 살아서 말 못할까
 - 비록 욕을 얻어먹는 한이 있어도 할 말은 해야겠다는 다짐의 말.

중 중 땡 중, 가리가리 땡 중, 머리 박박 땡 중
 - 망나니나 철부지들이 스님들에게 해대는 놀림 말.

중도 씹은 안다
 - 그 정도야 누구든 알 만한 것이 아니냐.
 = 개 고양이도 다 안다.

지가 무슨 부처님 불알* 이라고
 - 같잖게 얌전을 빼고 있다고 비아냥대는 말.
   * 부처님 불알 : '진짜 부처님'을 이르는 말.

지관(地官)* 부를 뻔 했다
 - 자칫하면 죽을 뻔 했다.
   * 지관 : 집터나 묫자리 등을 잡아주는 사람.

집 귀신이 있으면 밖의 귀신을 끌어들인다
 - 집안에 못된 자가 있으면 유유상종으로 나쁜 무리들과 어울리게 된다.

집안 귀신이 더 무섭다
 - 집안에 망나니가 있으면 누구보다도 더 심하게 해악을 끼친다.

천당 지당 네배 보고 네배 내배 맞대 보지
 - 예배 발음을 '내배' 또는 '네배'로 풀어서 예수 믿는 사람을 해학적 또는 외설적으로 비하하고 놀리는 말.

크리스마슨지 급살을 맞든지
 - 비신자들이 크리스마스 때의 시끌벅적한 분위기를 밉보아 빈정대는 말.

흐르는 물도 떠 주면 공덕이다
 - 사소한 도움도 선행은 선행이다.

31. 동물 관련

가는 토끼 잡으려다 잡은 토끼 놓친다
 - 욕심이 지나치면 해 놓은 일도 망치는 수가 있으니 분수를 지킬 줄 알아야 한다.

강아지, 방에서 키운다고 사람 될까
 - 아무리 환경을 바꿔도 본질적인 것은 변하지 않는다.
 = 닭이 천 년을 살면 봉이 될까. 미꾸라지 백 년 살면 용이 될까. 화냥년이 열녀전 끼고 다닌다고 열녀 될까.

강한 말(馬)은 맨 기둥에 상한다
 - 모질게 대하면 튕겨 엇나가듯 누구든 성품에 따라 잘 다뤄야만 제 기량을 발휘하는 법이다.

같잖은 간자미* 가 좆이 두 개다
 - 주제에 못난 치레를 하고 있다.
   * 간자미 : 가오리의 새끼.

개 눈에는 개, 부처 눈에는 부처만 보인다
 - 누구든 자기 안목과 기준대로 판단하게 마련이다.

개 돼지도 안다
 - 세상 사람이 다 알고 있는 사실이다.
 = 소 돼지도 아는 일이다.

개 패듯 한다
  - 잔인하게 구타를 한다.
  = 개 잡듯 한다.

개* 가 똥을 마다할까
  - 탐관이 뇌물을 마다할 리 있겠느냐. 평소 좋아하던 것을 거절할 리가 없다.
    * 개 : '강강' 또는 '캉캉' 하고 짖는대서 붙여진 이름이다. '멍멍'짖는다고 개를 '멍멍이'라 부르는 것과 같은 이치.

개가 개를 낳는다
  - 부모 자식이 어째 그리 판에 박은 듯 못돼 먹었단 말이냐.
  = 가시나무에 가시 난다. 개가 개를 낳고 범이 범을 낳는다.

개가 벼룩 씹듯 한다
  - 지겹도록 잔소리를 한다.

개가 웃고 소가 하품할 일이다
  - 사리에 안 맞는 당찮은 거짓말이다.
  = 개가 웃을 일이다.

개도 꼬리를 친 다음에 먹는다
  - 은혜를 입으면 고마워 할 줄 알아야지 어째 그리도 낯이 두꺼우냐.

개도 나갈 구멍을 보고 쫓아라
  - 마지막 피신처는 보장해 줘야지 아니면 돌아서서 해코지를 하는 수가 있다. 너그럽게 살도록 하라는 조언.

개도 뒤본 자리는 덮는다
  - 개도 똥 눈 자리는 뒷발로 흙을 파서 덮듯 제 앞가림은 자신이 해야 하는 것이다.

개도 무는 개는 돌아본다
- 입바른 말을 하거나 귀찮게 구는 자에겐 더 신경을 쓰게 마련이다.

개도 사흘 굶으면 몽둥이가 안 보인다
- 굶어 죽을 지경에 이르면 누구든 어떤 무엇도 두려워하지 않게 된다.
= 사흘 굶어 담 안 넘는 놈 없다.

개만도 못한 놈이다
- 사람이 모질기 짝이 없다. 또는 눈만 뜨면 색만 밝히는 오입쟁이다.

개미도 천 마리면 망돌(바윗돌)을 굴린다
- 작은 힘도 뭉치면 큰일을 해낼 수 있다.

개미한테 좆 물린 격이다
- 하잘것없는 것에 낭패를 보거나 창피를 당한 경우이다.
= 억새에 자지 베었다. 개구리한테 보지 물렸다.

개새끼도 상피* 하고 상놈에도 항렬이 있다
- 어떤 경우든 사람이면 사는 도리를 지켜야 하는 것이다.

    * 상피(相避) : 친족 간 성관계를 피하는 일.

개펄에 빠진 호랑이 으르렁대듯 한다
- 함정에 빠진 범처럼, 으르렁대봤자 두려울 것이 없다.

검둥개 멱 감기나 마나
- 타고난 결함은 타이르거나 가르쳐도 고쳐지지 않는다.
= 검둥이 세수하나마나.

고래 그물에 새우가 걸렸다
 - 큰 자본 또는 큰 맘 먹고 투자한 사업이 낭패를 보았다.

고슴도치 잡아 놓고 성 말라 하품하듯
 - 일은 벌여 놓았으나 어찌 추스릴지 몰라 쩔쩔 매고 있다.

고양이 죽은 데 쥐 눈물만큼이나
 - 있으나 없으나 마찬가지의 아주 적은 양. 또는 인색하게 조금씩 나눠 주는 경우 등에 빗댄 말.
 = 시앗 죽은 데 큰마누라 눈물만치나. 시어미 죽은데 며느리 눈물만큼.

고양이* 가 개 보듯 한다
 - 적의를 드러내고 으르렁댄다.
   * 고양이 : '고니', '고나'라고도 했는데 통사 '골-골-' 하는 소리를 낸다하여 붙여진 이름이다.

곰이 보면 할애비 하겠다
 - 미련하기 짝이 없는 바보 멍텅구리다.
 = 곰하고 사돈 하겠다.

공작은 깃을 아끼고 범은 발톱을 아낀다
 - 저마다 소중한 것이 있듯 사람은 이름(명예)을 아껴야 하는 것이다.

공작 털 꽂고 다니는 까마귀다
 - 약점을 숨기려고 분에 안 맞는 치장을 하고 다니는 위선자이다.

구운 게도 다리 떼 놓고 먹는다
 - 별나게 겁이 많은 자를 두고 놀리는 말.
 = 델 세라 냉수도 불고 마신다.

굴뚝새 출랑거리듯 한다
- 언행이 경솔하기 짝이 없다.

굶주린 늑대 아가리 같다
- 굶주린 늑대가 집어 삼킬 듯 벌린 아가리처럼 흉악한 모습이다.

궁지에 몰리면 쥐도 고양이를 문다
- 누구에게든 인정스런 것이 신상에 이롭다.

그 버릇 개 주겠냐
- 몸에 밴 습관은 좀체 버리기 힘든 것이다.

기운 세다고 황소가 왕 노릇 할까
- 덕이 있어야지 완력으로 높은 자리에 군림할 수는 없는 것이다.

기러기는 짝을 잃어도 까마귀와 사귀지는 않는다
- 성정이 올곧은 자는 시정잡배와 어울리거나 물들지 않는다.
= 양반은 얼어 죽어도 겻불은 쬐지 않는다.

까마귀 검다고 마음까지 검을까
- '겉 볼 안'이 아닌 경우도 있는 법이다.

까마귀 고기를 처먹었냐
- '까먹는다.' 또는 '까맣게 잊는다.'에서 나온 말로 잊어먹기 잘하는 사람을 꾸짖는 말.
= 까마귀 정신머리다.

까마귀가 보면 형님 하겠다
- 얼굴이 검거나 또는 씻지 않아서 몸이 새까만 자를 놀리는 말.

까마귀도 제 소리는 듣기 좋단다
 - '까악까악'하는 귀 따가운 소리도 까마귀 자신은 좋아한다 함이니 누구든 자신의 단점은 모른다는 뜻.

까치도 입방아가 잦으면 까마귀 된다
 - 사람들 입에 자주 오르내리다 보면 엉뚱한 피해를 보는 수가 있으니 늘 입조심 하거라.

꽃게나 방게나 옆으로 기기는 매한가지다
 - 결과는 매양 한 가지가 아니냐.

꿀 항아리에 개미 떼 덤비듯
 - 이권에 눈이 멀어 아귀다툼으로 덤비는 염량세태를 빗댄 말.

꿩 새끼 고집통머리다
 - 고집이 매우 센 자이다.
 = 쇠새끼 고집이다.

나귀도 차는 재주는 있다
 - 누구든 한두 가지 재주는 있는 법이다.

나귀 제 좆 큰 줄 모른다
 - 자기 허물은 모르고 지내기 십상이다.

나는 새한테 여기 앉으라 저기 앉으라 할 수 없다
 - 자유분방한 자에게 잔소리는 소용없는 짓이다. 또는 이래라 저래라 말 많은 자에게 핀잔주는 말.

날고기 먹는 새는 주둥이부터 다르다
 - 나쁜 짓 일삼는 자는 생김새부터 사납게 생겨 먹었다.

날아가는 새 보지를 봤냐
 - 실없이 웃기 잘하는 사람을 놀리는 말.
 = 고구마 먹고 체했냐.

남의 닭은 봉으로 보인다
 - 통상 남의 것은 더 좋아 뵈는 법이다.
 = 남의 떡이 더 커 보인다. 남의 계집이 더 예뻐 보인다. 담 너머 꽃이 더 예쁘다.

내 고향 까마귀는 검어도 귀엽다
 - 제 자식 또는 정든 것은 다 좋아 보이게 마련이다.

내* 마신 고양이 상이다
 - 연기 마신 고양이처럼 잔뜩 찌푸린 얼굴이다.
 = 아침 굶은 시어미 상판때기다.
     * 내 : 연기 따위에서 나는 매운 기운.

네발 가진 말도 넘어질 때가 있다
 - 노련한 고수도 실수할 때가 있는 법이다.

놓아 먹인 망아지 새끼다
 - 무슨 일이든 제 맘대로만 하려 드는 말썽꾸러기다.

누운 소 타기다
 - 아주 쉬운 일이다.
 = 무른 땅에 말뚝 박기. 수양딸 며느리 삼기. 호박에 침놓기. 종년 오입질 하기.

눈치코치* 모르는 벽창호** 다
- 눈치 없이 나대 말썽만 일으키는 자이다.
  * 눈치코치 : '눈치'란 남의 생각이나 행동을 잘 살펴서 대응하는 것을 이르는데 여기서 '코치'란 단순히 '눈치'란 말을 꾸미는 말재간일 뿐이다.
  ** 벽창호 : 본디는 '벽창우'가 맞는 말. '벽창우'란 평안북도의 벽동 창성 지방에서 나는 소가 유난히 크고 억세대서 고집 세고 무뚝뚝한 사내를 둘러 이르는 말이다.

능구렁이다
- 제 잇속만 챙기는 의뭉한 자이다.

닭 길러서 족제비 좋은 일만 시켰다
- 공들인 결실을 엉뚱한 자가 채 가다니 고약하기 짝 없는 일이다.
= 죽 쒀서 개 좋은 일만 시켰다.

닭 소 보듯 소 닭 보듯 한다
- 무덤덤한 관계이다.
= 남의 서방 보듯 한다. 남의 씹 보듯 한다.

닭살* 돋아서 못 봐 주겠다
- 하는 언동이 가소로워서 차마 눈뜨고는 못 보겠다.
  * 닭살 : 추위나 놀라움 등으로 피부가 오톨도톨해진 것이 닭살모양과 같다는 뜻.

닭의 새끼 봉이 될까
- 태생 또는 본질은 변할 수 없는 것이다.
= 각관 기생이 열녀 될까.

닭이 천이면 봉도 한 마리는 있다
- 여럿이 모이면 개중엔 걸출한 인물도 있는 법이다.

더위 먹은 소는 달만 봐도 헐떡인다
- 뜨거운 햇볕에 더위 먹은 소는 달만 보아도 놀란다. 어떤 일에 혼이 나면 비슷한 경우만 닥쳐도 가슴이 철렁 내려앉는다는 뜻.
= 자라보고 놀란 가슴 솥뚜껑 보고도 놀란다. 물에 덴 자는 냉수도 불고 마신다.

덴 소 날뛰듯 한다
- 불에 덴 소가 날뛰듯 몹시 다급한 상황을 비유한 말.

독사 아가리에다 손가락을 넣는다
- 위험천만한 짓을 하고 있다.

독이 살망아* 등줄기처럼 새파랗게 올랐다
- 몹시 화가 나 있는 모습을 독이 올라 대가리를 들고 혀를 날름대는 독사의 살기 띤 모습에 비유한 말.
   * 살망아 : 살모사의 방언.

돼지는 되지다
- 먹기만 하고 미욱한 짓거리만 하는 자이다.
= 곰은 곰이다.

두꺼비 파리 잡아먹듯 한다
- 순식간에 먹어 치우거나 또는 일을 눈 깜짝할 새 해치우는 경우 등에 빗댄 말.

두꺼비씨름하고 있다
- 결말 안 나는 부질없는 다툼질을 하고 있다.

둔한 말이 열 수레를 끈다
- 미련하고 둔해도 쉬지 않고 노력하면 큰일을 해낼 수 있다. 사람이 둔하면 둔한 치

레로 더 노력하기 마련이고 그 결과 큰일을 해낼 수도 있다는 뜻.
= 미련이 담벼락을 뚫는다. 우공이산(愚公移山), 마저작침(磨杵作針)이다.

뒷간 개구리한테 보지 물린 격이다
- 하찮은 것에게 귀한 것을 상한 어이없는 봉변이다.
= 억새에 자지 베었다. 망둥이한테 좆 물렸다.

뒷간* 에 앉아서 강아지 부르듯 한다
- 얕잡아보고 궂은 일만 마구 시키고 귀찮게 한다.
   * 뒷간 : 화장실의 옛말.

뒷산 딱따구리는 생 구멍* 도 잘 뚫는데 앞집 총각은 뚫어진 구멍** 도 왜 못 뚫나
- 처녀가 짝사랑하는 이웃 총각의 무정함을 원망하는 〈정선 아리랑〉의 한 구절.
   * 생 구멍 : 딱따구리가 벌레를 잡거나 둥지를 만드느라 생나무에 내는 구멍. 처녀의 성을 비유한 말.
   ** 뚫어진 구멍 : 음문을 빗댄 말.

뒷산 호랑이는 요즘 뭘 먹고 산다더냐
- 저런 못된 놈 안 잡아먹고 뭘 먹고 사는지 모르겠다.

들개, 범 무서운 줄 모른다
- 상대방 정체를 모르고 함부로 날뛰고 있다.
= 하룻강아지 범 무서운 줄 모른다. 정승댁 송아지 백정 무서운 줄 모른다.

땅벌 집 보고 꿀 돈 내어 쓴다
- 시작도 노력도 안 해 보고 성급히 결과만 챙기려 든다.
= 너구리 굴 보고 피물* 돈 내어 쓴다.
   * 피물(皮物) : 가죽으로 된 물건.

땅벌한테 빌어야겠다
- 땅벌 덕을 본 김에 그 덕을 한 번 더 보고자 기원한다는 뜻.

■ 관련 여담

한 사내가 장에 갔다 돌아오는 길에 오줌이 마려워서 무심코 길가 풀섶에다 쉬를 했는데 하필이면 거기가 땅벌집이라서 성난 벌떼가 떼거리로 몰려 나와 사내의 부자지를 마구 쏘아댔다. 엉겁결에 당한 일인지라 그는 땅벌에 쏘여 퉁퉁 부어오른 남근을 엉거주춤 수습해 집에 돌아와서는 아내에게 보이면서 경위를 일러주었다. 그러자 아내는 서둘러 해독을 위해 헝겊에 된장을 발라서 그 물건을 잘 싸매준 다음 얼른 메(제사 때 쓰는 밥)를 한 그릇 지어들고 그 땅벌 집 있는 곳으로 달려가서는 그렇게 빌더란다. "땅벌 님 땅벌 님, 몸피(굵기)는 그 정도로 됐습니다만 기래기(길이)가 짧으니 그놈만 조금 더 길게 해주사이다." [十大奇書]

똥개 훈련 시킨다
- 귀찮은 일을 거푸 시키는 경우 비위가 뒤틀려서 내뱉는 말.

똥마려운 강아지마냥
- 어찌할 줄 몰라 허둥대는 모습을 그린 말.

똬리 틀고 앉은 뱀 같은 년
- 음험한 계집이다.

뜬 소걸음이 천리 간다
- 행동이 느려도 꾸준히만 하면 큰 일을 해낼 수 있다.

마루 밑 강아지도 웃겠다
- 어처구니없는 말 좀 하지 마라.
= 동네 소가 웃을 일이다.

말 가는 데 소 못 갈까
 - 능력의 차이야 있지만 그 정도는 누구나 할 수 있는 것이다.

말 대가리 설삶아 놓은 것 같다
 - 성품이 뻣뻣하기 이를 데 없다.
 = 뻣뻣하기는 말뚝을 삶아서 처먹었나 보다.

말꼬리에 붙은 파리가 천 리 간다
 - 세도가 밑에 빌붙어서 힘 안 들이고 출세를 한다. 또는 그런 자를 얕 보아 욕으로 이르는 말.
 = 원님 덕분에 나팔 분다.

말도 갈아타야 새 맛 난다
 - 부부가 아닌 상대와의 정사가 더 느낌이 좋다.

말도 사촌까지는 상피* 를 본다
 - 짐승도 근친상간을 안 하는데 하물며 사람이 그래서야 되겠느냐.
  * 상피(相避) : 친인척간의 성관계를 피하는 일.

말에 실었던 짐, 벼룩 등에 실을까
 - 능력 없는 자한테 큰일을 맡길 수는 없는 일이다.

망둥이가 뛰니까 꼴뚜기도 뛴다
 - 영문도 모르고 줏대 없이 날뛰고 있다.
 = 숭어가 뛰니까 망둥이도 뛴다.

먹고만 산다면 개돼지하고 무엇이 다르랴
 - 혼자 살 생각만 말고 선행(善行)도 해야 되는 거 아니냐고 일깨우는 말.

멍텅구리* 다
- 바보같은 자이다.

　　* 멍텅구리 : 못생기고 굼뜬 바닷물고기 이름에서 나온 말.

모기 씹에다 말 좆 박겠다
- 모기 음문에 장대한 말 좆을 꽂으면 일만 크게 그르치듯 터무니없는 짓 하지 말라고 이르는 말.

못된 고양이, 잡으란 쥐는 안 잡고 씨암탉만 잡아 먹는다
- 하라는 일은 안하고 시키지 않은 애먼 말썽만 저지르고 있다.

못된 송아지, 엉덩이에서 뿔 난다
- 되지 못한 것이 엇나가는 짓만 하고 있다. 또는 할일도 못 하는 주제에 계집질만 하고 다닌다고 꾸짖는 말.

무는 개는 돌아보게 마련이다
- 입이 거칠거나 심악한 자는 더 신경을 쓰고 조신하게 된다.

무는 개는 짖지 않는다
- 말없는 사람이 더 무서운 법이다. 짖으면서 무는 개도 있음.

무는 말 있는 데 차는 말 있다
- 끼리끼리 작당하게 마련이다.
= 유유상종이다. 범 나는 골에 승냥이 있다. 노루 사는 골에 토끼 산다.

문어 제 다리 끊어 먹기다
- 저 손해나는 어리석은 짓을 하고 있다.
= 소경 제 닭 잡아먹기다. 문어 제 다리 잘라 먹기다.

물 건너 범 보듯 한다
 - 두렵기는커녕 한낱 구경거리에 불과할 뿐이다.
 = 강 너머 불구경이다. 강 건너 시아비 좆이다.

물거미 뒷다리 같다
 - 몸매가 늘씬한 미인을 빗댄 말.
 = 물 찬 제비 같다.

미운 강아지가 부뚜막* 에 똥 싼다
 - 미운 놈이 미운 짓거리만 골라서 하고 있다.
 = 미운 강아지 보리멍석에 똥 싼다. 미운 며느리 쌀 팔아 살구 사 먹는다. 미운 개새끼 부뚜막에서 좆 내놓는다.
   * 부뚜막 : 아궁이 위 솥 언저리의 평평한 자리.

미인 끝에 여우 난다
 - 미인은 여우처럼 요망하게 될 소지가 다분하다.

미친개 풀 먹듯 한다
 - 마지못해서 이것저것 집적대는 모습을 나타낸 말.

미친개가 호랑이 잡는다
 - 겁 없이 날뛰다 보면 간혹 큰 일을 해 내는 수도 있다.

미친개는 몽둥이가 약이다
 - 막돼먹은 자는 때려서라도 버르장머리를 고쳐 놓아야 한다.

미친개한테 물린 셈 쳐라
 - 개망나니한테 당한 일 또는 손해 따위를 그쯤 자위해서 넘겨 버려라.

발바닥 핥아 먹고 사는 곰인 줄 아냐
- 일한 품삯을 주어야 할 것 아니냐고 따지는 말.
= 흙 파먹고 사는 줄 아냐.

밤 되면 고양이 새끼도 집에 돌아 온다
- 하물며 사람이 아무 데나 잠을 자서야 되겠느냐.
= 밥은 여러 군데서 먹어도 잠은 한 군데서 자랬다.

밴댕이* 뱃바닥 같다
- 얼굴 등 살색이 하얀 사람을 비유한 말.

  * 밴댕이 : 몸 길이 12㎝ 안팎의 작은 바닷물고기. 멸치젓 대용으로 쓰기도 함.

뱀 굴에 손을 집어넣었다
- 스스로 재앙을 불러들인 택이다.

뱀 소가지 같다
- 속내가 사악하기 이를 데 없는 자이다.

뱀더러도 뱀이라면 싫어한다
- 장님도 장님이라면 싫어하고 봉사라면 좋아하듯 말이란 대상과 분위기 따라서 가려 쓸 줄 알아야 한다.

벌레* 씹은 얼굴이다
- 성에 덜 차 불만이 가득 찬 낯빛이다.

  * 벌레 : 벌레의 옛말인 '벌에'는 의성의태어 '벌벌'에 접미사 '에'가 붙은 것으로 '벌벌 기는 것'이란 뜻이다.

벌집을 건드렸다
- 놔두면 그만인 것을 공연한 짓을 해 일을 덧들여 놓았다.

= 긁어 부스럼이다. 평지풍파다.

범 무섭다고 산에 못 가랴
　- 조금 꺼림칙하다고 할 일을 포기할 수가 있느냐.
　= 자지 무서워 시집 못 가겠냐. 구더기 무서워 장 못 담그랴.

범 본 여편네 문구멍 틀어막듯
　- 터무니 없는 미봉책을 쓰고 있다.

범 새끼를 기른 셈이다
　- 화근을 길러 화를 자초한 격이다.

범 아가리에 떨어졌다
　- 옴짝 못할 사경(死境)에 처했다.

범 아가리에 손 집어넣는 격이다
　- 위험하기 짝 없는 짓을 하고 있다.
　= 뱀 굴에다 손을 넣었다.

범도 시장하면 가재를 잡아 먹는다
　- 배가 고프면 아무거나 잘 먹게 된다. 누구든 곤경에 처하면 분수에 없는 짓도 하게 된다는 뜻.
　= 살림이 거덜나면 봄에도 소를 판다.

범은 굶주려도 풀은 먹지 않는다
　- 아무리 곤궁해도 처신을 함부로 해서는 안 된다.
　= 봉황은 굶주려도 좁쌀은 먹지 않는다.

범은 죽어도 무섭다
  - 워낙 무서운 짐승인지라 사체만 봐도 오스스 떨린다.
  = 범은 그림만 봐도 무섭다.

범이 개 놀리듯 한다
  - 권세가가 힘없는 사람을 함부로 다루는 경우 등에 빗댄 말.
  = 고양이가 쥐 놀리듯 한다.

범이 날고기 먹는 줄 몰랐더냐
  - 세상이 다 아는 일을 저 혼자 몰랐다니 말이 되느냐. 또는 봉욕(逢辱)한 여자에게 밤중에 남자와 단 둘이 있으면 불상사가 생길 줄 몰랐느냐고 나무라는 말.

병든 까마귀 어물전 돌 듯
  - 미련이 있어 떠나지 못하고 주변을 어슬렁대는 경우 등에 빗댄 말.

병아리 눈물만큼
  - 매우 작은 양 또는 인색함을 이르는 말.

범이 없는 곳에는 살쾡이가 범 노릇한다
  - 주인이 없으면 차석이 주인 노릇을 하게 된다.

복날 개 패듯 한다
  - 여름에 보양식으로 개를 때려 잡듯 사람을 마구 구타한다.

복은 새털보다도 가볍다
  - 복은 아주 가벼워서 오더라도 이를 아는 사람이 거의 없다.

봉 잡는다
  - 힘 안 들이고 한밑천 잡는다. 봉이란 속여 먹기 좋은 문문한 물주를 농으로 이르는 말.

■ 관련 여담

'봉'의 유래는 다음과 같다. 옛날에 김 선달이 시장통에서 닭장수가 봉이라고 우기는 잘 생긴 장닭 한 마리를 닷 냥에 사서는 그 고을 원님께 봉을 진상하러 왔노라며 갖다 바쳤단다. 닭을 봉이라고 원님께 올렸으니 이내 들통이 나서 볼기만 12대 맞고 쫓겨나온 것은 당연지사. 이로 하여 김 선달은 포졸과 함께 시장통으로 돌아와 그 닭 장수에게 사기를 쳤다고 을러대 볼기 한 대에 5냥씩 60냥에다 처음의 봉값 5냥까지 합쳐서 모두 65냥을 받아내 단번에 본전의 13배를 버는 횡재를 하였다. 이 때 김 선달이, 봉으로 속여 판 닭장수를 만나 한밑천 건졌대서 '봉 잡았다' 라는 말이 생겼고 봉이 김 선달이란 이름도 그로 인해 회자돼 내렸다 한다.

* 선달 : 지난날 과거시험에 합격은 했으나 벼슬자리를 받지 못한 이를 높여 부르던 말.

부엉이 잠 잔다
- 자다 깨다 하는 토막잠.
= 토끼잠 잔다. 노루잠 잔다. 괭이잠 잔다.

불강아지* 처럼 말랐다
- 뼈만 앙상하게 마른 모습을 빗댄 말.
 * 불강아지 : 못 먹어서 비쩍 여윈 강아지.

불난 강변에 덴 소 날뛰듯 한다
- 불에 덴 소가 날뛰듯 설쳐대는 모습을 그린 말.

비루먹은* 강아지도 급하면 범한테 달려 든다
- 봉욕하는 수가 있으니 누구한테든 허투루 대해서는 안 된다는 교훈의 말.
 * 비루먹다 : 병에 걸려 털이 많이 빠지다.

비탈길 돌아가는 돼지 눈깔을 하고서는
- 못 미더워 의구심 가득한 충혈된 눈으로.

빈 절에 구렁이 모이듯 한다
 - 원치 않은 사람 또는 그런 일만 생긴다고 투덜대는 말.

빈대도 낯짝이 있다
 - 염치라고는 없는 뻔뻔한 자이다.

사나운 개, 콧등 아물 새 없다
 - 싸움질 일삼는 자는 자신도 늘 상처를 입게 마련이다.

사나운 암캐 마냥 앙알댄다
 - 사낙배기 여자가 앙칼지게 대드는 모습 등을 빗댄 말.

사람보다 더 흉악한 승냥이* 는 없다
 - 인간은 간혹 짐승보다 더 잔인한 짓도 서슴지 않는다.
   * 승냥이 : 개과의 짐승. 무리를 지어 사냥하는 육식동물.

사람을 구하면 앙분* 을 하고 짐승을 구하면 은혜를 갚는다
 - 짐승보다 못한 인간들도 허다한 세상이다.
   * 앙분(怏忿) : 원한을 품고 앙갚음을 하는 짓.

사람이 별거냐 두 발 달린 짐승이지
 - 짐승은 네 발이지만 사람은 두 발로 걷는대서 나온 말. 개중에는 짐승만도 못한 망종도 있다는 뜻.

사면발이* 덕에 보지 긁는다
 - 살다 보면 미운 놈 덕을 볼 때도 있다.
 = 옴 덕에 보지 긁는다.
   * 사면발이 : 성기 거웃에 기생하는 작고 납작한 이.

동물 관련 545

산 개가 죽은 정승보다 낫다
 - 구차하게 살아도 이승이 저승보다야 낫지 않겠느냐.

산보다 범이 더 크다
 - 굉장히 큰 범이더라. 또는 허풍 떨지 말라고 의기 지르는 말.
 = 산 보다 골이 더 크다. 배보다 배꼽이 더 크다.

삵*이 호랑이를 낳았다
 - 변변찮은 부모 또는 집안에서 훌륭한 인물이 나왔다.
 = 개천에서 용 났다. 개똥밭에서 인물 났다.
   * 삵 : 살쾡이.

상추밭에 똥 싼 개가 배추밭에도 싼다
 - 못된 버릇은 때와 장소 상관 없이 어디서든 나타나기 마련이다.
 = 부엌에서 새던 바가지 들에 가도 샌다.

새 발의 피에 잠자리 눈곱이다
 - 보잘 것이 없다.

새끼 많이 둔 소, 길마* 벗을 날 없다
 - 자식 많은 부모는 쉴 틈 없이 고된 일을 감수해야 한다.
   * 길마 : 짐을 싣기 위해 소의 등에 안장처럼 얹는 도구.

새끼 밴 짐승마냥 조심스럽게
 - 새끼를 배면 조심스럽듯 신중한 행동거지를 나타낸 말.

새우 싸움에 고래 등 터진다
 - 아이 싸움이 어른 싸움이 되는 경우 등에 이르는 말.

서리 맞은 개구리다
- 기운하나 없이 축 늘어져 있는 모양.

선불* 맞은 범 날뛰듯 한다
- 위협적으로 마구 날뛰는 모습을 나타낸 말.
= 선불 맞은 멧돼지 날뛰듯 한다. 덴 소 날뛰듯 한다.

　* 선불 : 빗맞은 총탄.

소 갈 데 말 갈 데 안 가린다
- 자식을 부양하고자 어떤 험한 일도 마다지 않는다.

소 팔러 가는데 개새끼 따라 나서듯 한다
- 제발 따라다니면서 성가시게 굴지 좀 마라

　자료제공 : 소설가 고 이문구

소 힘은 소 힘이고 새 힘은 새 힘이다
- 누구든 자기만의 고유한 능력이 있는 것이다.

소가 웃을 일이다
- 되지도 않는 거짓말 하지마라.
= 소가 하품하고 개가 웃을 일이다.

소리 없는 고양이가 쥐 잡는다
- 목적을 이루려면 기밀을 누설해서는 안 된다.

솔개가 병아리 낚아채듯 한다
- 힘도 안 들이고 가볍게 남의 것을 채가는 경우 등에 빗댄 말.

송충이가 오죽하면 갈잎을 먹을까
  - 내키지 않아도 목숨 살자니 도리 없는 일이다.

쇠고집 닭고집이다
  - 물정 모르고 제고집만 우기는 답답한 자이다.
  = 안 고집, 강 고집, 최 고집이다.

싱겁기는 늑대 불알이다
  - 싱거운 사람을 두고 놀려대는 말.
  = 싱겁기는 황새 똥구멍이다. 싱겁기는 맹물 사촌이다.

씹은 쥐 씹에 좆은 말 좆이다
  - 작은 여자와 육척 장신 남자와의 성교장면을 비유한 말. 속궁합에 문제가 생길 수 있다는 뉘앙스가 들어 있다.

암내 맡은 수캐 싸대듯 한다
  - 할 일은 버려두고 여자 꽁무니만 따라다니는 오입쟁이다.

암캐 수캐 다 노는데 청삽사리 못 놀까
  - 함께 얼리는 판이니 누구든 엎혀 놀아도 무방한 일이다.

어장이 안 되려니까 해파리만 들끓는다
  - 일도 안 풀리는 마당에 달갑지 않은 것들만 꾀어들어 골치를 썩인다.

얼간* 망둥이 같은 놈
  - 한심스런 자이다.
    * 얼간 : 제대로 아니하고 대충 맞춘 간.

여우보지를 차고 다니면 잃었던 사랑이 돌아온다
 - 암 여우의 마른 성기를 허리춤에 차고 다니면 가버린 사랑이 돌아온다는 속설에서 나온 말.

여우 오줌 싸듯 한다
 - 일을 후딱 해 치우지 않고 감질나게 미적대고 있다.

여우 피했더니 범을 만났다
 - 한고비 넘겼나 했더니 더 큰 걱정거리가 생겼다.
 = 너구리 피했더니 늑대를 만났다. 갈수록 태산이다. 설상가상이다.

여우는 일곱 번 둔갑 한다
 - 여심은 변덕이 심하다는 비유의 말.

여우는 잠을 자면서도 닭 잡아먹는 꿈을 꾼다
 - 타고난 본능은 어쩔 수 없는 것이다.

여윈 강아지 똥 탐하듯 한다
 - 식탐 많은 자를 비웃고 놀리는 말.

염소 새끼가 나이 먹어 수염 났다더냐
 - 타고난 성정이 그런 것을 탓은 해 무엇하랴.
 = 해오라기가 나이 여든이라 머리 흴까.

오리 등에 물 끼얹기다
 - 오리 등에 물을 끼얹어 봤자 젖을 리도 놀랄 리도 없으니 아무런 성과가 없다는 뜻.
 = 개구리 등에 물 끼얹으나 마나.

오리알에 제 똥 묻은 격이다
 - 흠잡을 일은 못 된다.

자가사리* 끓듯 한다
 - 많은 사람들이 모여 정신없이 법석대는 모습.
    * 자가사리 : 동자개과의 민물고기. 맑은 냇가 돌 밑에 숨어 사는 몸길이 5~10cm의 작은 물고기.

자는 범에 코침 준다
 - 공연한 짓을 해 큰 탈을 내놓았다.

잘 뛰는 염소, 울타리에 뿔 걸린다
 - 난 체하기 좋아하면 낭패를 보기 십상이니 삼가고 조심할 일이다.

잡았던 범의 꼬리는 놓기도 어렵다.
 - 작심하고 손을 댄 일은 그만두기도 쉽지 않다.

장님이 눈먼 말 탄 격이다
 - 위험을 자초하는 짓이다.

재미* 나는 골에 범 난다
 - 재미에 맛들이다 보면 필경은 변을 만나게 되니 자중할 일이다.
    * 재미 : 맛이 썩 좋다는 뜻의 자미(滋味)에서 나온 말.

재봤자 도토리 키 재기에 뛰어 봤자 벼룩이다
 - 우열을 가리기 어려운 상황이다.
 = 난형 난제다. 오십보 백보다. 도낀 개낀이다.

절구 굴리는데 애매한 개구리만 죽는다
- 상관도 없는 일에 억울하게 화를 당한 경우이다.
= 고래 싸움에 새우등 터진다.

젖 떨어진 강아지 같다
- 떼를 쓰고 보채는 경우 등에 빗댄 말.

제 집 개도 밟으면 문다
- 사람이든 짐승이든 학대를 하면 보복을 당하게 된다.

족제비도 낯짝이 있고 미꾸라지도 발이 있고 빈대도 콧등이 있다
- 하물며 사람이 어찌 그리도 인색하단 말이냐.

좁쌀여우 같은 년
- 인색한데다 간사하기까지 한 여자이다.

쥐뿔도 모르는 놈이
- 아무것도 모르면서 나댄다고 꾸짖는 말.
= 쥐 좆도 모르는 놈이. 쥐 씹도 모르는 것이.

진상* 송아지 배때기를 찼다
- 쓸데없는 짓을 해 큰 탈을 내놓았다.
= 자는 범에 코침을 놓았다.

 * 진상 : 지방 토산물 따위를 임금이나 높은 벼슬아치에게 바치던 일.

짐승살이가 차라리 낫겠다
- 먹고 사는 걱정 없는 짐승만도 못하게 살고 있다.
= 개만도 못한 팔자다.

짐승 항렬이지 사람 항렬은 아니다
- 짐승이지 사람이면 도저히 저럴 수가 없다.

짐승도 사람한테 먼 일가다
- 짐승도 사람처럼 희로애락 감정을 갖고 있는 까닭에 함부로 대해서는 안 된다는 교훈의 말.

찌러기* 황소보다 더 사납다
- 사나운 수소보다도 더 흉악한 자이다.

  * 찌러기 : 성질이 몹시 사나운 황소.

찰거머리 같다
- 착 달라붙어 아부를 하거나 또는 보채는 자를 둘러 이르는 말.

참새 넋이 씌었나 보다
- 종일 수다를 떨거나 또는 건망증이 심한 사람을 놀리는 말.
= 새 대가리, 닭 대가리다.

참새 대가리다
- 무엇을 금세 잊곤 하는 사람을 깔보아 이르는 말.
= 참새 머리다.

참새가 허수아비 무서워 나락 못 먹을까
- 사소한 장애를 꺼리면 되는 일이 없다고 용기를 북돋는 말.
= 범 무서워 산에 못 가겠냐. 자지 무서워 시집 못 갈까.

청개구리 밸이다
- 하지 말라는 짓만 골라서 하는 말썽꾸러기다.

촉새* 가 황새 따라가려다 가랑이가 찢어진다
 - 사람은 분수에 맞게 살아야 하는 것이다.
 = 뱁새가 황새를 따라가면 다리가 찢어진다.
　　* 촉새 : 멧새과의 작은 새. 야산 숲에서 곤충이나 잡초의 씨앗을 먹고 산다.

포수 집 강아지, 범 무서운 줄 모른다
 - 자신은 별것도 아닌 것이 등에 업은 권세를 믿고 거들먹대고 있다.
 = 정승 집 강아지, 개백정 무서운 줄 모른다.

한 말(馬)등에 두 길마* 지울까
 - 한 번에 길마 두 개를 얹을 수는 없듯 순리로 해야지 일을 무리하게 해서는 안 된다는 뜻.
 = 한 몸에 두 지게 지울까. 한 어깨에 두 짐 질까.
　　* 길마 : 짐을 싣기 위해 소나 말의 등에 얹는 도구.

호랑이 잡고 볼기 맞는다
 - 좋은 일을 하고도 벌을 받는 억울한 경우이다.

호랑이는 죽어서 가죽을 남기고 소나무는 죽어서 복령* 을 남긴다
 - 하물며 만물의 영장인 사람이 허송세월을 하면 되겠느냐.
　　* 복령 : 소나무가 죽은 다음 뿌리에서 나는, 묘약으로 알려진 한약재.

호랑이는 호랑이굴, 큰 고기는 큰물에 가야 잡는다
 - 큰 성과를 얻으려면 그에 걸맞는 노력과 투자를 해야 하는 것이다.

호랑이도 사람 안광에는 못 당한다
 - 긴장하고 집중하면 사람한테서도 시퍼런 안광이 뻗치는데 이는 호랑이도 겁을 먹고 도망칠 정도라 한다.

호랑이 보고 창구멍 틀어 막는다
 - 가당치 않은 미봉책을 쓰고 있다.

호랑이가 이빨 빠지고 발톱 빠지면 토끼도 깔본다
 - 부사가 가난해지거나 세도가가 권세를 잃게 되면 깔보고 업신여기는 게 세상인심이다.

호박잎에 청개구리 뛰어오르듯
 - 어른한테 버르장머리 없는 행동을 한다.

홍어 좆으로 안다
 - 대수롭지 않게 여긴다. 우습게 안다.
 = 만만한게 홍어좆이다.(p.140 관련여담 참조)

홍어는 쏘는 맛, 계집은 빼는 맛이다
 - 홍어는 톡 쏘는 맛이 있어야 하고 여자는 내숭 떨고 몸을 빼는 맛이 있어야 남자들이 더 좋아한다.

흘레 개* 좆 자랑 한다
 - 오입쟁이가 돈 맛에 여자들이 따르는 것을 자기 좋아서 그런 줄 알고 자랑한다 함이니 한심한 자라고 비웃는 말.
  * 흘레 개 : 배태를 목적으로 교미를 시키는 수캐. 여기서는 밤낮 색만 밝히는 오입쟁이를 이르는 말.

32. 식물 관련

가랑잎으로 보지 가린다
  - 가당찮은 짓을 한다고 나무라는 말.
  = 눈 가리고 야옹한다. 똬리로 보지 감춘다. 낫으로 자지 가린다.

감나무 밑에 누워도 삿갓 미사리* 를 대라
  - 행운이 와도 준비가 돼 있어야만 받을 수 있는 것이다.
    * 미사리 : 삿갓이나 방갓 밑에 대어 쓰게 만든 테두리.

감꽃 떨어지는데 홍시 찾는다
  - 종작없이 서둘러 대거나 보채는 자를 비웃고 놀리는 말.

개 꽃* 에는 나비* 도 안 날아 온다
  - 여자가 못 나면 찾는 사내가 없게 된다.
    * 개 꽃 : 국화과의 한해살이풀.
    ** 나비 : 본디는 '나불나불하는 것'이란 뜻. 나비의 사투리는 '나붕이' 또한 '나불거리는 것' 이란 뜻이다.

개살구 지레 터진다
  - 못난 인간이 되레 먼저 덤비거나 나서는 경우 등에 비하하는 말.

고추나무에 목을 맬 일이다
  - 어처구니없는 일이다.

곧은 나무가 먼저 찍힌다
 - 성정 곧은 사람이 눈에 나서 남 먼저 불이익을 당하기 쉽다.

과물전 망신은 모과가 시킨다
 - 한 사람 때문에 여럿이 피해를 보는 경우 등에 면박 주는 말.
 = 어물전 망신은 꼴뚜기다.

굽은 나무가 선산(先山) 지킨다
 - '못난 자식이 효도한다'와 같은 뜻.
 = 병신자식이 효도한다. 의붓자식이 효도한다. 나갔던 며느리가 효도한다.

꼬이긴 칠팔월 수숫잎 꼬이듯
 - 일이 안 풀려 죽을 맛이다. 또는 토라지기 잘하는 사람을 놀리는 말.

꽃이 돋보이는 건 이파리 덕분이다
 - 도우미 또는 이웃의 중요함을 강조한 말.
 = 옷이 날개다. 분(盆)이 좋으면 잡초도 화초대접 받는다.

꿔다 놓은 보릿자루 같다
 - 어울리지 못하고 멀찌감치 외롭게 떨어져 있다.

남의 돌팔매에 밤 줍는다
 - 우연찮게 좋은 일 또는 소득이 생긴 경우 등에 빗댄 말.
 = 남의 횃불에 게 잡는다. 남의 떡에 설 쇤다. 남의 술에 벗 사귄다.

남의 제사에 감 놓아라 배 놓아라
 - 무관한 남의 일에 공연한 참견을 하고 있다.

눈에 덮인 시금치도 돌아 앉겠다
 - 사람이 인색하고 몰인정해 누군들 외면하지 않겠느냐.

늘어지기는 능수버들이다
- 느려 터지고 게을러빠진 자이다.

담 너머 꽃이 더 예쁘다
- 남의 계집이 더 예뻐 보인다. 남의 물건이 더 좋아 보인다.
= 담 넘어 감이 더 맛나 보인다. 새끼는 제 새끼, 계집은 남의 계집이 더 예쁘다.

담 넘어 능금은 먼저 따는 놈이 임자다
- 임자 없는 물건은 먼저 차지하는 자가 주인이다.
= 과부보지는 먼저 꽂는 놈이 임자다. 개똥참외는 먼저 맡은 놈이 임자다.

대추나무 방망이 같다
- 억세고 야무진 자이다.

도토리 키 재보기에 오십보 백보* 다
- 별 차이도 없는데 어느 것이 낫다고 우기지 마라.
= 도낀 개낀이다.

  * 오십보 백보 : 지난날 전쟁터에서 50보 도망친 자가 100보 도망친 자를 비웃었지만 결국 매한가지 아니냐는 뜻에서 생긴 말이라 한다.

딱딱하기는 삼 년 묵은 물 박달나무*다
- 부드러운 데라곤 손톱 만큼도 없는 답답하거나 인색한 자이다. 또는 속이 알찬 사람이란 의미도 있다.
= 대추나무 방망이다.

  * 물 박달나무 : 속이 단단해서 홍두깨, 방망이 따위를 만드는 재료로 쓰인다.

땡감* 을 따먹고 살아도 이승이 좋다
- 구차하게 살아도 이승이 저승보다는 낫다.
= 저승부자보다 이승거지가 낫다.

  * 땡감 : 덜 익어서 떫은 감.

뚱딴지* 같다
 - 엉뚱한 일이다. 여기서는 완고하고 무뚝뚝한 사람을 이르는 말.
   * 뚱딴지 : 북미 원산의 여러 해살이 식물. 뿌리에 감자 모양의 덩이줄기가 달리는데 단맛이 있어 먹기도 하고 사료로도 쓴다. 일명 돼지감자. 뚝 감자.

먹지 못하는 감 찔러나 본다
 - 저 못 먹을 거라고 해코지를 일삼는다.

메밀 멍석에 엎어졌나 보다
 - 곰보 얼굴을 두고 놀리는 말.

메밀떡 굿판에 쌍 장구 치겠냐
 - 맞게 놀아야지 보잘것없는 굿판에 요란을 떨 수는 없는 일 아니냐.

멧돼지 흘레붙고 간 짚북데기 헝클어지듯
 - 머리카락이나 살림 등이 볼썽사납게 헝클어진 모습을 빗댄 말.

못 먹는 버섯이 곱기는 더 곱다
 - 행실 못된 여자가 신색만은 빼어난 경우 등에 이르는 말.

무하고 계집은 고추하고 버무려야 제 맛 난다
 - 무에 고춧가루를 버무리면 맛있는 깍두기가 되듯 계집 역시 고추(남근)와 버무려야 제 맛이 난다는 곁말.

밤도 여물면 저절로 벌어진다*
 - 누구든 나이 차면 저절로 성에 눈 뜨게 마련이다.
   * 벌어진다 : 포경이었던 귀두가 저절로 벗겨진다.

밤송이로 좆을 까라면 깠지
 - 군대 용어 중 시키는 대로 하라는 명령어.

보리 깡촌 출신이다
 - 벽지 출신의 시골뜨기다.
 = 시골 무지렁이다.

분(盆)이 좋으면 잡초도 화초대접 받는다
 - 못난 사람도 좋은 자리에 앉으면 잘나 뵈는 법이다.

뺑대 쑥* 대밭이 되었다
 - 집 또는 마을이 없어지고 황무지 빈터만 남았다.
    * 뺑대 쑥 : 국화과의 다년초식물. 일명 뺑 쑥.

소경도 셋이 모이면 못 보는 편지를 뜯어 본다
 - 사람이 여럿 모이면 지혜와 해법이 나오는 법이다.

신 모과도 맛들일 탓이다
 - 성질 나쁜 자도 사귀다 보면 정이 들게 된다. 또는 힘든 일도 오래 하다 보면 일 맛을 알게 된다.
 = 신 배도 맛들일 탓이다. 땡감도 맛들일 탓이다.

쑥으로 본다
 - 하찮게 여긴다.
 = 물로 본다.

쓴 외* 보듯 터진 꽈리 보듯 한다
 - 업신여긴다. 하찮게 대한다.
    * 외 : 오이

아이 핑계 대고 남의 집 감 딴다
 - 하찮은 핑계를 대고 못 된 짓을 하는 파렴치한이다.

애호박에 말뚝 박는다
　- 남 못할 심술을 피워 해를 끼친다.

억새에 자지 베었다
　- 흔해빠진 억새풀에 귀한 남근을 베었다 함이니 별 시답잖은 것에 변을 당했다고 투덜대는 말.
　= 망둥이한테 좆 물렸다. 개구리한테 보지 물렸다. 미꾸라지한테 좆 물린다.

오이를 거꾸로 먹어도 제멋이다
　- 남이야 무슨 짓을 하든 참견하지 마라.

외톨밤이 벌레 먹는다
　- 외아들 또는 고명딸이 병들거나 죽기 쉽대서 나온 말.

우박 맞은 배추밭 꼴이다
　- 악천후로 다된 농사를 망쳐 놓았다.
　= 소나기 맞은 잿더미 같다. 곰보 얼굴을 빗댄 놀림 말이기도.

움도 싹도 안 보인다
　- 일이나 사람이 모두 장래성이 없어 보인다.

익모초* 같은 소리 하고 있다
　- 쓴 소리, 듣기 싫은 말을 하고 있다.
　　* 익모초(益母草) : 산모의 지혈이나 강장, 이뇨, 더위 먹은데 잘 듣는 꿀풀과의 2년 초. 맛이 쓴 것이 특징이다.

자식 죽는 건 봐도 곡식 타는 건 못 본다
　- 가뭄에 타 죽어가는 곡식을 보는 건 그만큼 애가 타는 일이다.

조 비비듯 한다
 - 마음을 몹시 졸인다.

좁쌀에 뒤웅박* 을 파겠다
 - 속내가 좁아 터진 자이다.

   * 뒤웅박 : 쪼개지 않고 구멍만 뚫어 속을 파낸 박.

좁쌀 친구다
 - 나이 어린 꼬마 친구 또는 옹졸한 사람을 비유한 말.

한 그루 열매도 쓰고 단 것이 따로 있다
 - 한 어미 자식도 오롱이 조롱이듯 자연의 조화가 그렇다는 뜻.

호박* 꽃도 꽃이라고 오는 나비 괄시한다
 - 못난 여자가 주제에 퇴박을 놓는다고 비아냥대는 말.

   * 호박 : '호(胡)'는 '중국에서 온' 것을 말한다. 따라서 호박이란 '중국에서 들어온 박'이란 뜻.

호박꽃이라고 벌 나비 아니 올까
 - 아무리 여자가 못 났어도 다 분복 있어 짝 만나서 살게 마련이다.

호박에 줄 잘 친다고 수박 되냐
 - 꾸미고 겉치레를 해도 바탕은 변할 수 없는 것이다.

 = 짚신에 국화 그린다고 가죽신 될까.

호박으로 낳았으면 국이라도 끓여 먹지
 - 아무짝에도 쓸모없는 자이다.

참고서적

사전류

이기문 편 『속담 사전』 민중서관. 1974.
최근학 편 『한국 민담사전』 문화출판공사. 1987.
신기철 신용철 편 『새우리말 큰 사전』 삼성출판사. 1991.
김동언 편 『국어 비속어 사전』 프리미엄북스. 1999.
임동권 편 『속담 사전』 민속원. 2004.
민충환 편 『꽃은 웃지만 소리가 없다』 백산출판사. 1994.
　　　　　『이문구 소설어 사전』 고려대민족문화연구원. 2000.
　　　　　『오영수 소설사전』 울산매일신문사. 2014.
　　　　　『김주영 소설어 사전』 (未刊)
　　　　　『송기숙 소설어 사전』 보고사. 2002.

기타 저서

황석영 『어둠의 자식들』 현암사. 1980.
고은 『만인보』 창작과비평사. 1986.
서정범 『어원별곡』 범조사. 1986.
임석재 『한국 구전설화집』 평민사. 1987.
홍명희 『임꺽정』 사계절. 1991.
임동권 『한국의 민요』 일지사. 1992.
최기호 『사전에 없는 토박이말 2400』 토담. 1995.
안옥규 『우리말의 뿌리』 학민사. 1995.
김열규 『욕, 그 카타르시스의 미학』 사계절. 1997.
조정래 『대하소설 태백산맥』 해냄출판사. 1997.
이규태 『이 규태 코너』 기린원. 1998.
최상일 『우리의 소리를 찾아서1, 2』 돌베개. 2002.
윤금초 『이어도 사나, 이어도 사나』 고요아침. 2003.
이상희 『한국의 술 문화』 도서출판 선. 2009.
장승욱 『도사리와 말모이, 우리말의 모든 것』 하늘연못. 2010.
이병주 『호모 욕(辱)쿠스, 욕해야 사는 인간』 아포리아. 2014.

엮은이의 문단 낙수(落穗) 한 자락

문학이란 이름의 난치병에 걸려 시난고난 앓던 고교 문예반시절-.
파리대학 철학과 출신의 까뮈가 소설 『페스트』로 노벨문학상을 탄 일이 크게 보도되었다. 나의 대학지망과가 결정된 건 바로 그 뉴스가 나온 순간이었다.
'노벨상을 타려면 철학과를 가야겠구나' 라는 풋(덜 익은)생각과 함께 앞뒤 가릴 거 없이 대뜸 철학과를 지망해 버린 까닭이다.
그런 치기와 객기가 버무려진 성품은 문학 분야만이 아니었다.
한번은 해병출신의 동네 형이 '덩치만 컸지 너같은 건 해병대 가면 뼈다귀도 못 추린다.' 라는 말에 화가 나서 다음 달로 자원입대해 해병중의 해병으로 소문난 상륙사단 수색대를 만기 제대했다.
훈련이 지독해서 복무 중 해룡작전 때는 함께 야간상륙전 고무보트에 탔던 전우 5명이 도르말이 파고(波高)에 휩쓸려 죽어서 현재 국립현충원에 잠들어 있다.
이렇듯 직정적인 성격이다 보니 남산골 샌님이 제격인 문단과는 연이 멀 수밖에 없었을 터. 그럼에도 한 가지, 문학에 대한 연민만은 마치 짝사랑처럼 가슴 한구석 깊이 간직하고 있었던 것 같다. 불혹에 어렵사리 『현대문학』을 천료해 문단말석에나마 궁둥이를 디밀고 있는 걸 보면-.
그러나 대저 욕심을 앞세우면 되는 일이 적은 법.
이제 기우는 나이에 노벨상은커녕 내세울 거라곤 없는 내 문학 인생이 우세스럽지 않느냐고 비웃을지 몰라도 그러나 내 생각은 안 그렇다.
'인생은 60부터'란 말처럼 이제부터라도 심기일전해 떨치고 나설 참이기 때문이다.
당초 품었던 거창한 꿈, 까짓 거 이루지 못한 데도 상관없다. 지향점을 향해 꾸준히 가고 있다는 자긍심만으로도 나의 존재이유는 충분한 거라 믿으니까.

책이 나오기 까지 물심 도움을 준 글벗 M형과 J형께 고마움을 전한다.

한국인의 상말전서
상말은 생명언어 치유언어입니다

정태륭

초판 1쇄 인쇄일 · 2016년 05월 04일
초판 1쇄 발행일 · 2016년 05월 16일

지은이 | 정태륭
펴낸이 | 노정자
편 집 | 박은정, 송지훈
펴낸곳 | 도서출판 고요아침

출판등록 2002년 8월 1일 제 1-3094호
120-814 서울시 서대문구 증가로 29길 12-27 102호(북가좌동, 동화빌라)
전   화 | 02-302-3194~5
팩   스 | 02-302-3198
E-mail | goyoachim@hanmail.net
홈페이지 | www.goyoachim.com
인터넷몰 | www.dabook.net
인   쇄 | 상지사 P&B (031)955-3636

*책 가격은 뒤표지에 표시되어 있습니다.
*이 책의 판권은 지은이와 고요아침에 있습니다.
 이 책 내용의 전부 또는 일부를 재사용하려면 반드시 양측의 서면 동의를 받아야
 합니다.

ISBN 978-89-6039-785-9 (01380)

ⓒ 정태륭 2016